Découverte et Création

Découverte et Création

Les Bases du français moderne / Quatrième Édition

Gérard Jian
University of California, Berkeley

Ralph Hester
Stanford University

with **Gail Wade**
University of California, Berkeley

Houghton Mifflin Company   Boston
Dallas   Geneva, Illinois   Lawrenceville, New Jersey   Palo Alto

Acknowledgments

We thank Yvone Lenard for the contributions her teaching and writing have made to this book.

We express our deepest appreciation first of all to Oreste F. Pucciani, who, with Jacqueline Hamel at the University of California, Los Angeles, over a decade ago, began elaborating a methodology to rehabilitate the Cleveland Plan of Émile B. de Sauzé, the first widely used rationalist direct method to be practiced in North American schools.

We would also like to express our sincere appreciation to the colleagues listed below for their helpful responses to nation wide surveys and questionnaires and for their evaluation of manuscript for the various components of the program. Their input has proved invaluable in the development and shaping of *Découverte et Création, Quatrième Édition.*

Oliver Andrews, Jr., University of Connecticut
Maureen Cheney-Curnow, University of Montana
Miriam Ellis, University of California, Santa Cruz
Nancy J. Giguère, College of St. Thomas
Laurence A. Gregorio, University of Colorado
Marta Halarewicz, Cuyahoga Community College
Claudine Hastings, Golden West Community College
Claudie Hester, Menlo College
Hassan Hussein, Cypress College
John J. Janc, Mankato State University
June Kane, Monterey Peninsula College
James M. Kaplan, Moorhead State University
Théophile Karan, Cypress College
Abraham C. Keller, University of Washington
Mireille Keplinger, De Anza College
Marie Killiam, Columbia University
John Klee, Foothill College
Richard A. Lima, Rollins College
Joan Manley, University of Texas at El Paso
Grover Marshall, University of New Hampshire
Nicholas Martin, Pasadena City College
Joseph G. Morello, University of Rhode Island
David Orlando, University of California, Santa Cruz
Georges Perla, Georgia State University
Nina Perrinelle, Pasadena City College
Alain D. Ranwez, Metropolitan State College
Adelaide M. Russo, Louisiana State University
Ruth G. Silten, Pasadena City College
James Sprowell, Fullerton College
Carmelita A. Thomas, Los Angeles City College
John Trantoan, Los Angeles City College
Christian van den Berghe, University of Santa Clara
Alan Williams, Rutgers College
Steven Winspur, Columbia University
Marie-Jo T. Wornom, Old Dominion University

Printed in the U.S.A.
Library of Congress Catalog Card Number: 84-81523
Student Edition: ISBN: 0-395-35940-6
Instructor's Edition: ISBN: 0-395-36412-4

CDEFGHIJ—H—89876

Table des Matières

To the Student

Individual Reasons for Studying French

Regardless of your prior experience with foreign languages in general, or French in particular, you will find that learning French will be a relatively simple affair. Compared to many of the countless hundreds of languages spoken on earth, French is simple for the native English-speaker to learn. This is an objective linguistic fact, and one that holds promise for even the first-time language learner: with proper motivation and learning habits, you should be able to develop the level of proficiency in French you desire.

Naturally, different students in your class are bound to have different reasons for learning French and different levels of motivation. Those of you who are taking French out of a vague curiosity have an advantage over the novice completing a requirement. Some of you may be studying French because you are preparing for a career in international business or diplomacy. Perhaps you are interested in learning French because you have French-speaking acquaintances or correspondents. Increasing numbers of students plan to spend a semester or year abroad in school in France, Switzerland, Belgium, or some other French-speaking country. Some of you are learning French to acquire an additional professional skill, some for the purpose of reading great works of literature in the original or technical material unavailable in English translation. Finally, there are those of you who are studying French "just for the fun of it" (and certainly learning a foreign language can be fun). In any case, take time to consider why you are studying a foreign language. Clearly defining your objectives has a lot to do with your success in achieving them.

The English-speaking Learner of Foreign Languages

Beginning language learners sometimes think that one must begin to learn a foreign language as a child and that anything after that is unauthentic. If you have such a prejudiced notion, discard it immediately. A young adult can acquire another tongue with far greater efficiency than a small child. Most people who know two languages learned their second language in school. If you believe that English-speaking people, and Americans in particular, are poor language learners, please dispose of this myth. It is true that pupils in many foreign countries begin studying a foreign language earlier than their American counterparts. This does not mean, however, that the young foreigners are necessarily learning language well. In fact, they may not be learning it at all. A young adult under the guidance of a competent teacher using an efficient method may quickly surpass the performance of someone who has stumbled through years of meaningless exposure.

Because English is such a widely studied language and because so many foreigners have a head start in it, Americans often assume that they are outdone before they begin. Nothing could be less true. Since World War II, few countries have been as actively concerned with the teaching of foreign languages as the United States. Americans—students and teachers, amateurs and specialists, local and national governments—have illustrated how an entire nation can concentrate on a single educational problem on a scale of considerable magnitude. As a result of this effort, Americans are some of the best trained and most highly regarded linguists in the world community.

Language—a Social Phenomenon

Language is an intellectual and psychophysiological phenomenon unique to human beings. Language is an individual ability, but it exists only in a social context. The few cases in history of solitary wild men captured by society show that such creatures were unable to learn much language at all. You can neither speak nor write for yourself unless society has first transmitted to you the tool of language it has forged. You cannot participate in the dynamism of language without other people. It is the social framework of reference that triggers the back-and-forth, give-and-take of meaningful communication. Not being certain beforehand of what someone else will communicate to you or how he or she will communicate it is a fundamental and marvelous contingency of language. You can practice pronunciation and memorize rules and forms (which are indeed an indispensable part of language learning) but you can't mimic meaningful communication. When you really communicate, you must constantly invent what you are saying, and if the perfect way of saying it does not occur to you immediately, then you must find alternatives in vocabulary, in expression or in delivery. The necessity of improvising and creating a manner of communication through trial and error is as natural in one's own native tongue as it is in the foreign language one is learning.

Creative Expression

The process of communication is not a series of reflexes to fixed cues that mechanically establish human dialogue. Considerable automatic response goes into the makeup of your language ability, because language itself is a coded system of spoken and written signals. Once you know the basic signals, you may begin to send and receive messages. Of course, one cannot "create" a new language according to whimsy and still hope to be understood. Creativity basically implies that everyone has something a little different to say even about the most ordinary things. Your comments may differ from your classmates' simply because you have more to say: you tend to give more details, you use more modifiers. You may begin your comment with some aspect not necessarily perceived by others and end it with the very detail your neighbor might put first. This means that since you may perceive things differently, you will also probably say them differently, and yet you will still be creating your own original meaning within the boundaries. Just as there is an infinite number of chess games to be played within the rules of chess, so there is an infinite number of ways to express yourself within the rules of language. You must come to know the basic building blocks recognizable to all those speaking or writing a particular language, but never lose sight of your personal construction privileges.

Everyone has the right to play around with words. The way in which you play with them in a foreign language may be different from the way in which you play with them in your native tongue. Most people find it easier to be linguistically creative in their second language than in their first. Somehow they feel freer to create meaning with a language code not imposed upon them at birth, but which they have come to discover and prefer for themselves through their own particular individual experience. In fact, some writers have discovered that they actually prefer writing in a foreign language. This is strikingly true for French, which has been chosen as a medium of literary expression by some of the world's most prominent writers, such as Ireland's Samuel Beckett.

Language, Culture and Civilization

In spite of obvious differences, all languages have some characteristics in common. Some share so many of the same characteristics that even the novice is able to recognize the similiarity in sound and symbol. In the study of any foreign language, there are certain universally applicable linguistic principles. Languages differ, however, not only with respect to syntax, grammar, vocabulary, and pronunciation, but also with respect to their historical or social significance. French is not just a collection of sounds and signs to be imitated with perfect objectivity. French also encompasses the civilizations that have used or are still using it as their native or second language. We do not believe, at this point, that you should plunge into a systematic study of French, Swiss, Belgian, Canadian, or French-speaking African civilizations. We do believe, however, that you should gradually open your field of observation to the broadest meaning of language. Look not for Eiffel Towers and Gothic cathedrals, but for the more subtle signs of language that reveal traits of a specific culture. When you politely step aside to let a Frenchman enter a door before you, he will answer **Pardon**, not **Merci**. If you ever pay a Frenchwoman a compliment, she will probably not answer **Merci** either but will respond with a phrase that seems to lessen the force of your compliment. In what frame of mind must you put yourself, then, to understand that the French are neither suffering from a guilt complex nor insensitive to your own politeness or admiration? Here, we believe, lies a profound lesson in culture through language, a lesson much more significant and lasting than a tourist's quick look at the Palace of Versailles. In your consideration of France and French-speaking lands as presented in this book, both in the text and in the illustrations, look not only for what appears merely picturesque but also for signs that mark the foreign culture you are studying as notably different from the one you already know.

English and French Vocabulary

By the preceding advice, we do not mean to imply that French presents bizarre obstacles to the English-speaking learner. On the contrary, French shares enough common characteristics with English for you to recognize immediately a fairly large expanse of language territory. Nearly half of our English vocabulary comes by way of French. Though pronunciation and spelling may differ, the similarity remains striking enough for you to accustom yourself easily to the cognate words. The *Vocabulaire* section toward the end of each lesson lists the active vocabulary with cognate nouns grouped together in a separate section called *noms apparentés.* You will observe that a large proportion of the French words listed resemble closely their English equivalents in both meaning and spelling. This should reduce somewhat the time you must spend in reviewing vocabulary. Only the most obvious cognate nouns are indicated along with their gender. Some nouns that look alike are not listed as cognates because their meanings differ between the two languages. On the other hand, certain similar nouns not designated as cognates are indeed alike in meaning to their English counterparts, but their spelling may differ sufficiently for you not to recognize them. As soon as you are accustomed to French spelling, you will probably recognize, for example, that *enfance* means "childhood," even though it is not listed as a cognate.

The total number of words in the French language is actually smaller than in English. To see this, you need only compare the proportion devoted to English of a complete English-French / French-English dictionary. Do not think, however, that learning a language consists primarily of acquiring a large vocabulary. In the beginning, learning a language consists of manipulating a limited vocabulary. Having constant recourse to a bilingual dictionary is almost certain to impede your thinking in French. We strongly advise you against dictionary use in first-year French.

French generally follows the same principle as English in its over-all word order: subject-verb-object. French grammatical terminology is essentially the same as in English. That is why, with a little effort, you will understand the spoken or written explanations in French (*nom, pronom, verbe, adverbe, adjectif*, etc.) used throughout this text.

Meaningful Practice and Communication in French

Understanding spoken French, methodically used by your teacher with carefully graduated levels of difficulty, is easily within the grasp of every English-speaking student. Responding actively requires considerable cooperation and willingness to communicate only in French. This conscious willingness need only last a few days; after that, your collaboration should become like participation in a team game. The rule of the game is that no English is ever used for meaningful communication. This game of the French class has a clear, long-lasting objective—your mastery of French. You may think, at times, that you can achieve your objective more quickly by resorting to English. However, permanence, not speed, should be your goal. As you will soon discover, meaning acquired through observation and participation in the foreign language enables you to acquire more efficiently the habit of thinking in that language.

Thinking in a foreign language, of course, does not erase thinking in your native language. After having understood, assimilated, and acquired the meaning of a word or phrase in French, often the English equivalent will occur to you as well. This is entirely normal. The point is that you did not learn by means of English. Translation is a marginal benefit of language learning; it is not the means by which you should begin to learn.

The Spirit of Invention

You must listen actively to your teacher and to the other members of the class as well. Remember that language lives on the social necessity of communication. Your class is the community in which meaningful exchanges in French are to take place. Do not hesitate to make your contribution. Try to develop a feeling for experimenting in expression within the limits of your knowledge. Do not forget that it only takes a few elements of the language code to begin putting together the meaning that you want to communicate. When you experiment with a new game in creative coding, you naturally make a few mistakes. If you remain silent for fear that you will mispronounce something or say something that is grammatically incorrect, you risk never saying anything at all. As a matter of fact, you have to go through some trial and error in order to learn. During the first three or four years of learning their native language, children gener-

ally make countless errors in pronunciation and grammar before they finally speak correctly. They have the advantage, however, of not being self-conscious. This is one childlike aspect of language learning you will do well to strive for.

Pronunciation

French, compared to many other languages, is easy to pronounce. Nevertheless, some of you will find some French sounds difficult to imitate. Do not be discouraged. Pronunciation is not the principal criterion by which to judge your language ability. Some of the world's most intelligent people speak several languages with noticeable accents. It is important to communicate, not to "pronounce." Try to approximate the new sounds as closely as you can, but remember that what really counts is your ability to get across what you have to say, not the impeccable pronunciation with which you convey it. (There are people who pronounce extraordinarily well, but who are incapable of saying anything meaningful.)

Reading

Poetry is a form of writing that allows for considerable personal experimentation. That is why we have chosen short poems and songs as the chief literary examples of French in this program. We think many of you may eventually want to try composing short poems in French. Above all, we believe that the one who experiments with creating his or her own expression will be the one who is ultimately the most sensitive to the creation of another.

A whole world of French literature awaits you, if that is what interests you. But it is a world you should enter only after you have learned the fundamental game of discovering the primary code blocks in French and have played a while at inventing your version of the code. We counsel a year of patience and believe that the *Lectures* of this text are the most efficient way to begin reading. You will already have used most of the vocabulary in class practice before you read the

Lectures. The good reader recognizes what has already become familiar and does not use a dictionary to look up what is unfamiliar.

Other than an occasional word, this message is the last communication to the student in English. From here on, it is up to you, the other members of your class, and your teacher to create an atmosphere in which meaningful practice and conversation will take place only in French.

Spelling

French spelling may give you quite a challenge, but, compared to English, it *is* reasonably consistent, even if it does not appear logical. In any case, after a little practice, you may even spell better in French than in English. After all, French and English both use the same alphabet (unlike Russian, Greek, or Hebrew, for example). Always be conscious of the fact, however, that what may appear familiar in printed form does not designate a similarity in pronunciation. Learn to depend more on your ear than on your eye. The temptation to reproduce French sounds according to your English-reading reflexes is probably the most troublesome problem confronting students of French in the beginning. Listen to your teacher carefully, but be extremely attentive to the relationship between what you hear and what you see in printed form.

Composition

Some people think that language is only a spoken phenomenon and that reading and writing are not important. There are commercial language schools that distribute this kind of publicity, and what they claim is partially true, particularly for little children. But for young adults accustomed to learning through reading and writing, it would be futile to disregard their most valuable tools. You will begin early to write original compositions in French, even though your knowledge of the language is still limited. Once you have overcome the usually short-lived confusion between English spelling and French pronunciation, reading and writing should rapidly reinforce what you acquire through listening and speaking.

Leçon Préliminaire

Entité et identité

Salutations
Identification personnelle
Qu'est-ce que c'est?
  C'est un ... C'est une ...
Voilà ...

Comptez de un à soixante
Alphabet
Prononciation
Ponctuation

Bonjour! Salut! Comment ça va?

Rencontres

PROFESSEUR: Bonjour, Monsieur!

PROFESSEUR: Comment allez–vous?

PROFESSEUR: Très bien, merci. Je m'appelle Monsieur Moray, Monsieur Paul Moray. Comment vous appelez-vous?

PROFESSEUR: Et vous, Mademoiselle, comment vous appelez-vous?

PROFESSEUR: Et vous, Mademoiselle, comment vous appelez-vous?

PROFESSEUR: Oh, pardon ... Madame!

ÉTUDIANT: Bonjour, Monsieur.

ÉTUDIANT: Très bien, merci et vous?

ÉTUDIANT: Je m'appelle Monsieur Lambert.

ÉTUDIANTE: Je m'appelle Mademoiselle Cooper.

ÉTUDIANTE: Je m'appelle Madame Cole.

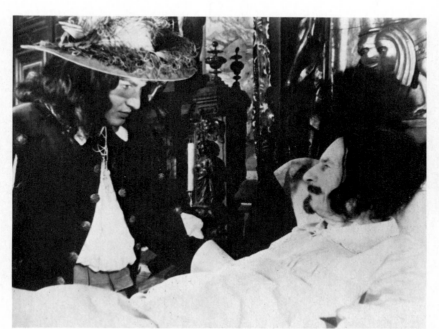

—Comment allez-vous?
—Très bien, merci, et vous?

La Prise du pouvoir par Louis XIV, Roberto Rossellini, 1966.
  Ce film est, pour Rossellini, «un essai sur la technique d'un coup d'État.» Rossellini raconte l'histoire de Louis XIV avec un réalisme historique très détaillé.

Notez

Salutations = formules de politesse

—Bonjour, Monsieur.[1]
—Bonjour, Madame.
   Comment allez-vous?
—Très bien, merci, et vous?
—Très bien, merci.
—Au revoir, Monsieur.
—À demain.

—Bonjour, Carole!
—Salut, Paul! Comment
   ça va?
—Ça va, et toi[2]?
—Pas trop mal, merci.
—Ciao[3], Carole.
—Ciao. À bientôt.

Identification personnelle

—Comment vous appelez-vous?
—Je m'appelle Paul Moray, et vous?
—Je m'appelle Robert Brown.

Activités

A. Dites ou demandez.

1. Dites «Bonjour» à votre[4] professeur (à Monsieur Brown, à Madame Cole, à Mademoiselle Cooper).
2. Dites «Je m'appelle _____.»
3. Demandez à un étudiant ou à une étudiante «Comment vous appelez-vous?»
4. Demandez «Comment allez-vous?» à votre professeur.
5. Dites «Au revoir» à votre professeur (à Paul, à Valérie, à Madame Mitterrand, à Monsieur Camus).

B. Saluez un autre étudiant ou une autre étudiante.

Modèle —Bonjour, Paul. Comment allez-vous?
   —Très bien, merci, et vous?
   —Très bien, merci.

C. Dites «Au revoir» à un autre étudiant ou à une autre étudiante.

Modèle —Au revoir, Marie, à demain.
   —Au revoir, Dominique.

1. Remarquez l'omission du nom de famille: *Voilà Madame Leduc! Bonjour,* **Madame!**
2. *Toi* = forme familière de «vous».
3. *Ciao* = «au revoir» en italien. C'est une expression très utilisée en France.
4. *Votre*, adjectif possessif, m./f. = de vous.

Qu'est-ce que c'est?

PROFESSEUR: Voilà un livre. Qu'est-ce que c'est?

ÉTUDIANT: Je ne sais pas.[5]

PROFESSEUR: C'est un livre. Qu'est-ce que c'est?

ÉTUDIANT: C'est un livre.

PROFESSEUR: Très bien. Voilà une chaise. Qu'est-ce que c'est, Monsieur Smith?

ÉTUDIANT: C'est une chaise.

PROFESSEUR: Excellent! Voilà un mur. Qu'est-ce que c'est, tout le monde?[6]

TOUT LE MONDE: C'est un mur.

PROFESSEUR: Montrez-moi un autre mur.

TOUT LE MONDE: Voilà un autre mur.

PROFESSEUR: Et voilà un étudiant. Maintenant[7], montrez-moi un autre étudiant.

TOUT LE MONDE: Voilà un autre étudiant.

5. *Je ne sais pas* est une expression d'ignorance; c'est une expression très pratique pour un étudiant débutant.
6. *Tout le monde* = la classe entière.
7. *Maintenant* est un adverbe qui signifie «le moment présent».

—**Qu'est-ce que c'est?**
—**C'est un livre.**

L'Enfant sauvage, François Truffaut, 1969. Sur la photo: Jean-Paul Cargo.

C'est l'histoire authentique d'un enfant sauvage capturé dans la forêt. Un docteur accepte la charge du garçon. L'enfant est complètement sauvage; il ignore la civilisation. Le docteur explique la différence entre une clé, un marteau, un livre, un peigne et une paire de ciseaux.

PROFESSEUR: Montrez-moi une autre étudiante.

TOUT LE MONDE: Voilà une autre étudiante.

PROFESSEUR: Bien. Maintenant, l'appel.[8] Monsieur Brown?

ÉTUDIANT: Présent.

PROFESSEUR: Mademoiselle Cooper?

ÉTUDIANTE: Présente.

PROFESSEUR: Monsieur Kelly?

(silence)

PROFESSEUR: Absent! Madame Cole?

ÉTUDIANTE: Présente.

Notez

Genre = masculin et féminin

♂ = *masculin*

C'est **un** livre.
C'est **un** mur.
C'est **un** bureau.
C'est **un** chapeau.
C'est **un** stylo.
C'est **un** homme.
C'est **un** crayon.
C'est **un** peigne.
C'est **un** papier.

♀ = *féminin*

C'est **une** table.
C'est **une** clé.
C'est **une** fenêtre.
C'est **une** chaise.
C'est **une** lampe.
C'est **une** femme.
C'est **une** porte.
C'est **une** chemise.
C'est **une** fleur.

A. Un nom est masculin ou féminin. Un nom est généralement précédé d'un article masculin ou féminin. Si le nom est masculin, l'article indéfini est **un.** Si le nom est féminin, l'article indéfini est **une.**

B. Un adjectif est aussi masculin ou féminin.

♂ ♀

présent   présent**e**
absent   absent**e**

C'est un étudiant absent.
C'est une étudiante absent**e**.

Remarquez: Un adjectif en **-e** est invariable; le masculin est identique au féminin.

un étudiant extraordinair**e**, une étudiante extraordinair**e**

8. *Appel* = vérification de présence.

Qu'est-ce que c'est? est une question qui demande l'identification d'un objet. La réponse est **C'est un ...** ou **C'est une ...**

> **Qu'est-ce que c'est? C'est un** tableau.

Voilà = *Regardez* + objet; *regardez* + personne.

> Ordre: Montrez-moi (indiquez-moi) une clé!
> Réponse: **Voilà** une clé!
>
> Ordre: Montrez-moi Mademoiselle Cooper!
> Réponse: **Voilà** Mademoiselle Cooper!

Activités

D. Indiquez ...

1. le masculin de *présente.*
2. le masculin de *extraordinaire.*
3. le masculin de *absente.*
4. le masculin de *une.*
5. le masculin de *formidable.*

E. Demandez «Qu'est-ce que c'est?» à un(-e) autre étudiant(-e). (Réponse: **C'est un** _____ ou **C'est une** _____.)

F. Dites «Montrez-moi _____.» à un(-e) autre étudiant(-e).
   (Réponse: **Voilà** _____.)

1. un homme
2. un mur
3. un autre mur
4. une étudiante
5. une chaise

6. une autre chaise
7. une femme
8. M. _____
9. une porte
10. Mlle _____

Comptez

Comptez de un à dix.	Un, deux, trois, quatre, cinq, six, sept, huit, neuf, dix.
Continuez.	Onze, douze, treize, quatorze, quinze, seize.
Continuez.	Dix-sept, dix-huit, dix-neuf, vingt.
Continuez.	Vingt et un, vingt-deux, vingt-trois, vingt-quatre, vingt-cinq, vingt-six, vingt-sept, vingt-huit, vingt-neuf, trente.
Continuez.	Trente et un, trente-deux, trente-trois ... trente-neuf.

Notez

Comptez de un à soixante.

1 un	11 onze	20 vingt	40 quarante
2 deux	12 douze	21 vingt et un	41 quarante et un
3 trois	13 treize	22 vingt-deux	42 quarante-deux
4 quatre	14 quatorze	23 vingt-trois	43 quarante-trois
5 cinq	15 quinze		
6 six	16 seize	30 trente	50 cinquante
7 sept	17 dix-sept	31 trente et un	51 cinquante et un
8 huit	18 dix-huit	32 trente-deux	52 cinquante-deux
9 neuf	19 dix-neuf	33 trente-trois	53 cinquante-trois
10 dix			
			60 soixante

Terminologie arithmétique

+ et (*ou* plus)
− moins
× fois
: divisé par[9]
= font (addition,multiplication) *ou* égale (soustraction,division)

3 + 3 = 6   Trois et trois font six.
2 × 2 = 4   Deux fois deux font quatre.
8 − 3 = 5   Huit moins trois égale cinq.
10 : 2 = 5   Dix divisé par deux égale cinq.

Activités

G. Comptez.

1. Comptez de 1 à 20. (de 21 à 40, de 41 à 60)
2. Comptez de 10 à 1. (de 21 à 10, de 36 à 15, de 45 à 51)

H. Voilà une série. Continuez.

Modèle   2, 4, 6, 8 ... 20.
            2, 4, 6, 8, 10, 12, 14, 16, 18, 20.

1. 10, 20, 30 ... 60.
2. 5, 10, 15 ... 40.
3. 1, 3, 5, 7 ... 21.
4. 2, 6, 10, 14 ... 34.
5. 3, 6, 9 ... 30.

I. Indiquez la réponse.

1. 2 × 30 =   6. 6 × 6 =
2. 5 + 21 =   7. 49 + 10 =
3. 50 − 1 =   8. 60 − 4 =
4. 56 : 7 =   9. 4 × 4 =
5. 3 × 11 =   10. 13 + 8 =

Épelez

PROFESSEUR: Maintenant répétez.   **TOUT LE MONDE: A... B... C... D...**
A... B... C... D... E... C'est un   **E...** C'est un alphabet.
alphabet. Qu'est-ce que c'est?

9. Remarquez: ÷ (anglais) = : (français).

PROFESSEUR: **A... E... I... O... U.**
C'est un groupe de cinq voyelles.
Qu'est-ce que c'est?

TOUT LE MONDE: **A... E... I... O... U.**
C'est un groupe de cinq voyelles.

PROFESSEUR: Remarquez que **Y**
est aussi[10] une voyelle possible.
Maintenant, épelez **MUR. DE.
STYLO.**

TOUT LE MONDE: **M, U, R.   D, E.
S, T, Y, L, O.**

PROFESSEUR: Épelez **PRÉSENT.
TRÈS. FENÊTRE.**

TOUT LE MONDE:
P, R, E accent aigu, **S, E, N, T.**
T, R, E accent grave, **S.**
F, E, N, E accent circonflexe, **T, R, E.**

PROFESSEUR: Épelez **GARÇON,**
s'il vous plaît.

TOUT LE MONDE:
G, A, R, C cédille, **O, N.**

PROFESSEUR: Excellent! Parfait![11]
Formidable! C'est une classe
extraordinaire! La classe est
finie. Au revoir, tout le monde.
À demain.

TOUT LE MONDE: Au revoir,
Monsieur. À demain.

Notez

Alphabet

A. Répétez après le professeur.

A [ɑ][12]	**G** [ʒe]	**L** [ɛl]	**Q** [ky]	**V** [ve]
B [be]	**H** [aʃ]	**M** [ɛm]	**R** [ɛR]	**W** [dublǝve]
C [se]	**I** [i]	**N** [ɛn]	**S** [ɛs]	**X** [iks]
D [de]	**J** [ʒi]	**O** [o]	**T** [te]	**Y** [igRɛk]
E [ǝ]	**K** [kɑ]	**P** [pe]	**U** [y]	**Z** [zɛd]
F [ɛf]				

Remarquez: **G** /ʒe/ mais **J** /ʒi/
Ç ou **ç** = **C** cédille

10. *Aussi* = en plus; d'une manière similaire.
11. *Parfait* est un adjectif qui signifie «la perfection».
12. C'est la prononciation du nom de la lettre en signe phonétique.

B. Répétez les voyelles après le professeur.

A, E, I, O, U

Remarquez: **Y** est une voyelle possible.

Maintenant répétez.

TA, TE, TI, TO, TU, TY
LA, LE, LI, LO, LU, LY
NA, NE, NI, NO, NU, NY

C. Accents

´ accent aigu: pré**s**ent
` accent grave: compl**è**te, l**à**
^ accent circonflexe: fen**ê**tre, h**ô**tel, ch**â**teau

Activités

J. Dites ...

1. cinq voyelles
2. trois accents
3. A, B, C, D, etc.

K. Épelez (et écrivez au tableau).

1. mur	5. très	9. ou
2. stylo	6. fenêtre	10. bonjour
3. livre	7. tableau	11. porte
4. décision	8. de	12. Hélène

L. Épelez ...

1. Yves St. Laurent	4. François Mitterrand
2. Georges Pompidou	5. Jeanne d'Arc
3. Simone de Beauvoir	6. Victor Hugo

M. Demandez à un(-e) autre étudiant(-e) «**Comment vous appelez-vous?**» Et après, dites «**Épelez votre prénom**» ou «**Épelez votre nom (de famille).**»

Modèle   Question: *Comment vous appelez-vous?*
Réponse: *Je m'appelle Carole Lombard.*
Question: *Épelez votre nom de famille, s'il vous plaît.*
Réponse: *L, O, M, B, A, R, D.*

Prononciation

A. Articulation. Prononcez après le professeur.

bonjour	un tableau	un	six
monsieur	une porte	deux	sept
madame	et	trois	huit
mademoiselle	très bien	quatre	neuf
au revoir	répétez	cinq	dix

Remarquez: La prononciation de *monsieur* est très irrégulière.

B. Syllabation. Prononcez après le professeur.

a / mi	bu / reau
mer / ci	dog / ma / tique
cha / peau	fi / ni

C. Accentuation. Prononcez après le professeur.

Bon**JOUR.**
Bonjour, Ma**DAME.**
C'est un profes**SEUR.**
C'est un professeur extraordi**NAIRE.**

D. Intonation
   1. Déclaration

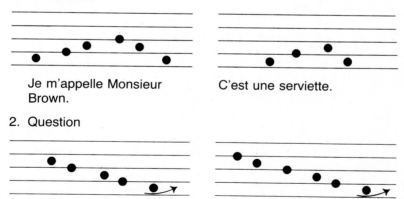

Je m'appelle Monsieur Brown.

C'est une serviette.

   2. Question

Comment allez-vous?

Comment vous appelez-vous?

E. Orthographe et prononciation

   1. Variation de la prononciation de **e**

e comme **le** [ə]
é comme **é**tudiant [e]
ê = **è** comme f**ê**te, tr**è**s [ɛ]

2. La prononciation de certaines combinaisons de lettres

Voyelle(-s) + **n** *ou* voyelle(-s) + **m**

in = ain = ein = im = **aim** [ɛ̃]	**in**discret, dem**ain**, p**ein**ture, **im**possible, f**aim**
en = an = am = em [ã]	**en**fant, v**en**dredi, j**an**vier, l**am**pe, **em**barrassé
on = om [ɔ̃]	b**on**, n**om**, n**on**
un = um [œ̃]	**un**, parf**um**

Voyelle + voyelle

au = eau = o [o]	**au**to, tabl**eau**
ai [ɛ]	m**ai**s
eu [œ]	portef**eu**ille
ou [u]	j**ou**r, p**ou**r
oi [wa]	m**oi**s, madem**oi**selle

3. La prononciation spéciale de certaines consonnes

ll = l [l]	Annabe**ll**e, que**l**
Mais: **ill** [ij]	fi**ll**e, fami**ll**e
gn [ɲ]	monta**gn**e, campa**gn**e
s initial = **ss** [s]	**s**ilence, cla**ss**e, impo**ss**ible
s entre deux voyelles [z]	chai**s**e, compo**s**ition
th [t]	**th**éologie, **th**éâtre, Na**th**alie
ch [ʃ]	**ch**ampagne, **ch**aise
qu [k]	**qu**estion, **qu**i

F. Signes de ponctuation

. = un point		**,** = une virgule	
! = un point d'exclamation		**;** = un point-virgule	
? = un point d'interrogation		**'** = une apostrophe	

Activités

N. Prononcez après le professeur.

bonjour	très bien	français	une chaise	vingt
au revoir	monsieur	mademoiselle	une fleur	seize

O. Répétez après le professeur.

1. Bonjour, Monsieur. Comment allez-vous?
2. Je m'appelle Jean.
3. C'est un autre garçon.
4. Comment vous appelez-vous?
5. Qu'est-ce que c'est?

Exercices écrits

Écrivez les exercices écrits dans le *Cahier d'exercices,* Leçon préliminaire.

Vocabulaire

noms

ami m.
appel m.
bureau m.
chaise f.
chapeau m.
chemise f.
clé f.
crayon m.
étudiant m.
étudiante f.
femme f.
fenêtre f.
fleur f.
homme m.
livre m.
madame f.
mademoiselle f.
monsieur m.
mur m.
peigne m.
porte f.
prénom m.
soustraction f.
stylo m.
tableau m.

adjectifs

autre
dogmatique
extraordinaire
fini(-e)
français(-e)
parfait(-e)
votre

verbes

comptez
continuez
épelez
indiquez
prononcez
répétez

adverbes

aussi
maintenant
moins
plus

pronoms

je
moi
toi
vous

conjonctions

et
mais
ou

prépositions

à
après
de

autres expressions

à bientôt
à demain
au revoir
bonjour
ça va
c'est un / une ...
ciao
comment allez-vous?
comment ça va?
comment vous appelez-vous?
comptez de ... à ...
divisé par
égale
en toutes lettres
fois
font
indiquez-moi
je m'appelle
je ne sais pas
merci
montrez-moi
oh, pardon
qu'est-ce que c'est?
salut
s'il vous plaît
tout le monde
très bien
voilà

noms apparentés

accent m.
alphabet m.
château m.
classe f.
éléphant m.
groupe m.
hôtel m.
lampe f.
objet m.
papier m.
personne f.
professeur m.
question f.
réponse f.
série f.
silence m.
table f.
voyelle f.

Sur le pont d'Avignon

Sur le pont d'Avignon l'on y danse, l'on y danse.
Sur le pont d'Avignon l'on y danse, tout en rond.
Les beaux messieurs font comme ça.
Et puis encore comme ça.
Sur le pont d'Avignon l'on y danse, l'on y danse.
Sur le pont d'Avignon l'on y danse, tout en rond.

Chanson ancienne

1 Première Leçon

Quel jour sommes-nous?

Identification: Articles définis
   et indéfinis: *le, la, l', un, une*
   Qui est-ce?
Le pluriel: *le, la, l'* → *les;*
   un, une → *des; C'est* → *Ce sont*
La possession:
   C'est le (la, l') / Ce sont les + nom +
   de + nom propre

C'est le (la, l') / Ce sont les + nom +
   du (de la, de l', des) + nom
Est-ce?
Genre
Prononciation
Comptez de 61 à 1.000.000.000
Le calendrier: la date, la semaine, l'année

Lecture: *L'Importance de la date*

La prise de la Bastille, le 14 juillet 1789.

Découverte

Présentation I

LE PROFESSEUR: Qu'est-ce que c'est?

UN ÉTUDIANT: **C'est un** livre.

LE PROFESSEUR: Oui. Est-ce un livre ordinaire?

UN ÉTUDIANT: Non, Madame, **c'est le livre de Mademoiselle Taylor.**

LE PROFESSEUR: Parfait. Et ça,[1] qu'est-ce que c'est?

UNE ÉTUDIANTE: C'est **une** classe.

LE PROFESSEUR: Oui. Est-ce une classe ordinaire?

UNE ÉTUDIANTE: Non, Madame, c'est une classe extraordinaire. **C'est la classe de Madame Dupont.** Madame Dupont est **le** professeur de **la** classe de français.

LE PROFESSEUR: Voilà un étudiant. Est-ce un étudiant ordinaire?

UNE ÉTUDIANTE: Non, Madame, c'est un étudiant extraordinaire. **C'est l'étudiant de Madame Dupont.**

LE PROFESSEUR: Et voilà une étudiante. Est-ce une étudiante ordinaire?

UN ÉTUDIANT: Non, Madame, c'est une étudiante extraordinaire. **C'est l'étudiante de Madame Dupont.**

LE PROFESSEUR: Qu'est-ce que c'est?

UN ÉTUDIANT: **C'est** une blouse.

LE PROFESSEUR: **Qui est-ce?**

UN ÉTUDIANTE: **C'est** une étudiante. **C'est** Mademoiselle Lambert.

1. **Ça** est un pronom qui signifie «un objet non identifié».

Explications

1 Identification

A. **Un** est un article indéfini masculin.
Une est un article indéfini féminin.

Le est un article défini masculin.
La est un article défini féminin.

C'est **un** livre.
C'est **une** clé. } définition générique

C'est **le** livre de français.
C'est **le** livre de Mademoiselle Taylor. } définition spécifique
C'est **la** clé de Monsieur Brown.

Remarquez: Élision

$$\left.\begin{array}{l}\textbf{le}\\\textbf{la}\end{array}\right\} + \text{voyelle} \rightarrow \textbf{l'}$$

C'est **l'**étudiant de Madame Dupont.
C'est **l'**oreille de l'étudiant.
C'est **l'**histoire de France.

B. **Qui est-ce?** est une question qui demande l'identification d'une personne.

Qui est-ce?   C'est Georges.
C'est Suzanne.
C'est le professeur.
C'est Mademoiselle Cooper.
C'est une étudiante.

Exercices oraux

A. Formez une phrase. Utilisez **le** ou **la** + nom + **de Georges.**

Modèle   C'est un livre.   *C'est le livre de Georges.*

1. C'est une classe.
2. C'est un professeur.
3. C'est un stylo.
4. C'est une fleur.
5. C'est un appartement.
6. C'est une université.
7. C'est une table.
8. C'est une clé.
9. C'est une autre clé.
10. C'est un peigne.

B. Indiquez le possesseur. Utilisez le nom d'un(-e) étudiant(-e) de la classe.

> **Modèle**   Montrez-moi un stylo.
> *Voilà un stylo. C'est le stylo de Bernard.*

1. Montrez-moi un crayon.
2. Montrez-moi un livre.
3. Montrez-moi une clé.
4. Montrez-moi une chemise.
5. Montrez-moi une chaise.

C. Demandez «Qu'est-ce que c'est?» ou «Qui est-ce?» à un(-e) autre étudiant(-e).

> **Modèles** livre
> *Qu'est-ce que c'est?*
> *C'est un livre.*
>
> Marianne
> *Qui est-ce?*
> *C'est Marianne.*

1. tableau
2. auto
3. Robert
4. mur
5. chemise
6. étudiant
7. stylo
8. bureau
9. Madame Dupont

Présentation II

Qu'est-ce que c'est?	C'est un stylo.
Maintenant voilà un autre stylo ... et voilà un autre stylo. Montrez-moi **des** stylos.	Voilà **des** stylos.
Montrez-moi **des** livres.	Voilà **des** livres.
Montrez-moi **des** fenêtres.	Voilà **des** fenêtres.
Montrez-moi le livre de français de Judith.	Voilà le livre de français de Judith.
Montrez-moi le livre d'histoire de Judith.	Voilà le livre d'histoire de Judith.
Montrez-moi **les** livres de Judith.	Voilà **les** livres de Judith.
Montrez-moi la clé de l'auto de Pam.	Voilà la clé de l'auto de Pam.
Montrez-moi **les** clés de Pam.	Voilà **les** clés de Pam.
Montrez-moi l'oreille de Bill.	Voilà l'oreille de Bill.
Montrez-moi **les** oreilles de Bill.	Voilà **les** oreilles de Bill.
Qu'est-ce que c'est?	C'est la main de Nicole.
Qu'est-ce que c'est?	**Ce sont les** mains de Nicole.

Explications

2 Le pluriel

A. Le pluriel de **un (une)** est **des**.

un stylo	**des** stylos
un garçon	**des** garçons
une jeune fille	**des** jeunes filles
une classe	**des** classes
une main	**des** mains
une oreille	**des** oreilles
une clé	**des** clés

Remarquez: Le **-s** est un signe graphique du pluriel. Le **-s** pluriel n'est pas prononcé.

une table	des tables
un chien	des chiens

B. Le pluriel de **le, la** et **l'** est **les**.

le sac	**les** sacs
le livre	**les** livres
la chaise	**les** chaises
l'étudiant	**les** étudiants
l'étudiante	**les** étudiantes
l'amie	**les** amies

C. Le pluriel de **c'est** est **ce sont**.

C'est un mur.	**Ce sont** des murs.
C'est une étudiante.	**Ce sont** des étudiantes.
C'est le sac de Martine.	**Ce sont** les sacs de Martine.
C'est la décision de Paul.	**Ce sont** les décisions de Paul.

Exercices oraux

D. Dites au pluriel.

> *Modèle* Voilà une réponse. *Voilà des réponses.*

1. Voilà une étudiante.	6. Voilà un homme.
2. Voilà un chien.	7. Voilà une oreille.
3. Voilà une chemise.	8. Voilà une fleur.
4. Voilà un appartement.	9. Voilà un peigne.
5. Voilà une histoire.	10. Voilà un mystère.

E. Dites au singulier.

Modèle   Voilà des questions.   *Voilà une question.*

1. Voilà des appartements.
2. Voilà des mains.
3. Voilà des professeurs.
4. Voilà des stylos.
5. Voilà des chaises.
6. Voilà des tables.
7. Voilà des tableaux.
8. Voilà des clés.
9. Voilà des sacs.
10. Voilà des photos. f

F. Dites au pluriel.

Modèle   C'est le crayon de Marie.
   Ce sont les crayons de Marie.

1. C'est le livre de Raymond.
2. C'est la composition de Brigitte.
3. C'est l'amie de Charles.
4. C'est la clé de M. Petit.
5. C'est le sac de Jocelyne.

G. Dites au pluriel. (Attention! Le pluriel de l'article défini est **les,** le pluriel de l'article indéfini est **des.**)

1. C'est un garçon.
2. C'est une réponse.
3. C'est l'ami de Josette.
4. C'est un pull-over.
5. C'est le pull-over de Martin.
6. C'est une femme.
7. C'est une main.
8. C'est la main de Richard.

H. Employez **C'est** ou **Ce sont.**

Modèle   un tableau   *C'est un tableau.*

1. une étudiante
2. des clés
3. une auto
4. un dictionnaire
5. les fenêtres de la classe
6. une table
7. les photos de Jacques Cousteau
8. le chapeau de Nicole
9. les étudiants de la classe
10. une classe brillante

Présentation III

LE PROFESSEUR: Voilà un peigne. Est-ce le peigne **de** Jack?

UN ÉTUDIANT: Non, Monsieur, c'est le peigne **du** professeur.

LE PROFESSEUR: Très bien. Et ça, est-ce le livre **de** l'étudiante?

UN ÉTUDIANT: Oui, Monsieur, c'est le livre **de** l'étudiante.

LE PROFESSEUR: Et ça, qu'est-ce que c'est?

UNE ÉTUDIANTE: C'est la fenêtre **de la** classe de français.

LE PROFESSEUR: Bien. Voilà un nez. Est-ce un nez ordinaire?

UNE ÉTUDIANTE: Non, Monsieur, c'est le nez **de** l'étudiant.

LE PROFESSEUR: Et ça, est-ce une main ordinaire?

UN ÉTUDIANT: Non, Monsieur, c'est la main **du** professeur.

LE PROFESSEUR: Et ça, est-ce l'oreille **du** garçon, tout le monde?

LA CLASSE: Oui, Monsieur, c'est l'oreille **du** garçon.

LE PROFESSEUR: Montrez-moi les chaises **des** étudiants.

LA CLASSE: Voilà les chaises **des** étudiants.

Explications

3 Possession

do in advance,

> C'est le livre **de l'**étudiant.
> C'est la chemise **du** professeur.
> Ce sont les papiers **du** professeur.
> C'est la clé **de l'**auto **du** professeur.
> C'est la porte **de la** classe.
> C'est la bouche **de la** jeune fille.
> C'est le portefeuille **de** Suzanne.
> *wallet*
> C'est l'ami **des** étudiants.
> Ce sont les amis **des** parents **de** Michelle.
> C'est le problème **de** Paul.

Remarquez: **de** + **le** → **du** (C'est une contraction obligatoire.)

de + **les** → **des** (C'est une autre contraction obligatoire.)

Remarquez: Devant un nom propre, l'article est éliminé.

In front of

Est-ce une main ordinaire?

Hiroshima mon amour, Alain Resnais, 1959. Scénario de Marguerite Duras. Sur la photo: Emmanuelle Riva et Eiji Okada.

C'est un des chefs-d'œuvre de la «nouvelle vague». L'amour d'une actrice française et d'un architecte japonais est troublé par des souvenirs de la Deuxième Guerre Mondiale en France et de la bombe atomique au Japon.

Exercice oral

I. Formez une phrase. Utilisez **de, de la, de l', du** ou **des.**

> *Modèle* C'est le livre / Carole
> *C'est le livre de Carole.*

1. C'est le professeur / la classe de français
2. C'est l'auto / Pierre
3. C'est la blouse / la jeune fille
4. C'est le nez / l'étudiant
5. C'est la bouche / le garçon
6. C'est la clé / l'auto / Paul
7. C'est l'étudiant / la classe d'anglais
8. C'est l'ami / Georges
9. C'est l'amie / l'étudiante
10. C'est l'oreille / le professeur
11. C'est la chaise / Jacques
12. C'est la chemise / Monsieur Gilette
13. C'est la main / Madame Gilette
14. C'est la question / le professeur
15. C'est la réponse / les étudiants
16. C'est la définition / le mot
17. C'est l'opinion / les femmes
18. C'est la révolution / le peuple
19. C'est la clé / les valises de Paulette
20. C'est l'adresse / les parents de Paulette

Présentation IV

LE PROFESSEUR: **Est-ce** la blouse de Mademoiselle Lambert?

UN ÉTUDIANT: Oui, Madame, **c'est** la blouse de Mademoiselle Lambert.

Explications

4 Déclaration et inversion

c'est ... (déclaration)
est-ce ...? (l'inversion de **c'est** pour former une question)

> **Est-ce** une bouche? Oui, **c'est** une bouche.
> **Est-ce** la bouche de l'étudiant? Oui, **c'est** la bouche de l'étudiant.

5 Genre

A. **Professeur** est invariablement masculin.

> **Le professeur** de français, c'est **Madame** Moray.
> **Le professeur** d'anglais, c'est **Monsieur** Smith.

B. Les noms terminés par **-tion** sont féminins.

la révolution	la composition	la définition	la nation
la situation	l'inscription	la répétition	la question

Remarquez: En anglais et en français, les mots en **-tion** sont similaires.

C. Les noms abstraits terminés par **-té** sont généralement féminins.

la réalité	la vérité	la curiosité	la fatalité
la beauté	la liberté	la difficulté	la médiocrité

Remarquez: En français et en anglais, les mots en **-té** et **-ty** sont fréquemment similaires.

> mental**té** - mental**ty**

Exercices oraux

J. Voici la réponse. Dites la question.

Modèle   Oui, c'est une auto.   *Est-ce une auto?*

1. Oui, c'est une clé. *skirt*
2. Oui, c'est la jupe de Lucille.
3. Oui, c'est une guitare.
4. Oui, c'est Yves St. Laurent.
5. Oui, c'est le cahier de Georges.

K. Dites si le mot donné est masculin ou féminin.

Modèle   respiration   *«Respiration» est féminin: la respiration.*

1. réalité	6. étudiant
2. mur	7. étudiante
3. nation	8. addition
4. main	9. vanité
5. professeur	10. exception

Prononciation

Une consonne finale (ou un groupe de consonnes finales) est généralement muette.[2] Prononcez après le professeur.

c'es~~t~~   françai~~s~~   obje~~t~~   étudian~~t~~

Exceptions: **c, r, l, f**—sa**c**, mu**r**, anima**l**, neu**f**

Liaison: Une consonne finale — normalement muette — est prononcée devant une voyelle (ou un **h** muet).

      C'est un étudiant.
Mais: C'es~~t~~ le livre de l'étudiant.
      C'est un homme.
Mais: C'es~~t~~ l'homme de Cro-Magnon.
      Voilà un livre très intéressant.[3]
Mais: Voilà un livre trè~~s~~ difficile.

Présentation V

Comptez. Commencez à soixante.	Soixante, soixante et un, soixante-deux, soixante-trois, soixante-quatre, etc.
Et après soixante-neuf? Continuez.	Soixante-dix. Soixante et onze, soixante-douze, soixante-treize, soixante-quatorze, etc.
Et après soixante-dix-neuf? Continuez.	Quatre-vingts. Quatre-vingt-un, quatre-vingt-deux, quatre-vingt-trois, etc.
Et après quatre-vingt-neuf? Continuez.	Quatre-vingt-dix. Quatre-vingt-onze, quatre-vingt-douze, quatre-vingt-treize, etc.
Et après quatre-vingt-dix-neuf? Continuez.	Cent. Cent un, cent deux, cent trois, etc.

---

2. *Muet(-te)* = silencieux(-euse).
3. **S** en liaison → [z]. Le signe phonétique est généralement utilisé par le dictionnaire.

Quel est[4] votre numéro de téléphone?

C'est **quatre cent vingt-cinq ... trente-deux ... quinze.**

Quelle est votre adresse?

C'est **cent quarante-huit** Boulevard Harmon.

Explications

6 Comptez de 60 à 1.000.000.000.[5]

60 soixante	80 quatre-vingts	100 cent
61 soixante et un	81 quatre-vingt-un	101 cent un
62 soixante-deux	82 quatre-vingt-deux	102 cent deux
63 soixante-trois	83 quatre-vingt-trois	
64 soixante-quatre	84 quatre-vingt-quatre	200 deux cents
65 soixante-cinq	85 quatre-vingt-cinq	201 deux cent un
66 soixante-six	86 quatre-vingt-six	202 deux cent deux
67 soixante-sept	87 quatre-vingt-sept	
68 soixante-huit	88 quatre-vingt-huit	300 trois cents
69 soixante-neuf	89 quatre-vingt-neuf	301 trois cent un
		302 trois cent deux
70 soixante-dix	90 quatre-vingt-dix	
71 soixante et onze	91 quatre-vingt-onze	1.000 mille
72 soixante-douze	92 quatre-vingt-douze	1.001 mille un
73 soixante-treize	93 quatre-vingt-treize	
74 soixante-quatorze	94 quatre-vingt-quatorze	2.000 deux mille
75 soixante-quinze	95 quatre-vingt-quinze	2.001 deux mille un
76 soixante-seize	96 quatre-vingt-seize	
77 soixante-dix-sept	97 quatre-vingt-dix-sept	1.000.000 un million
78 soixante-dix-huit	98 quatre-vingt-dix-huit	1.000.000.000 un milliard
79 soixante-dix-neuf	99 quatre-vingt-dix-neuf	

4. *Quel(-le) est* = indiquez.
5. Remarquez l'emploi du point (.) et de la virgule (,) avec les nombres: 1.000 = «mille»; 2 1/2 = 2,5 = «deux virgule cinq».

Exercices oraux

L. Comptez de 1 à 39; de 40 à 79; de 80 à 110; de 195 à 217; de 385 à 409; de 990 à 1.004.

M. Répondez.

1. Quel est votre numéro de téléphone? (*Réponse:* C'est ...)
2. Quelle est votre adresse? (*Réponse:* C'est ...)
3. Quelle est l'adresse du Président? (*Réponse:* C'est ...)

N. Indiquez les nombres suivants.

1. 777	3. 1.776	5. 1.680	7. 1.929	9. 16.571
2. 1.066	4. 1.492	6. 1.894	8. 2.001	10. 81.891

O. Indiquez ...

Modèle le nombre de professeurs dans la classe.
un

1. le nombre d'étudiants dans la classe.
2. le nombre d'étudiants dans votre université (plus ou moins).[6]
3. le nombre de jours dans l'année.
4. le nombre de lettres dans l'alphabet.
5. le nombre d'habitants des USA; de la France; de la planète Terre (plus ou moins).

Présentation VI

Quelle est la date aujourd'hui?	**Aujourd'hui, c'est le 15 septembre. C'est mercredi 15 septembre.**
Et demain?	**Demain, c'est le 16 septembre. C'est jeudi 16 septembre.**
Indiquez les sept jours de **la semaine.**	Voilà: **lundi, mardi, mercredi, jeudi, vendredi, samedi, dimanche.**
Indiquez les douze mois de **l'année.**	Voilà: **janvier, février, mars, avril, mai, juin, juillet, août, septembre, octobre, novembre, décembre.**

---

6. *Plus ou moins* = approximativement.

Quel est le premier mois de l'année?	**C'est janvier.**
Quel jour est-ce aujourd'hui?	**Aujourd'hui, c'est mercredi.**
Le dimanche, est-ce un jour ordinaire?	Non, **le dimanche** est un jour de repos. C'est le dernier jour du week-end.

Explications

7 Le calendrier

A. La date

1. Question et réponse

Question: Quelle est la date aujourd'hui?
Réponse: Aujourd'hui, c'est mercredi 15 septembre, *ou*
Aujourd'hui, c'est le 15 septembre.
Écrivez: mercredi 15 septembre *ou*
le 15 septembre

Remarquez: le **2 (deux),** le **3 (trois),** le **4 (quatre)** *mais* le **1er (premier)**

2. Voilà deux variantes pour certains nombres (1100-1999).

1914   mille neuf cent quatorze *ou*
dix-neuf cent quatorze

1984   mille neuf cent quatre-vingt-quatre *ou*
dix-neuf cent quatre-vingt-quatre

3. La date abrégée

15 / 9 / 86 = le 15 septembre 1986
3 / 12 / 87 = le 3 décembre 1987

B. La différence entre **lundi** et **le lundi, mardi** et **le mardi,** etc.

Aujourd'hui, c'est **lundi.** Demain, c'est **mardi. Le lundi** est un jour de classe ordinaire. **Le dimanche** est un jour de repos.

Le devant le nom du jour signifie «en général».
Le lundi = chaque lundi.

Exercices oraux

P. Répondez.

1. Indiquez les jours de la semaine.
2. Indiquez les mois de l'année.
3. Quelle est la date de votre anniversaire? (*Réponse:* C'est ...)

Q. Indiquez les dates suivantes.

Modèle 3 / 12 / 74
C'est le 3 décembre mille neuf cent soixante-quatorze.

1. 8 / 1 / 86
2. 1 / 8 / 86
3. 31 / 12 / 88
4. 14 / 3 / 67
5. 7 / 2 / 68

6. 22 / 11 / 85
7. 14 / 2 / 87
8. 1 / 4 / 29
9. 9 / 10 / 89
10. 24 / 7 / 87

R. Finissez les phrases. Employez **vendredi** ou **le vendredi.**

1. L'anniversaire de Sylvie est _____.
2. Le professeur est présent _____.
3. Le dernier jour de classe de la semaine est _____.
4. Le premier examen de la classe de français est _____.

Création

Exercices de conversation

A. Interviewez un(-e) autre étudiant(-e).

1. Est-ce un cours ordinaire?
2. Qu'est-ce que c'est?
3. Est-ce un professeur ordinaire?
4. Qui est-ce?
5. Est-ce le cours de français?

B. Montrez dix objets dans la classe.

>   *Modèles*   *Voilà un tableau.*
>   *Voilà la chemise de Richard.*

C. Demandez à un(-e) autre étudiant(-e) ...

1. Quelle est la date aujourd'hui?
2. Quelle est la date demain?
3. Quelle est la date de la fête nationale américaine?
4. Quelle est la date de la fête nationale française?
5. Quelle est la date de Noël?
6. Quelle est la date du premier jour de l'année?
7. Quelle est la date du dernier jour de l'année?
8. Quelle est la date du dernier jour de février?

D. Conversation: Vous êtes dans l'appartement de Janine. Une personne mystérieuse téléphone. Imaginez l'autre partie de la conversation.

Janine:	La personne mystérieuse:
—Allô?	_____? _____?
—C'est Janine.	_____?
—Oui, c'est Janine Durand.	_____?
—Oui, c'est l'anniversaire de Jim.	_____?
—C'est le 29 septembre.	_____?
—Le numéro de téléphone de Jim est 796-93-20.	_____?
—La date de l'examen est le 30 septembre.	_____!
—Au revoir. À demain!	_____!

Paris: L'Arc de Triomphe, place de l'Étoile. Cette sculpture de François Rude représente le peuple en révolution en 1789.

Et la révolution continue maintenant.

E. Répondez aux questions suivantes.

1. Regardez la photo, à gauche.[7]
   a. Quelle est la date de la révolution?
   b. Est-ce la révolution du peuple?[8]
2. Regardez la photo, à droite.
   a. Quelle est la date de la révolution? (Imaginez.)
   b. Est-ce la révolution du peuple?
3. Inventez une question sur une des photos.
   Posez la question à un(-e) autre étudiant(-e).

Exercices écrits

Écrivez les exercices écrits dans le *Cahier d'exercices,* Leçon 1.

7. ← *à gauche* ≠ *à droite* →
8. *Le peuple* = la nation.

Lecture

L'Importance de la date

PROFESSEUR: Quelle est la date de la fête nationale française?

ÉTUDIANT: *C'est le 14 juillet,* Monsieur.

PROFESSEUR: Très bien, et pourquoi *est-ce le 14 juillet?*

ÉTUDIANT: Je ne sais pas, Monsieur.

5 **PROFESSEUR:** Parce que *le 14 juillet* est l'anniversaire de l'attaque de la Bastille par le peuple de Paris. C'est «la prise de la Bastille», *le 14 juillet 1789.* Et quelle est la date de la fête nationale américaine?

TOUT LE MONDE: *C'est le 4 juillet.*

PROFESSEUR: Pourquoi?

10 **TOUT LE MONDE:** Parce que *le 4 juillet* est l'anniversaire de l'indépendance américaine.

PROFESSEUR: Formidable! Magnifique! C'est une classe extraordinaire. Quelle est la date de Noël?

TOUT LE MONDE: *C'est le 25 décembre.*

15 **PROFESSEUR:** Excellent! Et quelle est la date de l'examen?

TOUT LE MONDE: *(silence)*

ÉTUDIANT: L'examen est éliminé, Monsieur. C'est la décision de la majorité de la classe. C'est une démocratie, la démocratie du peuple, par le peuple et pour le peuple. Vive le peuple! Vive la classe de
20 français! À bas[9] l'examen!

Questions sur la lecture

1. Quelle est la date de la fête nationale française? Pourquoi?
2. Quelle est la date de la fête nationale américaine? Pourquoi?
3. Est-ce une classe extraordinaire?
4. Quelle est la date de l'examen?
5. Pourquoi est-il éliminé?

9. *À bas* ≠ Vive ... !

Vocabulaire

noms

amie f.
année f.
anniversaire m.
bouche f.
cahier m. *notebook*
chien m.
cours m. *course*
fête f.
garçon m.
histoire f.
jeune fille f.
jour m.
main f.
mois m. *month*
mot m.
nez m.
nombre m.
oreille f.
partie f.
portefeuille m.
sac m.
semaine f. *week*
terre f. *world, earth, land*

adjectifs

abstrait(-e)
anglais(-e)
brillant(-e)
chaque *each*
dernier(-ère) *last*
magnifique
mystérieux(-euse)
obligatoire
ordinaire
premier(-ère)

adverbes

aujourd'hui *today*
demain *tomorrow*
généralement
pourquoi *why*

prépositions

devant *in front of*
en *in, by, some, any, made of*
pour *for, in order*

autres expressions

à bas ... ! *down with!*
et ça?
non
oui
quel (quelle) est ... ?
qui est-ce?
vive ... !

noms apparentés

adresse f.
appartement m.
attaque f.
auto f.
blouse f.
calendrier m.
date f.
démocratie f.
dictionnaire m.
différence f.
examen m.
guitare f.
importance f.
leçon f.
Noël m.
opinion f.
parents m.pl.
photo f.
planète f.
président m.
présidente f.
problème m.
pull-over m.
repos m.
téléphone m.
valise f.
week-end m.

2 Deuxième Leçon

Descriptions

Les pronoms *il, elle, ils, elles*
L'accord des adjectifs
C'est et *il est, elle est. Ce sont* et *ils sont, elles sont*
Le verbe *être*
Tu et *vous*

La négation
La question

Lecture: *Le Centre national d'art et de culture Georges Pompidou*

C'est le Centre national d'art et de culture Georges Pompidou.

Découverte

Présentation I

Est-ce que le restaurant du campus est excellent?

Oui, **il** est excellent.

Est-ce que la princesse Diana est anglaise?

Oui, **elle** est anglaise.

Est-ce que les étudiants sont contents?

Oui, **ils** sont contents.

Est-ce que les fenêtres sont claires?

Oui, **elles** sont claires.

Est-ce que Marie, Brigitte et Marc sont absents?

Oui, **ils** sont absents.

Est-ce que la table, la chaise et le bureau sont utiles?

Oui, **ils** sont utiles.

Explications

1 Les pronoms **il, elle, ils** et **elles**

> **Il** remplace un nom masculin singulier.
> **Elle** remplace un nom féminin singulier.
> **Ils** remplace un nom masculin pluriel.
> **Elles** remplace un nom féminin pluriel.

Remarquez: Avec un nom masculin et un nom féminin, le pronom est *masculin pluriel.*

> Voilà Marc et Suzanne. **Ils** sont contents.

Attention: La répétition est possible, mais elle n'est pas élégante. Le pronom sujet est préférable.

> Est-ce que Jean-Claude est en forme?[1]
> Oui, Jean-Claude est en forme.
> Oui, **il** est en forme.

---

1. *En forme* = dans une condition physique excellente.

Exercices oraux

A. Répétez les phrases suivantes, mais changez le sujet en pronom.

> *Modèle* Monsieur Harper est bizarre.
> *Il est bizarre.*

1. La porte est fermée. *elle est fermée*
2. L'auto de James Bond est originale.
3. Le laboratoire de français est nécessaire.
4. Jacques et Jill sont en forme. *ils sont en formes.*
5. Les photos du livre sont magnifiques. *elles sont magnifiques.*
6. Maurice Chevalier et Charles de Gaulle sont absents. *ils sont absent.*
7. Les oreilles sont essentielles. *essentiel → essentielle - fém.*
8. La réponse est correcte.
9. L'appartement de Jacqueline Onassis est élégant.
10. Le français est logique.

ils sont fermés
elle sont fermées

B. Répondez aux questions suivantes. Utilisez un pronom comme sujet.

> *Modèle* Est-ce que Pollyanna est contente ou triste?
> *Elle est contente.*

1. Est-ce que Monsieur Getty est riche ou pauvre?
2. Est-ce que l'université est superbe ou médiocre?
3. Est-ce que Sherlock Holmes est brillant ou stupide?
4. Est-ce que Joan Rivers est magnifique ou abominable?
5. Est-ce que le professeur est absent ou présent?
6. Est-ce que les étudiants de la classe de français sont ordinaires ou extraordinaires?
7. Est-ce que les leçons de français sont simples ou complexes?
8. Est-ce que la philosophie de Socrates est facile ou difficile?

Présentation II

Est-ce que le livre est **ouvert?**   Oui, il est **ouvert.**

Est-ce que la porte est **ouverte?**   Oui, elle est **ouverte.**

Est-ce que les fenêtres sont **ouvertes?**   Oui, elles sont **ouvertes.**

Est-ce que les cahiers sont **ouverts?**   Oui, ils sont **ouverts.**

Explications

2 Les adjectifs

A. L'accord[2]

1. Quand le nom (ou le pronom) est masculin singulier, l'adjectif est masculin singulier.

    Monsieur Gilette est **présent.**

2. Quand le nom (ou le pronom) est féminin singulier, l'adjectif est féminin singulier.

    Mademoiselle Lambert est **présente.**

3. Quand le nom (ou le pronom) est masculin pluriel, l'adjectif est masculin pluriel.

    Monsieur Gilette et Monsieur Vallée sont **présents.**

4. Quand le nom (ou le pronom) est féminin pluriel, l'adjectif est féminin pluriel.

    Mademoiselle Lambert et Mademoiselle Longine sont **présentes.**

Attention: Avec un nom masculin et un nom féminin, l'adjectif est *masculin pluriel.*

Monsieur Gilette et Mademoiselle Lambert sont **présents.**

B. Les formes

1. Les quatre formes normales sont:

Il est **présent.**	Ils sont **présents.**
Elle est **présente.**	Elles sont **présentes.**

2. Les adjectifs terminés par **-s** au masculin singulier sont identiques au masculin pluriel.

Il est **français.**	Ils sont **français.**
Mais: Elle est **française.**	Elles sont **françaises.**

3. Les adjectifs terminés par **-x** au masculin singulier sont identiques au masculin pluriel; le féminin est **-se** et **-ses.**

Il est **furieux.**	Ils sont **furieux.**
Mais: Elle est **furieuse.**	Elles sont **furieuses.**

2. *L'accord* = la correspondance entre une forme principale et une forme dépendante; "agreement."

4. Les adjectifs terminés par **-f** au masculin singulier sont terminés par **-ve** et **-ves** au féminin.

Il est **sportif.**   Ils sont **sportifs.**

Mais: Elle est **sportive.**   Elles sont **sportives.**

5. Les adjectifs terminés par **-al** au masculin singulier sont terminés par **-aux** au masculin pluriel.

Il est **original.**   Ils sont **originaux.**

Mais: Elle est **originale.**   Elles sont **originales.**

Remarquez: Beaucoup de noms masculins en **-al** sont terminés en **-aux** au pluriel.

un **animal**   deux **animaux**
un **journal**   trois **journaux**
un **canal**   sept **canaux**
un **cheval**   deux **chevaux**

6. Les adjectifs terminés par **-e** au masculin singulier sont identiques au féminin singulier.

Il est **sympathique.**   Ils sont **sympathiques.**
Elle est **sympathique.**   Elles sont **sympathiques.**

Remarquez: **-é** est une lettre spéciale.

Il est **occupé.**   Elle est **occupée.**

7. Les adjectifs de nationalité

allemand(-e)   chinois(-e)   japonais(-e)
américain(-e)   espagnol(-e)   mexicain(-e)
anglais(-e)   français(-e)   russe
canadien(-ne)   italien(-ne)   sénégalais(-e)

8. Le **-e** final n'est pas prononcé, mais on prononce la *consonne* qui précède le **-e.** Prononcez.

petit   petite
français   française
américain   américaine
furieux   furieuse

Exercices oraux

C. Dites le masculin de chaque adjectif.

> *Modèle* petite *petit*

1. présente	4. italienne	7. française	9. contente
2. heureuse	5. sportive	8. active	10. américaine
3. grande	6. furieuse		

D. Dites des phrases complètes.

> *Modèle* Louise est petite. Louis ... *Louis est petit.*

1. L'étudiant est présent. L'étudiante ...
2. Bernadette est heureuse. Bernard ...
3. Jacques est impatient. Jacqueline ...
4. Henriette est sportive. Henri ...
5. Le garçon est furieux. La jeune fille ...
6. Christine est active. Christophe ...
7. Le livre est ouvert. La porte ...
8. Le cours est excellent. La classe ...
9. Le professeur est intelligent. L'étudiante ...
10. La girafe est grande. Le cheval ...
11. Les exercices sont oraux. Les questions ...
12. Les difficultés sont nationales. Les problèmes ...

E. Imaginez la nationalité des personnes suivantes. Attention à l'accord des adjectifs.

> *Modèle* Natasha et Vladimir
> *Natasha et Vladimir sont russes.* ou *Ils sont russes.*

1. Giuseppe Fellini	5. Gretchen et Hildegard
2. Monsieur et Madame Wong	6. Barney et Babs Baxter
3. Takahashi et Yoshiko Fujikara	7. Nicole Lebrun
4. María et Juanita López	8. Elizabeth Windsor

F. Répondez à chaque question avec le nom d'une personne. Faites tous les changements nécessaires.

> *Modèle* Qui est extravagant(-e)?
> *Zsa Zsa Gabor est extravagante.*

1. Qui est grand(-e)?	6. Qui est américain(-e)?
2. Qui est petit(-e)?	7. Qui est français(-e)?
3. Qui est nerveux (nerveuse)?	8. Qui est dangereux (dangereuse)?
4. Qui est original(-e)?	
5. Qui est présent(-e)?	

Présentation III

Qu'est-ce que c'est?	**C'est** un livre.
Est-il intéressant ou ennuyeux?	**Il est** intéressant.
Qu'est-ce que c'est?	**Ce sont** les livres d'Élizabeth.
Sont-ils ouverts ou fermés?	**Ils sont** ouverts.
Qu'est-ce que c'est?	**C'est** une serviette.
Est-elle grande ou petite?	**Elle est** grande.
Qu'est-ce que c'est?	**Ce sont** les clés du professeur.
Sont-elles petites?	Oui, **elles sont** petites.
Qui est-ce?	**C'est** Anne.
Est-elle absente ou présente?	**Elle est** présente, naturellement.

Explications

3 **C'est, ce sont** + nom propre
C'est, ce sont + article + nom commun
C'est, ce sont + article + nom modifié (avec adjectif)
Il est, elle est, ils sont, elles sont + adjectif, préposition ou adverbe

A. Employez **c'est** ou **ce sont** devant un *nom propre* ou devant un *nom modifié*.

C'est Mademoiselle Cooper.
C'est le chien du professeur.
C'est la petite amie[3] de Stéphane.

C'est un livre.
C'est un livre intéressant.
Ce sont les étudiants de la classe de français.
Ce sont les livres d'Anne.

B. Employez **il est, elle est, ils sont** ou **elles sont** avec un adjectif, une préposition ou un adverbe.

Elle est présente.
Il est absent.
Elles sont magnifiques.
Ils sont contents.

Il est dans la classe.
Elle est debout.[4]
Ils sont ensemble.
Elles sont assises.

3. *Petit(-e) ami(-e)* = un(-e) ami(-e) spécial(-e).
4. *Debout* ≠ assis(-e). *Debout* est un adverbe (invariable), mais *assis* est un adjectif (variable): Il est **assis.** Elle est **assise.**

Exercices oraux

G. Formulez des phrases avec **c'est**, **il est** ou **elle est**.

    Modèle   un livre / excellent
                  C'est un livre. Il est excellent.

1. un film / excellent
2. Marie / formidable
3. Horace / comique
4. la chemise de Richard / chic
5. un autre livre / exceptionnel

H. Formulez une phrase avec **ce sont**, **ils sont** ou **elles sont**.

    Modèle   Monsieur et Madame Jones / sympathiques
                  Ce sont Monsieur et Madame Jones. Ils sont
                  sympathiques.

1. les étudiants de la classe de français / brillants
2. les mains de Marcel Marceau / extraordinaires
3. les voitures de Monsieur Ford / antiques
4. trois jeunes filles / ici
5. les amis de Claude / en forme

Présentation IV

Je suis ici. **Êtes-vous** ici aussi?	Naturellement **je suis** ici. Et John?
John **est** ici. Est-ce que Bob et Steve **sont** ici?	Oui, **ils sont** ici.
Très bien. Est-ce que Susan et Janet **sont** ici?	Oui, **elles sont** ici aussi. En fait,[5] tout le monde **est** ici.
Sommes-nous ici?	Oui, **nous sommes** ici.
David, demandez à Paul s'**il est** sportif.	David: Paul, **êtes-vous** sportif?
Maintenant, utilisez le pronom **tu**.	David: Paul, **es-tu** sportif?

5. *En fait* = "in fact."

Explications

4 Le verbe **être**

être
je **suis**
tu **es**
il **est**, elle **est**, on **est**, tout le monde **est**, c'**est**
nous **sommes**
vous **êtes**
ils **sont**, elles **sont**, ce **sont**

Remarquez: **On** est un pronom sujet impersonnel.

Quand **on** est présent, **on** n'est pas absent.

5 La différence entre **tu** et **vous**

C'est une différence très personnelle. Généralement entre deux amis ou entre les membres d'une famille, on utilise la forme **tu.** Pour le reste, on utilise **vous.**

Comment allez-**vous?**	Bien, merci, et **vous?**
Comment vas-**tu,** Papa?	Ça va, et **toi**[6]?
Êtes-**vous** en forme aujourd'hui, Monsieur?	Oui, je suis en forme.
Es-**tu** en forme aujourd'hui, Georges?	Oui, je suis en forme.

Exercices oraux

I. Formez une phrase complète. Le mot donné est le sujet.

   Modèle être en forme (je)
   Je suis en forme.

   1. être en forme (tu, nous, tout le monde, les étudiants)
   2. être ici (je, vous, on, Sylvie)

J. Formez une phrase logique. Le mot donné est le sujet. Employez le verbe **être** à la forme correcte et ajoutez un adjectif.

   Modèle je *Je suis présent.*

1. nous	3. on	5. tout le monde	7. Monsieur Y
2. vous	4. tu	6. Mademoiselle X	8. Linda et Margot

---

6. *Toi* = *tu* accentué.

Présentation V

Voilà un objet. **Est-ce** un livre?

Non, **ce n'est pas** un livre. C'est un papier.

Est-ce que vous êtes français?

Non, **je ne suis pas** français.

Est-ce que je suis timide?

Non, **vous n'êtes pas** timide.

Pierre, demandez à Judy si elle est heureuse.

Pierre: **Es-tu** heureuse?
Judy: Non, **je ne suis pas** heureuse.

Les étudiants **sont-ils** furieux?

Non, **ils ne sont pas** furieux.

Explications

6 La forme négative est **ne** + verbe + **pas.**

phrase affirmative	*phrase négative*
C'est un livre.	Ce **n'est pas** un livre.
Le gangster est sentimental.	Le gangster **n'est pas** sentimental.
Monsieur Brown répète la phrase.	Monsieur Brown **ne** répète **pas** la phrase.
Je suis très simple.	Je **ne** suis **pas** très simple.
Vous êtes amusante.	Vous **n'êtes pas** amusante.
Tout le monde est content.	Tout le monde **n'est pas** content.
Nous sommes curieux.	Nous **ne** sommes **pas** curieux.
Tu es raisonnable.	Tu **n'es pas** raisonnable.
Les fleurs sont jolies.	Les fleurs **ne** sont **pas** jolies.

Résumé:

être *(au négatif)*	
je **ne** suis **pas**	nous **ne** sommes **pas**
tu **n'** es **pas**	vous **n'** êtes **pas**
il, elle **n'** est **pas**	ils, elles **ne** sont **pas**

7 La question

A. (1) **est-ce que** + phrase affirmative (ordre normal)
    (2) *l'inversion* du sujet et du verbe

Est-ce que c'est un chien?
Est-ce un chien?   } Oui, c'est un chien.

—Est-ce que je suis timide?
—Non, vous n'êtes pas timide.

Une belle fille comme moi, François Truffaut, 1972.

Ce film comique est l'histoire d'une femme de la rue. Sa beauté est célèbre, mais finalement, c'est la disgrâce parce qu'elle commet un crime.

Est-ce que nous sommes sportifs? } Oui, vous êtes sportifs.
Sommes-nous sportifs?

? Oui, nous sommes sportifs.

B. *Résumé:* Déclaration et interrogation

phrase affirmative	*question avec inversion*	*question avec* **est-ce que**
C'est un étudiant.	**Est-ce** un étudiant?	**Est-ce que** c'est un étudiant?
Je suis content.	**Suis-je** content?	**Est-ce que** je suis content?
Paul est sérieux.	Paul **est-il** sérieux?	**Est-ce que** Paul est sérieux?

Remarquez: Avec un nom, l'inversion est possible avec une répétition du sujet.

Paul est-**il** timide?   **La girafe** est-**elle** petite?

Attention: Si la phrase commence par certains mots interrogatifs (**où,**[7] **quel,** etc.), la répétition du sujet n'est pas nécessaire.

grre "ooh" pron. same as ou

Où est **le professeur?**   **Où** est **Jean-Claude?**   **Quelle** est **la date?**

Résumé:

être *(à l'interrogatif)*	
suis-je? (est-ce que je suis?)	sommes-nous?
es-tu?	êtes-vous?
est-il? est-elle?	sont-ils? sont-elles?

7. *Où* est un adverbe interrogatif qui demande la situation géographique.

Exercices oraux

K. Changez au négatif.

> **Modèle** Je suis debout.
> *Je ne suis pas debout.*

1. Je suis assise.
2. Nous sommes furieux.
3. Vous êtes élégant.
4. La salade est délicieuse.
5. Tu es anglais.
6. Ce sont les étudiants de la classe de français.
7. C'est un exercice de mathématiques.
8. Elles sont contentes.

L. Répondez à l'affirmatif ou au négatif.

1. Êtes-vous grand(-e)?
2. Êtes-vous américain(-e)?
3. Est-ce que ce sont les exercices de la leçon 20?
4. Sommes-nous intelligents?
5. Est-ce un exercice oral?
6. Êtes-vous fatigué(-e)?
7. Est-ce que vous êtes occupé(-e) le dimanche?
8. Est-ce que Groucho et Harpo sont bizarres?

M. Voilà la phrase affirmative; formez la question (deux formes).

> **Modèle** Phrase affirmative: Nous sommes furieux.
> Questions: *Sommes-nous furieux?*
> *Est-ce que nous sommes furieux?*

1. Nous sommes fatigués.
2. Il est grand.
3. Ils sont anglais.
4. Elles sont anglaises.
5. Je suis remarquable.
6. Tu es impatient.
7. Paul et Robert sont français.
8. Les livres sont fermés.
9. Vous êtes sarcastique.
10. On est malade.

N. Demandez à un(-e) autre étudiant(-e) ...

Modèle   si[8] les étudiants de la classe de français sont
intelligents.

Question: *Est-ce que les étudiants de la classe de français
sont intelligents?*   ou
*Les étudiants de la classe de français sont-ils
intelligents?*

Réponse: *Oui, ils sont intelligents.*   ou
Non, ils ne sont pas intelligents.

1. si les étudiants de la classe de français sont sympathiques.
2. s'il[9] (si elle) est allemand(-e).
3. si c'est le sept février.
4. s'il (si elle) est heureux (heureuse) aujourd'hui.
5. si les autres étudiants sont heureux.
6. si vous êtes petit(-e).

8. *Si* = "if."
9. Remarquez l'élision **si** + **il** → **s'il.**

To have
avoir

J' ai   nous avons

tu as   vous avez

elle a   elles ont

ai je?) Je n'ai pas
as-tu)
a-t-elle   avons-nous   avez-vous
a-t-il   ont-elle

p. 76

Création

Exercices de conversation

A. Complétez les phrases suivantes avec un adjectif à la forme appropriée.

> *Modèle*   Le restaurant du campus est ...
> *Le restaurant du campus est unique.*

1. La classe de français est ... *allemand*
2. Je suis ... *américain.*
3. Calvin Klein et Gloria Vanderbilt sont ... *assises.*
4. La biologie n'est pas ... *ennuyeuse.*
5. Johnny Carson est ... *fou*
6. Les animaux sont ... *chinoises*
7. Les fleurs ne sont pas ... *espagnoles.*
8. Nous sommes ... *faciles or fatiguées.*
9. Les questions du professeur sont ... *faciles.*
10. Linda Ronstadt n'est pas ... *grande.*

B. Pour chaque phrase, protestez et changez l'adjectif.

> *Modèle*   Le professeur est absent.
> *Mais non! Il n'est pas absent, il est présent.*

1. Napoléon est grand.
2. La tour Eiffel est africaine. *sad.*
3. Alfred E. Newman est triste.
4. Les crêpes suzette sont japonaises.
5. Phyllis Diller et David Brenner sont ennuyeux.
6. Albert Einstein est stupide.

C. Dans la classe de français ...

> *Modèle*   Qui est absent aujourd'hui?
> *Marianne et Juliette sont absentes.*

1. Qui est absent aujourd'hui?
2. Qui est sportif?
3. Qui est américain?
4. Qui est brillant?
5. Qui est content?
6. Qui est petit?
7. Qui est grand?
8. Qui est formidable?
9. Qui est mystérieux?
10. Qui est calme?

D. Interviewez un(-e) camarade de classe. Employez la forme *tu*. Après, résumez votre interview.

Est-il (est-elle) grand(-e) ou petit(-e)? américain(-e)? sérieux (sérieuse)? sportif (sportive)? malade? sarcastique? original(-e)? amusant(-e)? ennuyeux (ennuyeuse)? nerveux (nerveuse) ou calme? normal(-e) ou bizarre? etc.

Modèle   Est-il grand ou petit? américain(-e)? ...
Question: *Es-tu grand ou petit?*
Réponse: *Je suis grand.*
Question: *Es-tu américain?*
Réponse: *Oui, je suis américain.*
Etc.
Résumé: *Voilà Georges. Il est grand. Il est américain. Etc. ...*

E. Interviewez le professeur. Employez la forme *vous*. Employez les questions de l'exercice D comme modèle.

F. Donnez en cinq phrases affirmatives et négatives la description des personnes ou des choses suivantes. Employez beaucoup d'adjectifs.

Modèle   un ami idéal
Un ami idéal est sympathique. Il n'est pas furieux. Il n'est pas ennuyeux. Il est original. Il est formidable.

1. une amie idéale
2. des parents idéaux
3. un cours horrible
4. des actrices horribles
5. vous

G. Regardez la photo, page 49. Répondez.

1. Montrez-moi un homme. Est-il content?
2. Montrez-moi un autre homme. Est-il assis?
3. Les hommes de la photo sont-ils élégants?
4. Inventez une question sur la photo. Posez la question à un (-e) autre étudiant(-e).

Exercices écrits

Écrivez les exercices écrits dans le *Cahier d'exercices*, Leçon 2.

Lecture

Le Centre national d'art et de culture Georges Pompidou

François, Sylvie, Debbie, Jim et Bruce regardent une carte postale de
Paris: un bâtiment très *bizarre*.

JIM: Qu'est-ce que c'est? Un bâtiment en construction?

SYLVIE: Mais non, Jim, *ce n'est pas* ça. Regarde les gens. *Ils sont* sur
un escalier mécanique. *Ce ne sont pas* des ouvriers!

BRUCE: *C'est* un réacteur nucléaire et les gens *sont* les inspecteurs
du gouvernement.

DEBBIE: Mais non, *vous êtes* complètement *stupides*. *C'est* une
énorme sculpture *moderne* et les gens *sont* une invention de l'artiste
pour accentuer le réalisme de la sculpture. Elle représente l'aliénation de l'individu et la domination des machines sur les gens.

JIM: Mais *vous êtes* complètement *fous*. Regardez les tubes *énormes*
et les couleurs ... *Je suis* sûr que *c'est* une raffinerie de pétrole!
Mais pourquoi *est-elle* dans le centre de Paris?

BRUCE: *Nous sommes* très *curieux* et *impatients* et *vous êtes* très
mystérieux. Expliquez vite! Qu'est-ce que c'est? Et qui *sont* les gens
sur la photo?

SYLVIE: Eh bien, *c'est* le Centre national d'art et de culture Georges
Pompidou.

JIM: Georges Pompidou, le Président de la République française?

FRANÇOIS: Oui, l'ex-Président parce qu'*il est* mort en 1974. *C'est* un
centre absolument original. *Ce n'est pas* un musée réservé à la
préservation de l'art ou des livres. *C'est* un espace *ouvert*. Ici, *c'est*
la rencontre entre la découverte et la création. *C'est* l'intégration *des*
activités *des* artistes et *des* techniciens dans la vie.

DEBBIE: La découverte et la création ... mais *c'est* le titre du livre de
français! *Nous sommes* très *modernes*. *Sommes-nous* aussi les personnages du livre?

FRANÇOIS: Mais naturellement!

Questions sur la lecture

1. Qu'est-ce que François, Sylvie, Debbie, Jim et Bruce regardent?
2. Qui sont les gens sur l'escalier mécanique selon[10] Bruce? Selon
   Debbie? Selon vous?

10. *Selon* = "according to."

3. Quel est le bâtiment sur la carte postale selon Bruce? Selon Debbie? Selon Jim?
4. Quel est le bâtiment sur la carte postale en réalité?
5. Qui est Georges Pompidou?
6. Pourquoi est-ce un centre très original?
7. Quel est le titre du livre de français?
8. Qui sont les personnages du livre de français? Qui est français? Qui est américain?

Discussion / Composition

Préparez la description d'un objet célèbre ou d'une personne célèbre. Ne mentionnez pas le nom de l'objet ou de la personne. À la fin de la description, demandez à la classe «Qu'est-ce que c'est?» ou «Qui est-ce?» *Exemple:* C'est un homme. Il est petit. Il est français. Il est mort. C'est un général. C'est l'ami de Joséphine. Qui est-ce?[11] *Voici un autre exemple:* C'est un objet. En fait c'est une statue. Elle est énorme, elle est colossale. C'est le symbole de l'amitié franco-américaine. C'est aussi le symbole de la liberté. C'est le premier contact des immigrants avec l'Amérique. Qu'est-ce que c'est?[12]

11. C'est Napoléon.
12. C'est la Statue de la Liberté.

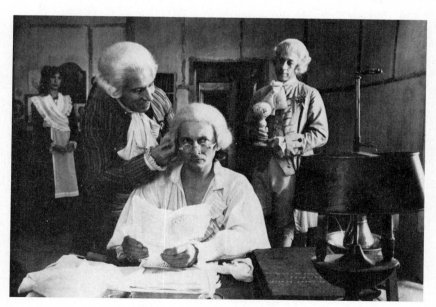

Nous sommes très modernes.

Danton, Andrze Wajda, 1983.
   Ce film historique raconte les rôles de Danton et de Robespierre, deux hommes politiques de la Révolution française. La confrontation de ces hommes, camarades dans le passé et maintenant ennemis résulte en un film brillant.

Vocabulaire

noms

amitié f.
bâtiment m.
cheval m.
couleur f.
découverte f.
escalier m.
espace m.
fin f.
gens m.pl.
journal m.
musée m.
musique f.
rencontre f.
vie f.
voiture f.

adjectifs

allemand(-e)
américain(-e)
assis(-e)
chinois(-e)
ennuyeux(-euse)
espagnol(-e)
facile
fatigué(-e)
fermé(-e)
fou (folle, fol)
grand(-e)
heureux(-euse)
joli(-e)
malade
mort(-e)
ouvert(-e)
pauvre
petit(-e)
russe
sportif(-ive)
sympathique
triste
utile

verbes

demander
être

adverbes

complètement
debout
ensemble
ici
naturellement
où
totalement
vite

prépositions

avec
dans
entre
sur

pronoms

elle(-s)
il(-s)
tu

autres expressions

à propos
comment vas-tu?
eh bien
en fait
en forme
en réalité
si

noms apparentés

animal m.
art m.
campus m.
centre m.
film m.
gouvernement m.
machine f.
parfum m.
philosophie f.
restaurant m.
sculpture f.
statue f.
tennis m.
tube m.

Le monde francophone

1. À Bruxelles. La Grand' Place offre de beaux exemples de l'architecture flamande.
2. À Genève, ville commerciale et touristique et siège de nombreuses organisations internationales

3

4

3. Coucher de soleil sur l'île de Moorea, à l'ouest de Tahiti   4. À la Guadeloupe. La pêche, une des ressources principales de ce département d'Outre-Mer

5

6

7

5. À Dakar, capitale du Sénégal et grande ville moderne   6. Au Maroc. Une ville face au désert   7. À Abidjan, capitale de la Côte d'Ivoire. Marché en plein air

9

8

10

8. Une rue de Québec   9. Montréal. La
deuxième ville francophone du monde
10. Le village de St-Pierre, sur la péninsule
de Gaspé au Canada

3 Troisième Leçon

Situations

L'adjectif *quel (quelle, quels, quelles)*
Les prépositions
Il y a un (une, des) ... Il n'y a pas de ...
Les verbes réguliers en -*er: parler,*
   aimer, manger, etc.

L'heure
À + article défini: *à la, à l', au, aux*

Lecture: *La vie universitaire*

Les étudiants sont toujours très occupés.

Découverte

Présentation I

Quel est le premier jour de la semaine?

C'est lundi.

Quels sont les exercices pour aujourd'hui?

Ce sont les exercices A, B et C.

Quelle est l'adresse de Myra?

Deux cent quinze Broadway.

Quelles sont les villes principales de la France?

Paris, Marseille et Lyon.

Quelles réponses!

Quelles questions!

Quels étudiants!

Quel professeur!

Explications

1 **Quel(-le)(-s)** est un adjectif interrogatif et un adjectif exclamatif.

masculin	féminin
Quel est le numéro de téléphone de Joe? **Quels** sont les mois de l'année?	**Quelle** est la date? **Quelles** sont les étudiantes absentes aujourd'hui?

Remarquez: **Quel(-le)(-s)** + nom + ! = exclamation!

Quel mystère!
Quels idiots!

Quelle coïncidence!
Quelles questions!

Exercices oraux

A. Exprimez votre réaction avec **quel(-le)(-s)**.

> *Modèle* Voilà la classe de français.
> *Quelle classe!*

1. Voilà le nez de Pinocchio.
2. Voilà les étudiants de la classe de français.
3. Voilà la maison de Hugh Hefner.
4. Voilà la machine Cuisinart.
5. Voilà le journal de l'université.
6. Voilà les photos de Catherine Deneuve.

B. Demandez à un(-e) autre étudiant(-e) ...

> *Modèle* la date de l'anniversaire de George Washington.
> Question: *Quelle est la date de l'anniversaire de George Washington?*
> Réponse: *C'est le 22 février.*

1. le nom du président de l'université.
2. les jours du week-end.
3. la capitale de la France.
4. les exercices pour demain.
5. les signes de ponctuation.

Où est Scott par rapport à Kate?

L'Année du bac, José-André Lacour, 1963.
   C'est l'histoire de jeunes étudiants à la fin de leur éducation secondaire. Ce sont aussi de jeunes amours tendres: Mick adore Évelyne et Évelyne adore Mick.

Présentation II

Où sommes-nous?	Nous sommes **dans** la classe.
Où est la classe?	Elle est **dans** un bâtiment.
Où est l'attaché-case du professeur?	Il est **sous** la table, **sur** le plancher, **par terre.**
Où est Scott (par rapport à Kate)?	Il est **derrière** Kate.
Où est Kate (par rapport à Scott)?	Elle est **devant** Scott.
Où êtes-vous?	Je suis **en face du**[1] tableau.
Où est la porte?	Elle est **à droite.**
Où est la fenêtre?	Elle est **à gauche.**
Où est Bob?	Il est **à côté de** Kate et **à côté du** mur. Il est **entre** Kate et le mur.
Où est le professeur?	Elle est **près de** la fenêtre.

1. Remarquez la contraction: en face *de* + *le* → en face *du* tableau.

Explications

2 Les prépositions

sur ≠ **sous**	Le livre est **sur** la table.
sous ≠ **sur**	Le sac est **sous** la table.
devant ≠ **derrière**	Le professeur est **devant** la classe.
derrière ≠ **devant**	Le tableau est **derrière** le professeur.
par terre = **sur le plancher**	L'attaché-case est **par terre**.
dans	Kate est **dans** la classe.
entre	Elle est **entre** Bob et Liz.
à côté de	Bob est **à côté de** Kate.
au fond de	Matt est timide; il est **au fond de** la classe.
en face de	Le professeur est **en face de** Kate et Bob.
près de	Berkeley est **près de** San Francisco.
au bord de	La maison est **au bord du** lac.
au milieu de ≠ **autour de**	L'île est **au milieu du** lac.
autour de ≠ **au milieu de**	Le lac est **autour de** l'île.

Remarquez les expressions adverbiales:

←———à gauche   à droite———→

Exercices oraux

C. Dites le contraire.

> *Modèle* Le papier est sous la table.
> *Le papier est sur la table.*

1. Le professeur est derrière la classe.
2. L'océan est au milieu de l'île.
3. Un chauffeur anglais est à gauche.
4. La fontaine est autour du parc.
5. Vous êtes sous une chaise.

D. Répondez aux questions suivantes. Regardez la classe pour les réponses.

> *Modèle* Qui est devant vous?
> *Marilyn est devant moi.*

1. Qui est à côté de vous?
2. Qui est derrière vous?
3. Qui est au fond de la classe?
4. Quels objets sont par terre?
5. Qui est à côté du mur?
6. Qui est entre le professeur et la porte?
7. Qui est près de vous?
8. Qui est en face du tableau?
9. Qui est devant la fenêtre?

E. Demandez à un(-e) autre étudiant(-e) ...

> *Modèle* Question: Où sommes-nous?
> Réponse: *Nous sommes dans la classe de français.*

1. Où sommes-nous?
2. Où es-tu?
3. Où suis-je?
4. Où est le livre du professeur?
5. Où est la classe?
6. Où sont Monsieur _____ et Mademoiselle _____?
7. Où est la fenêtre?
8. Où est la porte?
9. Où est la clé de l'auto du professeur?
10. Où est le sac de _____?

Présentation III

Est-ce qu'**il y a** un livre sur le bureau?

Oui, **il y a** un livre sur le bureau.

Voilà une chaise. Qu'est-ce qu'**il y a** sur la chaise?

Il y a un attaché-case sur la chaise.

Est-ce qu'**il y a** des étudiants dans la classe?

Oui, **il y a** des étudiants dans la classe.

Il n'y a pas de chien dans la classe. **Il n'y a pas de** chat. Est-ce qu'**il y a** un tigre?

Non, **il n'y a pas de** tigre.

Y a-t-il une pomme sur le bureau du professeur?

Non, **il n'y a pas de** pomme sur le bureau du professeur.

Y a-t-il des étudiants absents?

Non, **il n'y a pas d'**étudiants absents.

Explications

3 **Il y a**

A. **Il y a** est une formule idiomatique qui exprime l'existence, la présence d'une personne ou d'une chose, ou une situation. **Il y a** est généralement employé avec une préposition (**dans, sur, sous,** etc.).

B. Dans une description, on utilise beaucoup **il y a,** qui est invariable avec un singulier ou un pluriel.

> **Il y a** *une* chaise à côté du mur.
> **Il y a** *des* chaises autour de la table.
> **Il y a** *un* crayon sur le bureau.
> **Il y a** *des* crayons sur le bureau.

C. Au négatif

> il y a **un** ...
> il y a **une** ... } **il n'y a pas de** ...
> il y a **des** ...

Il y a **un** stylo.	**Il n'y a pas de** stylo.
Il y a **une** explication.	**Il n'y a pas d'**explication.
Il y a **des** étudiants.	**Il n'y a pas d'**étudiants.
Il y a **des** compositions.	**Il n'y a pas de** compositions.

Attention: Il y a **trois** fenêtres.   **Il n'y a pas trois** fenêtres.

> **De** n'est pas dans la phrase négative parce que **un (une, des)** n'est pas dans la phrase affirmative.

D. Voici les deux formes interrogatives:

> avec *inversion:* **Y a-t-il** un étudiant français dans la classe?
> avec *est-ce que:* **Est-ce qu'il y a** un chien derrière la porte?

Exercices oraux

F. Dites au négatif.

Modèle   Il y a une photo dans le portefeuille.
Il n'y a pas de photo dans le portefeuille.

1. Il y a des compositions pour aujourd'hui.
2. Il y a des idiots dans la classe.
3. Il y a une explication plausible.

4. Il y a des musiciens dans le théâtre.
5. Il y a des explosions dans le laboratoire.
6. Il y a des cours le dimanche.

G. Demandez à un(e) camarade ...

Modèle   s'il y a un examen aujourd'hui.
Question: *Y a-t-il un examen aujourd'hui?*   ou
    Est-ce qu'il y a un examen aujourd'hui?
Réponse: *Oui, il y a un examen aujourd'hui.*   ou
    Non, il n'y a pas d'examen aujourd'hui.

1. s'il y a un lac au milieu du campus.
2. s'il y a un restaurant sur le campus.
3. s'il y a des banques à côté du campus.
4. s'il y a un monstre derrière la fenêtre.
5. s'il y a des photos sur le mur.
6. s'il y a un bureau de poste près du campus.

Présentation IV

Je parle français. Et vous?
Parlez-vous français?

Oui, **je parle** français.

Roberta **parle-t-elle** français?

Oui, **elle parle** français.

Et Lana et Scott? **Parlent-ils** français?

Oui, **ils parlent** français aussi.

Nous parlons toujours français dans la classe. **Parlons-nous** anglais ici?

Non, **nous ne parlons pas** anglais ici, **nous parlons** français.

Étudiez-vous l'histoire?

Oui, **j'étudie** l'histoire.

Regardez-vous la télévision chaque soir?

Non, **je ne regarde pas** la télé chaque soir. En fait, **je n'aime pas** la télé.

Et votre camarade de chambre, **aime-t-il** la télé?

Oui, **il aime** beaucoup la télé. **Il adore** la télé et **il regarde** toujours la télé. **Il n'étudie pas** beaucoup! Quel dommage!

Explications

4 Les verbes réguliers en **-er**

A. **Parler, étudier, écouter, regarder, aimer, manger**

Parlez-vous?	**Je parle.**	**Je ne parle pas.**
Étudiez-vous?	**J'étudie.**	**Je n'étudie pas.**
Écoutez-vous?	**J'écoute.**	**Je n'écoute pas.**
Regardez-vous?	**Je regarde.**	**Je ne regarde pas.**
Aimez-vous?	**J'aime.**	**Je n'aime pas.**
Mangez-vous?	**Je mange.**	**Je ne mange pas.**

B. À l'affirmatif

parler	
je parle	**nous** parl**ons**
tu parl**es**	**vous** parl**ez**
il, elle, on parle	**ils, elles** parl**ent**

manger	
je mange	**nous** mang**eons**[2]
tu mang**es**	**vous** mang**ez**
il, elle, on mange	**ils, elles** mang**ent**

étudier	
j' étudie	**nous** étudi**ons**
tu étudi**es**	**vous** étudi**ez**
il, elle, on étudie	**ils, elles** étudi**ent**

aimer	
j' aime	**nous** aim**ons**
tu aim**es**	**vous** aim**ez**
il, elle, on aime	**ils, elles** aim**ent**

C. Au négatif

ne pas parler[3]	
je **ne** parle **pas**	nous **ne** parlons **pas**
tu **ne** parles **pas**	vous **ne** parlez **pas**
il, elle, on **ne** parle **pas**	ils, elles **ne** parlent **pas**

ne pas aimer	
je **n'** aime **pas**	nous **n'** aimons **pas**
tu **n'** aimes **pas**	vous **n'** aimez **pas**
il, elle, on **n'** aime **pas**	ils, elles **n'** aiment **pas**

2. Il y a un **e** supplémentaire pour des raisons euphoniques.
3. *Ne pas* précède le verbe à l'infinitif négatif.

D. À l'interrogatif

---

parler?

Est-ce que je parle?	**Parlons-nous?**
Parles-tu?	**Parlez-vous?**
Parle-t-il? Parle-t-elle?	**Parlent-ils? Parlent-elles?**
Parle-t-on?	Tom et Kathy **parlent-ils?**
Dina **parle-t-elle?**	Myra et Carol **parlent-**
Jim **parle-t-il?**	**elles?**

---

1. Une question à la première personne du singulier **(je)** est généralement formée avec **est-ce que.**

   Je parle.   **Est-ce que** je parle?

2. Il y a un **-t-** à la troisième personne du singulier **(il, elle, on)** pour des raisons euphoniques.

Elle aime.	Aime-**t**-elle?
Il mange.	Mange-**t**-il?
On parle.	Parle-**t**-on?

3. *Rappel:* Si le sujet est un *nom,* l'ordre de la phrase interrogative avec l'inversion est:

   sujet (nom) + *verbe* + ***pronom*** ...?

   Le tigre mange-t-**il** beaucoup?
   Laure étudie-t-**elle** la chimie?

4. La formule interrogative **est-ce que** est utilisable à toutes les personnes.

---

parler?

Est-ce que je parle?	**Est-ce que** nous parlons?
Est-ce que tu parles?	**Est-ce que** vous parlez?
Est-ce qu'il (elle, on) parle?	**Est-ce qu'**ils (elles) parlent?

E. À la forme négative interrogative

   1. Avec l'inversion

---

ne pas parler?

(_____)	**Ne parlons-nous pas?**
Ne parles-tu pas?	**Ne parlez-vous pas?**
Ne parle-t-il (-elle, -on) pas?	**Ne parlent-ils (-elles) pas?**

---

2. Avec **est-ce que**

ne pas parler?	
Est-ce que je ne parle pas?	**Est-ce que** nous ne parlons pas?
Est-ce que tu ne parles pas?	**Est-ce que** vous ne parlez pas?
Est-ce qu'il (elle, on) ne parle pas?	**Est-ce qu'**ils (elles) ne parlent pas?

F. La prononciation

1. Les terminaisons prononcées

écouter (infinitif) /e/   nous écoutons /õ/   vous écoutez /e/

2. Les terminaisons non-prononcées

j'écoute   tu écoutes   il (elle) écoute   ils (elles) écoutent

Exercices oraux

H. Dites la question avec l'inversion.

Modèle   Est-ce que Rita aime l'art moderne?
Rita aime-t-elle l'art moderne?

1. Est-ce que vous étudiez la littérature?
2. Est-ce que tu aimes les chiens?
3. Est-ce que nous mangeons maintenant?
4. Est-ce qu'on écoute la stéréo?
5. Est-ce que les Suisses parlent allemand?
6. Est-ce que Barishnikov danse bien?
7. Est-ce que les astronomes regardent les planètes?
8. Est-ce que Madame Chanel déteste le parfum?

I. Dites la négation.

Modèle   J'adore les monstres.
Je n'adore pas les monstres.

1. Je mange beaucoup.
2. Vous parlez chinois.
3. Tu aimes les problèmes.
4. Nous détestons le chocolat.
5. Sarah adore les Cadillacs.
6. J'écoute votre conversation.
7. Les artistes admirent Andy Warhol.
8. Paul étudie l'astrologie.
9. Je chante bien.
10. Raymond danse le tango.

J. Inventez une phrase. Employez la forme correcte du verbe donné, et commencez par le sujet donné.

Modèle danser / vous
Vous dansez très bien.

1. parler / nous
2. regarder / tu
3. adorer / je
4. aimer / les étudiants
5. écouter / vous

6. détester / André
7. manger / Carol et Kate
8. désirer / je
9. répéter / nous
10. étudier / Michel

K. Demandez à un(-e) autre étudiant(-e) ...

1. s'il (si elle) parle japonais.
2. s'il (si elle) aime la blouse (la chemise) du professeur.
3. s'il (si elle) déteste les mathématiques.
4. s'il (si elle) adore les voitures de sport.
5. s'il (si elle) regarde la télévision le soir.
6. s'il (si elle) étudie la biologie.
7. s'il (si elle) écoute la radio.

Présentation V

Quelle heure est-il?

Il est huit heures.

Il est huit heures cinq.

Il est huit heures et quart.

Il est huit heures vingt.

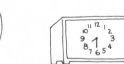

Il est huit heures et demie.

Il est neuf heures moins le quart.

Il est neuf heures moins dix.

Il est midi.

Il est minuit.

Explications

5 L'heure

  A. **Quelle heure est-il?**

      Il est trois heures.
      Il est quatre heures et quart.
      Il est six heures et demie.

  B. **À quelle heure?**

      À trois heures.
      À quatre heures et quart.
      À six heures et demie.

[handwritten: are you eating / do you eat]

      À quelle heure déjeunez-vous?
      Je déjeune **à une heure de l'après-midi.**

  C. **De quelle heure à quelle heure?**

      De neuf heures du matin à cinq heures du soir.
      De minuit à deux heures du matin.

      De quelle heure à quelle heure êtes-vous dans la classe
        de français?
      Je suis en classe[4] **de onze heures du matin à midi.**

  D. **Quand:** Question de temps générale

      Quand êtes-vous fatigué?
      Je suis fatigué le soir.
      Je suis fatigué **avant**[5] la classe de français.
      Je suis fatigué **après**[5] le week-end.
      Je suis fatigué **quand** je suis en classe.

Remarquez: Je suis énergique **le** matin, je suis actif **l'**après-midi, mais je
      suis fatigué **le** soir.

---

4. *En classe,* emploi idiomatique de la préposition *en* = dans la salle de classe.
5. *Avant ≠ après.*

E. **Être en avance, être à l'heure, être en retard**

Le cours est à une heure.

J'arrive en classe à une heure moins le quart.

J'arrive à une heure.

J'arrive à une heure et quart.

Je suis en avance.

Je suis à l'heure.

Je suis en retard.

Exercices oraux

L. Quelle heure est-il?

1.   2.   3.   4.   5.

M. Le film est à huit heures. Êtes-vous en avance, à l'heure, ou en retard?

1. 8:05   2. 7:25   3. 7:55   4. 8:00   5. 9:00

N. Répondez aux questions.

1. À quelle heure déjeunez-vous?
2. À quelle heure est votre premier cours?
3. À quelle heure arrivez-vous sur le campus?
4. Quand êtes-vous en retard?
5. À quelle heure terminez-vous le dîner?

Présentation VI

Quand êtes-vous **à la** bibliothèque?

Je suis **à la** bibliothèque le soir.

Où êtes-vous à neuf heures du matin?

Je suis **à l'**université.

Où êtes-vous à midi?

Nous sommes **au** restaurant universitaire.

Où est-on généralement à onze heures du soir?

On est **au** lit ou on est **au** cinéma. On n'est pas **au** musée.

Explications

6 **À** + article défini

à + le →	**au**	**au** restaurant, **au** tableau
à + les →	**aux**	**aux** États-Unis (= **aux** USA)
à + la =	**à la**	**à la** porte, **à la** classe
à + l' =	**à l'**	**à l'** université, **à l'** opéra

Notez la contraction avec *à* + *le* et *à* + *les*. Il n'y a pas de contraction avec *à* + *la* et *à* + *l'*.

Exercices oraux

O. Commencez une phrase avec **Nous sommes** + **à la, à l', au,** ou **aux.**

Modèle   la maison
Nous sommes à la maison.

1. le restaurant
2. le théâtre
3. la bibliothèque
4. l'opéra
5. l'hôpital
6. le laboratoire
7. la maison
8. le cinéma
9. les toilettes
10. les USA

P. Répondez aux questions suivantes. Employez **au, à la, à l',** ou **aux** dans la réponse.

Modèle   Où dînez-vous? (maison? restaurant?)
Je dîne à la maison.

1. Où écoutez-vous les bandes du cours de français? (laboratoire? bibliothèque?)
2. Où y a-t-il des livres? (cinéma? bibliothèque?)
3. Où étudions-nous? (université? théâtre?)
4. Où regardez-vous des films? (cinéma? télé?)
5. Quand vous êtes malade, où êtes-vous? (lit? hôpital?)
6. Où est-ce qu'on chante? (laboratoire? opéra?)

Création

Exercices de conversation

A. Est-ce la description de votre ville? Si c'est exact, dites oui; sinon, corrigez la phrase.

> *Modèle* Le cinéma est à côté de la bibliothèque.
> *Oui, il est à côté de la bibliothèque.*   ou
> *Non, il n'est pas à côté de la bibliothèque.*

1. La ville est au bord de la mer.
2. Il y a une fontaine au milieu du parc principal.
3. L'hôpital est en face du cinéma.
4. Il y a un métro dans la ville.
5. Le bureau de poste est à côté d'un restaurant.
6. La banque est entre deux boutiques.
7. Il y a un lac dans la ville.
8. La bibliothèque est près d'un bar.
9. Le zoo est dans un parc.
10. Il y a des fleurs devant les maisons.

B. Regardez le dessin et répondez aux questions (deux réponses pour chaque question).

> *Modèle* Où sont les arbres?
> *Ils sont à côté de la voiture.*
> *Ils sont au bord de la route.*

1. Où est tout le monde?
2. Qui est derrière Michelle?
3. Où est le chien?
4. Où est Margot?
5. Où est Raymond?

C. Interviewez un(-e) camarade au sujet de l'étudiant(-e) typique de l'université. Posez les questions suivantes.

1. À quelle heure mange-t-il (elle)? Où mange-t-il (elle)?
2. Regarde-t-il (elle) la télé? De quelle heure à quelle heure? Quels programmes regarde-t-il (elle)?
3. Écoute-t-il (elle) la radio? Écoute-t-il (elle) des disques? Quelle sorte de musique aime-t-il (elle)? (classique? rock? folklorique? le jazz?)
4. Quelles matières[6] étudie-t-il (elle)?
5. À quelle heure commence le premier cours de l'étudiant(-e) typique?
6. À quelle heure est-ce que le dernier cours de l'étudiant(-e) typique est terminé?
7. De quelle heure à quelle heure est-il (elle) au laboratoire? Aime-t-il (elle) le laboratoire?
8. De quelle heure à quelle heure étudie-t-il (elle)? Où étudie-t-il (elle)?

Êtes-vous comme l'étudiant(-e) typique? Expliquez.

> *Modèle*   *L'étudiant(-e) typique aime la musique classique, mais je préfère ... etc.*

D. Regardez la photo, page 53. Répondez.

1. Est-ce que le jeune homme et la jeune fille regardent le professeur?
2. Est-ce que la jeune fille déteste le jeune homme? Est-ce que le jeune homme déteste la jeune fille?
3. Où est la main de la jeune fille?
4. Où sont-ils?
5. Est-ce qu'ils parlent?
6. Inventez une question sur la photo. Posez votre question à un(-e) autre étudiant(-e).

Exercices écrits

Écrivez les exercices écrits qui sont dans le *Cahier d'exercices*, Leçon 3.

6. *Matières* = disciplines, sujets académiques.

Lecture

La vie universitaire

Quelle heure est-il? Il est neuf heures et quart du matin! Mon Dieu! *Quelle* catastrophe! Je suis *en retard* pour le cours de français! *Il commence à neuf heures dix* exactement et le professeur *arrive* toujours *à l'heure* (malheureusement pour moi).

5   *Dans* la classe de français *il y a* vingt-cinq étudiants. Ils sont très intelligents. *Il n'y a pas d'*étudiants médiocres parce que tout le monde *étudie* beaucoup. Patrick est généralement au premier rang directement *en face du* professeur. Il est *à côté de* Carole, *à droite*, et *à côté de* Philippe, *à gauche*. Alors il est *entre* Philippe et Carole.

10 Laurent est *derrière* Carole et *devant* moi. Je suis *derrière* Laurent *au* troisième rang *au fond de* la classe parce que je suis très timide.

Ah! La vie universitaire n'est pas simple. En fait les étudiants sont toujours très occupés. Par exemple, *à dix heures dix, après* le cours de français, *je travaille au* laboratoire de langues. *J'écoute* les bandes

15 (les cassettes) et *je parle dans* le micro. *À onze heures,* je suis *au* cours de chimie. Le professeur est brillant, mais il est très difficile. *À midi,* Paul, Sarah et moi[7] nous sommes *au* restaurant universitaire. *Nous déjeunons* quelquefois à l'extérieur quand le temps est beau. La conversation est très animée *autour de* la table et le temps *passe* très

20 vite quand *on parle* ou quand *on mange. Après* le déjeuner, *à une heure de l'après-midi,* je suis *au* cours de mathématiques. *Je ne déteste pas* vraiment les maths, mais ce n'est pas ma[8] matière préférée.

Le soir, je retourne à la cité universitaire[9] et *j'étudie avant* le dîner. *Après* le dîner, *je regarde* la télé ou *je parle* avec des copains. *À onze*

25 *heures du soir* je suis *au* lit, mais pendant le week-end *il n'y a pas de* cours, alors je suis libre. Vive la liberté!

Questions sur la lecture

1. Quelle heure est-il?
2. Pourquoi est-ce une catastrophe?
3. Y a-t-il trente étudiants dans la classe de français? Y a-t-il des étudiants médiocres? Pourquoi pas?
4. Où est Patrick dans la classe? et Laurent?
5. Où êtes-vous dans votre classe? Êtes-vous timide comme le narrateur?

---

7. *Moi* = je; on emploie *moi* avec un sujet composé (pluriel).
8. *Ma*, adjectif possessif = de moi.
9. *Cité universitaire* = le campus, l'ensemble des résidences universitaires.

Mon Dieu! Quelle catastrophe! Je suis en retard pour le cours de français.

Le Salaire de la Peur, H.-G. Clouzot, 1953.
   Deux Français, un Scandinave et un Italien, chargés du transport de nitroglycérine, sont finalement victimes du danger du travail.

6. À quelle heure êtes-vous au laboratoire de langues? Écoutez-vous les bandes? Parlez-vous dans le micro?
7. Déjeunez-vous au restaurant universitaire?
8. Où êtes-vous après le déjeuner?
9. Regardez-vous la télé après le dîner?
10. Êtes-vous libre pendant le week-end?

Discussion / Composition

1. Donnez une description originale et, si possible, amusante de la classe de français. Utilisez l'expression **il y a,** beaucoup de prépositions et de verbes en **-er.** Voilà un modèle:

   > Dans la classe de français il y a ... Quel(-le)(-s) ... ! Il n'y a pas de ... Généralement nous parlons ... Nous ne ... pas ... Le professeur est ... Je suis ... Naturellement je ne ... pas parce que ... Il y a des situations amusantes dans la classe; par exemple ...

2. Donnez une petite description de votre journée et de votre emploi du temps.[10] Utilisez les expressions et les verbes de la leçon et votre imagination. Exemple:

   > Je m'appelle ... Je suis un étudiant (une étudiante) ... Je suis très occupé(-e). À ... heures, je suis à ..., mais quelquefois ... et je n'arrive pas à l'heure. Après le cours de ... je vais à ...

3. Donnez une description imaginative de l'emploi du temps d'une personne célèbre. C'est peut-être un acteur, une actrice, un politicien, un professeur célèbre, un monstre ...

---

10. *Emploi du temps* = distribution et heures des activités du jour; la routine.

Vocabulaire

noms

bibliothèque f.
camarade de chambre m. ou f.
chat m.
chimie f.
cité universitaire f.
copain m.
déjeuner m.
disque m.
enfant m. ou f.
États-Unis m.pl.
heure f.
jeune homme m.
langue f.
lit m.
maison f.
matin m.
mer f.
pomme f.
robe f.
soir m.
télé f.
ville f.

adjectifs

amusant(-e)
beau (belle, bel)
jeune
libre

verbes

aimer
déjeuner
donner
écouter
étudier
manger
parler
poser (une question)
regarder
travailler

adverbes

beaucoup
malheureusement
peut-être
vraiment

prépositions

à côté de
au bord de
au fond de
au milieu de
autour de
avant
derrière
devant
en face de
entre
pendant
près de
sous

autres expressions

à droite
à gauche
à l'heure
à midi
en avance
en retard
il y a
par terre

noms apparentés

banque f.
biologie f.
boutique f.
cinéma m.
culture f.
dîner m.
exercice m.
fontaine f.
hôpital m.
littérature f.
mathématiques
   (math ou maths) f.pl.
océan m.
physique f.
radio f.
route f.
sport m.
stéréo f.
théâtre m.
village m.

ENTRACTE I
DEUX LANGUES, DEUX CULTURES, DEUX PERSONNES

Les premiers habitants de la France—anciennement appelée la Gaule—sont les Gaulois. Ils parlent celtique. Puis les Romains arrivent en Gaule et ils parlent latin. Bientôt il y a une fusion des deux langues: le gallo-roman ou le roman, une forme évoluée du latin. De la combinaison du roman et de la langue de certaines tribus du nord, particulièrement la langue des Francs, résulte enfin une nouvelle langue: le français.

Et l'anglais? En 1066 le Duc de Normandie, Guillaume le Conquérant, débarque avec son armée sur les côtes anglaises et est victorieux à la bataille de Hastings. Il trouve un peuple anglo-saxon qui parle une langue d'origine germanique transformée, comme le celtique, par le latin des Romains. L'alliance de l'anglo-saxon et du français des Normands forme la base de l'anglais moderne.

Des monuments romains en France
L'arène magnifique à Arles et un aqueduc appelé le «Pont du Gard» sont construits sans mortier.

La Diversité et l'unité dans deux cultures

Comme les États-Unis d'Amérique, la France moderne dérive d'une fusion de peuples d'origine et de langue très différentes. En Amérique ce sont les Anglais, les Français, les Espagnols, les Africains, les Allemands, les Irlandais, les Italiens, les Scandinaves, les Orientaux, les Polonais, etc. En France le phénomène est semblable mais très

La tapisserie de la reine Mathilde représente la bataille d'Hastings.

La Gaule est le nom donné à la France à l'époque des Romains.

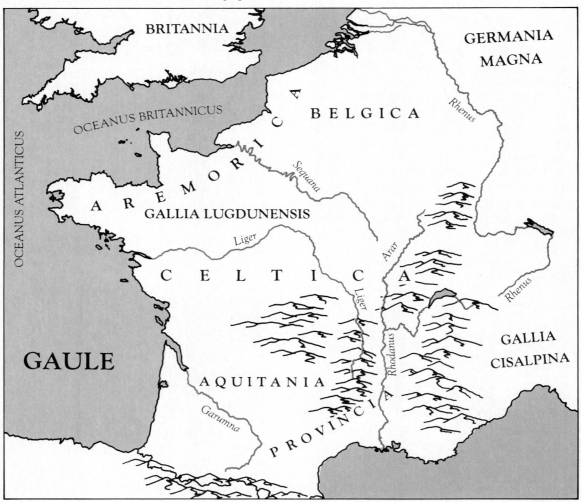

ancien. Les Gaulois, les Romains, les Francs (germaniques), et les Normands (nordiques-scandinaves) forment le peuple français. Dans certaines régions de France on parle encore d'autres langues, comme le breton (celtique), le provençal (latine) ou l'allemand (germanique). Mais il y a une seule langue nationale: le français. Le français reflète l'unité de la nation.

L'Emploi du français et de l'anglais

L'importance du français dépasse les frontières du pays. Les Anglais, par exemple, étudient le français comme première langue étrangère et les Français étudient l'anglais. On emploie généralement le français et l'anglais dans les réunions officielles de la Communauté économique européenne (Marché commun). La CEE est une association économique entre la France, l'Angleterre et sept autres pays européens. La France et l'Angleterre sont aussi partenaires dans des entreprises scientifiques et industrielles. Comme Guillaume le Conquérant, les Français voyagent souvent outre-Manche[1] et les Anglais arrivent en grand nombre en France. Voilà pourquoi les deux langues sont très importantes dans la vie européenne.

Quelles sortes d'invasions y a-t-il aujourd'hui?

---

1. *Outre-Manche* = de l'autre côté de la Manche = Angleterre.

Après la victoire des normands en 1066.
C'est l'alliance du français et de l'anglais.

Débat culturel

1. Pourquoi y a-t-il des similitudes entre le français et l'anglais?

2. Quelle est la date de la première arrivée des Français en Angleterre? Quelles sortes d'invasions françaises y a-t-il en Grande-Bretagne aujourd'hui? Quelles sortes d'invasions anglaises ou américaines y a-t-il en France?

3. Quels peuples différents constituent l'Amérique? Quels peuples différents constituent la France?

4. Quels sont les rapports aujourd'hui entre la France et la Grande-Bretagne? Entre la France et les États-Unis? Quelles institutions, par exemple, marquent des rapports particuliers?

5. Donnez l'exemple d'un geste (français, anglais, américain) de politesse quand une personne rencontre une autre personne.

Échanges

Rencontrer et quitter une autre personne

Un monsieur présente une jeune fille à une dame

—Bonjour, Madame, je vous présente Mademoiselle Lecerf.
(*à Mlle Lecerf*) ... Madame Duval.
—Bonjour, Madame. Je suis très heureuse de faire votre connaissance.
—Enchantée, Mademoiselle.

Une étudiante présente une amie à un autre étudiant

—Salut, Sylvie! ... Tiens! Tu connais Paul?
—Très heureux.
—Moi aussi.

Un monsieur quitte un autre monsieur leave

—Eh bien, Monsieur, je vous dis au revoir
... et à bientôt!
—Au revoir, Monsieur. Au plaisir.

Une étudiante quitte un autre étudiant

—Tiens, François! Il est 10 heures! Je file![2]
À demain!
—Ciao! À demain!

2. *Je file!* ≠ J'arrive.

4 Quatrième Leçon

Possession et parenté

Le verbe *avoir: J'ai un (une, des) ...*
  Je n'ai pas de ...
Les adjectifs possessifs: *mon, ma,*
  mes, son, sa, ses, etc.
La parenté

Les adjectifs (suite)
Les adjectifs démonstratifs

Lecture: *Chez les Leduc*

La famille de Jean-Paul Leduc habite Paris.

Découverte

Présentation I

J'ai un stylo. **Tout le monde a un** stylo. **Avez-vous un** stylo?

Oui, **j'ai un** stylo.

Molly **a-t-elle des** stylos et **des** cigarettes?

Oui, **elle a des** stylos, mais **elle n'a pas de** cigarettes.

Et Brian **a-t-il une** jupe?

Non, **il n'a pas de** jupe parce que c'est un garçon, ce n'est pas une fille.

Skirt.

Est-ce que j'ai une voiture ou **un** vélo?

Vous n'avez pas de voiture. **Vous avez un** vélo.

bike

Les étudiants **ont-ils des** problèmes?

Non, **ils n'ont pas de** problèmes, mais **ils ont des** questions.

Explications

1 Le verbe **avoir**

A. À l'affirmatif

j' **ai**	nous **avons**
tu **as**	vous **avez**
il, elle, on, tout le monde **a**	ils, elles **ont**

B. Au négatif

j'ai un (une, des) ... →   **je n'ai pas de ...**

vous avez un (une, des) ... →   **vous n'avez pas de ...**

il a un (une, des) ... →   **il n'a pas de ...**

J'ai un livre.   **Je n'ai pas de** livre.

Elle a un pull.[1]   **Elle n'a pas de** pull.

Nous avons des examens.   **Nous n'avons pas d'**examens.

Vous avez une robe.   **Vous n'avez pas de** robe.

Ils ont une voiture.   **Ils n'ont pas de** voiture.

1. *Pull* = pull-over.

C. À l'interrogatif

Ai-je[2] un dollar?	ou **Est-ce que j'ai** un dollar?
Avons-nous des questions?	ou **Est-ce que nous avons** des questions?
As-tu une orange?	ou **Est-ce que tu as** une orange?
Avez-vous l'heure?	ou **Est-ce que vous avez** l'heure?
A-t-il une auto?	ou **Est-ce qu'il a** une auto?
A-t-elle un tracteur?	ou **Est-ce qu'elle a** un tracteur?
A-t-on des vidéocassettes?	ou **Est-ce qu'on a** des vidéocassettes?
Ont-ils une stéréo?	ou **Est-ce qu'ils ont** une stéréo?
Ont-elles un appartement?	ou **Est-ce qu'elles ont** un appartement?

Attention: Pour des raisons euphoniques, il y a un -t- supplémentaire dans **a-t-il, a-t-elle, a-t-on.**

Exercices oraux

A. Mettez les phrases suivantes à la forme interrogative. Utilisez l'inversion du sujet et du verbe.

> *Modèle* Nous avons des questions.
> *Avons-nous des questions?*

1. Ils ont des amis.
2. Elle a un bébé.
3. Tu as un problème.
4. Vous avez un cahier.
5. Nous avons les réponses.
6. Les Américains ont un président.
7. Marianne a un appartement.
8. Laurent a un portefeuille.

B. Dites au négatif.

> *Modèle* Tu as un crayon.
> *Tu n'as pas de crayon.*

1. Tu as une cigarette.
2. Vous avez un problème.
3. Elle a une télévision.
4. Ils ont des sandwichs.
5. J'ai soixante dollars.
6. On a trois oreilles.
7. J'ai le portefeuille de Bill.
8. Nous avons des disques.

C. Commencez une phrase par **Je suis** ou **J'ai.** Attention à la logique de la phrase.

> *Modèle* une photo   *J'ai une photo.*

1. ordinaire
2. des livres
3. ici
4. des amis
5. une chemise
6. en forme

2. Pour la première personne de tous les verbes à la forme interrogative, on utilise plus facilement la forme *est-ce que*, mais dans le cas du verbe *avoir*, *ai-je* est aussi très correct.

Maintenant, commencez une phrase par **Ils sont** ou **Ils ont.**
Attention à la logique de la phrase et à la prononciation.

7. une voiture 9. des clés 11. formidables
8. riches 10. un professeur 12. un animal

D. Utilisez la forme **vous** et puis la forme **tu** et demandez à un(-e)
autre étudiant(-e) ...

Modèle s'il (si elle) a un stylo.
Question: *Avez-vous un stylo?*
As-tu un stylo?
Réponse: *Oui, j'ai un stylo.* ou
Non, je n'ai pas de stylo.

1. s'il (si elle) a un chien. 4. s'il (si elle) a le portefeuille du professeur.
2. s'il (si elle) a une voiture. 5. s'il (si elle) a des skis.
3. s'il (si elle) a un bikini. 6. s'il (si elle) a des enfants.

Présentation II

Marilyn a-t-elle un cahier?

Oui, elle a un cahier.

Est-ce **son** cahier? Est-ce **mon** cahier?

C'est **son** cahier. Ce n'est pas **votre** cahier.

Daniel a-t-il une chemise? Est-ce **sa** chemise? Est-ce **ma** chemise?

Oui, il a une chemise. C'est **sa** chemise. Ce n'est pas **votre** chemise.

A-t-il des clés? Est-ce que ce sont **ses** clés? Est-ce que ce sont **mes** clés?

Oui, il a des clés. Ce sont **ses** clés. Ce ne sont pas **vos** clés.

Avons-nous une classe? Est-ce **notre** classe? Est-ce la classe des étudiants d'espagnol?

Naturellement nous avons une classe. C'est **notre** classe. Ce n'est pas **leur** classe.

Explications

2 Les adjectifs possessifs

J'ai un stylo.
J'ai une clé.
J'ai des problèmes.

C'est **mon** stylo.
C'est **ma** clé.
Ce sont **mes** problèmes.

Tu as un pantalon.
Tu as une cravate.
Tu as des vêtements.

C'est **ton** pantalon.
C'est **ta** cravate.
Ce sont **tes** vêtements.

Il (elle) a un livre.   C'est **son** livre.
Il (elle) a une carte.   C'est **sa** carte.
Il (elle) a des exercices.   Ce sont **ses** exercices.

Nous avons un professeur.   C'est **notre** professeur.
Nous avons une composition.   C'est **notre** composition.
Nous avons des examens.   Ce sont **nos** examens.

Vous avez un cahier.   C'est **votre** cahier.
Vous avez une chemise.   C'est **votre** chemise.
Vous avez des amis.   Ce sont **vos** amis.

Ils (elles) ont un appartement.   C'est **leur** appartement.
Ils (elles) ont une maison.   C'est **leur** maison.
Ils (elles) ont des difficultés.   Ce sont **leurs** difficultés.

A. L'accord de l'adjectif possessif (nombre et genre) est déterminé par la chose (ou la personne) possédée. La personne de l'adjectif possessif (**mon, ton, son, votre,** etc.) est déterminée par le possesseur (**je, tu, Molly, vous,** etc.).

> Tom a une chemise.
> C'est **sa** chemise (parce que **chemise** est féminin singulier).
> Molly a un cahier.
> C'est **son** cahier (parce que **cahier** est masculin singulier).

possesseur	possession		
	masculin	*féminin*	*pluriel (m. et f.)*
je	**mon**	**ma**	**mes**
tu	**ton**	**ta**	**tes**
il, elle, on	**son**	**sa**	**ses**
nous	**notre**	**notre**	**nos**
vous	**votre**	**votre**	**vos**
ils, elles	**leur**	**leur**	**leurs**

Remarquez: Devant un nom ou un adjectif *féminin* singulier qui commence par une voyelle, on utilise l'adjectif possessif *masculin* singulier.

> Tu as une auto. C'est **ton** auto.
> Catherine est l'amie de David. C'est **son** amie.
> Voilà une adresse. C'est **mon** adresse.

B. La négation de **j'ai mon ...** est **je n'ai pas mon ...**

> **J'ai mon** vélo.   **Je n'ai pas mon** vélo.
> **Elle a son** auto.   **Elle n'a pas son** auto.
> **Ils ont leur** bateau.   **Ils n'ont pas leur** bateau.

Exercices oraux

E. Employez l'adjectif possessif approprié dans chaque phrase.

Modèle   Ce sont les livres de Jean-Claude.
Ce sont ses livres.

1. C'est la serviette de Monsieur Boulanger.
2. C'est le chien du professeur.
3. C'est l'étudiante de Monsieur Boulanger.
4. Ce sont les livres de Pierre.
5. Ce sont les amis de Mademoiselle Boucher.
6. C'est l'appartement de Suzanne et de Monique.
7. C'est la maison de Monsieur et de Madame Charpentier.
8. Ce sont les autos des amis de Marc.
9. Ce sont les mains de Maurice.
10. Ce sont les clés de Monsieur et de Madame Lheureux.

F. Formez des phrases selon les modèles.

Modèle   Voilà un attaché-case.
Ce n'est pas ton attaché-case, c'est mon attaché-case.

1. Voilà un cahier.
2. Voilà une amie.
3. Voilà une cravate.
4. Voilà des journaux.
5. Voilà des disques.

Modèle   Voilà une stéréo.
Ce n'est pas votre stéréo, c'est notre stéréo.

6. Voilà un appartement.
7. Voilà des vélos.
8. Voilà un chien.
9. Voilà une voiture.
10. Voilà des clés.

G. Demandez à un(-e) autre étudiant(-e) ...

Modèle   si sa chemise est unique.
Ta chemise est-elle unique?   ou
Est-ce que ta chemise est unique?

1. si sa bouche est fermée.
2. si ses amis parlent français.
3. si son anniversaire est demain.
4. si votre blouse (chemise) est ouverte.
5. si votre accent est bizarre.
6. si votre université est excellente.

Présentation III

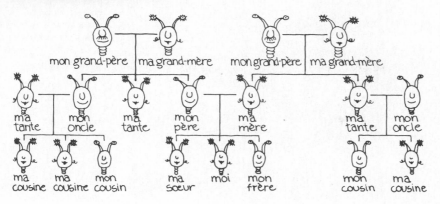

Explications

3 La parenté

Votre **père** est le **mari** de votre **mère,** et votre **mère** est la **femme** de votre **père.** Vous êtes le **fils** ou la **fille** de votre **mère** et de votre **père.** Votre **mère** et votre **père** sont vos **parents.**[3] Si vous avez un **frère** ou une **sœur,** vos **parents** ont deux **enfants.** Dans une **famille,** le premier enfant, c'est l'**aîné** (l'**aînée**). Le deuxième est le **cadet**[4] (la **cadette**).

Les **frères** et les **sœurs** de votre **père** ou de votre **mère** sont vos **oncles** et vos **tantes,** et vous êtes leur **neveu** ou leur **nièce.** Leurs **enfants** sont vos **cousins (cousines).** Le **père** et la **mère** de votre **père** ou de votre **mère** sont votre **grand-père** et votre **grand-mère.** Ce sont vos **grands-parents,** et vous êtes leur **petit-fils** ou leur **petite-fille.** Si vous n'avez pas de **frère** ou de **sœur,** vous êtes **fils unique** ou **fille unique.**

---

3. Le terme *parent* est utilisé aussi pour toutes les personnes qui ont un degré de parenté avec vous. Exemples: Ma famille est d'origine française; j'ai beaucoup de *parents* en France. Elle a des *parents* à Boston.
4. *Cadet* signifie aussi le dernier enfant d'une famille.

Si vous êtes marié, le père et la mère de votre femme ou de votre mari sont votre beau-père et votre belle-mère. Ce sont vos beaux-parents.

Le Grand Amour, Pierre Étaix, 1969.
   Pierre est marié avec Florence. C'est un mariage solide. Mais, avec le temps, les disputes commencent, et maintenant Pierre est impatient. Il est amoureux d'une jeune et jolie secrétaire. Dans ce film, qui est une comédie amusante et bizarre, Pierre Étaix joue le rôle principal.

Si vous êtes marié(-e), le **père** et la **mère** de votre **femme** ou de votre **mari** sont votre **beau-père** et votre **belle-mère**. Ce sont vos **beaux-parents**. Si votre **sœur** est mariée, le **mari** de votre **sœur** est votre **beau-frère**. Si votre **frère** est marié, la **femme** de votre **frère** est votre **belle-sœur**.

Si vos **parents** sont divorcés, la **femme** de votre **père** est votre **belle-mère** et le **mari** de votre **mère** est votre **beau-père**.

Exercices oraux

H. Répondez.

Modèle   Qui est le frère de votre mère?
          C'est mon oncle.

1. Qui est la sœur de votre père?
2. Qui est le père de votre mère?
3. Qui est la mère de votre père?
4. Qui est la femme (le mari) de votre frère (de votre sœur)?
5. Par rapport à votre père, qui est votre mère?
6. Par rapport à vos parents, qui êtes-vous?

I. Expliquez le degré de parenté entre les deux personnes données.

Modèle   James Madison et Dolly Madison
James est le mari de Dolly.   ou
Dolly est la femme de James.

1. La reine Élizabeth et le prince Charles
2. Franklin Roosevelt et Teddy Roosevelt
3. Liza Minelli et Judy Garland
4. Julie Eisenhower et Richard Nixon
5. Ted Kennedy et Caroline Kennedy
6. Michael Jackson et Jermaine Jackson
7. Pierre Curie et Marie Curie
8. Shirley MacLaine et Warren Beatty
9. Ephraim Zimbalist Jr. et Stephanie Zimbalist
10. Julian Lennon et Yoko Ono

Présentation IV

Est-ce que j'ai un tricot **bleu** ou un tricot **rouge?**

Vous avez un tricot **rouge**.

De quelle couleur est votre tricot?

Il est **noir**.

De quelle couleur est votre pantalon?

Il est **gris**.

De quelle couleur est votre chemise?

Elle est **grise**.

Comment est Sam?

Il est **intelligent;** il est **jeune**. C'est un **jeune** garçon **intelligent**.

Comment est Susie?

Elle est **grande** et **intelligente**. C'est une **grande** fille **intelligente**.

Comment est l'appartement de Pierre Cardin?

Il est très **beau!** Il est très **élégant!** C'est un **bel** appartement **élégant**.

Est-ce que **tout** le film est intéressant?

Non, mais **toute** la première partie est intéressante.

Est-ce que vous écrivez **tous** les exercices?

Non, mais je regarde **toutes** les photos.

Explications

4 Les adjectifs (suite)

A. Les adjectifs de couleur

un livre **rouge**	une pomme **rouge**
un crayon **jaune**	une banane **jaune**
un cahier **orange**	une robe **orange**
un chapeau **rose**	une rose **rose**
un sac **beige**	une serviette **beige**
un ciel **bleu**	une cravate **bleue**
un tableau **noir**	une table **noire**
un arbre **vert** (*tree*)	une plante **verte**
un éléphant **gris**	une chemise **grise**
un drapeau **violet** (*flag*)	une fleur **violette**
un cheval **blanc**	une auto **blanche**
un garçon **brun**	une jeune fille **brune**
un homme **blond**	une femme **blonde**
un pantalon **marron**	une jupe **marron**[5] (*skirt*)

B. Place de l'adjectif

1. Les adjectifs sont généralement placés *après* le nom.

un livre **bleu**	un exercice **facile**
un sac **beige**	un exercice **difficile**

2. Certains adjectifs communs sont placés *devant* le nom.

grand	une **grande** jeune fille	
petit	un **petit** garçon	
jeune	un **jeune** homme	
vieux *old*	un **vieux** chapeau	
nouveau	un **nouveau** système	
gros *thick*	un **gros** gâteau	une grosse table. (f.)
joli	une **jolie** robe	
bon	une **bonne** classe	
mauvais *bad*	une **mauvaise** note	
long	un **long** week-end	longue (f.)
certain	une **certaine** dame	
autre	une **autre** dame	
beau	un **beau** garçon	

---

5. *Marron* (=brun) est un adjectif invariable.

3. Un nom avec *deux* adjectifs

C'est un chien **méchant** et **féroce**. *mean, evil*
C'est une **vieille** dame **charmante**.
C'est une **jolie petite** maison.

4. Quand l'adjectif est placé *devant* le nom, **des → de.**

un joli livre	~~des~~ jolis livres ⟶ de jolis livres
un grand arbre	~~des~~ grands arbres ⟶ de grands arbres
un bon étudiant	~~des~~ bons étudiants ⟶ de bons étudiants

C. Les adjectifs irréguliers

1. Quelques adjectifs sont irréguliers au féminin.

masculin	féminin	masculin	féminin
blanc	**blanche**	**beau**	**belle**
bon	**bonne**	**vieux**	**vieille**
long	**longue**	**nouveau**	**nouvelle**

2. Les adjectifs **beau, vieux** et **nouveau** devant un nom masculin avec une voyelle initiale sont transformés au *singulier*.

un **beau** garçon	un **bel** animal
un **vieux** livre	un **vieil** ami
un **nouveau** film	un **nouvel** étudiant

Attention: Au pluriel masculin, **beau, vieux** et **nouveau** sont **beaux,** *des beaux garçons*
vieux et **nouveaux:** deux **beaux** acteurs, trois **vieux** amis,
de **nouveaux** étudiants.

Au pluriel féminin, **belle, vieille** et **nouvelle** sont **belles,**
vieilles et **nouvelles:** deux **belles** actrices, trois **vieilles**
amies, de **nouvelles** étudiantes.

3. **Chic** est un adjectif invariable.

Il est **chic.**   Elle est **chic.**   Ils sont **chic.**

4. L'adjectif **tout**

Les quatre formes de l'adjectif **tout:**

masculin	féminin
tout	**toute**
tous	**toutes**

Écrivez **tout** l'exercice.
Tout le monde est ici.
Toute la classe est brillante.
Je ne suis pas présent **tous** les jours.
Toutes les jeunes filles sont différentes.

Exercices oraux

J. Formez des phrases complètes. Placez les adjectifs correctement dans les phrases (attention à leur forme); après, répétez les phrases au pluriel. Commencez par **C'est ...** et **Ce sont ...**

> *Modèle*   (joli) une photo
> *C'est une jolie photo.*
> *Ce sont de jolies photos.*

1. (intelligent) un étudiant
2. (délicieux) une crêpe
3. (vieux) un livre
4. (vieux) un ami
5. (bon) une classe
6. (naïf) une question
7. (autre) un jour
8. (furieux) un garçon
9. (sportif) une fille
10. (grand) un bâtiment

K. Faites une phrase avec une forme de l'adjectif **tout**.

> *Modèle*   Les étudiants sont sympathiques.
> *Tous les étudiants sont sympathiques.*

1. Les situations sont différentes.
2. La classe est brillante.
3. Écrivez la phrase.
4. Écrivez l'exercice.
5. Écrivez les exercices.

L. Pour chaque phrase, protestez et corrigez l'erreur de logique.

> *Modèle*   La Maison Blanche est verte.
> *Mais non! Elle n'est pas verte, elle est blanche!*

1. La porte est violette.
2. Les éléphants sont jaunes.
3. Le drapeau américain est noir et blanc.
4. Catherine Deneuve est brune.
5. Les pommes sont oranges.
6. Les cigarettes sont bleues.
7. Le chapeau d'un cowboy méchant est blanc.
8. L'uniforme de la police est vert.

M. Demandez à un(-e) autre étudiant(-e) ...

> *Modèle*   de quelle couleur est son pantalon.
> Question: *De quelle couleur est ton pantalon?*
> Réponse: *Mon pantalon est marron.*

1. de quelle couleur est son crayon.
2. de quelle couleur est son livre.
3. de quelle couleur sont les murs.
4. de quelle couleur est le tableau.
5. de quelle couleur sont les photos du livre.
6. de quelle couleur est ... (Inventez une question.)

Présentation V

Voilà un tableau surréaliste.

Ce tableau est très célèbre.

Aimez-vous **cette** chanson?

Tous **ces** tableaux sont uniques.

Cet artiste est extraordinaire.

Oui, j'adore toutes **ces** chansons de 1940.

Explications

5 Les adjectifs démonstratifs

A. Les quatre formes de l'adjectif démonstratif[6]

masculin	féminin
ce (cet)	cette
ces	ces

Ce livre est excellent.
Ces livres sont excellents.
Cette jeune fille est très active.
Ces jeunes filles sont très actives.

B. On utilise **cet** devant un nom masculin singulier qui commence par une voyelle.

Cet étudiant est sérieux.
Cet arbre est immense.
Cet homme est dangereux.

Remarquez: **Cette** indiscrétion est irréparable.
Cette étudiante est sérieuse.
Ces étudiants sont sérieux.
Ces arbres sont immenses.
Ces hommes sont dangereux.

6. Les suffixes **-ci** et **-là** sont quelquefois employés si une distinction entre deux choses (ou deux personnes) est nécessaire. Exemple: *Ce livre-ci* est intéressant, mais *ce livre-là* est ennuyeux.

Exercices oraux

N. Remplacez le nom dans la phrase par le nom donné. Adaptez le reste de la phrase.

> **Modèle** Ce monsieur parle beaucoup. (la jeune fille / les jeunes gens)
> *Cette jeune fille parle beaucoup.*
> *Ces jeunes gens parlent beaucoup.*

1. J'aime ce musée. (l'exercice / la lampe / les compositions)
2. Ce chien mange beaucoup. (les animaux / le garçon / les femmes)
3. Ces chapeaux sont bizarres. (le disque / la cravate / les plantes)

O. Inventez une phrase avec une forme de l'adjectif démonstratif **ce.**

> **Modèle** Voilà une rose.
> *J'aime cette rose.*   ou *Cette rose est jolie.*

1. Voilà un film.
2. Voilà une chemise.
3. Voilà des chiens.
4. Voilà un accident.
5. Voilà un restaurant.
6. Voilà une photo.
7. Voilà un éléphant.
8. Voilà des hommes.

Création

Exercices de conversation

A. Vous préparez une liste de cadeaux[7] de Noël avec un(-e) camarade. Pour chaque personne indiquée, répondez à ces questions.

—Qu'est-ce qu'elle a?
—Qu'est-ce qu'elle n'a pas?
—Quel est votre choix de cadeau pour cette personne?

Modèle votre frère
Mon frère a une stéréo, des disques, un vélo et des vêtements bizarres.
Il n'a pas de vêtements normaux.
Mon choix de cadeau pour mon frère c'est une chemise traditionnelle et une cravate.

1. votre mère
2. votre père
3. votre sœur
4. vos grands-parents
5. votre petit(-e) ami(-e)

B. Finissez les phrases.

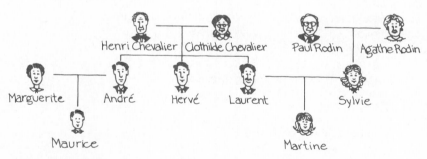

Modèle Henri a ...
Henri a trois fils: André, Hervé et Laurent.

1. Laurent et Sylvie ont ...
2. Clothilde est ...
3. Sylvie a ...
4. Martine est ...
5. Hervé n'a pas ...
6. Hervé a ...
7. Maurice est ...
8. Henri n'a pas ...
9. Marguerite est ...
10. Paul et Agathe n'ont pas ...

7. *Un cadeau* = un présent.

C. Interview: Un(-e) étudiant(-e) joue le rôle d'un(-e) assistant(-e) social(-e). Deux étudiants jouent le rôle d'un jeune couple marié. Le couple désire un enfant mais ils n'ont pas d'enfants. Le couple est interviewé par l'assistant(-e) social(-e), qui détermine si une adoption est possible. L'assistant(-e) demande au couple ...

1. comment est le mari.
2. comment est la femme.
3. comment est la famille du mari.
4. comment est la famille de la femme.
5. s'ils ont une maison ou un appartement, et comment est leur maison ou appartement.
6. ce qu'ils ont dans leur maison ou dans leur appartement («Qu'est-ce que vous avez ...?»).
   Qu'est-ce que l'assistant(-e) social(-e) décide?

D. Quelquefois les couleurs sont une indication de la personnalité ou de la psychologie des gens. Imaginez les vêtements des personnes suivantes. Dites de quelle couleur est (sont) son pantalon, sa robe, sa jupe; sa chemise, sa blouse; sa cravate; son pull, son tricot; son chapeau; ses chaussettes; ses chaussures, ses bottes; son manteau, etc.

Modèle une femme calme
Sa robe est bleue, son chapeau et ses bottes sont gris.
Elle a aussi un tricot bleu et gris et un manteau bleu.

1. un homme conservateur
2. un homme daltonien[8]
3. une vieille dame pittoresque
4. un jeune homme timide
5. un professeur excentrique

6. deux adolescentes conformistes
7. un schizophrène
8. une jeune femme exubérante et chaleureuse

E. Regardez la photo, page 82, et répondez aux questions.

1. Est-ce une très grande famille?
2. Qui est assis?
3. La grand-mère est-elle contente? Pourquoi?
4. Où est la main du jeune homme?
5. Inventez une question à propos de la photo. Posez la question à un autre étudiant ou à une autre étudiante.

Exercices écrits

Écrivez les exercices écrits dans le *Cahier d'exercices,* Leçon 4.

8. *Daltonien* = incapable de distinguer entre les couleurs.

Lecture

Chez les Leduc

La famille de Jean-Paul Leduc habite Paris. *Ils ont* un *bel appartement confortable* dans un *quartier agréable*. Jean-Paul *a* une *petite sœur* Nathalie, mais *il n'a pas de frères*. *Son père* travaille dans une *société* française d'informatique. *Sa mère* est professeur d'anglais
5 dans un *grand lycée parisien*. Jean-Paul et Nathalie *ont* aussi *des grands-parents, des oncles, des tantes, des cousins* et *des cousines*. *Leur grand-mère maternelle* habite dans la banlieue de Paris. *Son mari, le père* de Madame Leduc est mort. Alors Jean-Paul et Nathalie *n'ont pas de grand-père maternel*, mais *ils ont un grand-père pater-*
10 *nel* qui habite dans le Midi avec *leur autre grand-mère*.

high school

suburbs

Il y a un ascenseur dans l'immeuble.

Le Cercle rouge, Jean-Pierre Melville, 1970. Sur la photo: Alain Delon.

Les acteurs français sont toujours acrobates dans les films policiers «à l'américaine»: descendre une façade à la corde, bondir sur le toit d'un autobus, etc. En général, c'est un «cascadeur» qui est acrobate, mais les acteurs français adorent «cascader», comme ici Alain Delon.

L'appartement des Leduc[9] est au troisième étage[10] d'un *nouvel immeuble.* Il y a un a̲scenseur dans l'i̲mmeuble̲. La concierge de cet immeuble est pittoresque. C'est une *gentille personne*; mais elle est très curieuse et elle parle beaucoup. L'appartement des Leduc est
15 très clair parce qu'il donne sur *une belle avenue.* Il y a cinq pi̲èces dans l'appartement.[11] On entre dans un joli vestibule. En face de l'entrée il y a la *porte vi̲trée* de la sa̲lle de séjour avec *ses jolis meubles modernes:* des *fauteuils bleus,* un *divan blanc* avec de *grands coussins noirs et bleus.* Sur le plancher il y a un *beau tapis blanc très*
20 *épais.* Sur les murs il y a des *tableaux contemporains.* À gauche de la salle de séjour, voilà la salle à manger. La cuisine est à côté de la salle à manger. Elle est très moderne avec le *grand réfrigérateur et congélateur,* la *cuisinière électrique,* le *lave-vaisselle automatique,* les *différentes machines* comme le Cuisinart et le fo̲ur à micro-onde̲.
25 Dans les placards̲ on trouve̲ les assiettes̲, les plats, les casseroles, etc. Quelquefois, quand la *mère* de Jean-Paul rentre̲ tard à cause d'une *réunion spéciale* au lycée, Jean-Paul, Nathalie et *leur père* préparent *leur* dîner ou *leur* déjeuner.
Les chambres à coucher des parents et de chaque enfant avec *leur*
30 salle de bain respective sont à droite de l'entrée. La chambre de Jean-

9. *Les Leduc.* Un nom propre n'a pas de **s** au pluriel.
10. *Troisième étage* = "fourth floor."
11. En France la cuisine n'est pas considérée comme une pièce.

elevator. building
nice

overlook, room

glass, living room, furniture
armchair cushions

freezer, electric stove
micro wave oven
cupboard, table located
return home   dish.
                  serving
                  dish
                  = plat

La chambre de Jean-Paul est particulièrement originale, mais malheureusement elle est toujours en désordre.

Le Journal d'un fou, Roger Coggio, 1963. Sur la photo: Roger Coggio.
Adapté de la nouvelle de Gogol, c'est l'histoire d'un petit employé, correcteur dans un grand journal quotidien. Rejeté par la société et la femme qu'il adore, il imagine qu'il est l'héritier du trône d'Espagne.

Paul est particulièrement originale mais malheureusement elle est toujours en désordre. *Ses* vêtements sont souvent par terre, sur les chaises ou sous le lit. Les posters sur les murs sont très originaux. La chambre des parents est toujours en ordre.

often

35   Voilà l'appartement d'une *famille française bourgeoise.* Et vous, comment est *votre* famille, *votre* maison ou *votre* appartement? Y a-t-il des *différences fondamentales* entre la vie d'une *famille française* et la vie d'une *famille américaine?*

Questions sur la lecture

1. Où est-ce que la famille de Jean-Paul habite? Et votre famille?
2. Où travaillent les parents de Jean-Paul? Et vos parents?
3. Qui est Nathalie?
4. Jean-Paul et Nathalie ont-ils des grands-parents? Décrivez leurs grands-parents. Avez-vous des grands-parents?
5. L'appartement des Leduc est-il dans un vieil immeuble?
6. Comment est la concierge? Y a-t-il une concierge dans votre immeuble?
7. Pourquoi l'appartement est-il très clair? Est-ce que votre maison ou votre appartement est clair(-e)?
8. Quels meubles y a-t-il dans la salle de séjour des Leduc? Et dans votre salle de séjour?
9. Pourquoi la cuisine est-elle très moderne? Qu'est-ce qu'il y a dans la cuisine? Et dans votre cuisine?
10. Qui prépare le dîner et le déjeuner? Et dans votre famille?
11. La chambre de Jean-Paul est-elle originale? Est-elle en désordre ou en ordre? Et votre chambre?
12. Y a-t-il des différences fondamentales entre la vie d'une famille française et la vie d'une famille américaine?

Discussion / Composition

1. Préparez une description de votre famille. Utilisez une photo de votre famille si vous désirez. Avez-vous un père, une mère, des frères, des sœurs, des oncles, des tantes, des cousins, des cousines, des grands-parents, des beaux-parents, des neveux, des nièces, des enfants?

2. Préparez la description d'une famille célèbre ou intéressante. Qui sont les membres de la famille? Comment sont-ils? Y a-t-il des personnalités bizarres?

3. Décrivez votre maison ou votre appartement. Combien de pièces y a-t-il? Comment est la salle de séjour? Comment est votre chambre? Où mangez-vous? Où étudiez-vous? etc.

Vocabulaire

noms

aîné m. (f. aînée)
assiette f.
banlieue f.
bateau m.
beau-frère m.
beau-père m.
beaux-parents m.pl.
belle-sœur f.
carte f.
casserole f.
chambre f.
chanson f.
concierge m. ou f.
congélateur m.
costume m.
couleur f.
coussin m.
cravate f.
cuisine f.
cuisinière (électrique) f.
drapeau m.
entrée f.
étage m.
fauteuil m.
fils m.
frère m.
gâteau m.
grand-mère f.
grand-père m.
grands-parents m.pl.
immeuble m.
jupe f.
lave-vaisselle m.
lycée m.
mari m.
mère f.
meuble m.
neveu m.
pantalon m.
parenté f.
père m.

petite-fille f.
petit-fils m.
pièce f.
plancher m.
plat m.
quartier m.
salle à manger f.
salle de bain f.
salle de séjour f.
sœur f.
tante f.
tapis m.
tricot m.
vélo m.
vêtement m.

adjectifs

blanc (blanche)
bleu(-e)
bon (bonne)
brun(-e)
ce (cet, cette, ces)
charmant(-e)
conservateur (conservatrice)
contemporain(-e)
— épais (épaisse)   +hick-
féroce
gentil (gentille)
gris(-e)
jaune
long (longue)
marron
mauvais(-e)
— méchant(-e)
naïf (naïve)
noir(-e)
nouveau (nouvelle, nouvel)
pittoresque
rose
rouge

tout(-e)
vert(-e)
vieux (vieille, vieil)

verbes

avoir
— rentrer

autres expressions

à cause de
en désordre
en ordre
tard

noms apparentés

avenue f.
cousin m.
cousine f.
excuse f.
famille f.
idée f.
réfrigérateur m.
résidence f.
science f.
système m.
uniforme m.
vestibule m.

5 Cinquième Leçon

Actions présentes et futures

Les verbes irréguliers *aller, venir,*
   devenir, dire, écrire, lire
Le verbe irrégulier *faire*
Les prépositions avec les noms de villes
   et de pays

Adverbes
Le futur immédiat

Lecture: *Projets de voyage*

Le Mont Saint-Michel en Normandie.

Découverte

Présentation I

Je vais à la bibliothèque quelquefois. **Allez-vous** à la bibliothèque, Sam?

Oui, **je vais** à la bibliothèque.

Suzy **va-t-elle** au laboratoire? Et les autres étudiants?

Oui, **elle va** au laboratoire. Les autres étudiants **vont** au laboratoire aussi.

Venez-vous à l'université le dimanche?

Non, **je ne viens pas** à l'université le dimanche.

Quand est-ce que le[1] docteur Jekyll **devient** Monsieur Hyde?

Il devient Monsieur Hyde la nuit.

Qu'est-ce que **vous dites** quand vous entrez dans la classe?

Je dis: «Bonjour, tout le monde.»

Écrivez-vous des compositions et des poèmes?

Oui, **j'écris** des compositions. **Je n'écris pas** de poèmes, mais dans notre classe, certains étudiants **écrivent** des poèmes remarquables.

Lisez-vous des revues françaises?

Oui, quelquefois **je lis** *Le Nouvel Observateur* ou *L'Express*. **Je ne lis pas** *Le Point.*

Explications

1 Les verbes réguliers et les verbes irréguliers

A. Les verbes réguliers

On identifie un verbe par l'infinitif: par exemple, les verbes en **-er** comme **parler, regarder, écouter.** L'infinitif est formé d'un *radical* (**parl-**) et d'une *terminaison* (**-er**). La terminaison **-er** est le signe de l'infinitif de la majorité des verbes français.

1. *Le docteur Jekyll:* On emploie l'article défini avec le titre professionnel.

INFINITIF		parl	-er
VERBE CONJUGUÉ	je **parl**		**-e**
	tu **parl**		**-es**
	il, elle, on **parl**		**-e**
	nous **parl**		**-ons**
	vous **parl**		**-ez**
	ils, elles **parl**		**-ent**

B. Les verbes irréguliers **aller, venir, devenir, dire, lire, écrire**

    1. Le verbe **aller**

aller	
je **vais**	nous **allons**
tu **vas**	vous **allez**
il, elle **va**	ils, elles **vont**

Remarquez: Un complément adverbial est obligatoire avec le verbe **aller.**

> Elle va **au supermarché.**
> Ils vont **à l'opéra.**
> Je vais **bien.** Elle ne va pas **bien.** (expression idiomatique)

    2. Le verbe **venir**

venir	
je **viens**	nous **venons**
tu **viens**	vous **venez**
il, elle **vient**	ils, elles **viennent**

je viens   je vais ...

je suis ici

je viens   je vais...

Remarquez: **Venir** a un certain nombre de verbes *composés* avec la même conjugaison (**devenir, revenir,** etc.).

to become

devenir	
je **deviens**	nous **devenons**
tu **deviens**	vous **devenez**
il, elle **devient**	ils, elles **deviennent**

3. Les verbes **dire**, **écrire** et **lire**

dire	
je **dis**	nous **disons**
tu **dis**	vous **dites**
il, elle **dit**	ils, elles **disent**

écrire	
j' **écris**	nous **écrivons**
tu **écris**	vous **écrivez**
il, elle **écrit**	ils, elles **écrivent**

lire	
je **lis**	nous **lisons**
tu **lis**	vous **lisez**
il, elle **lit**	ils, elles **lisent**

to read

Attention: **Dire** n'est pas synonyme de **parler**.

a. **Dire** est généralement accompagné d'un complément d'objet direct.

On dit **quelque chose.**   *some thing*
Elle dit **la vérité.**
Vous dites **que votre grand-mère est économe.**   *thrifty*
Ils disent **que vous êtes intelligent.**

b. **Parler** est généralement sans complément d'objet direct.[2]

On parle.   On ne parle pas.

Exercices oraux

A. Formez des phrases complètes. Employez les sujets donnés.

Modèle   aller bien (je / nous / on)
Je vais bien.
Nous allons bien.
On va bien.

1. aller à l'université (vous / je / Joseph / tu / les étudiants)
2. venir ici (vous / mes amis / tout le monde / tu)
3. dire «merci» (je / les gens polis / vous / nous)
4. lire vite (tu / nous / ces professeurs / vous)
5. écrire beaucoup (tu / ces journalistes / nous / on)
6. devenir malade (je / mes frères / vous / on)

---

2. Remarquez la construction idiomatique *parler + langue: Je parle français. On ne parle pas anglais ici.* Il n'y a pas d'article devant le nom de la langue.

B. Répondez aux questions.

1. Comment allez-vous?
2. À quelle heure venez-vous sur le campus?
3. Où allez-vous quand les classes sont terminées?
4. Devenez-vous fatigué(-e) quand vous êtes au laboratoire?
5. Dites-vous «bonjour» au commencement de la classe ou à la fin?
6. Dans quelles circonstances dit-on «Pardon»?
7. Écrivez-vous vite ou lentement?
8. Qui écrit des livres célèbres?
9. Lisez-vous *Peanuts?*
10. Les Hébreux lisent-ils de droite à gauche ou de gauche à droite? Et vous?

C. Demandez à un(-e) autre étudiant(-e) ...

1. s'il (si elle) lit le *National Enquirer*.
2. si Pinocchio dit généralement la vérité.
3. s'il (si elle) écrit son numéro de téléphone sur les murs des cabines téléphoniques.
4. dans quelles circonstances il (elle) devient tout (-e) rouge.
5. où il (elle) va en général après la classe.
6. s'il (si elle) vient à l'université le dimanche.

Présentation II

Que **faites-vous** généralement le soir?

Mes amis et moi, nous allons quelquefois au cinéma ou au théâtre; quelquefois nous allons au restaurant.

Que **faisons-nous** maintenant?

Nous parlons français.

Que faisons-nous maintenant?

Cousin, Cousine, Jean Charles Tacchela, 1975. Une comédie satirique moderne, *Cousin, Cousine* révèle les intrigues amoureuses des différents membres de la famille à l'occasion d'un mariage.

Explications

2 Le verbe irrégulier **faire**

faire (l'action, la production)	
je **fais**	nous **faisons**
tu **fais**	vous **faites**
il, elle **fait**	ils, elles **font**

Je fais mon lit tous les matins.
Il fait souvent des erreurs.
Que **faites-vous?** **Je fais** les exercices.

Remarquez: **Faire** est souvent employé dans une question mais n'est
pas nécessairement employé dans la réponse.

Que **faites-vous?**   **Je regarde** la télévision.
Que **font-ils?**   **Ils écoutent** le professeur.

Exercices oraux

D. Employez le sujet donné pour former une question avec le verbe
faire. Commencez votre question avec **Qu'est-ce que ...?**

Modèle Margot
         Qu'est-ce que Margot fait?

1. Philippe   3. je   5. ils   7. vous   9. les trains
2. tu   4. nous   6. on   8. cette machine 10. Sandra et Élisabeth

E. Demandez à un(-e) autre étudiant(-e) ...

1. s'il (si elle) fait son lit chaque jour.
2. si vous faites des erreurs dans cette classe.
3. ce qu'il (elle) fait à midi. («Qu'est-ce que tu ...»)
4. ce que vous faites maintenant. («Qu'est-ce que je ...»)
5. ce que les gens font dans un cinéma. («Qu'est-ce que les gens ...»)

Présentation III

Vous partez **en Europe.** Dans
quelles villes allez-vous?

Nous allons **à Paris, à Rome, à
Athènes** et **à Lisbonne.**

Où est le Colisée?

Il est **à Rome.**

Où est la tour Eiffel?

Elle est **à Paris.**

Allez-vous **en France?**	Oui, nous allons **en France, en Italie, en Grèce** et **au Portugal.**
Allez-vous **au Danemark** et **en Suède?**	Non, nous n'allons pas **au Danemark** et nous n'allons pas **en Suède** non plus.[3]

Explications

3 Les noms de villes et de pays ("nations")

A. L'article défini avec les noms de pays

On emploie l'article défini quand le nom de pays est *le sujet* ou *le complément d'objet direct* du verbe.

> **La** *France* est un vieux pays.
> **Le** *Danemark* a 5.000.000 d'habitants.
> Nous étudions **le** *Canada* dans ma classe de géographie.
> Mes parents visitent souvent **les** *Pays-Bas.*

Exception: *Israël* est en Asie Mineure.

B. Les prépositions avec les noms de villes et de pays

1. Usage général

> **à** + nom de ville
> **en** + { nom de pays qui commence par une voyelle
>   nom de pays avec un **-e** final[4]
> **au** + les autres noms de pays (ou **aux** si le nom est pluriel)

à + *noms de villes*	en + *noms de pays*	au(x) + *autres noms de pays*
à Moscou	**en** Inde	**au** Guatemala
à Bruxelles	**en** Angleterre	**au** Brésil
à Genève	**en** Allemagne	**au** Nigéria
à Montréal	**en** Belgique	**au** Liban
à Québec (ville)	**en** Espagne	**au** Japon
à New York	**en** Chine	**au** Canada
à Londres	**en** Colombie	**aux** Pays-Bas
à Tokyo	**en** Israël	**aux** États-Unis
à Venise	**en** Égypte	**aux** Antilles

3. *Non plus* = négation de *aussi.*
4. Cet usage est applicable aussi aux noms de continents (*Amérique, Afrique, Asie,* etc.).

Exception: **au** Mexique

Pour les états des États-Unis et les provinces de France et du Canada, la même règle est applicable.

en Arkansas   **au** Kansas
en Californie[5]   **au** Texas
en Ontario   **au** Québec (province)
en Colombie Britannique   **au** Saskatchewan
en Normandie

Pour éviter les erreurs, dites *dans l'état de* Wyoming, *dans l'état de* Nebraska, etc. Pour distinguer entre **ville** et **état:** *à* Washington (la capitale) mais *dans l'état de* Washington; *à* New York (ville) mais *dans l'état de* New York.

2. Pour indiquer l'origine: **à → de, en → de, au → du, aux → des**

Tu vas **à** Paris.   Tu arrives **de** Paris.
Je vais **en** France.   J'arrive **de** France.
Nous allons **au** Danemark.   Nous sommes **du** Danemark.
Mon père voyage **aux**   Mon père téléphone **des**
   Pays-Bas.   Pays-Bas.

Exercices oraux

F. Répondez aux questions.

Modèle   Où parle-t-on russe?
            On parle russe en Russie.

   1. Où parle-t-on français?
   2. Où parle-t-on anglais?
   3. Où parle-t-on espagnol?
   4. Où parle-t-on allemand?
   5. Où parle-t-on italien?
   6. Où parle-t-on chinois?
   7. Où parle-t-on japonais?
   8. Où parle-t-on portugais?
   9. Où parle-t-on hébreu?
  10. Où parle-t-on hollandais?

5. Remarquez la forme française de certains noms d'états: California → la Californie; Virginia → la Virginie.

G. Pour chaque phrase, protestez et corrigez l'erreur.

> **Modèle** Le Kremlin est en France.
> *Mais non! Il n'est pas en France, il est en Russie.*

1. L'Université de Chicago est à Boston.
2. Le musée du Louvre est à Moscou.
3. Les Alpes sont au Brésil.
4. Le Palais de Buckingham est aux Pays-Bas.
5. Les pyramides sont en Angleterre.
6. Le zoo de San Diego est à San Francisco.
7. Le festival de films de Cannes est à Hoboken.
8. Le métro est à Hicksville.

H. Formez une phrase pour indiquer l'origine.

> **Modèle** le café colombien
> *Le café colombien vient de Colombie.*

1. le président des États-Unis
2. les spaghetti
3. le journal *Pravda*
4. les parfums Chanel
5. les films américains
6. la Toyota
7. vos deux sénateurs
8. la Volkswagen

Présentation IV

J'aime la beauté *naturelle*.	**Naturellement,** vous n'êtes pas compliqué.
Vous êtes *rapide.* Mangez-vous **rapidement?**	**Malheureusement,** je mange **rapidement.** Je mange **vite.**[6]

6. *Vite ≠ lentement.*

Lentement s'il vous plaît.

Explications

4 La formation et la place des adverbes réguliers

A. Formation des adverbes réguliers avec le féminin de l'adjectif

adjectif masculin	adjectif féminin	adverbe
naturel	naturelle	**naturellement**
final	finale	**finalement**
heureux	heureuse	**heureusement**
certain	certaine	**certainement**
relatif	relative	**relativement**
probable	probable	**probablement**

Remarquez: Si l'adjectif féminin est terminé par une *voyelle* + **e,** on élimine le **e** dans la formation de l'adverbe.

adjectif masculin	adjectif féminin	adverbe
vr**ai**	vr**aie**	vr**ai**ment
absol**u**	absol**ue**	absol**u**ment

B. En général, la place de l'adverbe est directement *après* le verbe ou *au commencement* de la phrase.

> Il est **certainement** très intelligent.
> **Malheureusement,** je ne suis pas riche.

Exercices oraux

I. Voilà des adjectifs. Formez les adverbes qui correspondent.

Modèle premier *premièrement*

1. malheureux 3. final 5. absolu 7. entier 9. clair
2. général 4. probable 6. naturel 8. relatif 10. sérieux

J. Placez l'adverbe dans la phrase.

Modèle Il y a un examen final. (malheureusement)
Malheureusement il y a un examen final. ou
Il y a malheureusement un examen final.

1. C'est une erreur. (certainement)
2. Vous parlez anglais. (probablement)
3. Il y a un examen le vendredi. (généralement)
4. Tout le monde a un nez. (naturellement)
5. Nous terminons l'exercice. (finalement)

Présentation V

Qu'est-ce que **vous allez faire** ce soir?

Je vais dîner avec un ami et **nous allons regarder** la télé.

Et qu'est-ce que vos parents **vont faire?**

Ils vont rester à la maison.

Qu'est-ce que Roger **va faire** la semaine prochaine?

Il va participer à une compétition internationale.

Explications

5 Le futur immédiat = le verbe **aller** *au présent* + un autre verbe *à l'infinitif*

Silence! Le professeur **va annoncer** la date de l'examen!
Sa sœur **va avoir** un bébé.
Qu'est-ce que **vous allez faire** demain soir?
Quelle catastrophe! Qu'est-ce que **nous allons faire?**
Je ne vais pas venir en classe pendant les vacances.

Remarquez: Au futur immédiat

il y a → il va y avoir ...
il fait → il va faire ...
il est → il va être ...

Il y a un bal. → **Il va y avoir** un bal. → **Il ne va pas y avoir** de bal.   *dance*
Il fait une faute. → **Il va faire** une faute. → **Il ne va pas faire** de faute.   *mistake*
Il est six heures. → **Il va être** six heures. → **Il ne va pas être** six heures.

Exercices oraux

K. Dites au négatif.

Modèle   Je vais manger.
           Je ne vais pas manger.

1. Vous allez être riche.
2. Ils vont parler.
3. Tu vas arriver vite.
4. Je vais chanter avec vous.
5. Valérie va venir à midi.
6. Nous allons étudier ce soir.
7. On va pique-niquer demain.
8. Mon père va téléphoner à ma mère.

L. Dites les phrases suivantes au futur immédiat.

Modèle   Je visite le Mexique.
Je vais visiter le Mexique.

1. Nous partons demain.
2. Tu lis Jules Verne.
3. Nous faisons nos devoirs ensemble.
4. Elle ne va pas au cinéma avec Jean-Louis.
5. Je parle avec mes parents.
6. Ils n'habitent pas dans la même rue.   Same
7. Nous disons la vérité.
8. Je suis présent le jour de l'examen.
9. Vous n'arrivez pas en retard.
✶ 10. Il y a une dispute.

M. Répondez aux questions.

1. Allez-vous étudier ce soir?
2. À quelle heure allez-vous dîner ce soir?
3. Où allez-vous aller pendant les vacances?
4. Allez-vous arriver à l'heure ou en retard à l'examen final?
5. Qui va devenir notre prochain président selon vous?   according to.
6. De tous les étudiants de la classe, qui va devenir célèbre un jour selon vous?
7. Est-ce que vos parents vont venir à notre cours de français?
8. Allez-vous écrire un best-seller?
9. Est-ce qu'il va y avoir une révolution aux États-Unis la semaine prochaine?
10. Allez-vous faire un long voyage bientôt?

N. Dites si vous allez faire les choses suivantes demain. Employez le futur immédiat.

Modèle   téléphoner à votre frère
Oui, je vais téléphoner à mon frère demain.   ou
Non, je ne vais pas téléphoner à mon frère demain.

1. écrire une lettre
2. aller à la bibliothèque
3. déjeuner avec une amie
4. passer la soirée à la maison
5. regarder la télévision
6. aller au lit à onze heures

Création

Exercices de conversation

A. Vous préparez un voyage. Voilà vos activités. Quelle est votre déduction? Où allez-vous?

   Modèle Vous étudiez l'art chinois.
   Je vais en Chine.

   1. Vous demandez des roubles à la banque.
   2. Vous demandez un visa d'étudiant au consulat allemand.
   3. Vous réservez une chambre à l'Hôtel de Luxe de Rio de Janeiro.
   4. Vous écoutez des disques de Berlitz et vous répétez «gracias» et «por favor».
   5. Vous réservez votre place dans un avion de la ligne El-Al.
   6. Vous regardez des brochures sur le mont Fuji.
   7. Vous décidez entre un hôtel à Picadilly Circus et un hôtel en face de Big Ben.
   8. Votre guide est Olaf Olafsen.
   9. Vous étudiez les ruines grecques.
   10. Vous réservez vos places dans un théâtre de Broadway.

B. Vous et un(-e) ami(-e) allez passer dix jours au Club Méditerranée. Voilà des choses que les gens font souvent au Club Med. Qu'est-ce que vous allez faire? Ensuite, demandez à votre ami(-e) ce qu'il (elle) va faire. Employez le futur immédiat.

   —Ils vont au bord de la mer (à la plage).
   —Ils regardent les animaux et les plantes sous la mer.
   —Ils mangent des spécialités exotiques.
   —Ils dansent dans les discothèques.
   —Ils passent des heures au soleil et ils deviennent bronzés.
   —Ils vont aux soirées.
   —Ils rencontrent de nouveaux amis.
   —Ils admirent la beauté naturelle.
   —Ils montent à cheval.
   —Ils vont aux cours de tennis / de bridge / de badminton / de volley-ball.
   —Ils participent aux matchs de tennis / de golf / de badminton / de volley-ball.
   —Avez-vous d'autres idées? Imaginez.

   Modèle *Je vais regarder les animaux et les plantes sous l'eau et je vais participer à des matchs de tennis et de volley-ball... Qu'est-ce que tu vas faire? Vas-tu aller à la plage?*

C. Demandez à un(-e) autre étudiant(-e) ce qu'il (elle) fait dans les situations données. Deux réponses possibles sont proposées. Utilisez la réponse préférable ou inventez une autre réponse.

> *Modèle* Il (elle) a une composition pour demain. (être absent / écrire la composition)
>
> Question: *Qu'est-ce que tu fais quand tu as une composition pour demain?*
>
> Réponse: *J'écris la composition, bien sûr!*

1. Il (elle) a un accident de voiture. (téléphoner à la police / pleurer)
2. Il (elle) est dans un restaurant exotique. (demander un hamburger / manger des choses exotiques)
3. Il (elle) arrive en retard pour un rendez-vous très important. (dire «pardon» / devenir rouge)
4. Les programmes à la télé sont ennuyeux. (aller au cinéma / lire un bon livre)
5. Ses devoirs sont trop difficiles. (persévérer / payer quelqu'un qui va faire les devoirs)

D. Regardez la photo p. 109. Répondez.

1. Où vont ces gens?
2. D'où viennent-ils?
3. Sont-ils à Paris?
4. Qu'est-ce qu'ils disent?
5. Qu'est-ce qu'ils vont faire?
6. Inventez une question à propos de la photo. Posez la question à un(-e) autre étudiant(-e).

Exercices écrits

Faites les exercices écrits qui sont dans le *Cahier d'exercices,* Leçon 5.

Lecture

Projets de voyage

DANIELLE: Qu'est-ce que *tu fais* ce soir? *Viens-tu* au cinéma avec nous?

PAUL: Non, *je vais* chez Georges et Sarah. Ils ont des brochures de voyages que *nous allons regarder* ensemble. Nous préparons notre
5   premier voyage en Europe.

DANIELLE: Où *allez-vous?* Dans quel pays? Dans quelles villes?

Notre itinéraire n'est pas encore décidé. Mais nous allons certainement aller en Angleterre, en France, en Italie, en Grèce et, si nous avons le temps, nous allons visiter la Suisse, l'Allemagne et peut-être l'Espagne.

Liza, Marco Ferreri, 1972. Sur la photo: Catherine Deneuve et Marcello Mastroianni.
Mastroianni, sorte de Robinson Crusoe, rencontre Deneuve, riche snob sur une île déserte.

PAUL: Oh, notre itinéraire n'est pas <u>encore</u> décidé. Mais *nous allons certainement aller en Angleterre, en France, en Italie, en Grèce* et, si nous avons le temps *nous allons visiter la Suisse, l'Allemagne* et
10 <u>peut-être</u> *l'Espagne.*

DANIELLE: Mon Dieu! Mais c'est presque un tour d'*Europe*! Et *allez-vous rester longtemps?*

PAUL: Oh, le voyage *va probablement durer* deux mois. *Nous allons voyager* en avion *des États-Unis en Angleterre* et le reste du voyage
15 en train, en auto, à bicyclette, en auto-stop ou <u>même</u> à pied, je ne sais pas ... ça dépend ...

DANIELLE: *Vous n'allez pas au Portugal,* <u>quel dommage</u>! C'est un si joli pays!

PAUL: Ah! C'est notre premier voyage! Notre temps et notre argent
20 sont limités. <u>Et puis</u> j'ai des amis *à Londres, à Paris, à Florence* et une cousine *à Madrid* mais je n'ai pas d'amis *au Portugal.* Dans les autres pays *nous allons rester* dans les <u>auberges de jeunesse</u> et s'il fait beau ... dans la nature «à la belle <u>étoile</u>[7]» comme *disent* les Français.

25 **DANIELLE:** Vous avez *probablement* des sacs de couchage.[8]

7. *À la belle étoile* = à l'extérieur, dans la nature (forêt, montagnes, etc.).
8. *Sac de couchage* = substitut du lit pour le camping.

PAUL: Oh oui! Bien sûr! Et nous avons aussi tout notre matériel de camping et nos appareils-photo[9] et j'imagine que Georges *va apporter* sa caméra[10] ou sa vidéo. C'est un spécialiste de film; alors tu penses qu'*il va être à son affaire*[11] devant les grands monuments, dans les rues, les cafés, à *Saint-Tropez,* sur les <u>plages</u> de la Côte d'Azur, et <u>surtout</u> avec des stars comme nous! J'<u>espère</u> aussi que *nous allons rencontrer* des gens intéressants et *avoir* de nouveaux amis français, italiens, espagnols, grecs ou allemands. C'est le but[12] essentiel des voyages. «Les voyages forment la jeunesse.»[13] *Nous allons revenir aux États-Unis* complètement transformés, métamorphosés, et *nous allons avoir* des souvenirs[14] magnifiques et peut-être une certaine nostalgie ...

DANIELLE: *Écris-tu* beaucoup de cartes postales quand tu es en voyage?

PAUL: Oui, quelquefois dans le train ou à la terrasse d'un café *j'écris* à mes amis et à ma famille. Quand *ils lisent* mes lettres ou mes cartes ils participent un peu à mes aventures, mais *je ne dis pas toujours* tout.

Questions sur la lecture

1. Qu'est-ce que Danielle demande à Paul?
2. Pourquoi Paul va-t-il chez Georges et Sarah?
3. Où Paul, Georges et Sarah vont-ils aller?
4. Vont-ils rester longtemps en Europe?
5. Comment vont-ils voyager? Et vous? quand vous faites un long voyage, comment voyagez-vous?
6. Pourquoi ne vont-ils pas au Portugal?
7. Où vont-ils rester?
8. Qu'est-ce que Paul, Georges et Sarah vont emporter en voyage? Et vous, qu'est-ce que vous emportez quand vous voyagez?
9. À votre avis[15] vont-ils revenir aux États-Unis complètement transformés?
10. Paul écrit-il beaucoup de cartes postales quand il est en voyage? Et vous?

9. *Appareils-photo* = instruments de photographie ordinaire.
10. *Caméra* = instrument de cinématographie.
11. *Tu penses qu'il va être à son affaire* = il va certainement être content.
12. *Le but* = la raison, l'objectif.
13. *«Les voyages forment la jeunesse.»* = les voyages contribuent à l'éducation des jeunes personnes.
14. *Souvenirs* = expériences conservées dans la mémoire.
15. *À votre avis* = selon vous.

Discussion / Composition

1. Vous allez voyager. Quel va être votre itinéraire? Qu'est-ce que vous allez faire dans chaque pays? Comment allez-vous voyager? Qu'est-ce que vous faites maintenant pour préparer votre voyage?

2. Écrivez une conversation en forme de dialogue entre vous et un agent de voyages. Vous posez des questions à propos d'un voyage que vous allez faire en Amérique du Sud, en Asie, en Europe ou dans une autre partie du monde. Employez beaucoup de noms de pays et de villes et beaucoup de verbes au présent et au futur immédiat.

Vocabulaire

noms

appareil-photo m.
argent m.
avion m.
café m.
devoir m.
état m.
faute f.
jeunesse f.
métro m.
monde m.
pays m. *country*
rue f.
sac de couchage m.
soirée f.
vacances f.pl.

adjectifs

entier(-ère)
joyeux(-euse)
malheureux(-euse)
poli(-e)
prochain(-e)
vrai(-e)

verbes

aller
chanter
devenir
dire
durer
emporter
espérer
lire
partir
payer
penser
rencontrer
répondre
rester
revenir
venir

adverbes

absolument
actuellement
alors
bientôt
lentement
longtemps
presque *almost*
quand
trop *too, too much.*

autres expressions

à bicyclette
à la belle étoile
à la fin
à pied
à votre avis
au soleil
avoir peur
bien sûr
chez
comme
en auto-stop
il fait beau
mon Dieu!
non plus
quelque chose
quelqu'un
selon

noms apparentés

caméra f.
capitale f.
dispute f.
docteur m.
erreur f.
forme f.
géographie f.
hamburger m.
lettre f.
poème m.
reste m.
souvenir m.
supermarché m.
train m.
voyage m.

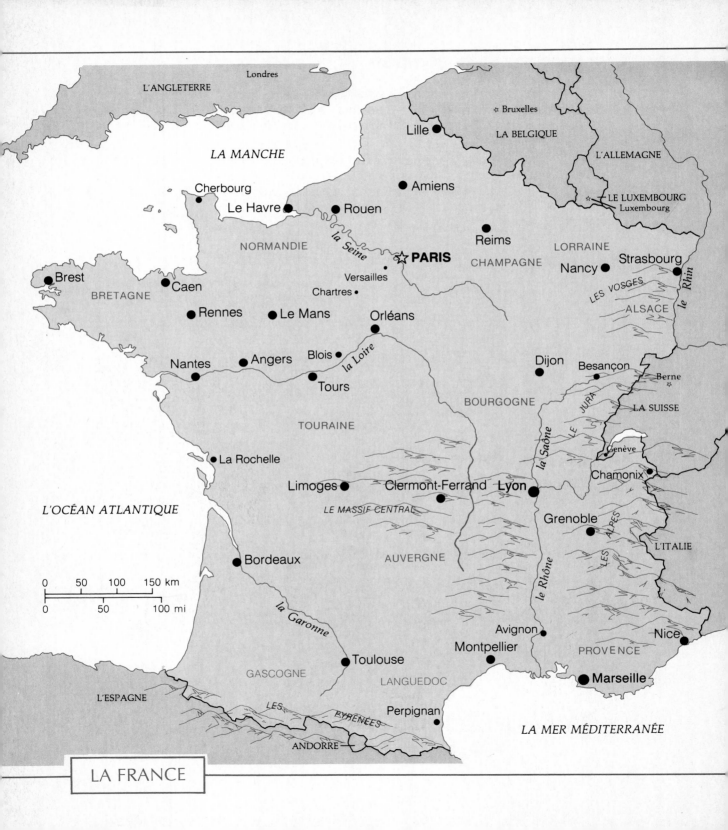

L'ANGLETERRE

Londres

LA MANCHE

Cherbourg

Le Havre • Rouen

NORMANDIE

la Seine

Lille

Amiens

Bruxelles

LA BELGIQUE

L'ALLEMAGNE

LE LUXEMBOURG
Luxembourg

Reims

LORRAINE

CHAMPAGNE

Nancy • Strasbourg

LES VOSGES

le Rhin

ALSACE

★ PARIS

Versailles •

Brest

Caen

BRETAGNE

Rennes • Le Mans

Chartres •

Orléans

Angers • Blois

Nantes • Tours

la Loire

TOURAINE

La Rochelle

L'OCÉAN ATLANTIQUE

Limoges

LE MASSIF CENTRAL

Clermont-Ferrand

Dijon

Besançon

Berne

BOURGOGNE

la Saône

LE

JURA

LA SUISSE

Genève

Chamonix

Lyon

Grenoble

LES ALPES

L'ITALIE

0   50   100   150 km

0   50   100 mi

Bordeaux

la Garonne

AUVERGNE

le Rhône

Avignon

Nice

L'ESPAGNE

Toulouse

GASCOGNE

LANGUEDOC

Montpellier

PROVENCE

Marseille

LES

PYRÉNÉES

Perpignan

LA MER MÉDITERRANÉE

ANDORRE

LA FRANCE

6 Sixième Leçon

Qu'est-ce que vous aimez faire?

Les verbes réguliers en *-ir: finir,*
   choisir, etc.
Six verbes irréguliers en *-ir: dormir,*
   partir, sortir, servir, mentir, sentir
Trois pronoms relatifs: *qui, que, où*

Verbe + verbe
Place des adverbes (suite)

Lecture: *Premier Soir à Paris*

La Fontaine des Innocents dans le Forum des Halles.

Découverte

Présentation I

À quelle heure **finissez-vous** votre journée?

Je finis ma journée à trois heures de l'après-midi, mais mes amis **finissent** à quatre heures.

day's activities

Est-ce que nous **finissons** tard ici aussi?

Non, **nous ne finissons pas** tard.

Réfléchissez-vous bien quand **vous choisissez** vos cours?

Oui, **je réfléchis** bien **à** mon programme; **j'établis** un emploi du temps qui **finit** avant quatre heures.

Rougissez-vous quand vous êtes gêné[1]?

Oui, **je rougis** quelquefois.

Explications

1 Les verbes réguliers en **-ir,** comme **finir**

A. **Finir, grandir, établir, réussir, réfléchir, choisir, obéir, bâtir, définir, pâlir,** etc.

finir	
je fin**is**	**nous** fin**issons**
tu fin**is**	**vous** fin**issez**
il, elle fin**it**	**ils, elles** fin**issent**

réussir	
je réuss**is**	**nous** réuss**issons**
tu réuss**is**	**vous** réuss**issez**
il, elle réuss**it**	**ils, elles** réuss**issent**

réfléchir: je réfléch**is, tu** réfléch**is,** etc.
choisir: je chois**is, tu** chois**is,** etc.
obéir: j'obé**is, tu** obé**is,** etc.

1. *Gêné(-e)* = embarrassé(-e).

Remarquez: On réfléchit **à** quelque chose.
On obéit **à** quelqu'un.

Vous réfléchissez **à** la politique.
Nous réfléchissons **à** nos problèmes.

Les enfants obéissent **à** leurs parents.
Le capitaine obéit **au** général.

B. Beaucoup de verbes qui correspondent à des adjectifs ont aussi la même conjugaison. Voici les principaux:

brun ⟶	**brunir**	vieux (vieille) ⟶	**vieillir**
blanc (blanche) ⟶	**blanchir**	grand ⟶	**grandir**
noir ⟶	**noircir**	beau (belle) ⟶	**embellir**
pâle ⟶	**pâlir**	gros ⟶	**grossir**
rouge ⟶	**rougir**	maigre ⟶	**maigrir**
vert ⟶	**verdir**		

to fatten, thicken.

Exercices oraux

A. Employez les mots donnés comme sujet de la phrase.

Modèle réussir toujours (je / il / nous)
Je réussis toujours.
Il réussit toujours.
Nous réussissons toujours.

1. réussir aux examens (vous / Jules et Jeannette / tu)
2. finir vite (je / nous / on)
3. choisir une carte (vous / Nancy / nous)
4. ne pas rougir (tu / mes parents / je)
5. réfléchir à la philosophie (nous / je / tout le monde)

B. Dites-moi ...

Modèle que vous vieillissez.
Je vieillis.

1. que vous réfléchissez beaucoup.
2. que vous obéissez à vos parents.
3. que je choisis de bons exemples.
4. que je définis bien les nouveaux mots.
5. que vous ne grandissez pas maintenant.
6. que je finis très vite mes corrections.
7. que vous réussissez souvent à vos examens.
8. que vous et moi nous établissons de bons rapports.
9. que vous ne bâtissez pas souvent de châteaux de cartes.
10. que je ne rougis pas souvent.

C. Demandez à un(e) autre étudiant(e) ...

1. s'il (si elle) réfléchit à ses problèmes.
2. s'il (si elle) réussit toujours aux examens.
3. s'il (si elle) obéit à ses parents.
4. s'il (si elle) rougit ou brunit au soleil.
5. s'il (si elle) pâlit en janvier.
6. si on bâtit de nouveaux bâtiments sur le campus.
7. si on choisit directement le président des États-Unis.
8. si tout le monde finit ses devoirs avant la classe.

Présentation II

Où **dormez-vous** généralement?

Je dors dans mon lit, mais **je ne dors pas** dans la classe de français.

Sortez-vous ce soir?

Non, **je ne sors pas,** mais Jim **sort** avec Julie. **Ils sortent** ensemble.

Quand **partons-nous** pour l'Europe?

Nous partons le 7 juillet.

Explications

2 Six verbes irréguliers en **-ir** (et leurs composés) ont le même système de conjugaison: **dormir, partir,**[2] **sortir,**[3] **servir, mentir,**[4] **sentir.**[5]

dormir	
je dor**s**	**nous** dorm**ons**
tu dor**s**	**vous** dorm**ez**
il, elle dor**t**	**ils, elles** dorm**ent**

partir	
je par**s**	**nous** part**ons**
tu par**s**	**vous** part**ez**
il, elle par**t**	**ils, elles** part**ent**

2. *Partir* ≠ arriver.
3. *Sortir* ≠ entrer.
4. *Mentir* ≠ dire la vérité.
5. *Sentir* est un verbe qui exprime la sensation et la sensibilité olfactive, tactile ou psychologique (sentiment).

—Où dormez-vous
généralement?
—Je dors dans mon
lit.

La Belle et la Bête,
Jean Cocteau, 1946.
Sur la photo: Josette
Day et Jean Marais.
   Pour sauver son
père, la Belle va vivre
chez la Bête. Elle
commence à l'aimer et
quand elle l'aime, il
reprend sa forme
véritable de Prince
charmant.

Exercices oraux

D. Employez les mots donnés comme sujet de la phrase.

   Modèle   sortir le samedi (je / nous / on)
   Je sors le samedi.
   Nous sortons le samedi.
   On sort le samedi.

   1. partir à midi (le train / nous / Estelle et Suzanne)
   2. dormir toujours (tu / vous / frère Jacques)
   3. ne pas mentir (je / ces garçons / vous)
   4. ne pas servir de dessert (ces chefs / je / nous)
   5. sentir ces fleurs (vous / tu / les gens)

E. Répondez aux questions.

   1. Dormez-vous bien quand vous êtes dans un train?
   2. Avec qui sortez-vous ce week-end?
   3. Quand vous mentez, est-ce que vous rougissez?
   4. Partez-vous quand vous sentez une mauvaise odeur?
   5. Sert-on le dessert au début ou à la fin du repas?

F. Dites-moi ...

   1. que vous ne mentez pas.
   2. de quelle heure à quelle heure vous dormez.
   3. que vous sentez mon parfum.
   4. que je ne sers pas de hors-d'œuvre à six heures du matin.
   5. que je sors généralement après les autres étudiants.

G. Demandez à un(-e) autre étudiant(-e) ...

1. s'il (si elle) sert des crêpes comme dessert.
2. s'il (si elle) ment souvent par politesse.
3. s'il (si elle) dort bien dans un hôtel.
4. s'il (si elle) sort quand il (elle) est malade.
5. à quelle heure il (elle) part pour sa classe de français.

Présentation III

Est-ce une robe originale?	Oui, c'est une robe **qui** est originale.
Aimez-vous cette maison?	Oui, c'est une maison **que** j'aime beaucoup.
Voilà un restaurant. Mangez-vous dans ce restaurant?	Oui, c'est le restaurant **où** nous mangeons généralement.
Dînez-vous à sept heures du soir?	Oui, c'est l'heure **où** nous dînons.

Explications

3 Trois pronoms relatifs

A. **Qui** (sujet)

Voilà le monsieur **qui** parle toujours.

L'antécédent de **qui** est **le monsieur;** c'est le sujet de **parle.**
Alors, **qui** est aussi le sujet de **parle.**

L'étudiante **qui** a trois frères est Linda.
Ils ont une classe **qui** commence à midi.

Remarquez: 1. **Qui** est directement devant le verbe parce que c'est le sujet.
2. **Qui** représente une personne ou une chose.
3. Il n'y a pas d'élision avec **qui:** L'étudiante **qui a ...**

B. **Que** (objet)

La bière est française. La bière **que** je préfère est française.

beer

L'antécédent de **que** est **la bière.** C'est le complément d'objet direct de **je préfère: je préfère la bière.** Alors, **que** est aussi le complément d'objet direct de **je préfère.**

J'aime la robe **que** vous avez aujourd'hui.
Robert Redford est l'acteur **qu'**Hélène préfère.[6]

---

6. *Remarquez:* Je préfère, tu préfères, il préfère, ils préfèrent. *Mais:* nous préférons, vous préférez. **Espérer** a les mêmes changements orthographiques. (Voir le système verbal, p. R1.)

Remarquez: 1. **Que** n'est pas directement devant le verbe parce que ce n'est pas le sujet. Alors, un sujet est nécessaire entre **que** et le verbe.
2. **Que** représente aussi une personne ou une chose.
3. Attention à l'élision: que + elle → **qu'elle ...**
que + il → **qu'il ...**
que + on → **qu'on ...**

C. **Où** *(lieu ou temps)*

1. *Lieu*

Je vais à l'université. Voilà l'université **où** je vais.

L'antécédent de **où** est **l'université; l'université** est le complément de lieu de **je vais.** Alors, **où** est le complément de lieu.

Nous allons à un petit café **où** il y a une atmosphère agréable.

2. *Temps*

La fin du semestre, c'est l'époque **où** nous avons beaucoup d'examens.

L'antécédent de **où** est **l'époque. L'époque** est le complément de temps de **nous avons beaucoup d'examens:** *Nous avons beaucoup d'examens à cette époque.*

Il est dix heures. C'est l'heure **où** il arrive généralement.

Remarquez: 1. **Où** est le pronom relatif de lieu et aussi le pronom relatif de temps. (Admirez la logique française!)
2. **Où** n'est pas directement devant le verbe parce que **où** n'est pas le sujet.

Exercices oraux

H. Répétez les phrases suivantes en utilisant **Voilà le (la, l', les) ... qui (que, où) ... .**

Modèle J'aime beaucoup cette classe.
Voilà la classe que j'aime beaucoup.

1. La blouse est élégante.
2. Tu préfères l'acteur.
3. Vous écrivez la lettre.
4. La femme est dans notre classe.
5. Les critiques adorent le film. (Voilà le film ...)
6. Je vais au musée.
7. L'étudiant étudie l'espagnol.
8. Nous mangeons au restaurant.

I. Complétez les petits dialogues suivants avec les pronoms relatifs **qui, que** ou **où.**

> *Modèle* Le jeune homme rougit toujours.
>
> L'étudiant(-e) X   L'étudiant(-e) Y
> —*Voilà le jeune homme.*   —*Quel jeune homme?*
> —*Le jeune homme qui rougit*
> *toujours.*

1. Ce professeur arrive toujours en retard.
   —Voilà le professeur.   —Quel professeur?
   _____

2. J'aime beaucoup ces amis.
   —Voilà mes amis.   —Quels amis?
   _____

3. Nous allons souvent à ce cinéma.
   —Voilà le cinéma.   —Quel cinéma?
   _____

4. Je ne vais pas lire ces livres.
   —Voilà les livres.   —Quels livres?
   _____

5. Ces lettres viennent de France.
   —Voilà les lettres.   —Quelles lettres?
   _____

J. Combinez les phrases données. Employez le pronom relatif approprié.

> *Modèle* Voilà un homme.
>
> a. Je n'aime pas beaucoup cet homme.
>   *Voilà un homme que je n'aime pas beaucoup.*
> b. Il n'est pas vieux.
>   *Voilà un homme qui n'est pas vieux.*

1. Qui sont les enfants?
   a. Vous aimez beaucoup ces enfants.
   b. Ces enfants dansent si bien.
2. Montrez-moi le livre.
   a. Il est sur le bureau.
   b. Vous lisez ce livre à votre grand-mère.
3. Quel est le mois?
   a. Vous plantez des fleurs pendant ce mois.
   b. Vous préférez ce mois.
4. Voilà une voiture.
   a. Elle va vite.
   b. Tout le monde admire cette voiture.
5. Nous allons au parc.
   a. Il est au centre de la ville.
   b. Il y a quelquefois des concerts de jazz dans ce parc.

K. Finissez les phrases.

> *Modèle* L'exercice que ...
> *L'exercice que je fais est très intéressant.*

1. Le Cuisinart est une machine qui ...
2. Le Cuisinart est une machine que ...
3. J'ai une voiture que ...
4. Monsieur X travaille dans un bâtiment où ...
5. J'ai une voiture qui ...
6. Demain est le jour où ...
7. Voilà une statue qui ...
8. Monsieur X travaille dans un bâtiment que ...

Présentation IV

Aimez-vous danser?

J'adore danser, particulièrement quand j'ai une partenaire qui danse bien.

Qu'est-ce que *vous détestez faire?*

Je déteste écouter la musique électronique.

Commencez-vous à parler français maintenant?

Oui, *nous commençons à parler* français.

Les Français *invitent-ils* souvent leurs amis *à dîner?*

Non, *ils n'invitent pas* souvent leurs amis *à dîner.*

Finissez-vous de travailler avant minuit?

Naturellement, *je finis de travailler* avant minuit.

Oubliez-vous quelquefois *de donner* votre composition au professeur?

Oui, quelquefois *j'oublie de donner* ma composition.

J'adore danser, particulièrement quand j'ai une partenaire qui danse bien.

Le Soupirant. Pierre Étaix, 1962. Sur la photo, Pierre Étaix.
 Un soupirant est un homme amoureux d'une femme. Il languit après l'objet de ses désirs. Dans cette scène comique, Étaix imagine qu'il danse avec la femme de ses rêves.

Explications

4 Verbe + verbe

A. Quand un verbe est placé après un autre verbe, le deuxième verbe est à l'infinitif. S'il y a un troisième verbe, il est aussi à l'infinitif.

> **J'aime aller** au cinéma.
> **Je déteste arriver** en retard.
> **Nous espérons acheter** une nouvelle maison.
> **Vous préférez être** discret.
> **Elle commence** à **préparer** son voyage.
> **Nous décidons** de **partir.**
> **Vous n'oubliez pas** de **fermer** la porte.
> **Il aime aller travailler** à la bibliothèque.

B. Certains verbes exigent la préposition **à** devant un autre verbe à l'infinitif. Les plus importants sont:

> **commencer à** **inviter à** **aider à**
> **continuer à** **réussir à**

> *Il commence* **à** *parler.*
> *Nous commençons*[7] **à** *apprécier* la culture française.
> *Je continue* **à** *faire* la même faute.
> *Ils invitent* leurs amis **à** *dîner.*
> *Elle réussit* **à** *prononcer* le *R* et le *U* français.
> *Il aide* sa mère **à** *préparer* le dîner.

C. Certains autres verbes exigent la préposition **de** devant un autre verbe à l'infinitif. Les plus importants sont:

> **dire de** **regretter de** **finir de**
> **oublier de** **décider de** **refuser de**
> **essayer**[8] **de** **accepter de** **demander de**

> *Nous finissons* **de** *dîner* à huit heures du soir.
> Le professeur *dit* **de** *répéter* la phrase.
> *Elle oublie* **de** *donner* son argent.
> *Je regrette* **d'**être en retard.
> *J'essaie* **de** *réussir,* mais j'ai beaucoup de difficulté.

---

7. *Nous commençons:* Remarquez que le *c* du radical → ç devant *o* pour conserver la prononciation *ss.*
8. *Essayer* = faire un effort, faire une tentative, expérimenter.

D. Il n'y a pas de préposition quand les verbes suivants précèdent un autre verbe à l'infinitif: **détester, espérer, préférer, aimer, désirer, adorer, aller.**

> **Je préfère parler** français.
> **Elle aime aller** au cinéma.
> **Nous allons être** heureux.
> **Tu détestes passer** les vacances chez tes parents.
> **Il adore aller regarder** les chimpanzés au zoo.
> **Nous désirons aller écouter** ce pianiste.

E. Le négatif **(ne ... pas)** va généralement avec le premier verbe.

> Nous **n'allons pas** rester très longtemps.
> Je **n'aime pas** regarder les vieux films.
> Vous **n'acceptez pas** de signer la pétition.
> Eric **ne** réussit **pas** à avoir une bonne note.
> Marianne **n'invite pas** Paul à venir au pique-nique.

Remarquez: Quand le deuxième verbe (l'infinitif) est au négatif, il est précédé par **ne pas.**

> Je regrette de **ne pas** venir à votre pique-nique.
> Le médecin dit au malade de **ne pas** manger de choucroute.
> Elle préfère **ne pas** sortir ce soir.

Exercices oraux

L. Finissez les phrases avec **chanter, à chanter** ou **de chanter.**

> *Modèle* Antoine aime _____.
> *Antoine aime chanter.*

1. Antoine aime _____.
2. À six heures du matin il commence _____.
3. À midi il ne finit pas _____.
4. Alors toute la journée il continue _____.
5. Quand il est très malade il essaie ____
   mais il ne réussit pas _____.
6. Généralement si on demande à Antoine ____
   il ne refuse pas ____ parce qu'il adore ____.

M. Répondez au négatif.

> *Modèle* Désirez-vous aller au Tibet?
> *Non, je ne désire pas aller au Tibet.*

1. Désirez-vous aller en prison?
2. Aimez-vous être triste?
3. Espérez-vous être malade cette semaine?
4. Détestez-vous parler français?
5. Adorez-vous insulter vos amis?
6. Refusez-vous de parler maintenant?
7. Oubliez-vous de dormir?
8. Invitez-vous des criminels à habiter avec votre famille?
9. Regrettez-vous d'exister?
10. Réussissez-vous à être parfait(-e)?

N. Demandez à un(-e) autre étudiant(-e) ...

1. à quelle heure il (elle) finit de déjeuner.
2. s'il (si elle) regrette d'être américain(-e).
3. s'il (si elle) va continuer à étudier l'année prochaine.
4. ce qu'il (elle) n'aime pas faire. (Qu'est-ce que tu ...)
5. si tout le monde va réussir à l'examen.
6. si tout le monde va essayer de réussir à l'examen.
7. s'il (si elle) oublie quelquefois d'aller au laboratoire.
8. s'il (si elle) refuse de donner son argent à un gangster.
9. ce qu'il (elle) va faire demain.
10. s'il (si elle) déteste aller chez le dentiste.

Désirez-vous encore parler de vos problèmes?

Le Salaire de la Peur (voir p. 69).

Présentation V

Aimez-vous **bien** aller **vite** en auto?

Oui, j'aime **bien** aller **vite** en auto.

Désirez-vous **encore** parler de vos problèmes?

Oui, je désire **encore** parler de mes problèmes.

Explications

5 Place des adverbes (suite)

A. On place les adverbes courts et fréquents (**bien, mal, toujours, encore, déjà, vite,** etc.) directement *après* le verbe modifié.

> Il est **toujours** présent et il parle **toujours.**[9]
> Vous parlez **mal.**[10]
> Il va **vite** sur sa motocyclette.
> Je vais **vite** quand je suis en retard.
> Nous sommes **déjà**[11] à l'université en octobre.
> Nous sommes **encore** en vacances en août.

B. Avec deux verbes (*verbe* + *infinitif*), l'adverbe est placé après le verbe qui a un rapport logique avec l'adverbe.

> Il aime parler **vite.**
> Je regrette **toujours** d'être en retard. (Ici, **toujours** modifie **regrette:** Je regrette **toujours** ... .)
> Je regrette d'être **toujours** en retard. (Ici, **toujours** modifie **être:** Je suis **toujours** en retard.)

Exercice oral

O. Placez l'adverbe correctement dans la phrase.

1. J'oublie votre nom, pardon! (déjà)
2. Vous dites la même chose. (encore)
3. Ils sont ensemble. (toujours)
4. Nous aimons aller au cinéma. (bien)
5. Je déteste aller en motocyclette. (vite)
6. Tu regrettes de danser. (mal)
7. Marguerite refuse de dire son opinion. (souvent)
8. On préfère finir de faire les choses désagréables. (vite)

---

9. *Toujours* = continuellement, incessamment, éternellement.
10. *Mal* ≠ bien.
11. *Déjà* indique une action commencée avant le moment présent.

Création

Exercices de conversation

A. Qu'est-ce que vous faites dans les situations suivantes?
Employez un des verbes de cette leçon dans votre réponse.

finir	**obéir**	**réfléchir**	**partir**
réussir	**applaudir**	**dormir**	**sortir**
choisir	**rougir**	**mentir**	**servir**

> *Modèle*   Vous êtes juge dans une compétition de musique.
> *Je choisis le musicien que je préfère.*

1. Vous êtes fatigué(-e).
2. Quelqu'un raconte une plaisanterie grossière.
3. Vous êtes garçon dans un restaurant élégant. Il est huit heures du soir.
4. Votre composition est due cet après-midi.
5. C'est la fin du concert.
6. Vous étudiez beaucoup et vous passez votre examen avec succès.
7. Les ordres de vos parents sont très clairs.
8. Votre ami demande «Comment trouves-tu ma nouvelle chemise?»
   Sa chemise est horrible, mais votre ami déteste les critiques.

B. Décrivez une scène familière. Finissez les phrases.

1. Voici une scène où ...
2. Je suis avec des gens qui ...
3. Il y a un homme que ...
4. Il y a aussi une femme qui ...
5. C'est un moment où ...
6. Nous disons des choses qui ...
7. C'est une scène que ...

C. Vous préparez les invitations pour une soirée. Finissez les phrases suivantes. Employez un infinitif précédé par **à** ou **de** si c'est nécessaire.

1. Vous êtes invité(-e) ...
2. Désirez-vous ...?
3. J'espère que vous allez essayer ... parce que nous allons ...

4. À neuf heures tout le monde va commencer ...

5. À minuit on va finir ...

6. Est-ce que vous acceptez ... ?

D. Inventez la fin des phrases.

1. Je regrette ...   4. Je préfère ...

2. J'aime ...   5. Je vais essayer ...

3. Je refuse ...

E. Regardez la photo, p. 121. Répondez.

1. Ce monsieur aime-t-il danser?

2. Choisit-il bien sa partenaire? Avec quoi danse-t-il?

3. Ce monsieur dort-il quand il danse?

4. Inventez une question à propos de la photo et posez votre question à un(-e) autre étudiant(-e).

Exercices écrits

Faites les exercices écrits qui sont dans le *Cahier d'exercices,* Leçon 6.

Lecture

Premier soir à Paris: La Fontaine des Innocents

Nos amis Valérie, Jean-Paul, Marc et Gail viennent d'arriver[12] à Paris. La transition est particulièrement difficile parce qu'*ils dorment* à des heures bizarres. *Ils sentent* le décalage horaire.[13] Il est dix heures du soir à Paris mais pour Gail *qui* est new-yorkaise, il est quatre heures
5 de l'après-midi, et pour Marc *qui* habite en Californie, il est une heure de l'après-midi.

   Ce soir, un ami français, Bernard, *invite* tout le monde *à dîner* à son appartement. Maintenant *ils finissent de dîner* et *ils décident de sortir.* Ils lisent *La Semaine de Paris*[14] et la page des spectacles dans
10 *France Soir.*[15] *Ils essayent de trouver* un endroit[16] *où* aller après le dîner. Ils hésitent entre les différentes sortes de distractions *que* Paris procure: les théâtres, les cabarets, les nombreuses discos, les concerts classiques et pop, les compétitions sportives, les cinémas, les

12. *Viennent d'arriver* = "have just arrived."

13. *Décalage horaire* = différence des heures selon la région.

14. *La Semaine de Paris* = publication qui indique les spectacles (théâtre, cinéma, concerts), les expositions, etc.

15. *France Soir* = un journal parisien très populaire.

16. *Un endroit* = un site, une localité, un lieu.

excursions nocturnes comme les «Bateaux Mouches»[17] ou «Paris la Nuit» ... C'est tout un monde *que* nos jeunes amis *vont bientôt explorer*.

GAIL: Mais *où allons-nous aller*? À Montmartre? à Montparnasse? à Saint-Germain? aux Champs-Élysées? dans le Marais? Si *vous ne réussissez pas à trouver* un endroit amusant tout de suite, *je vais vite commencer à dormir!*

VALÉRIE: Voyons,[18] il est déjà dix heures, c'est le moment *où* la vie nocturne commence. *Je suggère simplement de sortir* dans la rue, *de faire* une promenade, *d'aller* dans un café et *de regarder* les gens.

BERNARD: J'ai une idée: Le Forum des Halles!

GAIL: Le Forum des Halles? Qu'est-ce que c'est?

BERNARD: C'est un nouveau quartier à la mode, en fait c'est un très vieux quartier complètement rénové *que* la ville de Paris réserve aux activités de la jeunesse. Les rues de ce quartier sont souvent interdites aux voitures, alors les piétons marchent librement partout.

VALÉRIE: Bon, c'est parfait. *J'aime bien marcher* dans les rues surtout quand il n'y a pas de voitures. Alors, *nous choisissons* le Forum des Halles!

BERNARD: Oh, et *j'oublie de dire* qu'il y a des cafés, des musiciens, de petits restaurants charmants, des jongleurs, des jeunes gens *qui* proposent toutes sortes de choses, des clochards[19] et des vagabonds mais aussi des gens chic. C'est la «Cour des Miracles»[20] et *vous allez aussi admirer* la Fontaine des Innocents!

GAIL: La Fontaine des Innocents? Pourquoi des Innocents? Est-ce parce que les gens *qui* sont autour de la fontaine sont innocents?

BERNARD: Ah! mais non, pas du tout. C'est seulement le nom de cette très jolie fontaine décorée par Jean Gougeon et Pierre Lescot *qui* sont deux grands sculpteurs de la Renaissance. En fait, ce n'est pas un endroit très sûr ...[21] Mais si *vous réfléchissez* trop *nous n'allons pas sortir*. Vite, vite, à la Fontaine des Innocents. «Aux innocents les mains pleines»[22] comme dit le proverbe.

---

17. *Les bateaux mouches* = bateaux d'excursion à Paris sur la Seine.
18. *Voyons!* = terme d'hésitation, de surprise ou d'exaspération.
19. *Un clochard* = un vagabond.
20. *«La Cour des Miracles»* = un endroit où il y a toutes sortes de personnes et d'activités diverses.
21. *Endroit très sûr* = endroit où on est en sécurité.
22. *Aux innocents les mains pleines* = "The meek shall inherit the earth."

Questions sur la lecture

1. Où est-ce que Valérie, Jean-Paul, Marc et Gail viennent d'arriver? D'où vient Gail? D'où vient Marc?
2. Quelle heure est-il à New York et en Californie quand il est dix heures du soir à Paris?
3. Qui invite tout le monde à dîner?
4. Pourquoi lit-on «La Semaine de Paris» et la page des spectacles dans «France Soir»? Quelles publications consultez-vous quand vous essayez de trouver un endroit où aller dans votre ville?
5. Quelles sont les différentes options pour les jeunes gens à Paris? Qu'est-ce que vous aimez faire quand vous finissez de dîner? Qu'est-ce que Valérie propose de faire après le dîner?
6. Le Forum des Halles: qu'est-ce que c'est? Est-ce un vieux quartier? Est-ce un nouveau quartier? Pourquoi est-ce que les voitures sont interdites dans certaines rues du quartier? Aimez-vous cette idée? Y a-t-il des rues réservées aux piétons dans votre ville?
7. Aimez-vous marcher comme Valérie? Aimez-vous marcher en ville? à la campagne? sur un grand boulevard? dans de petites rues? dans un parc?
8. Au Forum des Halles il y a toutes sortes de gens. Quelles sortes de gens y a-t-il? Y a-t-il un quartier semblable dans votre ville?
9. Est-ce qu'un clochard est généralement bourgeois? Y a-t-il des clochards dans votre ville? Où dorment-ils?
10. Y a-t-il des endroits qui ne sont pas très sûrs dans votre ville? Allez-vous dans ces endroits? Pourquoi ou pourquoi pas?

Discussion / Composition

1. Quand vous désirez sortir, qu'est-ce que vous choisissez de faire? Quelles publications y a-t-il qui aident les gens à choisir leurs distractions? Employez *verbe* + *verbe* (sans ou avec une préposition) et les pronoms relatifs **qui, que** et **où.** Par exemple: Quand je désire aller dans un endroit qui est chic, je ...   Quand je décide de ..., je vais ...   Il y a des endroits où ... et d'autres endroits où ..., etc.

2. Quels sont les endroits intéressants de votre ville pour un visiteur ou un touriste? Indiquez les choses que vous aimez faire, les choses que vous n'aimez pas faire, les choses que vous décidez de faire, les choses que vous invitez vos amis à faire, etc. Employez les verbes de la leçon, la construction *verbe* + *verbe* sans ou avec une préposition, et les pronoms relatifs **qui, que** et **où.**

Vocabulaire

noms

chose f.
choucroute f.
cour f.
crêpe f.
endroit m.
jardin m.
jeunes gens m.pl.
médecin m.
miroir m.
nuit f.
piéton m.
plaisanterie f.
promenade f.
soleil m.

adjectifs

gêné(-e)
interdit(-e)
nombreux(-euse)
semblable

verbes

acheter
bâtir
choisir
définir
dormir
essayer
établir
finir
grandir
marcher
mentir
obéir
oublier
partir
réfléchir
retourner
réussir
rougir
sentir
servir
sortir
vieillir

adverbes

déjà
encore
facilement
mal
quelquefois
seulement
souvent
surtout
tard
toujours

autres expressions

à la campagne
à la mode
par politesse
que
qui

noms apparentés

architecture f.
boulevard m.
capitaine m.
concert m.
dessert m.
époque f.
hors-d'œuvre m.
image f.
jazz m.
miracle m.
motocyclette f.
odeur f.
ordre m.
prison f.
renaissance f.
scène f.
semestre m.
spectacle m.

À Paris et en province

11

12

11. À Paris. La conciergerie, ancienne résidence royale   12. À Paris. Chez un grand couturier

13

14

15

13. Le forum des Halles   14. Aux Champs-
Elysées à Paris   15. Une vue aérienne de
Paris, illuminée par un arc-en-ciel

16. Dans les Pyrénées. Une rue de St-Jean-Pied-de-Port, un jour de fête   17. La Loire vue du Château d'Amboise   18. Les jardins fleuris du peintre Claude Monet, à Giverny

16

17

18

19. Un lac en Provence   20. Le four solaire
d'Odeilo, dans les Pyrénées

19

20

ENTRACTE II
LES TRANSPORTS:
AUTOMOBILE, TRAIN, AVION

La France possède un système très développé de transports modernes. La production française de véhicules, par exemple, est la quatrième du monde. La Régie Nationale Renault, firme d'état, est le plus grand fabricant européen et aussi propriétaire majoritaire d'American Motors. Le Salon de l'Automobile est un événement international où vont des milliers de visiteurs à Paris chaque automne pour admirer les derniers modèles. À la différence de l'industrie américaine, l'automobile en France est surtout une industrie d'exportation. Au printemps, des touristes et des industriels[1] viennent également inspecter les avions commerciaux et militaires à l'Exposition Internationale de l'Aviation au Bourget, un des trois aéroports de Paris. Les trains urbains et interurbains, réputés pour leur efficacité, réussissent, comme l'automobile et l'avion, non seulement sur le plan national mais aussi sur le plan du commerce extérieur. C'est la France, spécialisée en construction de systèmes de métro, qui fournit les voitures et l'équipement à des villes

Une station de métro
La RATP (Régie Autonome de Transports Parisiens) administre le métro.

1. *Industriel* = personne dans les affaires ou l'industrie.

Le TGV, train ultrarapide qui roule à 250 km/h
Les passagers sont installés comme dans un avion. Il y a une tablette dépliante pour lire, écrire ou manger.

importantes dans le monde entier: à Montréal, à Mexico et à Caracas, par exemple.

Le train urbain de Paris, le métro, et les bus sont organisés sous une seule administration: la RATP (Régie Autonome des Transports Parisiens). Un métro dessert[2] aussi un certain nombre d'autres grandes villes françaises comme Marseille, Lyon et Lille.

Un réseau[3] complexe de chemin de fer dessert la France. Sur la ligne Paris-Lyon-Marseille-Montpellier on voyage en TGV (Train à Grande Vitesse), train ultra-rapide qui roule à 250 km/h. Voilà pourquoi les voyageurs et même les hommes et les femmes d'affaires en France préfèrent souvent le train à l'avion. On va du centre de Paris au centre de Lyon, par exemple, en 2 heures 30 minutes. Les gares[4] sont très impor-

tantes dans la vie d'une grande ville. Beaucoup de touristes et d'étudiants américains et canadiens voyagent en train en France chaque année avec un Eurailpass.

Si les transports en commun sont excellents, les Français ne négligent pas leurs voitures particulières. L'automobiliste dispose d'un vaste système routier pour aller à la campagne, de village en village, ou d'un réseau d'autoroutes pour aller de ville en ville. Le prix de l'essence,[5] comme dans toute l'Europe, est très élevé par rapport au prix de l'essence aux États-Unis. Les voitures françaises sont relativement petites, ont une ligne aérodynamique et une consommation d'essence très faible. Voyagez-vous quelquefois dans une Renault, une Peugeot, une Talbot, ou une Citroën?

Les autos et les routes

Quand on voyage en auto, on achète l'essence dans une station-service où, comme aux États-Unis, il y a le self-service ou le service complet. On paie en argent comptant, par chèque bancaire, ou par carte de crédit. Si l'employé de la station rend un service en plus de l'essence, comme l'huile[6] ou lavage du pare-brise, l'automobiliste donne un pourboire. En France les autoroutes sont payantes. À l'entrée de l'autoroute on donne un ticket à l'automobiliste et à la sortie il paie selon le kilométrage.

On emploie en France le système de signalisation internationale, mais le code de la route est national. Sur l'autoroute la vitesse maximale est de 130 km/h (sur une route ordinaire: 100 km/h). Les stations-services le long des autoroutes sont aussi des magasins qui vendent toutes sortes de produits: des cassettes de musique, des cartes routières, des produits d'alimentation. On trouve aussi tous les 20–50 kilomètres des endroits spé-

---

2. *Desservir* = faire le service de transport.
3. *Réseau* = système (des routes).
4. *Gare* = bâtiment pour l'embarquement et le débarquement des passagers et des marchandises.

---

5. *Essence* = liquide combustible pour autos.
6. *Huile* = produit de lubrification pour le moteur.

ciaux pour la détente[7] du conducteur et des passagers. On appelle maintenant ces endroits des *aires,* souvent un site pittoresque avec des tables de pique-nique, des toilettes, et un parking. Ils sont signalés par un grand «P».

L'Avion, le Métro et le RER

Si vous arrivez en France par avion, vous atterrissez[8] sans doute à l'aéroport d'Orly (au sud de Paris) ou à l'aéroport Charles De Gaulle (à Roissy, au nord de Paris). Pour aller de Roissy à Paris vous voyagez en taxi, en autocar (grand bus) ou en RER (Réseau Exprès Régional), un métro qui transporte rapidement les voyageurs directement de l'aéroport au centre de Paris. Votre ticket est contrôlé automatiquement par des appareils électroniques à l'entrée et à la sortie. Comme le métro et le train, le RER a deux classes. Des contrôleurs passent régulièrement vérifier les billets dans les trains, irrégulièrement dans le métro et le RER.

Le Train

Quand vous voyagez par le train, vous achetez votre billet à un des nombreux guichets[9] dans le hall de la gare. Les guichets sont indiqués GRANDES LIGNES (pour aller en province[10] et à l'étranger[11]) ou BANLIEUE (pour aller à une des petites villes de la région locale). En France le train est une organisation d'état appelée la SNCF (la Société Nationale des Chemins de Fer Français). Dans les trains modernes avec des wagons climatisés, les passagers sont installés

comme dans un avion. Il y a une tablette dépliante pour lire ou écrire … ou manger. Des vendeurs de sandwichs, de bière, de vin, et d'autres choses à manger passent dans le couloir, mais si vous préférez, vous mangez dans le wagon-restaurant ou dans le Gril-Exprès (cuisines simple, service rapide ou automatique). La pluparta des passagers dans le train et dans le métro lisent pendant leur voyage.

La circulation aux Champs-Elysées
Les Français ne négligent pas leurs voitures particulières. Elles sont relativement petites, ont une ligne aérodynamique et une consommation d'essence faible.

---

7. *Détente* = repos.
8. *Atterrir* = arriver sur la terre.
9. *Guichet* = petite ouverture dans un mur, le poste de travail d'un employé qui sert le public.
10. *En province* ≠ à Paris.
11. *À l'étranger* ≠ en France.

Dans un aéroport de Paris
Si vous arrivez en France par avion, vous atterrissez sans doute, comme ici,
à l'aéroport Charles De Gaulle, à Roissy, au nord de Paris.

Débat culturel

1. Comment voyagez-vous, généralement, quand la distance dépasse 200 kms?

2. Quel moyen de transport utilisez-vous pour aller d'une partie de votre ville à une autre?

3. Si vous êtes passager(-ère) dans un transport en commun (bus, train, avion), que faites-vous comme distraction ou occupation pendant le voyage? Que font les Français?

4. Si vous êtes conducteur d'un véhicule, à quelle vitesse roulez-vous sur l'autoroute? sur une route ordinaire? Quelle est la vitesse maximale en Amérique? En France? Est-ce que l'utilisation de la ceinture de sécurité est obligatoire dans votre état ou province? Est-ce que le code de la route en Amérique est national ou régional?

5. Quel moyen de transport est une industrie d'exportation particulièrement importante aux États-Unis? En France?

6. Quelle est la différence entre un contrôleur et un conducteur?

7. Quels sont les pays où on roule à gauche?

8. Nommez cinq grands aéroports américains. Nommez trois grandes gares américaines.

9. Quelles villes en Amérique du Nord ont un métro?

10. Quelle est la signification des sigles[12] SNCF, RER, RATP, TGV? Quels sont des sigles qu'on emploie souvent en Amérique?

11. Est-ce que l'esthétique industrielle française, la *forme* des moyens de transport, est différente ou semblable à l'esthétique industrielle en Amérique? Si elle est différente, définissez cette différence.

12. Que faites-vous (ou qu'est-que vous ne faites pas) quand vous lisez ces panneaux de signalisation internationale?

---

12. *Sigle* = abréviation formée d'initiales.

La Signalisation

On emploie en France le système de signalisation internationale, mais le code de la route est national.

Échanges

En voyage

Deux amis en auto

—Regarde cet idiot! Il fait du 200 à l'heure et il ne fait même pas d'appel de phares[13] quand il double!

—Qu'est-ce qu'on roule vite[14] avec une grosse bagnole comme ça! ... C'est une américaine ou une allemande?[15]

—Mais non! C'est une 604![16] Une 75![17] ... Tiens! ... Il ralentit.

—Ben,[18] ça alors! Il a crevé![19]

—C'est bien fait!

Un monsieur et une dame dans le train

—Pardon, Monsieur, est-ce que cette place est déjà prise?

—Non, Madame, elle est libre ... ah! ... un petit coup de main[20] avec votre valise? ... Voilà, elle est bien calée dans le filet.[21]

—Vous êtes bien aimable, Monsieur.

—Je vous en prie,[22] Madame.

13. *Il ne fait même pas d'appel de phares* = "He doesn't even flicker his high beams on and off."

14. *Qu'est-ce qu'on roule vite!* (interjection familière) = Il roule vite!

15. *Une américaine ou une allemande* = une voiture américaine ou allemande.

16. *Une 604* = Une Peugeot 604. En France on désigne souvent une auto simplement par le numéro de modèle.

17. *Une 75* = une auto de Paris = une auto avec un numéro d'immatriculation parisienne. Les deux derniers chiffres d'une plaque indiquent la localité d'origine. Le code numérique de Paris est 75.

18. *Ben* = bien.

19. *Il a crevé* = "He's had a blowout."

20. *Coup de main* = de l'aide.

21. *Bien calée dans le filet* = stabilisée dans le porte-bagage, endroit où on pose des valises au-dessus de sa place dans un train.

22. *Je vous en prie.* = formule de politesse employée après un remerciement.

7 Septième Leçon

Sensations

Usages idiomatiques du verbe *avoir*:
    les sensations
    le jugement et l'opinion
    l'apparence
    la nécessité et le désir
    l'âge
Les parties du corps

Les expressions météorologiques
Les quatre saisons de l'année

Lecture: *Avons-nous les mêmes goûts?*

Je n'ai pas besoin d'une voiture chère ou luxueuse.

Découverte

Avoir: Expressions idiomatiques

Les sensations physiques

J'ai chaud.	**Je n'ai pas chaud.**
J'ai froid. *fwah*	**Je n'ai pas froid.**
J'ai mal à la tête.	**Je n'ai pas mal à la tête.**
J'ai faim.	**Je n'ai pas faim.**
J'ai soif.	**Je n'ai pas soif.**
J'ai sommeil.	**Je n'ai pas sommeil.**

Les sensations psychologiques

J'ai peur.	**Je n'ai pas peur.**
J'ai honte.	**Je n'ai pas honte.**

Le jugement et l'opinion

J'ai raison.   **Je n'ai pas raison.**

J'ai tort.   **Je n'ai pas tort.**

L'apparence

Elle a l'air intelligent.   **Il n'a pas l'air** intelligent.

Il a l'air stupide.   **Elle n'a pas l'air** stupide.

Elle a les yeux bruns.   **Elle n'a pas les yeux bruns.**

Il n'a pas l'air intelligent.

La Nuit de Varennes, Ettore Scola, 1983. Au centre: Jean-Louis Barrault.

Deux ans après les faits, un historien fait des recherches sur les circonstances de la fuite de Paris de la famille royale en 1793 et l'arrêt de Louis XVI à Varennes.

La nécessité

J'ai besoin de manger.   **Je n'ai pas besoin de** manger.   *to have need of*

J'ai besoin d'eau.[1]   **Je n'ai pas besoin d'**eau.

Le désir

J'ai envie de champagne.   **Je n'ai pas envie de** champagne.   *to want*

J'ai envie de danser.   **Je n'ai pas envie de** danser.

L'âge

J'ai vingt ans.   **Je n'ai pas vingt ans.**

1. *Eau* = H_2O.

Présentation I

A-t-on chaud au Sahara?

Oui, **on a chaud** le jour, mais **on a froid** la nuit.

Quand **avez-vous honte?**

J'ai honte quand je suis dans une situation embarrassante.

Êtes-vous malade aujourd'hui? Où **avez-vous mal?**

Oui, je suis malade. **J'ai mal à l'estomac, mal à la tête, mal au nez, mal aux yeux** et **mal aux oreilles.** J'ai la grippe.

Quand **avez-vous faim?** Quand **avez-vous soif?**

J'ai faim avant le dîner. **J'ai soif** aussi.

Avez-vous sommeil dans la classe de français?

Non, **je n'ai pas sommeil,** mais **j'ai sommeil** à minuit.

Est-ce que le professeur **a l'air** jeune?

Oui, **elle a l'air** jeune quand elle n'est pas fatiguée. Quelquefois **elle a l'air d'**une étudiante comme nous.

Généralement un étudiant n'est pas riche et **il a besoin d'**argent. Mais la famille de Bill est très riche. **A-t-il besoin d'**argent?

Non, **il n'a pas besoin d'**argent.

A-t-on besoin de vêtements dans un camp de nudistes?

Non, **on n'a pas besoin de** vêtements dans un camp de nudistes.

Quel âge avez-vous?

J'ai vingt ans. Je suis né le 30 novembre 1965. Mon anniversaire est le 30 novembre.

Quel âge a-t-il?

Il a vingt ans. Il n'a pas soixante et un ans.

Explications

1 Expressions idiomatiques avec le verbe **avoir**

A. Ces expressions sont idiomatiques. Il n'y a pas d'article.
Remarquez leur négation.

J'ai **froid.**	Je n'ai pas **froid.**
J'ai **chaud.**	Je n'ai pas **chaud.**
Nous avons **soif.**	Nous n'avons pas **soif.**
Il a **sommeil.**	Il n'a pas **sommeil.**
Vous avez **faim.**	Vous n'avez pas **faim.**
Tu as **mal à la tête (aux dents, au pied, à la gorge,** etc.).	Tu n'as pas **mal à la tête (aux dents, au pied, à la gorge,** etc.).
Il a **honte.**	Il n'a pas **honte.**
Il a **raison.**	Il n'a pas **raison.**
Il a **tort.**	Il n'a pas **tort.**

throat.

B. **Avoir l'air** exprime l'apparence.

$$\text{avoir l'air} + \begin{cases} \textbf{d'un / d'une} + \text{nom} \\ \textbf{de} + \text{verbe} \\ \text{adjectif} \end{cases}$$

— masculine singular

Vous **avez l'air d'un** professeur.
Il **a l'air d'un** imbécile.
Elle **a l'air d'une** imbécile.
Elle **a l'air d'**avoir faim.
Elle **a l'air** furieux.

Remarquez: L'adjectif est au masculin parce que *air* est masculin.

C. **Avoir besoin de** exprime la nécéssité. **Avoir envie de** exprime
le désir.

1. Quand on parle d'une *nécéssité déterminée* ou d'un *désir
déterminé* (quantité précise), on emploie:

> avoir besoin **d'un (d'une)**
> avoir envie **d'un (d'une)**

Elle **a besoin d'un** crayon.[2]
J'**ai envie d'une** banane.

---

2. Remarquez qu'on emploie la négation seulement pour un *contraste: Elle n'a pas
besoin d'un crayon.* Elle a besoin d'*un* stylo.

Remarquez: On emploie l'article défini (ou l'adjectif possessif) quand on parle d'une chose *spécifique.*

> Nous avons besoin **du** dictionnaire *qui est sur la table.*
> Nous n'avons pas besoin **du** dictionnaire *qui est sur la table.*
>
> Elle **a besoin de** *son* livre pour étudier.
> Elle **n'a pas besoin de** *son* livre pour étudier.

2. Quand on parle d'une *nécessité plus générale* ou d'un *désir plus général* (quantité indéterminée), il n'y a pas d'article.

avoir besoin **de (d')** avoir envie **de (d')**	sans article +	nom (singulier ou pluriel) verbe (infinitif)

> Elle a envie **de** café.
> Nous avons besoin **d'**amour.
> J'ai envie **d'**oignons.
> Tout le monde a besoin **de** vacances.[3]
> Vous avez besoin **de** manger.
> Tu as envie **de** voyager.

> Elle n'a pas envie **de** café.
> Nous n'avons pas besoin **d'**amour.
> Je n'ai pas envie **d'**oignons.
> Tout le monde n'a pas besoin **de** vacances.
> Vous n'avez pas besoin **de** manger.
> Tu n'as pas envie **de** voyager.

D. **Avoir peur de** exprime l'appréhension ou la terreur.

1. Avec un nom

> J'ai peur **des** fantômes.
>
> J'ai peur **de la** bombe atomique.

> Je n'ai pas peur des fantômes.
>
> Je n'ai pas peur de la bombe atomique.

2. Avec un verbe

> Il **a peur de** voyager en avion.

> Il **n'a pas peur de** voyager en avion.

E. Pour indiquer l'âge, utilisez **avoir** + nombre + **an(-s).**

> **J'ai dix-huit ans.**
> **Elle a soixante ans.**

> **Je n'ai pas dix-huit ans.**
> **Elle n'a pas soixante ans.**

> *Mais:* **Je suis né** le 20 décembre.
> **Elle est née** le 15 février.

---

3. *Vacances* est toujours au pluriel.

Exercices oraux

A. Formez une phrase avec **Elle a l'air** + adjectif, nom ou verbe.

> *Modèles* heureux   *Elle a l'air heureux.*
> femme heureuse   *Elle a l'air d'une femme heureuse.*
> être heureux   *Elle a l'air d'être heureuse.*

1. content
2. sympathique
3. jeune fille innocente
4. aimer les bananes
5. être intelligent
6. intelligent
7. américain
8. professeur

B. Formez une phrase avec **Nous avons besoin d'un (une)** ou **Nous avons besoin de** et les mots donnés.

> *Modèle* un verre d'eau   *Nous avons besoin d'un verre d'eau*
> eau   *Nous avons besoin d'eau.*
> parler   *Nous avons besoin de parler.*

1. manger
2. un pull-over
3. solitude
4. amour
5. étudier
6. notre voiture
7. une maison
8. un professeur de français

C. Formez une phrase avec **Tu as envie d'un (une)** ou **Tu as envie de** et les mots donnés.

> *Modèles* une bicyclette   *Tu as envie d'une bicyclette.*
> aller à Toronto   *Tu as envie d'aller à Toronto.*

1. un martini
2. être riche
3. lire un livre
4. un massage
5. champagne
6. voyager
7. vêtements originaux
8. un nouvel appartement
9. regarder la télévision
10. vacances

D. Dites si la personne en question a peur de la chose ou de l'action indiquée.

> *Modèles* un petit garçon / la nuit
> *Oui, un petit garçon a peur de la nuit.*
>
> vous / la nuit
> *Non, je n'ai pas peur de la nuit.*

1. un adulte / les fantômes
2. nous / la guerre nucléaire
3. vous / les monstres
4. les gens superstitieux / les chats noirs
5. les enfants / les chiens méchants

6. les étudiants / les examens
7. les éléphants / les petits insectes
8. vous / être seul(-e)
9. vos amis / faire une faute
10. Linda Ronstadt / chanter en public

E. Indiquez l'âge de la personne décrite.

Modèle   Laurent va voter pour la première fois cette année.
Il a dix-huit ans.

1. Cécile est née le 23 mai 1970.
2. Monique va commencer l'école primaire en septembre.
3. Julien finit ses études secondaires.
4. Alexandre va avoir son permis de conduire[4] demain.
5. C'est la Bar-Mitsva de Paul.

F. Expliquez chaque situation. Utilisez une expression idiomatique avec le verbe **avoir.**

Modèle   Je demande un Coca-Cola.
Vous avez soif.

1. Je suis dans un sauna.
2. C'est mon anniversaire! Je suis né en 1967.
3. Oh là, là! Je suis en Sibérie et je n'ai pas de pull-over!
4. Je demande six sandwichs.
5. Je désire un bon lit!
6. Je déclare: «Jane Fonda est un garçon.»
7. Oh là, là! Un gangster est devant moi et il demande mon portefeuille.
8. Je pense que la classe de français est formidable.

G. Demandez à un(-e) autre étudiant(-e) ...

1. s'il (si elle) a sommeil à midi.
2. s'il (si elle) a faim avant le dîner.
3. s'il (si elle) a mal à la tête.
4. quand il (elle) est né(-e).
5. quel âge il (elle) a.
6. s'il (si elle) a envie d'aller à Kalamazoo.
7. quand il (elle) a honte.
8. qui a l'air sportif.

---

4. *Permis de conduire* = document officiel qui autorise la conduite d'une voiture.

Présentation II

Avez-vous les yeux bleus?

Non, **je n'ai pas les yeux bleus,** mais mon père **a les yeux bleus. Il a les cheveux blonds aussi.**

Avez-vous les jambes courtes, ou longues?

J'ai les jambes courtes, mais l'oncle Sam **a les jambes** très **longues.**

Explications

2 Les parties du corps
Pour indiquer les caractéristiques physiques d'une personne on utilise **avoir** + article défini + partie du corps + adjectif:

> **J'ai les cheveux bruns.**
> **Vous avez le nez bleu;** avez-vous froid?

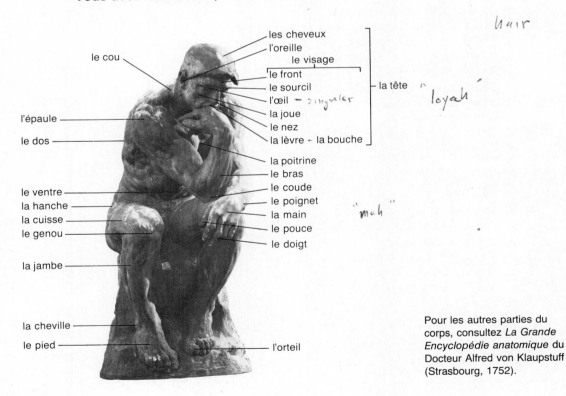

les cheveux — *hair*
l'oreille
le visage
le cou
le front
le sourcil
l'œil — *singular*
la joue
le nez
la lèvre ← la bouche
la tête — *"loyah"*
l'épaule
le dos
la poitrine
le bras
le coude
le ventre
la hanche
la cuisse
le genou
le poignet
la main — *"mah"*
le pouce
le doigt
la jambe
h pronounced (not silent)
la cheville
le pied
l'orteil

Pour les autres parties du corps, consultez *La Grande Encyclopédie anatomique* du Docteur Alfred von Klaupstuff (Strasbourg, 1752).

Exercices oraux

H. Souvent on associe les gens célèbres avec une particularité physique. Dites quelle personnalité célèbre on associe avec la partie du corps indiquée.

Personnages possibles: Carol Channing, Elizabeth Taylor, Jimmy Durante, Paul Newman, Rapunzel, le Prince Charles, Betty Grable, Arnold Schwarzenegger, Jimmy Carter, Artur Rubinstein, Bouddha

Modèle la bouche
Carol Channing est célèbre pour sa bouche.

1. le nez
2. les oreilles
3. les mains
4. les jambes
5. les dents

6. les yeux bleus
7. les cheveux longs
8. les yeux violets
9. les bras musclés
10. le ventre

I. Quelle est la partie du corps décrite?

Modèle Cette partie du corps a la propriété de sentir les odeurs.
C'est le nez.

Cette partie du corps ...

1. écrit.
2. a besoin de chaussures.
3. danse.
4. est essentielle pour Fernando Valenzuela.
5. a besoin de shampooing.

6. mange et parle.
7. regarde le monde.
8. attache la tête au corps.
9. est nécessaire pour les bracelets.
10. écoute.

J. Regardez les autres étudiants de la classe de français. Répondez aux questions.

1. Qui a les yeux bleus?
2. Qui a les cheveux bruns?
3. Qui a les yeux bruns?
4. Qui a les cheveux blonds?
5. Qui a les cheveux longs?
6. Qui a les cheveux courts?

K. Comment êtes-vous? Finissez les phrases.

1. J'ai les yeux _____.
2. J'ai les cheveux _____ et _____.
3. J'ai le nez _____.

Présentation III

Quel temps fait-il aujourd'hui?	Aujourd'hui **il fait mauvais. Il ne fait pas beau.**
Est-ce qu'**il pleut?**	Oui, **il pleut,** mais **il ne neige pas** et **il ne fait pas froid.**
Quand **neige-t-il?**	**Il neige en <u>hiver</u>.**
Est-ce qu'il fait chaud en septembre?	Quelquefois **il fait chaud** en septembre. En juillet et en août **il fait** généralement très **chaud.**

winter

Explications

3 Les expressions impersonnelles suivantes indiquent les conditions du climat et de la température.

Il fait chaud dans le Sahara. **Il fait froid** en Sibérie.

Il fait beau (temps) à Miami, mais **il fait mauvais** à Chicago.
Il ne fait pas beau à Chicago; **il fait mauvais.**

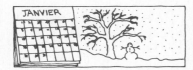 

Il neige en janvier et **il pleut** en avril. **Il va pleuvoir** demain. **Il fait frais** à Vancouver.

fresh.

to snow

to rain.

 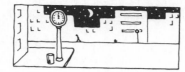

À midi **il fait du soleil,** mais à minuit **il ne fait pas de soleil.**[5]

Il fait du vent en octobre, mais quand l'air est calme **il ne fait pas de vent.**[5]

Exercices oraux

L. Quelle est la date? Où sommes-nous?

> *Modèle* Il fait froid et il neige.
> *C'est le 30 décembre et nous sommes à New York.*

1. Il fait chaud et il fait du soleil.
2. Il fait du vent et il fait frais.
3. Il pleut mais il ne fait pas froid.
4. Il fait du soleil et il fait chaud.
5. Il fait beau.
6. Il fait frais mais il ne fait pas de vent.

M. Répondez aux questions.

1. Quel temps fait-il en janvier?
2. Quel temps fait-il en août?
3. Quel temps fait-il en novembre?
4. Quel temps fait-il au pôle sud?
5. Quel temps fait-il généralement le premier mai?
6. Quel temps fait-il aujourd'hui?

N. Demandez à un(-e) autre étudiant(-e) ...

1. s'il va neiger cet après-midi.
2. s'il va pleuvoir demain.
3. quel temps il va faire demain.
4. quel temps il va faire le mois prochain.
5. quel temps il va faire ce soir.

---

5. Remarquez la négation des expressions *Il fait **du** soleil* (*Il ne fait pas **de** soleil*) et *Il fait **du** vent* (*Il ne fait pas **de** vent*).

Présentation IV

Quelle saison préférez-vous?

Je préfère l'**été** parce que c'est la saison des grandes vacances. Mais j'aime aussi l'**hiver** parce que j'aime skier.

Que faites-vous **en automne** et **au printemps?**

Je vais en classe.

Explications

4   Les quatre saisons de l'année

le printemps	(mars, avril et mai)
l'été	(juin, juillet et août)
l'automne	(septembre, octobre et novembre)
l'hiver	(décembre, janvier et février)

Remarquez: On dit **en été, en automne, en hiver,** mais **au printemps.**
Au printemps nous sommes en classe, mais **en été** nous sommes en vacances.
En automne les arbres sont rouges, mais **en hiver** ils sont bruns.

Exercices oraux

O. Pour chaque situation répondez à la question **En quelle saison sommes-nous?**

  Modèle   Ce sont les vacances de Noël.
  Nous sommes en hiver.

1. C'est l'anniversaire de George Washington.
2. Les cours à l'université commencent demain.
3. C'est le 14 juillet.
4. Les arbres fleurissent.
5. Voici le dîner de Thanksgiving.

P. Demandez à un(-e) autre étudiant(-e) ...

1. combien de saisons il y a dans l'année.
2. quelles sont les saisons de l'année.
3. quelle est sa saison préférée.
4. en quelle saison nous sommes maintenant.
5. en quelle saison est son anniversaire.

Création

Exercices de conversation

A. Finissez les phrases suivantes avec un infinitif ou un nom.

1. J'ai mal à ...
2. Le tigre a l'air de ...
3. J'ai envie de ...

4. Tout le monde a peur de ...
5. Mon chien a besoin de ...

B. Utilisez les expressions idiomatiques avec le verbe **avoir** et faites une description du monsieur à la page 152.

Modèles   *Il a l'air sophistiqué, il n'a pas quinze ans, il a les cheveux noirs,* etc.

C. Vous êtes dans l'appartement de Janine. Une personne mystérieuse téléphone. Vous écoutez la conversation de Janine. Imaginez l'autre partie de la conversation.

Janine: *La personne mystérieuse:*

—Allô? Qui est-ce?   _____.

—Comment vas-tu?   _____.

—Oh, c'est dommage. Vas-tu   _____.
  aller chez le dentiste?

—Tu as tort d'avoir peur. Qui   _____.
  est ton dentiste?

—Comment est-il?   _____.

—Quel âge a-t-il?   _____.

—De quoi a-t-il l'air?   _____.

—Écoute: tu as besoin d'un   _____.
  bon dentiste. As-tu envie
  d'aller chez un autre dentiste?

—Mais alors, qu'est-ce que tu   _____.
  as envie de faire?

J'ai l'air majestueux:
j'ai le menton
autoritaire et la jambe
fine.

D. Vous êtes psychologue. Interviewez une personne qui desire être votre patient(-e). Demandez quel âge il (elle) a; de qui ou de quoi il (elle) a peur; dans quelle situation il (elle) a honte; s'il (si elle) a souvent mal à la tête; si oui, s'il (si elle) remarque un rapport entre ses problèmes et ses maux de tête; s'il (si elle) a envie de faire des choses dangereuses / extravagantes / étranges; quelle est sa réaction quand il (elle) a tort; pourquoi il (elle) a besoin d'un psychologue.

À votre avis, cette personne a-t-elle l'air vraiment malade? A-t-elle vraiment besoin de vos services?

Exercices écrits

Faites les exercices écrits qui sont dans le *Cahier d'exercices,* Leçon 7.

Lecture

Avons-nous les mêmes goûts?

SYLVIE: *Quel âge as-tu,* Philippe?

PHILIPPE: Devine.

SYLVIE: Oh ... *tu as vingt ans.*

PHILIPPE: *Tu as raison!* Et toi, *as-tu le même âge* que moi?

5   **SYLVIE:** Pas exactement.

PHILIPPE: Voyons! *Tu as l'air* jeune, très jeune. Mais quelquefois *tu as l'air d'*une femme très sérieuse ... Alors ... voyons ... *Tu as* peut-être vingt-cinq *ans?*

SYLVIE: Ah, tu exagères, Philippe! *J'ai l'air* sérieux, c'est un fait, mais

10   en réalité, j'ai presque *le même âge* que toi. *Je suis née* le 25 décembre 1966 et nous sommes en 1986. Alors, calcule![6] Et toi, quand est ton anniversaire?

PHILIPPE: *Je suis né* le 13 mars. Alors mon anniversaire est le 13 mars. *Je suis né* à Chicago pendant un voyage de mes parents.

15   C'est pour cette raison que je suis si fantaisiste, si instable ...

SYLVIE: Effectivement, en France on dit que les gens qui *sont nés* en mars sont comme le temps du mois de mars: un peu fantasques, un peu bizarres, mais toujours originaux et intéressants!

---

6. *Calcule,* impératif; avec un ordre le sujet *(tu)* n'est pas exprimé.

Je suis un être exceptionnel et fascinant.

La Chasse à l'homme, Edouard Molinaro, 1964. Sur la photo: Jean-Paul Belmondo.
Après sa révélation dans *À Bout de souffle,* (Jean Luc Godard, 1960), Jean-Paul Belmondo devient un très grand acteur de cinéma. Mais il préfère la comédie et le film policier à la qualité de ses réalisateurs. Plus tard il retourne au cinéma sérieux.

PHILIPPE: Ah! Je suis bien d'accord, Sylvie. Je suis un *être*[7] exception-
20 nel et fascinant. Quand *l'hiver* vient, quand *il neige* et quand tout le
monde *a froid, j'ai envie d'une* glace et *d'*aller au parc ou au bord
du lac. Quand *il fait froid, je n'ai pas froid, j'ai chaud. Je n'ai pas
faim* à midi, mais *j'ai faim* à minuit. Mes parents disent que je deviens fou parce que *je n'ai pas sommeil* la nuit: j'écris des poèmes
25 ou je lis des romans. Ah! Je ne suis pas comme tout le monde. Mes
goûts sont simples: *je n'ai pas besoin d'*argent, *je n'ai pas besoin
de* vêtements élégants, *je n'ai pas besoin d'une* voiture chère ou
luxueuse, mais *j'ai besoin d'*amour comme tout le monde. Et toi,
Sylvie, as-tu les mêmes goûts que moi? Je suis sûr que oui!

30 **SYLVIE:** *Tu as tort,* Philippe. Par exemple, maintenant il est midi, et *j'ai
très faim.* Allons vite au restaurant!

Questions sur la lecture

1. Quel âge a Philippe?
2. Quel âge a Sylvie?
3. Philippe est-il modeste?
4. Pourquoi est-il fantaisiste et instable?

7. *Être* = un être humain.

5. Est-ce que Philippe est un être exceptionnel? Pourquoi? (Quand a-t-il chaud? Faim?)
6. Qui considère Philippe fascinant?
7. Les parents de Philippe ont-ils raison quand ils disent qu'il devient fou?
8. Sylvie a-t-elle les mêmes goûts que Philippe?
9. Avez-vous les mêmes goûts que Philippe?

Discussion / Composition

1. Êtes-vous une personne exceptionnelle? Expliquez pourquoi ou pourquoi pas et employez les expressions idiomatiques de la leçon (**avoir besoin de ...**, **avoir envie de ...**, **avoir peur de ...**, etc.).
2. Avez-vous des goûts simples ou extravagants? Êtes-vous matérialiste ou idéaliste? Donnez des exemples personnels.

Improvisation

Une étudiante X et un étudiant Y: On arrange un rendez-vous entre X et Y. Ils sortent ensemble pour la première fois et, malheureusement, vont trouver leurs personnalités incompatibles. Ils parlent de leurs goûts, de leurs besoins, de leurs sensations. Employez les expressions de la leçon.

Vocabulaire

noms

amour m.
an m.
besoin m.
chaussure f.
eau f.
école f.
été m.
fait m.
glace f.
goût m.
grandes vacances f.pl.
guerre f.
hiver m.
lune f.
permis de conduire m.
printemps m.
roman m.
temps m.
vent m.
verre m.

parties du corps

bras m.
cheveux m.pl.
cheville f.
cou m.
coude m.
cuisse f.
doigt m.
épaule f.
front m.
genou m.
gorge f.
jambe f.
joue f.
lèvre f.
menton m.
œil m. (yeux pl.)
orteil m.
pied m.
poignet m.
poitrine f.
pouce m.
sourcil m.
tête f.
ventre m.

adjectifs

cher (chère)
court(-e)
luxueux(-euse)
musclé(-e)
préféré(-e)
seul(-e)

verbe

trouver

autres expressions

avoir l'air
avoir ... ans
avoir besoin de
avoir chaud (froid, faim, soif)
avoir mal à
avoir raison
avoir sommeil
avoir tort
être d'accord
il fait chaud (froid, frais, mauvais)
il fait du soleil
il fait du vent
il neige
il pleut
je suis né(-e)
le même ... que
voyons!

noms apparentés

automne m.
désir m.
rendez-vous m.
saison f.
solitude f.

8 Huitième Leçon

Quantités

Le partitif
    une quantité indéterminée
    les expressions de quantité
    une quantité déterminée
Les verbes *boire, prendre, mettre*

D'autres emplois idiomatiques du verbe
    faire

Lecture: *Bon appétit!*

Les Français mangent beaucoup de pain.

Découverte

Présentation I

Dans la cuisine, il y a une quantité indéterminée d'assiettes (32? 100? 75?).

Il y a *une partie* ⟦DE⟧ toutes ⟦LES⟧ assiettes du monde.

Dans la cuisine, il y a **DES** assiettes.
Sur la table, il y a **des** assiettes.
Dans le placard, il y a **des** assiettes.

cupboard.

Dans le placard, il y a une quantité indéterminée de marmelade (5 kilogrammes? 10 kilos? 2,5 kilos?).[1]

Il y a *une partie* ⟦DE⟧ toute ⟦LA⟧ marmelade du monde.

Dans le placard, il y a **DE LA** marmelade.
Dans le pot, il y a **de la** marmelade.

Dans la cave, il y a une quantité indéterminée de champagne (50 bouteilles? 41 litres? 3 magnums?).

Il y a *une partie* ⟦DE⟧ tout ⟦LE⟧ champagne du monde.

Dans la cave, il y a **DU** champagne.
Dans le verre, il y a **du** champagne.

Dans la piscine, il y a une quantité indéterminée d'eau (500 gallons? 800 décalitres?).

Il y a *une partie* ⟦DE⟧ toute ⟦L'⟧ eau du monde.

Dans la piscine, il y a **DE L'**eau.
Dans la bouteille, il y a **de l'**eau.
Dans le verre, il y a **de l'**eau.

---

1. *Kilo* est l'abbréviation de *kilogramme.* Le système métrique est universellement employé en France. *Un kilo* = 2,2 «pounds» ; *un litre* = 1,06 «quarts» ; *un magnum* est une grande bouteille contenant 2 litres.

Il **n'y** a **pas de** champagne.   Il **n'y** a **pas d'**assiettes.
Il **n'y** a **pas de** marmelade.   Il **n'y** a **pas d'**eau.

Dans une bibliothèque,	il y a	**des** livres.
Dans un pot de marmelade,	il y a	**de la** marmelade.
Dans une bouteille de vin,	il y a	**du** vin.
Dans un verre de lait,	il y a	**du** lait.
Dans un verre d'eau,	il y a	**de l'**eau.

Qu'est-ce qu'il y a dans un verre   Il y a **du** champagne,
de champagne?   naturellement!

Qu'est-ce qu'il y a dans une   Il y a **du** café.
tasse de café?   *cup*

Qu'est-ce qu'il y a dans un   Il y a **du** pain et quelquefois **du**   *bread.*
sandwich?   jambon et **du** fromage.   *ham*

Qu'est-ce qu'il y a dans l'océan?   Il y a **de l'**eau, **du** sel et **des**   *salt*   *le poivre = pepper*
poissons.   *fish.*

Avez-vous **des** amis?   Oui, j'ai **des** amis.
Non, je **n'**ai **pas d'**amis.

Désirez-vous **du** café?   Oui, je désire **du** café.
Non, je **ne** désire **pas de** café.

Y a-t-il **de la** soupe?   Oui, il y a **de la** soupe.
Non, il **n'y** a **pas de** soupe.

Ted a-t-il **de la** chance?   Oui, il a **de la** chance.   *to be lucky*
Non, il **n'**a **pas de** chance.

A-t-il **de l'**imagination? A-t-il **du**   Oui, il a **de l'**imagination et **du**
courage?   courage.

Explications

1 Le partitif

A. Une quantité indéterminée est exprimée par **de** + article défini + nom

de + le → **du**	
de + la → **de la**	+ NOM (pour exprimer *une partie* de la totalité)
de + l' → **de l'**	
de + les → **des**	

Je désire souvent **du** café.
Il a **de l'**argent mais il a **des** problèmes émotionnels.
Il a **des** livres bizarres dans sa bibliothèque et **des** papiers
    sur son bureau.
Elle a **de l'**imagination et elle a **des** amis.

de l'eau	=	une *quantité indéterminée* d'eau
de l'argent	=	une *quantité indéterminée* d'argent
des papiers	=	une *quantité indéterminée* de papiers
de la marmelade	=	une *quantité indéterminée* de marmelade
des amis	=	une *quantité indéterminée* d'amis
du champagne	=	une *quantité indéterminée* de champagne

B. La négation de **du, de la, de l', des** est **pas de** quand le partitif
est le complément d'objet direct d'un verbe transitif[2] négatif.

Je **ne** désire **pas de** <u>sucre</u> dans mon café.   *sugar.*
Il **n'**a **pas d'**argent, mais il **n'**a **pas de** problèmes
    émotionnels.
Il **n'**y a **pas de** livres bizarres dans sa bibliothèque et **pas**
    de papiers sur son bureau.
Elle **n'**a **pas d'**imagination et elle **n'**a **pas d'**amis.

pas de sucre	**pas de** marmelade
pas d'eau	**pas d'**amis
pas d'argent	**pas de** champagne
pas d'imagination	

Attention: **Être** n'a pas de complément d'objet direct: C'est un verbe
intransitif. Le partitif est donc *le même à l'affirmatif* et *au négatif*.

Qu'est-ce que c'est?	Non, ce **n'**est **pas du** lait, c'est
Est-ce **du** lait?	**de la** crème. Mais regardez
	dans l'autre verre; c'est **du** lait.

---

2. *Verbe transitif* = verbe susceptible d'avoir un complément d'objet direct.

Exercices oraux

A. Répondez.

Modèle   Qu'est-ce qu'il y a dans une bouteille de vodka?
           Il y a de la vodka.

1. Qu'est-ce qu'il y a dans une bouteille de lait?
2. Qu'est-ce qu'il y a dans une bouteille de vin?
3. Qu'est-ce qu'il y a dans une bouteille de bière?
4. Qu'est-ce qu'il y a dans une bouteille d'eau?
5. Qu'est-ce qu'il y a dans une assiette de soupe?
6. Qu'est-ce qu'il y a sur une assiette de poulet?
7. Qu'est-ce qu'il y a sur un plat de poissons?
8. Qu'est-ce qu'il y a sur une assiette de rosbif?

B. Dites les phrases suivantes à la forme négative.

1. Nous avons des restaurants français sur le campus.
2. Il mange de la soupe.
3. Il y a de la pollution dans ma chambre.
4. Cet artiste a de l'imagination.
5. Il y a des œufs dans le réfrigérateur.
6. Elle a des amis italiens.
7. Il y a de l'eau dans le Sahara.
8. Cette personne a du talent.

C. Demandez à un(-e) autre étudiant(-e) ...

1. Qu'est-ce que tu manges à midi?
2. Qu'est-ce que tu manges au petit déjeuner?
3. Qu'est-ce qu'on mange chez McDonald's?
4. Qu'est-ce qu'on mange dans ton restaurant favori?
5. Qu'est-ce qu'il y a dans ton réfrigérateur?

Présentation II

Avez-vous **beaucoup de** travail?	Oui, j'ai **beaucoup de** travail. Non, je **n'**ai **pas beaucoup de** travail.
Les étudiantes ont-elles **assez de** liberté?	Oui, elles ont **assez de** liberté. Non, elles **n'**ont **pas assez de** liberté.

enough.

Avons-nous trop de temps libre?

Les Visiteurs du soir, Marcel Carné, 1942. Scénario de Jacques Prévert et Pierre Laroche. Sur la photo: Alain Cuny et Marie Déa.

Ce film est une allégorie. Au Moyen Âge, un noble est marié avec une belle jeune fille. Un troubadour arrive au château avec son amie et, sous l'influence du Diable, séduit la jeune femme et son amie séduit le noble. Le troubadour et la femme sont sauvés parce qu'ils ont un amour véritable.

Avons-nous **trop de** temps libre?	Oui, nous avons **trop de** temps libre. Non, nous **n'**avons **pas trop de** temps libre.
Combien de frères ou de sœurs avez-vous?	J'ai deux frères et une sœur.
Avez-vous **beaucoup d'**amis?	Non, je **n'**ai **pas beaucoup d'**amis mais j'ai **quelques** amis.

too much.

some

Explications

2 Les expressions de quantité

    A. Quand la quantité est relative ou approximative, on emploie l'expression de quantité + **de** + nom *(sans article)*.

beaucoup de	≠	**un peu de**
trop de	≠	**pas assez de**
assez de		
tant de	*so much or so many*	
combien de ... ?	*how many, how much*	+ NOM *(sans article)*
couvert(-e)(-s) de	*covered (with)*	
plein(-e)(-s) de	*full*	
une quantité de		

Je voudrais[3] **beaucoup de** sucre dans mon café.

Il a **assez d'**argent mais il a **trop de** problèmes émotionnels.

Sa bibliothèque est **pleine de** livres bizarres et son bureau est **couvert de** papiers.

Elle a **tant d'**imagination!

Les McCoy ont **tant d'**enfants qu'ils oublient leurs noms.

Combien d'argent gagnez-vous par mois?   *to earn or win.*

Remarquez: Ces expressions de quantité ne changent pas dans les phrases négatives.

Je **n'aime pas beaucoup de** sucre dans mon café.

Il **n'a pas assez d'**argent mais il **n'a pas trop de** problèmes émotionnels.

Sa bibliothèque **n'est pas pleine de** livres bizarres et son bureau **n'est pas couvert de** papiers.

B. Quand la quantité est déterminée par une mesure précise ou par un récipient, on emploie la quantité + **de** + nom *(sans article)*.

un verre de champagne	**une bouteille d'**eau
une caisse de champagne	**une douzaine d'**œufs
un litre de vin	**un kilo de** tomates
un litre de lait	**une assiette de** soupe

C. **Des, quelques** et **un peu de**

1. **Des** = une quantité indéterminée (2? 3? 50? 1.000?)

J'ai **des** notes dans mon cahier.

Il y a **des** poissons dans la mer.

Remarquez: **Des** (partitif) et **des** (article indéfini pluriel) sont *identiques* parce que c'est le même concept de quantité indéterminée.

---

3. *Je voudrais* ou *je voudrais bien* est une expression qui exprime un désir.

2. **Quelques** = une quantité indéterminée plurielle *mais limitée* (3? 5?)

> J'ai **quelques** amis à New York.
> Il a **quelques** premières éditions dans sa collection de livres rares.

3. **Un peu de** + singulier; **quelques** + pluriel

> Elle a **quelques** habitudes étranges.
>
> J'ai **quelques** difficultés en mathématiques.

> Il y a **un peu de** sucre dans mon café.
>
> Je gagne **un peu d'**argent maintenant.

Exercices oraux

D. Modifiez les phrases suivantes avec une expression appropriée: **beaucoup de, un peu de** ou **quelques**.

> *Modèle* Il y a des planètes dans l'univers.
> *Il y a beaucoup de planètes dans l'univers.*

1. Il y a des livres à la bibliothèque.
2. Il y a de l'argent dans mon portefeuille.
3. Il y a du sel dans une omelette.
4. Il y a de la place[4] dans la chambre d'un étudiant.
5. Il y a des examens dans la classe de français.
6. Il y a de la neige au Pôle Nord.
7. Il y a des cheveux sur la tête de Charlie Brown.
8. Il y a des skieurs sur les montagnes en avril.
9. Il y a des films extraordinaires en ville cette semaine.
10. Il y a de la musique dans un concert.

E. Refaites les phrases avec une expression de quantité.

> *Modèle* Elle a de l'imagination. (trop)
> *Elle a trop d'imagination.*

1. Laura a des cousins. (beaucoup / trop / quelques)
2. Les étudiants font du travail. (assez / un peu / trop)
3. Vous achetez de la mayonnaise. (un tube / beaucoup / tant)
4. Je vais manger du rosbif. (un peu / une assiette / trop)
5. Richard n'a pas de courage. (assez / beaucoup / trop)

---

4. *De la place* = de l'espace.

F. Finissez les phrases.

> **Modèle** Je désire une douzaine de ...
> *Je désire une douzaine de roses.*

1. Je désire une douzaine ...
2. Je désire un litre ...
3. Je désire une assiette ...
4. Je désire une boîte ...
5. Je désire un verre ...
6. Je désire un kilo ...

G. Demandez à un(-e) autre étudiant(-e) ...

1. s'il (si elle) a trop d'argent.
2. si le mur est couvert de tableaux.
3. si les étudiants ont assez de vacances.
4. s'il (si elle) a beaucoup d'ambition.
5. si sa chambre est pleine de livres.
6. s'il (si elle) regarde assez d'émissions[5] à la télé.
7. si les gens riches ont beaucoup d'amis sincères.
8. si sa vie est pleine de surprises.
9. s'il y a assez de chaises dans cette salle.
10. combien de cours il (elle) a.

Présentation III

Aimez-vous **les** *distractions?*

J'aime **les** *spectacles.* J'aime **le** *théâtre.* J'aime **le** *cinéma.* J'aime **les** *bons restaurants.* J'aime **la** *cuisine française.*

Préférez-vous **le** *café* ou **le** *thé?*

Le matin j'aime **le** *café* et je prépare **du** *café* avec **de la** *crème* et un peu **de** *sucre,* mais l'après-midi je préfère **le** *thé.*

Explications

3 La différence entre le partitif et l'article défini

A. Étudiez les exemples.

> Je voudrais **du** *café* parce que j'aime **le** *café.*
> **Les** *légumes frais* sont bons pour la santé. On mange **des** *légumes* pour avoir beaucoup de vitamines.

health.

5. *Émission (f.)* = programme (m.)

B. Le partitif: On utilise **du, de la, de l', des** ou **de** (une quantité indéterminée) quand on exprime une idée concrète.

Je demande **du** *café.*   Donnez-moi **de la** *glace,*
Il achète **des** *légumes* pour   s'il vous plaît.
le dîner.   Vous n'avez pas **de** *pain.*
Il y a **de l'***eau* dans l'océan.

C. L'article défini: On utilise l'article défini **le, la, l'** ou **les** quand on exprime une idée générale ou abstraite. Dans ce cas, le nom est souvent le sujet du verbe ou le complément d'objet d'un verbe qui exprime un jugement de valeur.

1. Le nom comme sujet du verbe

Les *carottes* sont bonnes   **L'***argent* est quelquefois
pour les yeux.   nécessaire.
Le *pain* est délicieux à   **La** *salade* est bonne pour
Paris.   la santé.

2. Le nom comme complément d'objet d'un verbe qui exprime un jugement de valeur **(j'aime, j'adore, je déteste, je préfère)**

J'aime **le** *café.*   Je déteste **l'***eau.*
J'adore **la** *bonne cuisine.*   Je préfère **le** *champagne.*

3. On utilise aussi l'article défini pour exprimer une chose spécifique (exactement comme en anglais).

J'ai **la** *clé de la maison.*
Je regarde **le** *livre de Jacques.*
Comprenez-vous **les** *explications du professeur?*
L'*assiette* est pleine de riz.

Exercices oraux

H. Finissez les phrases suivantes avec le mot donné précédé par l'article défini ou partitif.

Modèle   argent
            a. Nous n'aimons pas ...
            b. Vous avez ...
            Nous n'aimons pas l'argent.
            Vous avez de l'argent.

1. fromage
   a. Je n'aime pas ...
   b. Mais quelquefois je mange ...

2. musique
   a. Dans un concert on écoute ...
   b. Tout le monde aime ...
3. fleurs
   a. Désirez-vous ... ?
   b. Achetez ... !
   c. Nous préférons ...
   d. Je ne déteste pas ...
4. œufs
   a. Je voudrais ...
   b. Avez-vous ... ?
   c. J'aime ...
   d. David ne mange pas ...

I. Répondez.

   1. Qu'est-ce que vous mangez à midi?
   2. Quels plats aimez-vous?
   3. Quels plats choisissez-vous quand vous avez le choix?
   4. Quelles qualités ont vos amis? (courage, loyauté, intelligence, honnêteté, etc.)
   5. Quelles qualités préférez-vous?
   6. Quels défauts ont vos amis? (impatience, hypersensibilité, nervosité, timidité, etc.)
   7. Quels défauts détestez-vous?
   8. Quelles choses sont essentielles dans votre vie?

Présentation IV

Qu'est-ce que **vous buvez** quand vous avez soif?

Je bois du Perrier ou du Coca.

À quelle heure **prenez-vous** le petit déjeuner?

Je prends le petit déjeuner à huit heures du matin, mais je ne mange pas beaucoup. **Je prends** un peu de pain et un peu de café, c'est tout.

Votre mère **prend-elle** du sucre dans son café?

Oui, **elle prend** du sucre, mais **elle ne prend pas** de crème.

Où **mettez-vous** vos vêtements?

Je mets mes vêtements dans mon placard.

Qu'est-ce qu'**on met** pour sortir quand il fait très froid ou quand il pleut?

On met un manteau mais quand il pleut, **on met** un imperméable.

Explications

4 Les verbes irréguliers **boire, prendre, mettre**

A. Le verbe irrégulier **boire**

boire	
je **bois**	nous **buvons**
tu **bois**	vous **buvez**
il, elle **boit**	ils, elles **boivent**

to drink.

Je bois souvent un verre de bière.
Adélaïde **boit** une tasse de café chaque matin.
Nous buvons souvent une bouteille de vin rouge.

B. Le verbe **prendre** et ses composés (**comprendre, apprendre, surprendre, reprendre**, etc.)

to understand
to learn.

prendre	
je **prends**	nous **prenons**
tu **prends**	vous **prenez**
il, elle **prend**	ils, elles **prennent**

to take (et a restaurant),

comprendre	
je **comprends**	nous **comprenons**
tu **comprends**	vous **comprenez**
il, elle **comprend**	ils, elles **comprennent**

apprendre	
j' **apprends**	nous **apprenons**
tu **apprends**	vous **apprenez**
il, elle **apprend**	ils, elles **apprennent**

Quand nous allons à l'université **nous prenons** toujours
    nos livres.
Pour aller de Paris à Strasbourg **on prend** le train, la
    voiture ou l'avion.
Tu ne prends pas de dessert.
Vous comprenez ma situation.
Je ne comprends pas le grec.
Les enfants **apprennent** vite.

Remarquez: a. On emploie souvent le verbe **prendre** quand on parle de manger ou de boire (*on n'emploie pas* le verbe **manger** + *nom de repas*).

> **On prend** le petit déjeuner le matin.
> **Il prend** le thé à quatre heures.
> Que **prenez-vous?** (= Que désirez-vous boire?)
> **Je prends** du café. (= Je désire boire du café.)
> Les Smith **prennent** leur déjeuner à midi. (= Ils déjeunent à midi.)

b. **Apprendre** + **à** + l'infinitif

> **J'apprends à** organiser mes idées.

C. Le verbe **mettre** et ses composés (**permettre, admettre, remettre, soumettre, promettre, omettre, commettre,** etc.)

mettre			permettre	
je **mets**	nous **mettons**		je **permets**	nous **permettons**
tu **mets**	vous **mettez**		tu **permets**	vous **permettez**
il, elle **met**	ils, elles **mettent**		il, elle **permet**	ils, elles **permettent**

> En Amérique **on met** du ketchup sur les frites; en France **on met** de la moutarde. Au Québec **on met** du vinaigre.
> **Je mets** un manteau quand il fait froid.

Exercices oraux

J. Formez une phrase. Employez le sujet indiqué.

Modèle   boire de la bière (Paul / nous / vous / je)
Paul boit de la bière.
Nous buvons de la bière.
Vous buvez de la bière.
Je bois de la bière.

1. prendre le train (Marie / les étudiants / nous / tu)
2. comprendre les mathématiques (vous / je / Robert et Sylvie / tu)
3. mettre un chapeau (Sophie / nous / je / mes sœurs)
4. apprendre à danser (Philippe / vous / je / les enfants)
5. boire du lait (tu / les bébés / vous / on)

K. Répondez.

1. Buvez-vous quand vous avez soif ou quand vous avez faim?
2. Est-ce que les Français boivent beaucoup de Coca-Cola?
3. Qu'est-ce que vous buvez le matin?
4. Est-ce qu'on prend des notes dans un cours de chimie?
5. Est-ce qu'on prend des notes dans un cours de yoga?
6. Quand prenez-vous des photos?
7. À quelle heure les Anglais prennent-ils le thé?
8. Prenons-nous le petit déjeuner ensemble?
9. Quand prenez-vous de l'aspirine?
10. Où mettez-vous votre argent?
11. Quand mettez-vous un imperméable?
12. Qu'est-ce qu'on apprend à faire dans un cours de danse?
13. Comprenez-vous l'astrophysique?
14. Qu'est-ce que vous ne comprenez pas?
15. Qui comprend le japonais?

L. Demandez à un(-e) autre étudiant(-e) ...

1. s'il (si elle) comprend le système du métro.
2. s'il (si elle) commet des crimes.
3. où il (elle) met ses pieds quand il (elle) mange.
4. ce qu'il (elle) boit quand il (elle) est dans un café. («Qu'est-ce que tu ...?»).
5. où il (elle) prend son déjeuner.
6. si vous prenez trop de temps quand vous posez une question.
7. ce qu'il (elle) apprend à faire («Qu'est-ce que tu ...?»).
8. s'il (si elle) comprend pourquoi la Terre est ronde.
9. si vous buvez du café maintenant.
10. où il (elle) met ses livres quand il (elle) entre dans la classe.

Présentation V

Qu'est-ce que vous étudiez?

Je fais **du** français, *je fais* **de la** philosophie et *je fais* **de la** physique.

Faites-vous **du** sport?

Oui, *je fais* **du** sport. *Je fais* **du** tennis, *je fais* **de la** natation et *je fais* **du** ski. J'aime aussi *faire* **des** promenades à pied et j'aime quelquefois *jouer* **au** golf.

swimming

Explications

5 D'autres emplois idiomatiques du verbe irrégulier **faire**

faire du sport
faire du tennis (du ski, de
la natation, du football, etc.)

Ma grand-mère **fait du sport.**
Mon frère **fait du football** et **il fait** aussi
de la natation.

faire du piano (du violon, de
la clarinette, etc.)
faire de la musique

Dick et Jane **font du piano.**
Tu fais de la musique.

faire de + article défini + nom
de la matière scolaire

Je fais du français.
Ma cousine **fait de l'allemand.**
Nous faisons de la philosophie.

faire une promenade (des promenades) à pied, à bicyclette, à cheval, en auto, etc.

Elle fait une promenade à pied.

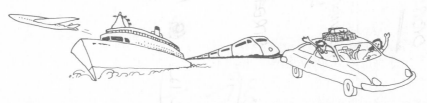

faire un voyage (des voyages) en avion, en bateau, en train, en voiture, etc.

Nous faisons toujours **des voyages** en voiture.

faire le marché

Je fais le marché le samedi.

faire la vaisselle

Après le dîner **nous faisons la vaisselle.**

Remarquez: On emploie aussi le verbe **jouer** pour les sports et les instruments de musique. On joue **à** + sport ou jeu; on joue **de** + instrument de musique.

Mon frère joue **au** football le jour et il joue **au** bridge le soir. Dick et Jane jouent **du** piano.

Exercices oraux

M. Répondez à l'affirmatif ou au négatif.

1. Faites-vous des promenades à cheval?
2. Faites-vous la vaisselle à trois heures du matin?
3. Faites-vous du latin?
4. Faites-vous du ski sur le campus?
5. Faites-vous le marché chaque jour?
6. Faites-vous des voyages en avion chaque lundi?
7. Faites-vous de la clarinette?
8. Faites-vous de la musique quand vous mangez?

N. Remplacez le verbe **faire** par le verbe **jouer**.

Modèles   Je fais du football.
Je joue au football.
Je fais du violon.
Je joue du violon.

1. Liberace fait du piano.
2. Les Cowboys font du football.
3. Nous faisons de la trompette.
4. Tracy Austin fait du tennis.
5. Je fais de la guitare.
6. Reggie Jackson fait du base-ball.
7. Fais-tu du golf?
8. Les anges font de la harpe.

Création

Exercices de conversation

A. Vous êtes invité(-e) à une réception. Regardez le joli buffet et répondez aux questions.

1. Qu'est-ce qu'il y a sur la table?
2. Qu'est-ce que vous aimez?
3. Qu'est-ce que vous détestez?
4. Qu'est-ce que vous choisissez de manger?
5. Qu'est-ce que vous décidez de boire?
6. Qu'est-ce que les autres invités vont manger?
7. Qu'est-ce que les autres invités ne vont pas manger?
8. Qu'est-ce que tout le monde va prendre comme dessert?

B. Dans un restaurant; dialogue entre un garçon ou une serveuse et un client: Le garçon / la serveuse propose des plats, le client répond avec ses préférences.

Le garçon / la serveuse:

—Qu'est-ce que vous désirez comme hors-d'œuvre? Désirez-vous un artichaut ou du pâté?

—Et comme viande? Désirez-vous _____ ou _____?

—Et comme légume? Prenez-vous _____ ou _____?

Le client:

—Je n'aime pas _____. Je vais prendre _____.

—Je n'aime pas _____. Je vais prendre _____.

—Je n'aime pas _____. Je vais prendre _____.

Etc. (salade, fromage, dessert, boisson)

C. Sondage sur les activités de loisir des étudiants de la classe: Qui fait les choses suivantes quand il (elle) ne travaille pas? (Levez la main et faites une phrase complète.)

	trop d'étudiants	beaucoup d'étudiants	quelques étudiants	pas assez d'étudiants
1. faire du camping	☐	☐	☐	☐
2. faire du tennis	☐	☐	☐	☐
3. jouer au golf	☐	☐	☐	☐
4. faire la cuisine	☐	☐	☐	☐
5. jouer de la guitare	☐	☐	☐	☐
6. faire du yoga	☐	☐	☐	☐
7. jouer aux cartes	☐	☐	☐	☐
8. faire la vaisselle	☐	☐	☐	☐
9. faire du français	☐	☐	☐	☐
10. faire des promenades à cheval	☐	☐	☐	☐

Quelles activités sont les préférées? Expliquez. Quelles activités ne sont pas très appréciées? Expliquez.

D. Regardez la photo, page 176. Répondez aux questions.

1. Qu'est-ce qu'il y a dans l'assiette?
2. Y a-t-il de la soupe dans la bouche du petit garçon?
3. Joue-t-il ou mange-t-il?
4. Qu'est-ce qu'il va manger après?
5. Inventez une question à propos de la photo. Posez-la à un(-e) autre étudiant(-e).

Exercices écrits

Faites les exercices écrits qui sont dans le *Cahier d'exercices,* Leçon 8.

Pour le dîner on sert de la soupe comme entrée, surtout en hiver, quand il fait froid.

La Chaise vide, Pierre Jallaud, 1974.
Anne a vingt-deux ans. Elle habite seule avec son fils, qui a trois ans. Elle rencontre Maxime, un jeune et gentil musicien, mais elle garde toujours le souvenir de son mari, mort en Angola au cours d'un reportage photographique.

Lecture

Bon appétit!

Les Français *prennent* généralement leur déjeuner à midi et demie et leur dîner à huit heures ou huit heures et demie. Le petit déjeuner est moins important en France qu'aux États-Unis mais le déjeuner est un repas complet. C'est presque toujours la mère de famille qui *fait la*
5 *cuisine.* Tout le monde est réuni autour de la table de la salle à manger et *on met,* d'habitude[6], *une bouteille de vin* sur la table. Les enfants *ne boivent pas de* vin; *ils boivent* généralement *de l'*eau minérale ou *de l'*eau fraîche et quelquefois dans leur *verre d'*eau leurs parents *mettent un peu de* vin pour donner l'impression qu'*ils*
10 *boivent du* vin comme les adultes.
Pour le déjeuner il y a *des* hors-d'œuvre, qui sont généralement *des* légumes en salade (*des* tomates, *des* concombres), *de la* charcuterie (*du* pâté, *du* jambon ou *du* saucisson), *des* œufs durs, etc. (Pour le dîner on sert *de la* soupe comme entrée, surtout en hiver,
15 quand il fait froid.)

6. *D'habitude* = généralement, habituellement.

Le plat principal, c'est généralement *de la* viande ou *du* poisson et on mange aussi *des* légumes, *des* pâtes, *du* riz ou *des* pommes de terre. Les portions sont généralement petites. Les Français mangent *du* pain, alors il y a toujours *une corbeille de* pain sur la table.

20 Après le plat principal on mange *de la* salade verte et après la salade, *des* fromages variés. Les Français adorent *le fromage* et il y a *beaucoup de* fromages en France. Et, bien sûr, on boit *du* vin avec le fromage, et le vin rouge est de rigueur.

À la fin du repas il y a le dessert, c'est peut-être un gâteau au
25 chocolat,[7] une tarte aux fraises, une glace à la vanille, un yaourt au citron, ou simplement *des* fruits frais. Après le dessert on boit *du* café dans de petites tasses avec *du* sucre mais *pas de* crème. (Le matin *on prend du* café au lait.)

Les façons de manger varient. D'habitude on tient[8] la fourchette
30 dans la main gauche et le couteau dans la main droite. Mais certaines personnes font comme aux États-Unis et changent leur fourchette de la main gauche à la main droite pour manger. Pour le petit déjeuner on *ne* mange *pas* d'œufs, *pas de* bacon, *pas de* céréales. *On prend* simplement *du* café noir ou au lait ou *du* thé, *du* pain grillé ou *des*
35 toasts avec *du* beurre et *de la* confiture, et pour les grands jours, *de* bons croissants chauds. Bon appétit!

Questions sur la lecture

1. À quelle heure les Français prennent-ils leur déjeuner? Leur dîner? Et les Américains?
2. Qu'est-ce qu'on boit au déjeuner en France?
3. Pourquoi met-on quelquefois du vin dans le verre d'eau des enfants?
4. Qu'est-ce qu'il y a généralement comme hors-d'œuvre au déjeuner?
5. Généralement quel est le plat principal?
6. Pourquoi y a-t-il toujours une corbeille de pain sur la table? Y a-t-il une corbeille de pain sur la table dans votre famille?
7. Qu'est-ce qu'on mange après le plat principal?
8. Qu'est-ce que les Français mangent comme dessert?
9. Qu'est-ce qu'on boit après le dessert?
10. Qu'est-ce qu'on mange au petit déjeuner en France? Aux États-Unis?

---

7. *Au chocolat, aux fraises, à la vanille,* etc. La préposition à + article défini *(à la, au, aux)* + **nom** indique l'ingrédient principal.
8. *Tenir* est un verbe irrégulier, conjugué comme *venir: je tiens, tu tiens,* etc. Voir le Système Verbal, page R-1.

Discussion / Composition

1. Quelles différences remarquez-vous entre les repas français et les repas américains? Expliquez, et utilisez le partitif et beaucoup d'expressions de quantité.
2. Racontez un dîner typique chez vous. Qui fait la cuisine? À quelle heure mangez-vous? Qu'est-ce que vous mangez? Qui fait la vaisselle?
3. Regardez le menu. Qu'est-ce que vous choisissez? Pourquoi? Quel est l'addition[9] à la fin du repas? Le service[10] est-il compris?[11] Qui paie l'addition?

9. *Addition* = le prix total du repas.
10. *Service* = supplément qu'on ajoute au total.
11. *Compris* = inclus.

Hors-d'œuvre

Le Gâteau de Carottes
au Coulis d'Artichauts 39,50
•
Le Magret de Canard fumé Maison
à la Salade d'Avocats 43,50
•
Le Foie Gras d'Oie du Chef
cuit au Torchon 72
•
La Dodine de Caneton
en Gelée d'Ecrevisse 46,50
•
Le Saumon Sauvage au Poivre Noir
au Jus de Cresson 56,50
•
La Terrine de St-Pierre
en Hure de Légumes 60

Les Viandes

Les Rognons et Ris de Veau Poêlés
au Vinaigre d'Orléans 62
•
La Cervelle de Veau
aux Amourettes de Homard 56
•
Le Filet de Bœuf à la Ficelle
au Raifort 98
•
Le Carré d'Agneau Rôti
à la Purée d'Ail Doux 64
•
L'Aiguillette de Canette
aux Pleurotes en Ragoût 62
•
Le Gigotin de Poulette
aux Ecrevisses 53

Poissons et Entrées

Le Saucisson de Truites Grises
aux Epinards 44
•
Les Filets de Rougets
au Beurre d'Anchois 68
•
La Minute de Bar
aux Champignons de Sologne 72
•
Le Millefeuille de Saumon
à la Fondue de Blanc de Poireaux 69
•
Le Turbot en Filet Rôti
aux Concombres 64

*Le Granité de
Pommes Vertes*
vous est servi
gracieusement

Les Desserts

Les Crêpes Flambées André Saunier 36
La Palette des Sorbets 31
La Glace au Miel 31
Le Dessert du Jour 27
Le Gratin d'Agrumes 36

Pour les desserts chauds, à commander dès le début du repas.

PRIX NET

Menu 129 F

Le Saumon Sauvage au Poivre Noir
et Jus de Cresson

ou

La Dodine de Caneton
en Gelée d'Ecrevisse

ou

Le Turbot en Filet Rôti
aux Concombres

ou

Les Rognons et Ris de Veau
au Vinaigre d'Orléans

Le Dessert du Jour

Les Fromages

Les Plateaux 18,50
Le Crottin Tiède en Salade 24,50

Les Desserts

La Charlotte aux Oranges 31
La Tranche au Chocolat 31
Le Biscuit au Cassis 31
La Tulipe au Parfait Prasliné 31
Le Petit Soufflé aux Fruits de la Passion 36

Menu 149,50F

Le Foie Gras d'Oie du Chef
cuit au Torchon

ou

Le Magret de Canard Fumé
à la Salade d'Avocats

ou

La Minute de Bar
aux Champignons de Sologne

ou

Le Filet de Bœuf Ficelle
au Raifort

ou

Le Crottin tiède en Salade

Le Dessert du Jour

Menu 195 F

La Terrine de St-Pierre
en Hure de Légumes

ou

Le Gâteau de Carottes
au Coulis d'Artichauts

Le Millefeuille de Saumon
à la Fondue de Blanc de Poireaux

ou

L'Aiguillette de Canette Poêlée
aux Pleurotes en Ragoût

ou

Le Carré d'Agneau Rôti
à la Purée d'Ail Doux

Les Plateaux de Fromages

Le Dessert au choix

Improvisation

Deux ou trois personnes: La mère ou le père ou les parents d'une jeune femme vont donner un dîner pour le mariage de leur fille et son fiancé. Ils parlent avec le patron du restaurant où ils veulent donner la réception et ils discutent le menu ensemble.

Vocabulaire

noms

beurre m.
boisson f.
bonbon m.
bouteille f.
café m.
caisse f.
champignon m.
charcuterie f.
citron m.
concombre m.
confiture f.
corbeille f.
couteau m.
défaut m.
façon f.
fourchette f.
fraise f.
frites (pommes
  de terre frites) f.pl.
fromage m.
garçon m. (serveuse f.)
imperméable m.
jeu m.
jus m.
lait m.
légume m.
manteau m.
œuf m.
pain m.

pâté m.
pâtes f.pl.
patron m.
petit déjeuner m.
piscine f.
pomme de terre f.
poulet m.
récipient m.
repas m.
riz m.
santé f.
saucisson m.
sel m.
sucre m.
tasse f.
travail m.
viande f.
vin m.

adjectifs

couvert(-e)
étrange
frais (fraîche)
inclus(-e)
insuffisant(-e)
plein(-e)
pratique
quelques
vide

verbes

ajouter
apprendre
boire
comprendre
gagner
jouer
mettre
prendre
tenir

adverbes

assez
tant
trop
un peu

autres expressions

à pied
avoir de la chance
bon appétit
de rigueur
en auto
faire de la musique
faire du sport
faire la vaisselle
faire le marché
faire une promenade
faire un voyage

noms apparentés

cave f.
caviar m.
céréales m.pl.
courage m.
crème f.
cuisine f.
douzaine f.
fruit m.
habitude f.
kilogramme (kilo) m.
litre m.
mariage m.
mayonnaise f.
moutarde f.
pot m.
soupe f.
substance f.
surprise f.
tarte f.
thé m.
tomate f.

La Solitude est verte

Verte comme la pomme en sa simplicité,
Comme la grenouille, cœur glacé des vacances,
Verte comme tes yeux de désobéissance,
Verte comme l'exil où l'amour m'a jeté.

La solitude est verte.

Passionnément

Je l'aime un peu, beaucoup, passionnément,
Un peu c'est rare et beaucoup tout le temps.
Passionnément est dans tout mouvement:
Il est caché sous cet: *un peu,* bien sage
Et dans: *beaucoup* il bat sous mon corsage.
Passionnément ne dort pas davantage
Que mon amour aux pieds de mon amant
Et que ma lèvre en baisant son visage.

Louise de Vilmorin (1902-1969)
Poèmes, © Éditions Gallimard

ENTRACTE III
LA CUISINE FRANÇAISE

Deux jeunes gens à la terrasse d'un café
Le déjeuner est un moment de détente agréable.

Tout le monde sait que des termes culinaires en anglais viennent du français du temps de Guillaume le Conquérant. Une fois préparée et servie à table, la viande des animaux perd sa désignation anglo-saxonne pour prendre une nouvelle forme française: *mouton, porc, bœuf, venaison.* D'autres mots d'origine française sont utilisés en anglais à propos de la cuisine: *table, dîner, soupe, souper* ... même *maître d'(hôtel).* On remarque également un phénomène récent en Amérique: la prolifération du vocabulaire français dans le domaine assez spécialisé des vins, des fromages et de la pâtisserie: *Cabernet sauvignon, pinot noir, chardonnay, camembert, brie, croissant.* Ces faits en général montrent le grand intérêt des Américains pour la cuisine française.

Chaque culture est marquée par sa façon de boire et de manger. Ces distinctions ne résident pas uniquement dans les spécialités de la cuisine mais aussi dans les habitudes adaptées par chaque peuple lorsqu'il consomme sa nourriture. Par exemple, à quelle heure mange-t-on? Où mange-t-on? Comment les gens sont-ils assis à table? Dans quel ordre mange-t-on les plats? Combien de temps dure le repas?

Naturellement, on ne mange pas exactement en famille comme on mange au restaurant et on ne mange pas dans un petit restaurant ordinaire comme on mange dans un grand restaurant célèbre. Et on ne mange pas dans une grande ville comme on mange dans une petite ville de province.

La Haute cuisine

Le touriste, par exemple, cherche souvent un restaurant haute cuisine. Dans cette catégorie d'établissements, l'ordre des plats est déterminé par la tradition de la cuisine française: d'abord l'entrée,

Un restaurant haute cuisine
L'ordre des plats est déterminé par la tradition: entrée, pièce de résistance, salade, fromages, dessert.

le premier plat—un pâté, des crudités, une soupe, ou des fruits de mer.[1] Souvent, si le premier plat n'est pas trop copieux, on commande après du poisson (il existe même un couteau spécial, un couteau à poisson); sinon, on passe au plat principal—la pièce de résistance, probablement de la viande ou de la volaille. Ensuite, on sert une salade composée uniquement de laitue (pas de tomates, pas de céleri, pas de concombres). Après

la salade, on sert des fromages. Puis c'est le dessert et pour finir, souvent des fruits frais. À la fin du repas on boit un café genre «espresso» dans une petite tasse qu'on appelle «demi-tasse» en anglais. Dans un repas traditionnel, on boit un, deux ou trois vins différents: un vin avec l'entrée, un autre avec le plat principal, et encore un autre avec le fromage ou avec le dessert. Le champagne, par exemple, est un vin de dessert servi à la fin du repas. On boit aussi de l'eau, surtout de l'eau minérale servie en bouteille (Perrier, Évian, Contrexéville).

Vous pensez probablement que cette distinction entre les plats, servis les uns après les autres dans un ordre bien établi, est un peu compliquée. Mais ce système est basé sur certains principes: chaque plat a son goût et son caractère particulier. Il est donc nécessaire de prendre chaque plat séparément. On ne mélange pas les goûts … surtout pas le sucré et le salé.

En famille

En famille un repas est moins compliqué, mais on respecte presque toujours l'ordre (1) entrée, (2) plat principal, (3) dessert. En famille, on boit un seul vin ou de l'eau—même de l'eau ordinaire (plate) quelquefois mélangée avec du vin. En famille et au restaurant on pose son morceau de pain directement sur la nappe et on rompt son pain en petits morceaux quand on mange. Après le repas, il y a des miettes partout. Quelquefois on essuie la table avant le dessert.

En famille, si on n'est pas trop nombreux, on mange quelquefois dans la cuisine. Autrement, on mange dans la salle à manger ou le «coin salle à manger» de la salle de séjour. La cuisine est généralement une pièce complètement séparée et même souvent loin de la salle à manger. La maîtresse ou le maître de maison ne sont pas d'habitude assis au bout de la table mais sur le côté. Si vous êtes un homme invité chez des Français, ne poussez pas la chaise de la dame à côté de vous! En France chaque personne à table est responsa-

---

1. *Fruits de mer* = mollusques et crustacés.

Un repas typique en famille
On mange quelquefois dans la cuisine.

ble de sa chaise! Si on propose à un invité un plat en premier, il est poli de passer le plat à la maîtresse de maison et de dire: «Après vous, Madame! Je vous en prie.»

L'Étiquette

Les Français mangent avec les deux mains sur la table. Le couteau est à droite de l'assiette (et quelquefois posé sur un porte-couteau) et la fourchette à gauche. Si la main gauche n'est pas occupée, elle reste sur la table. On mange sa soupe du bout de la cuillère et silencieusement naturellement! La soupe est servie non pas dans un bol mais dans une assiette creuse. La cuillère à des-

sert est posée entre l'assiette et les verres. On mange en effet tous les desserts avec une petite cuillère, même du gâteau. Les verres sont posés directement derrière l'assiette et non pas à droite de l'assiette. Au restaurant, on enlève les assiettes après chaque plat. Généralement, à la maison on change les assiettes seulement pour le dessert et à la fin on débarrasse la table.

Les Repas français

Le petit déjeuner n'est pas un repas important: des tartines[2] avec du beurre et de la confiture, du café

---

2. *Tartines* = morceaux de pain beurré.

au lait, du thé ou du chocolat consommés rapidement. Le déjeuner est un repas important. Les écoles et beaucoup d'établissements sont fermés entre midi et deux heures pour le déjeuner. Traditionnellement, le dîner n'est pas un repas abondant: de la soupe, de la viande froide, un légume et des fruits. On dîne entre 7h 30 et 8h 30, mais on prend le goûter[3] vers 4 heures de l'après-midi: des pâtisseries, du pain, du thé, par exemple.

Si vous êtes invité à manger chez des Français, ne faites pas trop de compliments. Remerciez: «C'est un repas délicieux.» La maîtresse de maison ne va pas répondre «merci» à votre compliment; elle va dire qu'elle est contente parce que vous êtes satisfait.

Un petit déjeuner français: du café au lait

_____
3. *Goûter* = collation légère pour les enfants.

Quels vins sert-on avec quels plats?

En France on désigne d'abord le vin selon sa province ou sa région générale d'origine (Bordeaux, Bourgogne, Côtes du Rhône, Loire, Alsace); ensuite, selon la localité ou la ville d'où il vient (Médoc, Graves, St-Julien, Nuits-St-Georges, Vosne-Romanée). Un vin de qualité porte le nom de la propriété du vignoble (Château Margaux, le Clos de Vougeot) et le millésime (1945, 1966, 1983). Remarquez que le vin américain, au contraire, est désigné premièrement par son espèce, le nom du cépage,[4] souvent un nom français (Merlot, Cabernet, Chardonnay).

La règle de base pour le choix des vins est la suivante: vin rouge avec la viande rouge, vin blanc avec la viande blanche. Mais il y a beaucoup de variations possibles. On sert souvent du vin rouge avec du poulet, par exemple.

Viandes rouges	*Volaille et veau*
Bourgogne	Bourgogne blanc
Côtes du Rhône	Loire blanc
Bordeaux rouge	

| *Poissons et* | |
fruits de mers	*Dessert*
Bourgogne blanc	Champagne
Alsace	Loire (vin doux)
Loire blanc	Bordeaux blanc
	(Graves, Sauternes)

Débat culturel

1. **Pourquoi observe-t-on récemment l'emploi fréquent de termes français dans la cuisine anglo-américaine? Est-ce par snobisme? Est-ce à cause d'un véritable changement dans les habitudes? La qualité des produits français mérite-t-elle ce prestige?**

_____
4. *Cépage* = type de raisin.

De grands vins millésimés
Un vin de qualité porte aussi le nom de la propriété du vignoble.

2. Êtes-vous au courant de certains produits d'alimentation nord-américains qu'on achète en France? Si oui, est-ce dû au prestige de la cuisine anglo-saxonne en France?

3. Les Français mangent peu le matin et beaucoup à midi; les Américains font souvent le contraire. Un système est-il préférable à l'autre?

4. Y a-t-il en Amérique une autorité gastronomique universellement reconnue qui catégorise les restaurants selon leurs qualités? Et en France? Expliquez.

5. Quel est l'ordre des plats d'un repas américain? D'un repas français? Qu'est-ce qui détermine cette différence? (La logique? Le métabolisme de l'organisme humain? L'habitude? La tradition?)

6. Que boit-on en France quand on mange? Et dans les pays anglo-saxons? Y a-t-il une justification pour ces différences?

7. Aimez-vous le mélange de goûts différents? Dans une salade, par exemple, du fromage et des fruits? Pourquoi en France un tel mélange est-il presque inconcevable? Trouvez quel repas typiquement nord-américain étonne les Français. Pourquoi?

8. Pourquoi en France n'y a-t-il pas de petite assiette à beurre et à pain posée à côté de la grande assiette? Expliquez la différence entre la manière de manger le pain en France et dans les pays anglo-saxons.

9. Quelle est la manière correcte, selon l'étiquette américaine, de manger la soupe, de tenir la fourchette quand on mange de la viande? Quelle est la manière française?

10. Pourquoi le travail d'un plongeur[5] en France est-il particulièrement dur?

---

5. *Plongeur* = personne qui lave les assiettes.

Échanges

À Table

Au restaurant universitaire

—Qu'est-ce qu'on bouffe?[6] J'ai une faim de loup.[7] Passe-moi le pain.

—Prends ton pain toi-même. Tu as le bras long.

—Tiens ... steak-frites.[8]

—Oh! là là! C'est toujours la même chose.

À table avec un invité dans une famille bourgeoise

—Je vous sers du rôti, Monsieur?

—Je vous en prie, Madame, servez-vous.

—J'espère que vous aimez le rôti peu cuit. Mon mari et mes enfants adorent la viande saignante.[9]

—Moi aussi.

—Voilà ... vous prenez aussi de la sauce?

—Un peu ... mais votre rôti n'a pas besoin de sauce. Il est délicieux comme ça.

—Vous êtes trop aimable.

6. *Bouffer* = manger.
7. *J'ai une faim de loup* ("wolf") = J'ai très faim.
8. *Steak-frites* = biftek et des pommes de terres frites ("French fries").
9. *Saignant(-e)* = rare.

9 Neuvième Leçon

Comparaisons

Verbes réguliers en -re
Le comparatif et le superlatif des
adjectifs et des adverbes
Les verbes *vouloir, pouvoir, savoir*

Lecture: *Qu'est-ce que vous savez faire?
Quels vins préférez-vous?*

Je regarde les petites annonces dans le journal et je trouve une offre d'emploi.

Découverte

Présentation I

Entendez-vous des voix célestes comme Jeanne d'Arc?

Oui, quelquefois **j'entends** une voix. **J'entends** la voix de ma conscience.

Qui **attendez-vous?**

Nous attendons notre professeur; il est en retard comme toujours.

Rendez-vous toujours *les livres* que vous prenez à la bibliothèque?

Oui, **je rends** toujours *les livres* que je prends à la bibliothèque.

Est-ce que les bonnes notes **rendent** les étudiants *heureux?*

Oui, les bonnes notes **rendent** les étudiants *heureux.*

Perdez-vous vos clés quelquefois?

Oui, et quand **je perds** mes clés, **je perds** la tête.[1]

Pour aller chez votre grand-mère, qui habite au septième étage, montez-vous ou **descendez-vous?**

Je monte. Et après ma visite, **je descends.**

Où **vend-on** du pain?

On vend du pain dans une boulangerie.

Explications

1 Les verbes réguliers en **-re**

A. **Attendre, rendre, vendre, répondre, descendre, entendre,[2] perdre**

attendre	
j' attends	**nous** attend**ons**
tu attend**s**	**vous** attend**ez**
il, elle attend	**ils, elles** attend**ent**

rendre	
je rends	**nous** rend**ons**
tu rend**s**	**vous** rend**ez**
il, elle rend	**ils, elles** rend**ent**

1. *Perdre la tête* = devenir un peu fou (irrationnel).
2. *Entendre* n'est pas synonyme d'*écouter. Écouter* = entendre intentionnellement, avec attention, avec application: *J'entends* une explosion mais *j'écoute* une symphonie.

Entendez-vous des voix célestes?

Les Enfants du Paradis, Marcel Carné, 1945. Scénario de Jacques Prévert. Sur la photo: Jean-Louis Barrault et Arletty.

Dans cette histoire du théâtre et de la vie parisienne au 19ᵉ siècle, le mime timide, Débureau, aime la belle actrice Garance. Ce film, commencé en 1943, est un chef-d'œuvre.

Attention: Il n'y a pas de préposition après le verbe **attendre.** Comme **écouter** et **regarder,** le verbe **attendre** a généralement un complément d'objet direct.

Nous attendons **le train.**
J'attends **ma mère.**

Nous écoutons **un concert.**
Nous regardons **un spectacle.**

B. Les sens du verbe **rendre**

1. **Rendre** + *nom* = restituer, redonner

   Le professeur **rend** *les devoirs* aux étudiants.
   Je rends *l'argent* et *les livres* que j'emprunte.

2. **Rendre** + *adjectif* exprime le résultat physique ou psychologique.

   La chirurgie esthétique **rend** les gens *beaux.*
   L'expérience **rend** les gens *sages.*

Exercices oraux

A. Formez une phrase. Employez le sujet donné.

Modèle répondre correctement (je)
Je réponds correctement.

1. descendre du train (tu / vous / Thomas et Christine)
2. attendre le bus (on / nous / les gens)
3. vendre des disques (vous / tu / les marchands de disques)
4. entendre de la musique (je / nous / on)
5. perdre patience[3] (les hommes / je / vous)

B. Répondez.

1. Les professeurs répondent-ils bien aux questions?
2. Où attendez-vous l'autobus?
3. Qu'est-ce qu'on vend dans un supermarché?
4. Qu'est-ce que vous faites quand vous perdez votre portefeuille?
5. Les examens rendent-ils les étudiants nerveux?
6. Entendez-vous le téléphone maintenant?
7. Quand perdez-vous la tête?
8. Qui répond généralement au téléphone chez vous?

C. Finissez les phrases.

1. Le café rend ma mère ...
2. Le dentifrice Colgate rend les dents ...
3. L'amour rend ce garçon ...
4. L'argent rend les gens ...
5. La télé rend tout le monde ...
6. Vous rendez cent dollars à ...
7. Les étudiants rendent généralement les livres qu'ils empruntent à ...
8. Le professeur rend les devoirs à ...

D. Demandez à un(-e) autre étudiant(-e) ...

1. s'il (si elle) attend le week-end avec impatience.
2. s'il (si elle) entend les avions qui passent.
3. s'il (si elle) descend en ascenseur[4] après la classe.
4. s'il (si elle) vend ses compositions aux autres étudiants.
5. s'il (si elle) répond toujours en français.
6. s'il (si elle) rend toujours les livres à la bibliothèque.
7. s'il (si elle) rend ses parents fous.
8. s'il (si elle) entend votre question.

---

3. *Perdre patience* est une expression idiomatique: il n'y a pas d'article.
4. *Ascenseur* = machine qui monte et descend les personnes dans un bâtiment.

Présentation II

Le professeur est jeune, mais Bill et Phyllis sont **plus jeunes que** le professeur. Bill est-il **plus âgé que** le professeur?

Non, il n'est pas **plus âgé que** le professeur. Il est **moins âgé que** le professeur.

Pat est une bonne étudiante, et Jacqueline est une bonne étudiante aussi. Est-ce que Pat est une **meilleure** étudiante que Jacqueline?

Non, ce n'est pas une **meilleure** étudiante **que** Jacqueline.

Est-ce que Pat est une **aussi bonne** étudiante **que** Jacqueline?

Oui, c'est une **aussi bonne** étudiante **que** Jacqueline.

Suzanne et Napoléon sont-ils **plus grands que** Georges?

Non, ils ne sont pas **plus grands que** Georges.

Chantez-vous **aussi bien que** Pavarotti?

Mais non! Je ne chante pas **aussi bien que** Pavarotti. Il chante **mieux que** moi.

Voyagez-vous **moins souvent que** vos parents?

Non, je ne voyage pas **moins souvent que** mes parents. Je voyage **plus souvent que** mes parents.

Avez-vous **autant d'**argent **que** vos parents?

Non, j'ai **moins d'**argent **que** mes parents. Ils ont **plus d'**argent que moi.

Explications

2 Le comparatif des adjectifs et des adverbes

A. Le comparatif des adjectifs et des adverbes
  1. **Plus ... que** est le comparatif de supériorité.
     Moins ... que est le comparatif d'infériorité.
     Aussi ... que est le comparatif d'égalité.

     Paul est **plus grand que** David.
     David est **moins grand que** Paul.
     Nicole est **aussi grande que** Paul.

     Paul étudie **plus régulièrement que** Nicole.
     Nicole étudie **moins régulièrement que** Paul.
     David étudie **aussi régulièrement que** Paul.

2. Le comparatif de supériorité de l'adjectif **bon(-ne)** est **meilleur(-e) que.**

> Le vin est bon, mais le champagne est **meilleur que** le vin.
> Maxim's est **meilleur que** McDonald's.
> Les oranges de Floride sont **meilleures que** les oranges d'Idaho.
> Les vins français sont **aussi bons que** les vins californiens.

3. Le comparatif de supériorité de l'adverbe **bien** est **mieux que.**

> Jeff travaille **bien** mais tu travailles **mieux que** Jeff.
> Frank Sinatra chante **mieux que** Bob Dylan.
> Je chante **moins bien que** Lena Horne.

B. Comparaisons de quantités

$$\left.\begin{array}{c} \textbf{plus de} \\ \textbf{moins de} \\ \textbf{autant de} \end{array}\right\} + \text{NOM} + \textbf{que} + \text{terme de comparaison}$$

> Les Américains ne mangent pas **autant de** pain **que** les Français.
> Martine boit **moins d'**alcool **qu'**Alice.
> Il y a **plus d'**étudiants ici **que** dans l'autre classe.

Exercices oraux

E. Comparez.

Modèle   Paul / Sylvie / grand
Paul est plus grand que Sylvie.
Sylvie est moins grande que Paul.

1. le Texas / le Vermont / grand
2. les romans de Hemingway / les romans Harlequin / bon
3. les États-Unis / la Chine / ancien
4. les diamants / le zircon / authentique
5. une maison / un appartement / agréable
6. la cuisine française / la cuisine italienne / délicieux
7. le bœuf bourguignon / un hamburger / bon
8. une girafe / un oiseau / intelligent
9. un revolver / une plume / dangereux
10. les cigarettes / le yaourt / bon pour la santé

F. Répondez.

1. Sortez-vous plus souvent ou moins souvent que Hugh Hefner?
2. Lisez-vous plus lentement qu'Evelyn Wood?
3. Est-ce qu'un avion va plus vite ou moins vite qu'une bicyclette?

4. Étudiez-vous plus sérieusement que votre camarade de chambre?
5. Qui chante mieux que le professeur?

G. Comparez la quantité.

   Modèle   Vous avez une voiture. Vos parents ont deux voitures.
   Vous avez moins de voitures que vos parents.

1. Je mange beaucoup de quiche. Vous ne mangez pas beaucoup de quiche.
2. Les Duval ont trois enfants. Les Meunier ont trois enfants.
3. Dolly Parton a deux cents paires de chaussures. Ma mère a six paires de chaussures.
4. La lune n'a pas beaucoup d'oxygène. La terre a beaucoup d'oxygène.
5. La Chine a beaucoup d'habitants. Monaco n'a pas beaucoup d'habitants.

H. Demandez à un(-e) autre étudiant(-e) ...

1. si la France est plus grande ou moins grande que les États-Unis.
2. si une Rolls-Royce est plus confortable ou moins confortable qu'une Volkswagen.
3. si les voitures européennes sont meilleures ou moins bonnes que les voitures américaines.
4. si le français est plus facile ou moins facile que le chinois.
5. si un chien est plus sympathique ou moins sympathique qu'un tigre.
6. s'il (si elle) est plus jeune que le professeur.
7. s'il (si elle) est plus jeune que ses parents.
8. si l'espagnol est aussi facile que le français.

Présentation III

Bob est un grand jeune homme. Est-ce **le plus grand** jeune homme **de** la classe?

Non, ce n'est pas **le plus grand**. Georges est **le plus grand de** la classe.

Qui est **le plus petit** jeune homme **de** la classe?

Napoléon est **le plus petit**.

Qui est la plus petite femme **de** la classe?

Suzanne est **la plus petite** femme **de** la classe.

Est-ce aussi la femme **la plus originale?**

C'est une question difficile. Tout le monde est différent.

Qui écrit **le mieux de** la classe?

James et Joyce écrivent **le mieux de** la classe.

Qui parle **le plus vite de** votre famille?

Ma sœur parle **le plus vite de** ma famille mais je parle vite aussi, quelquefois.

Explications

3 Le superlatif des adjectifs et des adverbes

A. **Le (la, les) plus ... de** est le superlatif de supériorité.
   Le (la, les) moins ... de est le superlatif d'infériorité.

> Georges est **le plus grand** étudiant **de** la classe.
> Henri est l'étudiant **le moins attentif de** l'université.
> Cette rue est **la plus animée de** la ville.
> La Rolls-Royce est **la meilleure** voiture **du** monde.
> Mon grand-père marche **le moins vite de** ma famille.
> Ce sont les vins français que j'aime **le mieux de** tous les
>   vins du monde.

B. Place de l'adjectif superlatif

1. Quand l'adjectif précède le nom, il précède le nom aussi au superlatif.

une **belle** voiture	la **moins belle** voiture **du** monde
un **grand** problème	le **plus grand** problème **de** la vie
un **bon** étudiant	le **meilleur** étudiant **de** l'université

2. Quand l'adjectif est après le nom, il est après le nom aussi au superlatif.

une chemise **élégante**	la chemise **la moins élégante**[5]
un médecin **sympathique**	le médecin **le plus sympathique**

C. **C'est** + superlatif

1. **C'est** + nom + adjectif superlatif

   > C'est la voiture **la plus chère du** monde.
   > C'est **la meilleure** voiture **du** monde.[6]

2. **C'est** + adjectif superlatif

   > C'est **la plus chère.**
   > C'est **la meilleure.**

Remarquez: Un adjectif seul précédé d'un article est considéré comme un nom.

D. L'adverbe superlatif est toujours précédé par **le** parce que les adverbes sont invariables.

> Elle parle **le** mieux de la classe.
> Nous lisons **le** plus rapidement.

---

5. Il y a deux articles définis: Le premier accompagne le nom; le deuxième fait partie de l'adjectif superlatif.
6. Si l'adjectif précède le nom, il y a un seul article avec le superlatif.

Exercices oraux

I. Répondez.

1. Qui est le (la) plus petit(-e) de votre famille?
2. Qui est le (la) plus grand(-e) de la classe?
3. Qui est le (la) plus comique de la classe?
4. Qui est le (la) plus intelligent(-e) de votre famille?
5. Qui est le (la) plus heureux (heureuse) du monde?
6. Qui est le plus souvent absent(-e) de la classe?

J. Formez une phrase au superlatif. Employez les éléments donnés.

Modèle   Je travaille vite / la classe
           Je travaille le plus vite de la classe.

1. Ma sœur écrit bien / ma famille
2. Élise parle correctement / toute la famille
3. Les panthères vont vite / tous les animaux
4. Arnaud mange souvent / notre groupe
5. Cette histoire finit bien / toutes les histoires

K. Demandez à un(-e) autre étudiant(-e) ...

1. Quelle est la voiture la plus chère du monde?
2. Quel est le plus grand bâtiment du campus?
3. Quelle est la meilleure université des États-Unis?
4. Quel est le magasin le moins cher de la ville?
5. Qui est le meilleur boxeur du monde?
6. Quel est le plus petit pays du monde?
7. Quel est le jour le moins difficile de la semaine?
8. Quelles sont les deux femmes les plus importantes des États-Unis?

L. Formez une phrase au superlatif. Commencez par le nom donné et utilisez les autres mots donnés.

Modèle   Cristina Onassis / femme riche
           Cristina Onassis est la femme la plus riche du monde.

1. L'éléphant / grand animal
2. Tiffany's / magasin cher
3. Einstein / homme intelligent
4. Les pays arabes / pays riches
5. Les cigares de la Havane / bons cigares
6. Les crêpes de Julia Child / crêpes délicieuses
7. Paris / belle ville
8. Les Rockettes / danser bien
9. Mario Andretti / aller vite
10. Dan Rather / parler clairement

Présentation IV

Savez-vous pourquoi Marc est absent?

Oui, **je sais** la raison de son absence: Il est malade.

Voulez-vous un sandwich?

Oui, j'ai faim. **Je veux** un sandwich.

Savez-vous danser?

Oui, **je sais** danser.

Voulez-vous aller danser ce week-end?

Malheureusement, **je ne peux pas** sortir. J'ai un examen lundi et je vais étudier.

Explications

4 Les verbes irréguliers **vouloir, pouvoir** et **savoir**

vouloir (la volonté, le désir)	
je **veux**	nous **voulons**
tu **veux**	vous **voulez**
il, elle **veut**	ils, elles **veulent**

pouvoir (la possibilité, la permission)	
je **peux** (je **puis**)[7]	nous **pouvons**
tu **peux**	vous **pouvez**
il, elle **peut**	ils, elles **peuvent**

savoir (la science ou la connaissance, la compétence)	
je **sais**	nous **savons**
tu **sais**	vous **savez**
il, elle **sait**	ils, elles **savent**

Ces verbes précèdent très souvent un infinitif. Il n'y a pas de préposition entre le verbe et l'infinitif.

> Nous **voulons sortir.**
> Les animaux **ne peuvent pas parler.**
> Je **ne sais pas danser.**

Remarquez: L'expression **vouloir dire** = signifier.

> Qu'est-ce que ce mot **veut dire?**
> L'expression *au lieu de* **veut dire** «instead of» en anglais.

7. La forme alternative est particulièrement employée à l'interrogatif: *Puis-je ... ?*

Exercices oraux

M. Formez une phrase. Employez le sujet indiqué.

Modèle   pouvoir partir (je / on)
   Je peux partir.
   On peut partir.

1. pouvoir entrer (vous / tu / nous)
2. vouloir du gâteau (je / les garçons / nous)
3. savoir chanter (vous / tout le monde / ces ténors)
4. ne pas vouloir partir (Hélène / vous / tu)
5. ne pas savoir la réponse (je / tu / nous)

N. Répondez.

Modèle   Voulez-vous aller au Tibet?
   Non, je ne veux pas aller au Tibet.

1. Voulez-vous aller en prison?
2. Savez-vous écrire le chinois?
3. Pouvez-vous expliquer le secret de la vie en cinq minutes?
4. Est-ce que je peux partir maintenant?
5. Est-ce que je sais l'adresse de vos grands-parents?
6. Est-ce que le mot *actuellement* veut dire "actually"?
7. Voulez-vous du cognac maintenant?
8. Savez-vous le grec?

O. Demandez à un(-e) autre étudiant(-e) ...

1. s'il (si elle) sait votre numéro de téléphone.
2. s'il (si elle) veut une cigarette.
3. ce qu'il (elle) veut faire quand il fait beau. («Qu'est-ce que tu ... ?»)
4. ce qu'il (elle) ne peut pas faire quand il pleut. («Qu'est-ce que tu ... ?»)
5. si vous pouvez être son ami.

Création

Exercices de conversation

A. Comparez. Employez les adjectifs **grand, petit, sympathique, beau, gros, amusant, sérieux, sportif, élégant,** etc.

B. Vous êtes touriste dans cette ville et vous interrogez un guide —
un(-e) autre étudiant(-e) — sur les choses que vous pouvez faire.
Vous voulez les meilleures vacances possibles; alors, vous posez
beaucoup de questions au superlatif.

Modèle   Vous voulez dîner dans un bon restaurant.
Vous: *Quel est le meilleur restaurant de la ville?*
Guide: *Chez Michel est le meilleur.*

Vous voulez...

    —rester dans un hôtel élégant
    —visiter un grand musée
    —manger dans un restaurant réputé
    —aller dans un café charmant
    —faire une promenade dans un joli parc
    —aller dans un magasin cher
    —visiter des monuments intéressants

C. Demandez à quelqu'un s'il (si elle) veut faire les choses suivantes. Il (elle) répond avec des excuses ou des explications.

Modèle   aller au cinéma demain
Question: *Veux-tu aller au cinéma demain?*
Réponse: *Non, merci, je ne peux pas. J'ai besoin d'étudier pour un examen important.*

1. habiter dans un igloo
2. acheter une voiture «De Lorean»
3. visiter la Fontaine des Innocents la semaine prochaine
4. travailler dans un cirque
5. faire du parachutisme ce week-end

D. Essayez de déterminer si votre camarade est sportif/sportive. Finissez les questions suivantes et demandez à un(-e) autre étudiant(-e).

Modèle   Veux-tu ...?
Question: *Veux-tu jouer au tennis?*
Réponse: *Oui, je veux jouer au tennis. J'adore le tennis.*

Veux-tu ...?   Sais-tu ...?
Peux-tu ...?   Vas-tu ...?

Maintenant décrivez les compétences de votre camarade.

Modèle   [Julie] *est très sportive. Elle aime jouer au tennis ...*

E. Regardez la photo p. 189 et répondez.

1. Le monsieur vend-il des fleurs?
2. La statue est-elle plus grande que le monsieur?
3. La statue peut-elle parler?
4. Inventez une question sur la photo et posez votre question à un(-e) autre étudiant(-e).

Exercices écrits

Faites les exercices écrits qui sont dans le *Cahier d'exercices,* Leçon 9.

Lecture

Qu'est-ce que vous savez faire?
Quels vins préférez-vous?

Il est dix heures du matin. David Franklin, étudiant américain de psychologie à Paris, *attend* le patron du restaurant «Le Vaudeville» où il cherche un emploi temporaire comme garçon. Il *veut* rester *plus longtemps* à Paris, mais *il ne peut pas* continuer à habiter chez son ami
5 Bernard sans participer aux frais[8] de nourriture et de loyer.[9] Heureusement David a une «carte de travail temporaire». (Si on n'est pas de nationalité française, *on ne peut pas* travailler en France sans ce document.) David *entend* la voix du patron Monsieur Gaillard.

M. GAILLARD: Entrez, Monsieur. C'est vous, David Franklin?

10 **DAVID:** Oui, c'est moi. Je cherche du travail pour les mois de juillet et d'août. *Je sais* que beaucoup d'employés prennent leurs vacances en été ... Je regarde les petites annonces[10] dans le journal ... je trouve votre offre d'emploi et voilà! J'adore Paris, j'adore votre restaurant ...

15 **M. GAILLARD:** Oui, oui, oui, c'est bien joli tout ça, mais avez-vous de l'expérience dans la restauration?

DAVID: Oh, oui, je travaille à la cafétéria de mon université, et en été je suis garçon dans un restaurant français à Laguna Beach.

Le patron trouve David et toute la situation très sympathique: un
20 Américain qui *veut* travailler dans son restaurant ... Mais il a quelques doutes et *il ne sait pas* si David *peut* faire le travail.

M. GAILLARD: Oui, je comprends votre situation! Ah, Paris! C'est *la plus belle ville du monde* et mon restaurant est *un des meilleurs de Paris.* Vous parlez très bien français. Mais *savez-vous* servir à table,
25 suggérer les spécialités à nos clients, *rendre* la monnaie?

DAVID: Oh! Monsieur j'ai l'habitude ...

M. GAILLARD: Oui, on dit toujours ça mais, vous comprenez, si *vous ne pouvez pas* faire le boulot,[11] si *vous perdez la tête* ... nous sommes fichus![12] C'est qu'il y a beaucoup de monde, beaucoup d'agitation
30 ici le soir, vous comprenez?

DAVID: Oui, oui, je comprends.

---

8. *Frais* = "expenses."
9. *Loyer* = "rent."
10. *Petites annonces* = "classified ads."
11. *Boulot* (argot) = le travail.
12. *Nous sommes fichus* (argot) = "we're in trouble."

M. GAILLARD: Et les vins? Les clients *veulent* souvent avoir la recommandation du garçon. *Pouvez-vous* recommander les vins que *nous voulons vendre? Savez-vous vendre* les vins?

35   **DAVID:** Ah, mais oui, monsieur, n'oubliez pas que je suis californien!

M. GAILLARD: Oui, c'est vrai, on dit que vous avez de bons vins en Californie, mais ils ne sont certainement pas *meilleurs que* nos vins français! Les vins français sont *les meilleurs du monde* et la variété est immense ...

40   **DAVID:** *Je sais,* monsieur, *je sais!*

David *sait* que les vins californiens sont souvent *aussi bons que* les vins français, mais il essaie d'être diplomate. *Il ne veut pas* contredire le patron. *Il sait* surtout que les clients de ce restaurant donnent de généreux pourboires.[13]

45   **M. GAILLARD:** Dites-moi ... Vos vins californiens, sont-ils vraiment si bons? Votre cabernet sauvignon est-il *plus délicat* ou *moins délicat que* notre sauvignon? Je suis sûr que notre bourgogne est *plus velouté que* le bourgogne californien, et il a probablement *plus de bouquet.* Les vins blancs californiens sont *plus doux que* nos bour-
50   gognes blancs et notre champagne est *bien plus sec* et *bien meilleur,* à mon avis, *que* votre champagne.

13. *Un pourboire* = "a tip."

DAVID: Oh, oui, Monsieur, vous avez raison. J'aime bien les vins de mon pays mais j'aime *mieux* les vins français. La comparaison est inutile.

55 **M. GAILLARD:** Ah, j'aime votre attitude positive, mon ami. Eh bien, d'accord, vous commencez à travailler demain. Maintenant nous allons boire un coup![14] Qu'est-ce que vous buvez?

DAVID: Oh, un coup de rouge pour faire comme vous.

Questions sur la lecture

1. Pourquoi David cherche-t-il un emploi temporaire? Si vous cherchez un travail temporaire, quelle sorte de travail cherchez-vous? Travaillez-vous maintenant? Qu'est-ce que vous faites?
2. Qui paie tous vos frais à l'université?
3. Où David trouve-t-il l'offre d'emploi? Quelles autres offres peut-on trouver dans les petites annonces des journaux?
4. David a-t-il de l'expérience dans la restauration? Et vous?
5. Qu'est-ce qu'on a besoin de savoir faire si on veut travailler au restaurant «Le Vaudeville»?
6. Quelle est l'opinion du patron sur les vins français et les vins californiens? Et l'opinion de David? Et votre opinion?
7. Pourquoi David dit-il qu'il aime mieux les vins français?
8. À votre avis, pourquoi est-ce que l'attitude du patron est un peu brusque?
9. Si un garçon veut un gros pourboire, qu'est-ce qu'il a besoin de faire?
10. Pourquoi le patron invite-t-il David à boire un coup?

Discussion / Composition

1. Écrivez une lettre pour demander un emploi. Indiquez les choses que vous savez faire, etc. Par exemple:

> *Monsieur,*
>
> *À la suite de votre annonce dans le Daily _____ , je sollicite l'emploi proposé ... J'ai _____ ans ... Je suis ... Je sais ... Je peux ... Je ne sais pas ... Je ne peux pas ... Je préfère ... Veuillez agréer, Monsieur, l'expression de mes sentiments respectueux.[15]*

---

14. *Boire un coup* = boire quelque chose.
15. Cette phrase et beaucoup d'autres phrases similaires sont des formules pour terminer une lettre d'affaires.

2. Faites une comparaison entre deux pays, deux personnes, deux familles, deux vins, deux voitures, deux magasins ou deux autres choses.

Improvisation

Deux personnes: Présentez une interview pour un emploi. Une personne joue le rôle du patron (de la patronne) et l'autre veut avoir l'emploi. Des emplois possibles: Un garçon (une serveuse) dans un restaurant, un professeur de français, un acteur (une actrice) dans un film, etc.

Vocabulaire

noms

autobus m.
bibliothèque f.
boulangerie f.
chirurgie f.
cirque m.
conseil m.
dentifrice m.
emploi m.
épinards m.pl.
frais m.pl.
grippe f.
magasin m.
nouvelles f.pl.
oiseau m.
petites annonces f.pl.
plume f.

adjectifs

âgé(-e)
ancien(-ne)
brusque
fort(-e)
gros(-se)
sage

verbes

apparaître
attendre
descendre
emprunter
entendre
monter
offrir
perdre
pouvoir
réagir
savoir
vouloir

adverbes

au lieu de
autant
soudain

autres expressions

d'accord
vouloir dire

noms apparentés

air m.
alcool m.
attitude f.
cigare m.
compétence f.
diamant m.
girafe f.
grec m.
instrument m.
marchand m.
orchestre m.
paire f.
permission f.
remède m.
résultat m.
revolver m.
science f.
symphonie f.
violon m.
visite f.

Auprès de ma blonde

1 Dans les jardins d'mon père
Les lilas sont fleuris;   } bis
Tous les oiseaux du monde
Vienn'nt y faire leurs nids.

Refrain
Auprès de ma blonde
Qu'il fait bon, fait bon, fait bon,
Auprès de ma blonde
Qu'il fait bon dormir.

2 Tous les oiseaux du monde
Vienn'nt y faire leurs nids;   } bis
La caill', la tourterelle
Et la joli' perdrix.

(On répète toujours les deux vers précédents.)

3 ... et ma joli' colombe
Qui chante jour et nuit.

Chanson ancienne

10 Dixième Leçon

M'aimes-tu? Je t'aime.

Les pronoms objets directs: *me, te, le, la, nous, vous, les*

Les pronoms objets indirects: *me, te, lui, nous, vous, leur*

Les verbes irréguliers *voir* et *recevoir*

Les verbes *paraître* et *connaître* (et leurs composés)

Savoir et *connaître*

Les adverbes de transition

Lecture: *Un Week-end en Normandie*

Un week-end en Normandie.

Découverte

Présentation I

Lisez-vous le journal?	Oui, je **le** lis.
Regardez-vous la télé?	Oui, je **la** regarde.
Est-ce que j'écoute la radio?	Oui, vous **l'**écoutez quelquefois.
Détestez-vous les enfants qui posent trop de questions?	Non, je ne **les** déteste pas, je **les** adore.
Me regardez-vous? **M'**écoutez-vous?	Oui, je **vous** regarde et je **vous** écoute.
Commencez-vous à lire le français maintenant?	Oui, je commence à **le** lire.
Aidez-vous vos amis à faire la cuisine?	Oui, je **les** aide à faire la cuisine.
Voulez-vous manger cette vieille pomme?	Non, je ne veux pas **la** manger.

Explications

1 Les pronoms objets directs

A. Comme pour les pronoms sujets, quand on mentionne une personne ou une chose dans une question ou une conversation, il n'est pas toujours nécessaire de répéter la personne ou la chose.

> *Pronom sujet:* **John** est-il américain? Oui, **il** est américain.
>
> **Il** remplace **John,** sujet de **est.**
>
> *Pronom objet:* Est-ce que vous regardez **le professeur?** Oui, je **le** regarde.
>
> **Le** remplace **le professeur,** objet direct de **regarde.**

B. Le pronom objet direct remplace le complément *d'objet direct*.
Les pronoms objets directs sont:

me	**nous**
te	**vous**
le, la	**les**

question	*réponse affirmative*	*réponse négative*
Parlez-vous anglais? **Le** parlez-vous?	Oui, je **le** parle.	Non, je ne **le** parle pas.
Me déteste-t-il?	Oui, il **vous** déteste.	Non, il ne **vous** déteste pas.
Regardons-nous la télé?	Oui, nous **la** regardons.	Non, nous ne **la** regardons pas.
Est-ce que j'écoute les réponses des étudiants? Est-ce que je **les** écoute?	Oui, vous **les** écoutez.	Non, vous ne **les** écoutez pas.

Attention: Devant une voyelle, **me** → **m'**, **te** → **t'**, **le** et **la** → **l'**.

C. Place du pronom objet direct: Le pronom objet direct d'un verbe est placé *directement devant le verbe*.

Je regarde les photos.   Je **les** regarde.
Je déteste le dentiste.   Je **le** déteste.
Il mange la banane.   Il **la** mange.

D. Pour le négatif, **ne** précède le pronom objet.

Je **ne le** déteste **pas**.
Il **ne la** mange **pas**.
Elle **ne nous** écoute **pas**.

E. Le pronom objet direct remplace aussi un nom modifié par un adjectif, un possessif, un démonstratif ou une proposition subordonnée.

Je déteste *les gens méchants*.   Je **les** déteste.
Nous écrivons *nos exercices*.   Nous **les** écrivons.
Aimes-tu *cette affiche?*   Oui, je **l'**aime.
Je n'aime pas *les gens qui mentent*.   Je ne **les** aime pas.

F. Avec deux verbes (*verbe* + *infinitif*) le pronom objet direct est placé devant le verbe qui a un rapport logique avec le pronom.

> Aimez-vous faire **la cuisine?**
> Oui, j'aime **la** faire.
> Non, je n'aime pas **la** faire.
>
> Le complément d'objet direct de **faire** est **la.**

> Catherine invite-t-elle **Philippe** à dîner?
> Oui, elle **l'**invite à dîner.
> Non, elle ne **l'**invite pas à dîner.
>
> Le complément d'objet direct de **inviter** est **l'.**

> Oubliez-vous d'écrire les exercices?
> Oui, j'oublie de **les**[1] écrire.
> Non, je n'oublie pas de **les** écrire.
>
> Le complément d'objet direct d'**écrire** est **les.**

Exercices oraux

A. Répétez les phrases suivantes et remplacez le complément d'objet direct par le pronom approprié.

> *Modèle*   Elle fait ses vêtements.
> *Elle les fait.*

1. Vous discutez la situation.
2. J'aime mon père.
3. Nous écrivons les exercices écrits.
4. Tu poses toujours cette question.
5. Vous mangez la spécialité de la maison.
6. Ils écoutent les disques de Paul McCartney.
7. Elles préfèrent le champagne très sec.
8. Je veux vos compositions maintenant.
9. Vous oubliez de servir le dessert.
10. Nous commençons à comprendre le français.

B. Dites au négatif.

> *Modèle*   Je vous regarde.
> *Je ne vous regarde pas.*

1. Je vous adore.
2. Vous me détestez.
3. Il nous aime.
4. Mark vous admire.
5. Je t'écoute.
6. Je le regrette.

---

1. Remarquez: Il n'y a pas de contraction prépositionnelle entre **de** et le pronom objet **le, la, les.**

7. Suzanne nous écoute.
8. Vous me regardez.
9. Les Dupont nous invitent à dîner.
10. Martine va le faire.

C. Utilisez le pronom objet direct pour demander à un(-e) autre étudiant(-e) ...

Modèle s'il (si elle) vous écoute.
Question: *M'écoutes-tu?* ou
Est-ce que tu m'écoutes?
Réponse: *Oui, je t'écoute.* ou
Non, je ne t'écoute pas.

1. s'il (si elle) aime les serpents.
2. s'il (si elle) admire Albert Einstein.
3. s'il (si elle) vous regarde.
4. si vous le (la) regardez.
5. si vous le (la) détestez.
6. si le professeur vous écoute.

Présentation II

Parlez-vous à votre professeur de physique?

Oui, je **lui** parle quelquefois.

Téléphonez-vous à votre mère?

Non, je ne **lui** téléphone pas, mais je **lui** écris souvent.

Écrivez-vous à vos amis aussi?

Oui, je **leur** écris souvent.

M'écrivez-vous quelquefois?

Non, je ne **vous** écris pas.

Le soir, à quelle heure finissez-vous de parler à vos amis?

Je finis de **leur** parler avant minuit.

Explications

2 Les pronoms objets indirects

A. On distingue le nom complément d'*objet indirect* parce qu'il est toujours précédé par **à.**

Parlez-vous **à Michel?** Oui, je **lui** parle.

(**Lui** remplace **à Michel,** objet indirect de **parle.**)

B. Le pronom objet indirect remplace le nom complément d'*objet indirect*. Les pronoms objets indirects sont:

me	**nous**
te	**vous**
lui (m. et f. sing.)	**leur** (m. et f. pl.)

Attention: Devant une voyelle, **me** → **m'**, **te** → **t'**.

Me téléphonez-vous?
Oui, je **vous** téléphone.
Non, je ne **vous** téléphone pas.

François écrit-il à ses amis? **Leur**[2] écrit-il?
Oui, il **leur** écrit.
Non, il ne **leur** écrit pas.

Catherine propose-t-elle un rendez-vous à Philippe?
Oui, elle **lui** propose un rendez-vous.
Non, elle ne **lui** propose pas de rendez-vous.

Remarquez: Certains verbes sont souvent employés avec un objet indirect. Par exemple:

téléphoner à	Je **téléphone à** David.	Je *lui* téléphone.
écrire à	J'**écris à** mes parents.	Je *leur* écris.
dire à	Je **dis** la vérité **à** Gladys.	Je *lui* dis la vérité.
parler à	Je **parle à** mon professeur.	Je *lui* parle.
demander à	Je **demande** une explication **à** mon ami.	Je *lui* demande une explication.

C. Place du pronom objet indirect: Le pronom objet indirect est placé *directement devant le verbe* qui a un rapport logique avec le pronom, exactement comme le pronom objet direct.

affirmatif	*négatif*
Nous **lui** écrivons une lettre.	Nous ne **lui** écrivons pas de lettre.
Elle **leur** donne un cadeau.	Elle ne **leur** donne pas de cadeau.
Jacques **me** donne son vieux livre de français.	Jacques ne **me** donne pas son vieux livre de français.
Vous **me** mentez.	Vous ne **me** mentez pas.
J'accepte de **vous** parler.	Je n'accepte pas de **vous** parler.

---

2. Le pronom *leur* est invariable (sans *-s* final). Ne le confondez pas avec l'adjectif possessif (par exemple, *leurs livres*).

Exercices oraux

D. Répétez les phrases suivantes et remplacez le complément d'objet indirect par le pronom approprié.

Modèle Elle parle à ses amis. *Elle leur parle.*

1. Je parle à mon ami.
2. Lucie parle à sa sœur.
3. Vous parlez à Joseph et à Todd.
4. Tu parles à Marie et à Renée.
5. Je téléphone à Catherine.
6. Je téléphone à Claude.
7. On téléphone à Fred et à Roberta.
8. Nous téléphonons à nos parents.
9. Je vais écrire à mes amis.
10. J'oublie d'écrire à Georges.

E. Utilisez le pronom objet indirect pour demander à un(-e) autre étudiant(-e) ...

Modèle s'il (si elle) vous parle.
Question: *Est-ce que tu me parles?* ou
          Me parles-tu?
Réponse: *Oui, je te parle.* ou
          Non, je ne te parle pas.

1. s'il (si elle) vous écrit souvent.
2. s'il (si elle) donne des fleurs à ses amis.
3. s'il (si elle) vous parle maintenant.
4. qui lui téléphone souvent.
5. qui lui explique les leçons du livre.

F. Répétez les phrases suivantes avec le pronom approprié (objet direct ou indirect).

1. Je parle à Joy et à Bob.
2. Nous parlons à Leslie.
3. Vous parlez français.
4. Vous commencez la discussion.
5. Tu téléphones à tes frères.
6. Joseph adore les omelettes.
7. Eric aime Claire.
8. Eric téléphone à Claire.
9. Eric regarde Claire.
10. Tout le monde accepte les chèques de voyage.

G. Mettez le pronom indiqué dans la phrase.

1. Tu vas lire ta composition. (me)
2. Je refuse de parler. (vous)
3. Nous disons de manger ta soupe. (te)
4. Son ami essaie d'écrire une lettre tous les jours. (lui)
5. Vous réussissez à finir. (le)
6. J'aide à faire la cuisine. (les)

Je vois une belle maison. Je vois des enfants. Je vois quelques problèmes.

La Sirène du Mississippi, François Truffaut, 1969. Sur la photo: Catherine Deneuve et Jean-Paul Belmondo.

Louis, un planteur de tabac, en correspondance avec une dame inconnue, fait venir la dame pour l'épouser. Une femme différente arrive, mais il décide de la garder. Un jour elle disparaît. Le mystère continue.

Présentation III

Ursule, vous qui êtes clairvoyante, regardez dans votre boule de cristal. Qu'est-ce que **vous voyez?**

Je vois beaucoup de choses. **Je vois** une belle maison. **Je vois** des enfants. **Je vois** quelques problèmes.

Est-ce que **vous recevez** des messages?

Oui, **je reçois** des messages prophétiques.

Explications

3 Les verbes **voir** et **recevoir** sont irréguliers.

A. **Voir** (la vision) et ses composés **(prévoir, revoir)**

voir	
je **vois**	nous **voyons**
tu **vois**	vous **voyez**
il, elle **voit**	ils, elles **voient**

Jack **voit** très bien avec ses lunettes.
Je prévois toujours mon programme pour le semestre.
Est-ce que **vous revoyez** la famille de François quand vous retournez à Paris?

Remarquez: L'expression **aller voir** + *nom de personne.*

Je vais voir ma grand-mère. **Je vais** la **voir.**

Attention: On **visite** un monument, un musée, une ville, une maison, un appartement, etc., mais **on rend visite à** une personne.

Le premier ministre **rend visite à** la reine.

B. **Recevoir** (la réception des choses ou des gens)

recevoir	
je **reçois**	nous **recevons**
tu **reçois**	vous **recevez**
il, elle **reçoit**	ils, elles **reçoivent**

Je reçois régulièrement des lettres de ma mère.
Madame Perrier **reçoit** (des gens) le jeudi.

Remarquez: **Apercevoir** (la perception à distance) est conjugué comme **recevoir** (**j'aperçois, ...**).

J'aperçois une forme indistincte.

Exercices oraux

H. Formez une phrase. Employez le sujet donné.

Modèle   voir un film (je)   *Je vois un film.*

1. voir Claude (vous / tu / nous)
2. recevoir un cadeau (je / mes parents / vous / tu / nous)
3. apercevoir des arbres (on / nous / je / les gens)
4. aller voir Philippe (je / vous / nous)
5. rendre visite à Philippe (je / nous / vous)

I. Répondez.

1. Qu'est-ce que vous voyez maintenant?
2. Où recevez-vous vos amis?
3. Apercevez-vous des planètes le soir?
4. Quand rendez-vous visite à vos amis?
5. Allez-vous souvent voir vos parents?

J. Dites-moi ...

1. si vous voyez bien sans lunettes.
2. si vos parents reçoivent beaucoup de lettres de vous.
3. si vous recevez beaucoup de lettres de vos parents.
4. que je ne vois pas les choses derrière moi.
5. que je ne prévois pas le temps du mois prochain.

K. Demandez à un(-e) autre étudiant(-e) ...

1. s'il (si elle) reçoit des lettres anonymes.
2. s'il (si elle) voit l'océan de sa fenêtre.
3. s'il (si elle) voit bien la nuit.
4. quand il (elle) reçoit des cartes de Noël.
5. s'il (si elle) prévoit des difficultés.

Présentation IV

Savez-vous la dernière nouvelle?

Oui, **je sais** que le Président va parler ce soir à la télé.

Savez-vous parler chinois?

Non, **je ne sais pas** parler chinois, mais **je sais** parler français.

Connaissez-vous les parents de Pierre?

Non, **je ne les connais pas.**

Connaissez-vous Paris?

Oui, **je connais** Paris.

Vous paraissez fatigués. Pourquoi?

Oui, **nous paraissons** fatigués parce que cette leçon est difficile.

Explications

4 Les verbes irréguliers **paraître** et **connaître** et leurs composés (**apparaître, disparaître, reconnaître,** etc.) ont le même système de conjugaison.

paraître	
je **parais**	nous **paraissons**
tu **parais**	vous **paraissez**
il, elle **paraît**	ils, elles **paraissent**

connaître	
je **connais**	nous **connaissons**
tu **connais**	vous **connaissez**
il, elle **connaît**	ils, elles **connaissent**

5 Connaître et savoir

A. Connaître

> **Je connais** ses parents.
> Il est parisien et **connaît** bien sa ville natale.
> **Je connais** bien Jean-Louis.

Le verbe **connaître** signifie la familiarité (résultat d'un contact personnel, conséquence d'une expérience). **On connaît** une personne. **On connaît** un endroit (une ville, une maison, un musée, une route). **On connaît** une civilisation, une culture, une discipline (l'antiquité chinoise, la peinture impressionniste, la littérature française, la musique classique). **Connaître** *précède généralement un nom*. **Connaître** ne précède pas un infinitif. **Connaître** n'introduit absolument pas de proposition ("clause") subordonnée.

B. Savoir

> **Tu sais** la réponse.
> **Je sais** qu'il va venir demain.
> **Nous savons** où est la piscine.
> **Vous savez** danser.

Le verbe **savoir** indique une information ou une compétence précises. On **sait** faire quelque chose (danser, skier, etc.). **On sait** que, **on sait** si, **on sait** où, quand, pourquoi, combien, etc. **Savoir** *précède un nom, un verbe à l'infinitif ou une proposition subordonnée*.

Exercices oraux

L. Formez une phrase. Employez le sujet donné.

1. savoir chanter (je / nous / les baritons / tu)
2. connaître cette ville (vous / tu / les habitants / je)
3. reconnaître cet homme (nous / je / vous / tout le monde)
4. paraître tranquille (Paul / vous / tu / nous)

M. Employez **Je sais** ou **Je connais** comme sujet et verbe pour commencer ces phrases.

1. _____ le numéro de téléphone de mon ami(-e).
2. _____ la femme du président.
3. _____ bien New York.
4. _____ que les Français mangent bien.
5. _____ pourquoi vous êtes fatigué.

N. Répondez.

1. Connaissez-vous la France?
2. Est-ce que votre camarade de chambre vous connaît bien?

3. Reconnaissez-vous vos parents après une longue séparation?
4. Quand paraît-on nerveux?
5. Paraissez-vous généralement sympathique ou désagréable?

O. Demandez à un(-e) autre étudiant(-e) ...

1. si vous paraissez content(-e).
2. s'il (si elle) connaît des gens célèbres.
3. si la lune disparaît toujours pendant le jour.
4. s'il (si elle) reconnaît ses amis de l'école élémentaire.
5. si ses parents connaissent son (sa) camarade de chambre.

Présentation V

Qu'est-ce que vous faites généralement le lundi? Racontez!

D'abord je vais à l'université. **Ensuite** je vais à la bibliothèque et j'étudie. **Et puis** je vais chez mes amis. **Alors** nous discutons. Et **finalement** je retourne chez moi.

Explications

6 Voici quelques adverbes employés pour exprimer l'ordre, une suite ou une transition: **d'abord, ensuite, et puis, alors, enfin, finalement.** Ce sont des formules de liaison très pratiques pour faire la transition dans une succession d'actions ou d'idées différentes.

> **D'abord** je quitte ma maison à huit heures du matin. **Ensuite** je bois mon café au restaurant de l'université. **Et puis** je vais à mon cours de mathématiques. **Alors** je parle avec mes amis. **Enfin** quand le professeur entre, je fais vraiment attention parce que nous allons avoir un examen demain.

Exercice oral

P. Employez les termes de liaison donnés pour continuer l'histoire.

> *Modèle*   D'abord un homme arrive à la porte ... (ensuite / et puis)
> *Ensuite il entre dans la chambre. Et puis il va au lit.*

1. D'abord Alice trouve une petite clé ... (ensuite / et puis / alors / enfin)
2. D'abord l'espion[3] arrive devant la porte secrète ... (et puis / ensuite / enfin)
3. D'abord le jeune homme téléphone à la jeune fille ... (et alors / et puis / ensuite / enfin)

---

3. Évidemment, *un espion* fait de l'espionnage.

Création

Exercices de conversation

A. Vous êtes chez Janine. Une personne mystérieuse téléphone. Comme vous entendez seulement Janine, vous essayez d'imaginer la conversation.

Janine:

—Allô? Qui est-ce?
—Comment vas-tu?
—Oui, je le connais.
—Non, il ne me téléphone pas souvent.
—Mais pourquoi est-ce qu'il a besoin de la vendre?
—Mais il n'essaie pas de la réparer?
—Est-ce qu'il peut leur parler de ce problème?
—C'est dommage.
—Salut. À bientôt.

La personne mystérieuse:

_____.
_____. _____?
_____. _____?
_____.
_____.
_____. _____.
_____.
_____.

B. Les vêtements appropriés: Demandez à un(-e) autre étudiant(-e) dans quelles circonstances il (elle) porte ou ne porte pas les vêtements indiqués. Utilisez un pronom dans la réponse.

Modèle   son blue-jean
Question: *Où et quand portes-tu ton blue-jean?*
Réponse: *Je le porte quand je vais à mes cours, dans la rue, au cinéma. Je ne le porte pas quand je vais à une soirée élégante ou quand je sors avec ma mère ...*

1. *sa cravate*
2. *ses chaussures*
3. *son bikini*
4. *ses lunettes*
5. *son chapeau*
6. *son parapluie*
7. *son imperméable*
8. *son pyjama*
9. *sa montre*

Est-ce que votre camarade a besoin de lire les conseils d'Emily Post?

C. Pour chaque personne ou groupe, dites si vous connaissez, admirez, respectez, détestez la personne ou le groupe et puis dites si vous voulez parler à cette personne ou à ce groupe un jour. Employez des pronoms objets directs et indirects.

Modèle les Harlem Globetrotters
Je les connais, je les admire, je les respecte, je ne les déteste pas. Je veux leur parler un jour.

1. Richard Pryor
2. Marie Osmond
3. Sandra Day O'Connor
4. Jane Fonda
5. François Mitterrand
6. Bruce Jenner
7. les frères Smothers
8. Barbara Walters
9. Les Dallas Cowboys
10. Pierre Trudeau

D. Un(-e) étudiant(-e) commence une histoire avec la phrase donnée. Un(-e) autre étudiant(-e) emploie des termes de transition pour lui demander de continuer.

Modèle Étudiant(-e) 1   Étudiant(-e) 2
D'abord j'arrive en classe.   *Et puis?*
Et puis je prends ma place.   *Et après?*
Et après, le professeur commence   *Et alors?*
la leçon.
Alors nous apprenons beaucoup.   *Et finalement?*
Enfin nous partons.

Quelques commencements possibles:

1. D'abord je vois un petit objet bizarre.
2. D'abord Robert reçoit une lettre parfumée.
3. D'abord on va servir des hors-d'oeuvre.
4. D'abord Régine ne remarque pas François.
5. D'abord ...

E. Regardez la photo, p. 220, et répondez. Employez un pronom dans votre réponse, si possible.
1. Le monsieur de droite regarde-t-il son camarade?
2. Est-ce qu'il connaît l'autre monsieur?
3. Le monsieur de gauche paraît-il content? Parle-t-il à son camarade?
4. Inventez une question à propos de la photo et posez-la à un(-e) autre étudiant(-e).

Exercices écrits

Faites les exercices écrits qui sont dans le *Cahier d'exercices,* Leçon 10.

Lecture

Un Week-end en Normandie

C'est le premier week-end en France et nos amis David, Gail, Valérie et Robert vont le passer chez les parents de leur nouvel ami Bernard, qui *les reçoivent* dans leur résidence secondaire en Normandie.

Gail et David, qui veulent faire bonne impression, discutent avant le départ en voiture pendant que les autres sont à la station-service pour prendre de l'essence, vérifier si tout va bien, etc ... etc.

GAIL: *Tu connais* les parents de Bernard?

DAVID: Non, *je ne les connais pas,* mais *je sais* qu'ils sont très gentils. Je *leur* parle au téléphone quand ils appellent. Bernard *me* dit qu'ils sont assez jeunes. *Il paraît*[4] qu'ils ont une très jolie maison.

GAIL: Est-ce qu'ils parlent anglais?

DAVID: *Je ne sais pas* exactement. Je pense qu'ils *le* comprennent mais qu'*ils ne savent pas le* parler.

GAIL: Quand ils *te* parlent au téléphone, ils *te* disent «tu» ou «vous»?

DAVID: Ils *me* disent «vous» naturellement parce que *je ne les connais pas* bien. Je vais demander à Bernard si nous pouvons *leur* dire «tu», mais Bernard a une petite sœur qui a neuf ans et je suis sûr que nous pouvons *lui* dire «tu».

GAIL: Tu *leur* apportes quelque chose?

DAVID: Oh! Ce n'est pas nécessaire mais c'est toujours plus gentil. Nous allons *leur* apporter un bouquet de fleurs, une bonne bouteille de champagne ou une boîte de chocolats.

GAIL: Est-ce que Bernard *les* embrasse quand *il les voit*? Et nous, qu'est-ce que nous allons faire?

DAVID: Oh, écoute, Gail! C'est très simple: s'ils *t'*embrassent, tu *les* embrasses et s'ils ne *t'*embrassent pas, tu ne *les* embrasses pas.

GAIL: Oui, mais tu comprends, je ne veux pas *les* choquer. Est-ce que tu penses que mon short n'est pas un peu déplacé pour une première visite? Je vais *le* changer. Je vais mettre ma robe blanche. Elle est plus chic et je veux *leur* plaire ... ils vont peut-être *nous* proposer d'aller dans un restaurant chic. Je ne veux pas *les* embarrasser.

DAVID: Non, reste comme tu es. Ce sont des gens très sportifs, *tu sais.*[5] Nous allons probablement jouer au tennis ou au basket.

---

4. *Il paraît que* = on dit que.
5. *Tu sais* = tu comprends = formule affirmative très employée dans le français parlé.

Pendant les trois heures de route à travers le paysage idyllique de l'Île-de-France et de la verdure du bocage normand, les jeunes gens sont en pleine forme.

Le Salaire de la Peur (voir page 69).

35 Voilà maintenant Bernard, Robert, et Valérie qui arrivent, les mains pleines de graisse parce qu'ils viennent de changer un des pneus de la voiture.

BERNARD: Ouf! Quelle histoire! Allez, allez! Vous êtes prêts? C'est le départ!

40 Pendant les trois heures de route à travers le paysage idyllique de l'Île-de-France[6] et la verdure du bocage normand, les jeunes gens sont en pleine forme. Ils chantent des chansons françaises et américaines, *puis* ils racontent des histoires amusantes. *Finalement* ils ar-
45 rivent. Les parents de Bernard sont devant la porte de leur maison, tous les deux en short. *Ils les reçoivent* «à bras ouverts».[7]

LES PARENTS DE BERNARD: *Les* voilà, *les* voilà!

Bernard *leur* présente ses amis. Tout le monde embrasse tout le monde.

LA MÈRE DE BERNARD: Vite, vite, mes enfants, un petit tennis pour *vous*
50 donner de l'appétit avant le déjeuner!

DAVID (qui regarde Gail, *lui* dit un peu sarcastiquement): Tu vois? Et ta robe blanche?

Gail ne *lui* répond pas mais elle est ravie. Ses appréhensions *dispa-raissent* finalement.

---

6. *L'Île-de-France* = ancienne province = région parisienne (particulièrement la campagne autour de l'agglomération urbaine).
7. *À bras ouverts* = avec des sentiments amicaux et enthousiastes.

Questions sur la lecture

1. Où les parents de Bernard reçoivent-ils David, Gail, Valérie et Robert?
2. Qu'est-ce que Gail et David discutent?
3. Qu'est-ce que les autres font dans la station-service?
4. À qui est-ce qu'on dit «vous»? À qui dit-on «tu»?
5. Qu'est-ce qu'on va apporter aux parents de Bernard? Quand vous allez voir quelqu'un, apportez-vous quelque chose? Qu'est-ce que vous apportez?
6. Qu'est-ce qu'on fait quand on voit ses parents et ses amis en France? Et vous, embrassez-vous vos parents quand vous les voyez? Embrassez-vous vos amis?
7. Pourquoi Gail veut-elle changer son short?
8. Pourquoi Bernard, Robert et Valérie ont-ils les mains pleines de graisse?
9. Qu'est-ce que les jeunes gens font dans la voiture pour passer le temps? Qu'est-ce que vous faites pendant un long voyage en voiture?
10. Quelle est la réaction des parents de Bernard quand les jeunes gens arrivent?

Discussion / Composition

1. Vous voyez vos parents après une longue séparation. Décrivez la scène et racontez la conversation. Employez beaucoup de pronoms objets.
2. Quelles sont vos appréhensions quand vous allez voir pour la première fois quelqu'un que vous ne connaissez pas? Vous expliquez vos sentiments sous forme de dialogue entre vous et un(-e) ami(-e). Employez les verbes de la leçon, et des pronoms objets.

Improvisation

Deux personnes: Vous êtes les parents d'un(-e) étudiant(-e) à l'université qui invite chez vous un(-e) ami(-e) étranger/étrangère qui vient d'un pays que vous ne connaissez pas bien (La France, le Japon, la Chine, etc.). Vous attendez cette visite et vous avez beaucoup de questions. Parlez ensemble de cette visite et de vos préparatifs. Employez beaucoup de pronoms objets directs et indirects.

Vocabulaire

noms

affiche f.
arrêt m.
cadeau m.
chèque de voyage m.
espion m. (espionne f.)
graisse f.
lunettes f.pl.
montre f.
parapluie m.
peinture f.
premier ministre m.

adjectifs

étranger(-ère)
natal(-e)

verbes

apercevoir
connaître
disparaître
embrasser
expliquer
paraître
porter
quitter
recevoir
reconnaître
voir

adverbes

couramment
d'abord
enfin
ensuite
puis

autres expressions

à bientôt
à distance
à travers
aller voir
rendre visite

noms apparentés

aéroport m.
basket-ball (basket) m.
blue-jean m.
crystal m.
discipline f.
espionnage m.
message m.
pyjama m.
serpent m.
station-service f.
vision f.

La Bonne Chanson

La lune blanche
Luit dans les bois;
De chaque branche
Part une voix
Sous la ramée ...

O bien-aimée.

L'étang reflète
Profond miroir,
La silhouette
Du saule noir
Où le vent pleure ...

Rêvons, c'est l'heure.

Un vaste et tendre
Apaisement
Semble descendre
Du firmament
Que l'astre irise ...

C'est l'heure exquise.

Paul Verlaine (1844–1896)

11 Onzième Leçon

Il était une fois ...

L'imparfait et le passé composé:
    signification générale
    formation, négation, interrogation
    place des adverbes
    précision sur le passé composé (I)
    participe passé des verbes irréguliers
    précisions sur l'imparfait
        état de choses, description
        actions habituelles

situations en développement
précision sur le passé composé (II)

Lecture: *L'Histoire tragique d'une petite grenouille française qui voulait devenir aussi grosse qu'un bœuf* (d'après Jean de la Fontaine)

Jean de La Fontaine, auteur des célèbres *Fables* du dix-septième siècle.

Découverte

Présentation I

Aujourd'hui, c'est mercredi. Il y a une leçon importante dans notre classe. C'est la onzième leçon.

Hier, **c'était** mardi. **Il y avait** aussi une leçon importante dans notre classe. **C'était** la dixième leçon.

Étiez-vous absent hier, Paul?

Non, **je n'étais pas** absent; **j'étais** présent, mais Pat **était** absente.

Avez-vous étudié hier soir?

Oui, **j'ai étudié** parce que **nous avions** un examen dans mon cours de chimie.

Avez-vous répondu à toutes les questions?

Oui, **j'ai répondu** à toutes les questions. **Je savais** que **vous vouliez** des réponses complètes.

Explications

1 Deux concepts différents du passé et leur formation

A. Le passé a essentiellement deux temps: *L'imparfait* et *le passé composé. Le passé composé* indique une action ou un état terminé. Au contraire, on emploie *l'imparfait* quand on ne veut pas insister sur la fin de l'action ou de l'état mais sur le développement (une description, une action habituelle, etc.). On emploie souvent les deux temps différents dans une même phrase pour exprimer deux notions différentes. On peut employer tous les verbes à *l'imparfait* ou *au passé composé* selon le sens de la phrase.

> Hier soir, **j'avais** très faim ... alors, **j'ai mangé** un énorme sandwich.

B. Formation de l'IMPARFAIT

1. On prend la *première personne du pluriel du présent* (**nous**), on enlève la terminaison **-ons** et on ajoute les terminaisons de l'imparfait.

je ...	**-ais**	nous ...	**-ions**
tu ...	**-ais**	vous ...	**-iez**
il, elle ..	**-ait**	ils, elles ...	**-aient**

pouvoir	
(nous pouvon̸s̸ → pouv-)	
je pouvais	nous pouvions
tu pouvais	vous pouviez
il, elle pouvait	ils, elles pouvaient

avoir	
(nous avon̸s̸ → av-)	
j' avais	nous avions
tu avais	vous aviez
il, elle avait	ils, elles avaient

2. Pour l'imparfait, le verbe **être** a un radical irrégulier.

être	
j' étais	nous étions
tu étais	vous étiez
il, elle était	ils, elles étaient

3. On forme *l'imparfait interrogatif et négatif* comme le présent interrogatif et négatif.

présent	*imparfait*
Êtes-vous?	**Étiez-vous?**
Savent-ils?	**Savaient-ils?**
Est-ce qu'elle sait?	**Est-ce qu'elle savait?**
Tu n'as pas.	**Tu n'avais pas.**
Ce n'est pas.	**Ce n'était pas.**

Remarquez: Le **t** supplémentaire de l'inversion interrogative des verbes réguliers en **-er** est éliminé.

présent	*imparfait*
Y a-**t**-il?	Y avait-il?

C. Formation du PASSÉ COMPOSÉ avec l'auxiliaire **avoir**

1. Le verbe **avoir** au présent + le participe passé du verbe

j' **ai mangé**	nous **avons mangé**
tu **as mangé**	vous **avez mangé**
il, elle **a mangé**	ils, elles **ont mangé**

2. Formation du participe passé des verbes réguliers

   a. Tous les verbes en **-er** ont un participe passé régulier en **-é.**

           j'ai écout**é**   j'ai décid**é**   j'ai invit**é**

   b. Pour les verbes réguliers en **-ir**, la terminaison du participe passé est **-i.**

           j'ai fin**i**   j'ai chois**i**   j'ai réuss**i**

   c. Pour les verbes réguliers en **-re**, la terminaison du participe passé est **-u.**

           j'ai attend**u**   j'ai répond**u**   j'ai entend**u**

3. À l'interrogatif et au négatif: Ce sont simplement les formes interrogatives et négatives de *l'auxiliaire.*

   Avez-vous déjeuné?   Oui, j'ai déjeuné.
                                 Non, **je n'ai pas** déjeuné.

   Avez-vous fini votre   Oui, j'ai fini mon travail.
   travail?   Non, **je n'ai pas** fini mon
                                 travail.

4. Place des adverbes: On place les adverbes—particulièrement les adverbes courts **(bien, mal, encore, déjà, toujours)**— entre l'auxiliaire et le participe passé.

   J'ai **bien** répondu.
   As-tu **déjà** fini?
   Nous n'avons pas **mal** dîné.

Remarquez: Les adverbes longs sont en général après le participe passé.

        Vous avez répondu **très correctement.**
        Ils n'ont pas obéi **immédiatement.**

Exercices oraux

A. Dites à l'imparfait.

    Modèle C'est samedi.   *C'était samedi.*

1. C'est dimanche.
2. Il y a une question.
3. Elle n'a pas peur.
4. Je suis triste.
5. Nous avons faim.
6. Vous êtes impossible.
7. A-t-il soif?
8. Elles sont malades.
9. Es-tu content?
10. J'ai une question.

B. Dites au passé composé.

Modèle   Je parle à mon professeur.
J'ai parlé à mon professeur.

1. Il accepte l'invitation.
2. Nous regardons la télévision.
3. Ils choisissent leur représentant.
4. Vous obéissez à votre père.
5. Je réponds à la lettre.
6. Nous dansons ensemble.
7. Elle vend sa stéréo.
8. Ils oublient la question.
9. Vous finissez votre travail.
10. Elle entend le téléphone.

C. Dites au négatif.

Modèle   J'ai accepté l'invitation.
Je n'ai pas accepté l'invitation.

1. J'ai parlé à Thierry.
2. Tu as réussi.
3. Vous avez fini l'exercice.
4. Ils ont dansé ensemble.
5. Nous avons entendu la réponse.
6. Elle a téléphoné à Marseille.
7. Il a menti.
8. Marie a perdu la tête.

D. Placez l'adverbe correctement dans la phrase.

Modèle   (mal) Il a choisi ses amis.
Il a mal choisi ses amis.

1. (mal) Il a commencé.
2. (déjà) Nous avons étudié la biologie.
3. (souvent) J'ai dîné chez mon oncle.
4. (toujours) Vous avez réussi.
5. (lentement) On a voyagé.
6. (trop) Tu as mangé.
7. (correctement) L'enfant a parlé.
8. (bien) Monsieur Van Winkle a dormi.

E. Reformez la question avec l'inversion.

Modèle   Est-ce que nous avons mangé?
Avons-nous mangé?

1. Est-ce que vous avez fini?
2. Est-ce que tu as chanté?
3. Est-ce que nous étions contents?
4. Est-ce qu'ils ont vendu leur maison?
5. Est-ce que les enfants avaient peur?
6. Est-ce qu'elle a dansé?
7. Est-ce qu'il y avait des questions?
8. Est-ce que vous aviez soif?
9. Est-ce que tu as répondu?
10. Est-ce qu'Alexandre a réussi?

Présentation II

Je joue au basket et puis, je prends mon dîner. Ensuite je regarde la télé. Enfin, je dors.

Hier, **j'ai joué** au basket et puis, **j'ai pris** mon dîner. Ensuite **j'ai regardé** la télé. Enfin, **j'ai dormi.**

Explications

2 Précision sur le PASSÉ COMPOSÉ (I).

A. Le passé composé exprime une action ou une succession d'actions **finies à un moment déterminé** (explicite ou implicite: *hier, l'année dernière, dimanche passé, ce matin à sept heures et demie).* La durée[1] de chaque action n'est pas importante: *J'ai regardé la télé ... cinq, dix, vingt minutes ... deux heures.*

B. Au passé composé, beaucoup de participes passés sont irréguliers. (Voir page 234, §6B pour la suite.)

prendre (apprendre, comprendre)	**pris (appris, compris)**
mettre (permettre, promettre)	**mis (permis, promis)**
faire	**fait**
écrire (décrire)	**écrit (décrit)**
dire	**dit**
lire	**lu**
voir	**vu**
boire	**bu**
recevoir (apercevoir)	**reçu (aperçu)**
tenir (obtenir)	**tenu (obtenu)**
apparaître (disparaître)	**apparu (disparu)**

Exercices oraux

F. Quel est le participe passé des verbes suivants?

1. vendre	6. écrire	11. tenir
2. prendre	7. finir	12. apprendre
3. rendre	8. boire	13. recevoir
4. attendre	9. lire	14. dire
5. comprendre	10. voir	15. faire

l. *Durée* = "duration, length of time."

G. Dites au passé composé.

> *Modèle* J'écris mon nom sur la liste.
> *J'ai écrit mon nom sur la liste.*

1. Nous écrivons nos exercices.
2. Ils prennent leur dîner.
3. Vous apprenez la leçon.
4. Il comprend la situation.
5. Elle voit la difficulté.
6. Tu lis le livre.
7. Je mets mon imperméable.
8. Nous recevons des lettres.
9. Je dis bonjour.
10. Il promet un amour éternel.

H. Qu'est-ce que vous avez fait hier? Avez-vous fait les choses suivantes? Formez une phrase complète au passé composé.

> *Modèle* vendre votre stéréo
> *Oui, j'ai vendu ma stéréo.* ou
> *Non, je n'ai pas vendu ma stéréo.*

1. écrire une composition
2. dire bonjour
3. lire le journal
4. voir des amis
5. prendre le petit déjeuner
6. mettre une robe
7. boire du café
8. faire le marché

I. Demandez à un(-e) autre étudiant(-e) ...

1. s'il (si elle) a pris de l'aspirine hier.
2. s'il (si elle) était à Rome pour Noël.
3. s'il (si elle) a bu du café ce matin.
4. s'il (si elle) a vu un film hier.
5. s'il y avait beaucoup d'étudiants en classe hier.
6. s'il faisait beau hier.
7. quelle heure il était au commencement de la classe.
8. combien d'exercices écrits il y avait hier soir.
9. s'il (si elle) a écrit une composition récemment.
10. s'il (si elle) a bien mangé ce matin.

Présentation III

Saviez-vous qu'**il y avait** un examen ce matin?

Oui, **je savais,** mais Pat, elle, **ne savait pas** parce qu'**elle était** absente.

Pourquoi **était-elle** absente?

Elle ne pouvait pas venir parce qu'**elle avait** un rendez-vous important et **elle voulait** avoir toutes mes notes pour étudier.

Quel temps **faisait-il** hier?

Il faisait mauvais. **Il pleuvait.**

Elle ne pouvait pas venir parce qu'elle avait un rendez-vous important ...

Le Soupirant (voir page 121).

Explications

3 Précision sur L'IMPARFAIT

Utilisez l'imparfait pour exprimer *un état de choses (de pensée, d'émotion, d'opinion), une description mentale ou physique, une scène,* dans le passé, **sans précision de moment.**

A. État de choses, de pensée, d'émotion, d'opinion, dans le passé

1. Vous remarquez que certains verbes ou expressions verbales sont plus aptes à exprimer l'*état des choses.*

c'est	il y a	je suis	j'ai	je peux
c'était	**il y avait**	**j'étais**	**j'avais**	**je pouvais**

il fait beau (mauvais, chaud, etc.)	il pleut
il faisait beau (mauvais, chaud, etc.)	**il pleuvait**

2. Comme *l'imparfait* est essentiellement aussi le temps de la **description mentale,** certains verbes qui expriment un **état de pensée, d'opinion** ou **d'émotion** sont le plus souvent **à l'imparfait.**

je pense	je sais	je veux	je désire	je connais
je pensais	**je savais**	**je voulais**	**je désirais**	**je connaissais**

j'aime	je déteste	j'adore	j'espère	je préfère
j'aimais	**je détestais**	**j'adorais**	**j'espérais**	**je préférais**

Avec ces verbes, si le contexte n'indique pas un moment précis ou soudain au passé, utilisez l'imparfait.

Quand **j'avais** seize ans, **j'avais** des idées précises sur la vie. **Je voulais** devenir astronaute ou pilote. **Je savais** que mes parents **n'aimaient pas** mes idées, mais **j'étais** sensible et **je pensais** avoir une vocation. Ma mère **ne pouvait pas** comprendre mes idées; mon père, qui **désirait** avoir le calme et la tranquillité, **pensait** que **j'étais** jeune et idéaliste et **il espérait** voir sa fille changer d'idée plus tard et devenir médecin, avocate, ingénieur ou professeur. **Avait-il** raison?

B. On utilise aussi l'imparfait pour *une description* ou *une scène* au passé.

La scène **était** dans une forêt, **il faisait** beau, **on entendait** les oiseaux qui **chantaient** dans les arbres, **il y avait** un petit vent froid, mais **j'avais** un pull-over et **nous étions** parfaitement heureux.

Exercice oral

J. Dites au passé.

Modèle Comme il pleut, j'achète un parapluie.
Comme il pleuvait, j'ai acheté un parapluie.

1. Il fait beau, alors nous décidons de faire un pique-nique.
2. Comme Suzie est malade, elle ne mange pas.
3. Ernie ne sait pas la réponse, alors il ne répond pas à la question.
4. J'ai peur, mais j'essaie de skier.
5. Comme la musique est gaie, nous dansons.
6. Comme elle ne peut pas dormir, elle lit.
7. Nous avons faim, alors nous mangeons.
8. Je ne veux pas étudier, alors je regarde la télé.

Présentation IV

Comment **était** votre vie quand **vous étiez** enfant?

Oh, **nous habitions** dans une petite ville. **J'allais** à l'école avec mon frère et ma sœur. **Nous prenions** l'autobus pour y aller. **Je faisais** beaucoup de sports, **je jouais** avec mes amis. **Je n'avais pas** de problèmes.

Explications

4 On utilise l'IMPARFAIT pour indiquer une *situation coutumière, habituelle* au passé. Comparez avec le passé composé, qui exprime toujours une action finie.

action finie dans le passé *(au passé composé)*	*description d'une situation* *habituelle dans le passé* *(à l'imparfait)*
Hier, Nicolas **a mangé** dans un restaurant chic.	Quand **il était** petit **il mangeait** chez McDonald's.
Hier, **j'ai écrit** une lettre à la machine.	Au dix-huitième siècle, **on écrivait** à la main.

Exercices oraux

K. Faisiez-vous les choses suivantes quand vous étiez petit(-e)? Avez-vous fait ces choses hier?

Modèle jouer avec des soldats de plomb[2]
Oui, quand j'étais petite, je jouais avec des soldats de plomb, mais je n'ai pas joué avec des soldats de plomb hier.

1. chanter «Alouette»
2. manger avec vos mains
3. écrire des lettres
4. pleurer
5. prendre un bain avec un petit canard
6. faire le marché
7. boire du lait
8. regarder la télé
9. prendre du café
10. imiter des cowboys

L. Répondez à ces questions à propos d'une habitude passée.

1. Qu'est-ce que vous faisiez tous les jours quand vous aviez quatorze ans?
2. En 1700 est-ce qu'on voyageait en auto? Pourquoi pas?
3. Est-ce que vous fumiez quand vous aviez sept ans?
4. Qu'est-ce que vous faisiez tous les jours l'année dernière?
5. À quelle heure alliez-vous au lit quand vous aviez dix ans?

2. *Plomb* = Pb (un métal).

Présentation V

Racontez un rêve.

Je marchais dans la nature. **Il faisait** très beau. Les oiseaux **chantaient.** Des créatures bizarres **jouaient** des instruments que **je ne connaissais pas.**

Et alors?

Alors, à un moment, **j'ai vu** un immense château blanc. **J'ai frappé** à la porte et **j'ai demandé** si **je pouvais** entrer et **on a répondu** que non!

Explications

5 Pour indiquer une situation **en développement** ou une scène qui prépare généralement une action, on utilise *l'imparfait.*

Tout **allait** bien, **il faisait** beau, **nous regardions** les gens qui **passaient** dans la rue, quand un homme a crié: «Au secours!»[3]

Exercice oral

M. Mettez les verbes à l'imparfait et finissez les phrases. Attention: vous créez le décor pour une autre action.

Modèle Nous faisons un pique-nique ...
Nous faisions un pique-nique quand il a commencé à pleuvoir.

1. Nous dînons ...
2. J'écris une lettre ...
3. Tu prépares le déjeuner ...
4. Marguerite regarde la télé ...
5. Jacques fait des exercices ...
6. Paul et Virginie font une promenade ...

Présentation VI

Aviez-vous peur la nuit quand **vous étiez** petit?

Non, généralement **je n'avais pas** peur, mais un jour **j'ai vu** un fantôme et **j'ai eu** très peur!

Pouviez-vous dormir hier soir?

Non, **je ne pouvais pas** dormir. Alors, **j'ai pris** un somnifère et **j'ai pu** dormir.

3. *Au secours!* = "Help!"

Explications

6 Précision sur le PASSÉ COMPOSÉ (II)

A. Même avec des verbes ou des expressions utilisés le plus souvent à l'imparfait, on utilise le passé composé pour exprimer *un état de choses (de pensée, d'émotion, d'opinion)* ou *une action (des actions)* à **un moment précis** ou **soudain** dans le passé.

Remarquez: Quand les expressions comme **c'est, il y a, il fait beau (mauvais,** etc.**)** et les verbes comme **savoir, pouvoir, vouloir, aimer,** etc., sont *au passé composé,* il y a souvent

une expression adverbiale comme: **tout à coup, à ce moment(-là),** etc.
un adverbe comme: **soudain (soudainement), subitement,** etc.
un mot-clé comme: **une explosion, un accident, un choc,** etc.

J'étais sur l'autoroute quand **il y a eu** *un accident.* **J'ai eu** peur.
J'étais découragée; *je voulais* abandonner le projet mais, *soudain,* **j'ai su** que *j'avais* tort. **J'ai voulu** continuer.

B. Remarquez le participe passé de ces autres verbes irréguliers.

être (c'est)	**été (cela a été)**	vouloir	**voulu**
avoir (il y a)	**eu[4] (il y a eu)**	paraître	**paru**
pouvoir	**pu**	connaître	**connu**
savoir	**su**	pleuvoir (il pleut)	**plu (il a plu)**

Exercice oral

N. Dites au passé. N'oubliez pas qu'une action ou une réflexion à un moment précis est indiquée par le passé composé.

1. Quand nous voyons le gangster, tout à coup nous avons peur.
2. Soudain il y a une explosion.
3. Quand je vois votre visage, immédiatement je comprends la situation.
4. Marc finit son examen et tout de suite il veut partir.
5. Quand Carol lit votre lettre, elle sait la vérité.
6. Mme Bovary prend de l'arsenic et tout à coup elle est malade.

---

4. Prononcez seulement le **u** [y].

Création

Exercices de conversation

A. Vous êtes chez Janine. Une personne mystérieuse téléphone. Comme vous entendez seulement Janine, vous essayez d'imaginer la conversation.

Janine:

—Allô? Qui est-ce?
—Bien, et toi?
—J'ai dîné avec Alain.
—Oui, délicieux. Et toi?
  Qu'est-ce que tu as fait?
—Quel film?
—Je n'ai pas lu le livre mais je suis sûre qu'il est meilleur que le film.
—Salut. À ce soir!

La personne mystérieuse:

_____. _____?
_____. _____?
_____?
_____. _____.

_____. _____.
_____.

B. Aimez-vous les feuilletons[5]? Choisissez un personnage de votre feuilleton préféré et racontez son histoire. Précisez vos réponses aux questions suivantes.

A-t-il (elle) divorcé?
A-t-il (elle) eu un bébé? légitime? illégitime?
A-t-il (elle) eu une liaison passionnée?
A-t-il (elle) eu un accident?
A-t-il (elle) eu une opération?
A-t-il (elle) passé du temps en prison?
A-t-il (elle) perdu sa femme (son mari)?
A-t-il (elle) perdu son enfant?
A-t-il (elle) tué quelqu'un?
A-t-il (elle) perdu la mémoire?

C. Regardez la photo, p. 230, et répondez.

1. Qui a invité ce monsieur ici?
2. Qu'est-ce que cette dame a dit à ce monsieur pour provoquer cette réaction?
3. A-t-il vu cette femme avant? Pourquoi voulait-il la revoir?

---

5. *Feuilletons* = épisodes fictifs présentés en fragments successifs dans un journal ou à la télévision ("serial," "soap opera").

Exercices écrits

Faites les exercices écrits qui sont dans le *Cahier d'exercices,* Leçon 11.

Lecture

L'Histoire tragique d'une petite grenouille française qui voulait devenir aussi grosse qu'un bœuf *ou* La Vanité punie

Il était une fois une petite grenouille verte qui *habitait* avec sa famille au bord d'un lac. Son existence *n'était pas* très stimulante, mais *c'était* une bonne vie de grenouille de classe moyenne. Bref, une vie de grenouille française bourgeoise. Tous les jours elle *prenait* plu-
5 sieurs bains dans le lac, elle *sautait* d'une pierre à l'autre, elle *mangeait* beaucoup de petits insectes. En été, comme *il faisait chaud* dans la région où *elle habitait, elle faisait* la sieste après son déjeuner. Le soir *elle discutait* beaucoup avec ses amies les autres grenouilles. Sa mère et son père lui *disaient* toujours d'être modeste et d'être sa-
10 tisfaite de cette bonne vie de grenouille française qui *n'était pas,* après tout, si mauvaise.

Mais voilà! Les petites grenouilles *aimaient* beaucoup lire ou écouter les histoires romanesques de métamorphoses de grenouilles qui *devenaient* des princes charmants ou des princesses plus belles que
15 Vénus.

Un jour où *elle sautait* d'une pierre à l'autre, *elle a vu* un animal, inconnu pour elle, qui *mangeait* de l'herbe. *Il paraissait* énorme à la petite grenouille. *Elle a regardé* cet animal avec surprise et admiration, mais *elle a sauté* très vite parce que malgré son admiration *elle*
20 *avait peur.*

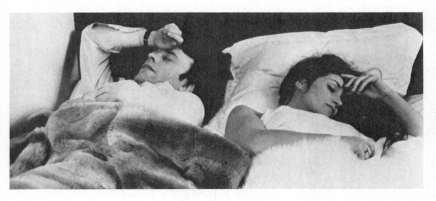

En été, elle faisait la sieste.

Ma Nuit Chez Maud, Eric Rohmer, 1969. Sur la photo: Jean-Louis Trintignant et Françoise Fabian. C'est une réflexion sur la religion, l'amour et l'idéal féminin.

Quand *elle a retrouvé* ses amies *elle a raconté* son aventure; *elle a dit* qu'*elle ne pouvait pas* concevoir de créature plus belle, plus forte, plus séduisante et *elle a dit* aussi que la nature *était* très injuste et qu'*elle voulait* devenir aussi grande et aussi belle que cet animal
25 superbe. Ensuite *elle a commencé* à avoir des complexes.

Ses amies *ont dit* que pour devenir aussi grande que cet animal (*c'était* un bœuf) *elle avait* besoin de manger comme un bœuf. Alors la petite grenouille *a commencé* à manger tout ce qu'*elle trouvait:* de l'herbe, des insectes, des fourmis ... Quand *elle a fini, elle a demandé*
30 à ses amies si *elles pensaient* qu'*elle était* plus grosse. *Elles ont répondu* que non et *elles* lui *ont dit* de continuer à manger. Alors *elle a mangé* encore et encore et, quand *elle ne pouvait pas* continuer à avaler, *elle a eu* une indigestion si forte que son estomac *a éclaté.* Quand *on a trouvé* la pauvre petite grenouille, *elle était* morte.
35 Inventez la morale de cette histoire tragique.

D'après **Jean de La Fontaine**

Questions sur la lecture

1. Où habitaient la petite grenouille et ses parents?
2. Comment était la vie de la petite grenouille?
3. Quelles sortes d'histoires est-ce que les grenouilles aimaient écouter? Pourquoi?
4. Quand la grenouille a-t-elle vu le grand animal?
5. Qu'est-ce que le grand animal faisait?
6. Quelle a été la réaction de la petite grenouille?
7. Pourquoi la petite grenouille admirait-elle le bœuf?
8. Pourquoi trouvait-elle la nature injuste?
9. Qu'est-ce que la petite grenouille a fait pour devenir plus grosse?
10. Pourquoi est-elle morte?

Discussion / Composition

1. Racontez une fable ou une histoire que vous connaissez. Inventez une morale. Utilisez le passé composé et l'imparfait.

2. Racontez une expérience traumatique de votre vie passée: un accident, un choc psychologique, la première classe de français.

3. Quand vous étiez encore un(-e) enfant, quelles choses pouviez-vous faire et quelles choses ne pouviez-vous pas faire? Étiez-vous un(-e) enfant normal(-e), sensible, hypersensible, timide, complexé(-e)? Obéissiez-vous toujours à vos parents? Aviez-vous beaucoup d'amis? Où alliez-vous souvent? Que faisiez-vous souvent? Aimiez-vous vraiment vos parents à cette époque? Et maintenant?

Vocabulaire

noms

coup m.
durée f.
feuilleton m.
grenouille f.
herbe f.
lumière f.
machine à écrire f.
mémoire f.
passé m.
pensée f.
pièce de théâtre f.
pierre f.
pompier m.
rêve m.
salle f.
sens m.
usine f.
vue f.

adjectifs

choqué(-e)
découragé(-e)
inconnu(-e)

verbes

éclater
enlever
frapper
fumer
obtenir
retrouver
sauter
sauver
tuer
vivre

adverbes

hier soir
récemment
soudainement
subitement
tout à coup

autres expressions

à ce moment-là
avoir lieu
en route
faire de la contrebande
faire des promenades
faire la connaissance de
faire la sieste
malgré

noms apparentés

autoroute f.
choc m.
développement m.
fable f.
influence f.
liaison f.
région f.
représentant m.
soldat m.
sorte f.
spectateur m.
tente f.

La Grenouille qui veut se faire aussi grosse que le bœuf

Une Grenouille vit un Bœuf
Qui lui sembla de belle taille.
Elle, qui n'était pas grosse en tout comme un œuf,
Envieuse, s'étend, et s'enfle, et se travaille
Pour égaler l'animal en grosseur,
Disant: «Regardez bien, ma sœur;
Est-ce assez? dites-moi; n'y suis-je point encore?
—Nenni. —M'y voici donc?—Point du tout. —M'y voilà?
—Vous n'en approchez point.» La chétive pécore
S'enfla si bien qu'elle creva.

Le monde est plein de gens qui ne sont pas plus sages:
Tout bourgeois veut bâtir comme les grands seigneurs,
Tout petit prince a des ambassadeurs,
Tout marquis veut avoir des pages.

Jean de la Fontaine (1621–1695)
Fables, Livre I

12 Douzième Leçon

Transitions

Les verbes avec l'auxiliaire *être*
La place des pronoms objets avec
le passé
L'accord de l'objet direct au passé
composé

Le passé composé et l'imparfait
(suite)

Lecture: *Le voyage de Thierry
autour du monde francophone*

Nous sommes remontés dans le Concorde.

Découverte

Présentation I

Quel âge avez-vous, David?

J'ai vingt ans, **je suis né** le 26 décembre.

Où est le tombeau de Napoléon?

Il est aux Invalides.

Où **est-il mort?**

Il est mort à Sainte-Hélène.

Où allez-vous cette année pour les vacances?

Cette année je vais au Japon. L'année dernière **je suis allé** en Europe.

Aujourd'hui, vous arrivez à l'heure, Mesdemoiselles.[1] **Êtes-vous arrivées** à l'heure hier?

Non, **nous ne sommes pas arrivées** à l'heure parce que **nous sommes parties** en retard de la maison.

Est-ce que vos parents viennent souvent à l'université?

Non, ils ne viennent pas souvent ici, mais **ils sont venus** l'année dernière.

Quand vous étiez à Paris, **êtes-vous montée** au dernier étage de la tour Eiffel?

Oui, **je suis montée** au dernier étage.

Explications

1 Les verbes avec l'auxiliaire **être**

A. Quelques verbes forment leur passé composé avec l'auxiliaire **être.** Ce sont certains verbes *intransitifs* (qui n'ont pas de complément d'objet). Voici leur conjugaison.

je **suis entré(-e)**	nous **sommes entré(-e)s**
tu **es entré(-e)**	vous **êtes entré(-e)(-s)**
il, on **est entré**	ils **sont entrés**
elle **est entrée**	elles **sont entrées**

---

1. *Mesdemoiselles* = pluriel de *mademoiselle.*

Remarquez: On dit généralement *entrer* **dans.**

      Il est entré **dans** le bâtiment.

1. L'accord du participe passé

   a. Avec les verbes qui prennent **être** comme auxiliaire, le participe passé est comme un adjectif. *Il y a accord du participe passé avec le sujet.*

Il est descend**u.**	**Ils** sont arriv**és.**
Elle est descend**ue.**	**Elles** sont arriv**ées.**

   b. Quand le verbe a un sujet masculin et un sujet féminin, le participe passé est *masculin pluriel.*

      Alice et Robert sont arriv**és.**

2. Les formes interrogatives et négatives et la place des adverbes sont comme avec les verbes qui prennent l'auxiliaire **avoir.**

   Êtes-vous allés en ville la semaine dernière?
   Est-ce que vous êtes allés en ville la semaine dernière?

   Non, **nous ne sommes pas allés** en ville la semaine dernière. **Nous sommes restés tranquillement** à la maison. Mais aujourd'hui **nous sommes déjà allés** en ville.

B. Il y a environ vingt verbes qui forment leur passé composé avec l'auxiliaire **être.** Voici les principaux.

naître	je suis **né(-e)**	≠	**mourir**	je suis **mort(-e)**
monter	vous êtes **monté(-e)(-s)**	≠	**descendre**	vous êtes **descendu(-e)(-s)**
entrer	ils sont **entrés**	≠	**sortir**	ils sont **sortis**
aller	elle est **allée**	≠	**venir**	elle est **venue**
arriver	nous sommes **arrivé(-e)s**	≠	**partir**	nous sommes **parti(-e)s**
tomber	elle est **tombée**		**retourner**	nous sommes **retourné(-e)s**
rester	vous êtes **resté(-e)(-s)**		**passer**	je suis **passé(-e)**

1. Généralement les composés des verbes précédents sont aussi formés avec l'auxiliaire **être: revenir, devenir, repartir, rentrer,** etc.

2. Remarquez que ces vingt verbes sont tous intransitifs. Mais tous les verbes intransitifs ne prennent pas **être** comme auxiliaire.

   voler: L'oiseau **a volé.**   *sauter:* **J'ai sauté.**

3. **Monter, descendre, passer, sortir** et **rentrer** sont *quelquefois transitifs,* c'est-à-dire qu'ils peuvent avoir un complément d'objet. Dans ce cas, au passé, on utilise l'auxiliaire **avoir.**

Nous sommes montés au quatrième étage.

Vous êtes passé chez eux.

Ils sont descendus en bateau.

Elle est sortie avec lui.

Je suis rentré tard.

Nous **avons monté** *l'escalier.*

Vous **avez passé** *l'examen.*[2]

Ils **ont descendu** *le rapide.*

Elle **a sorti** *son portefeuille* de son sac.

J'**ai rentré** *l'auto* dans le garage.

2. *Passer l'examen* = écrire l'examen. (Si on réussit à l'examen, on est *reçu.*)

Exercices oraux

A. Dites si l'auxiliaire est **avoir** ou **être.**

Modèle   partir   *être*

1. parler	6. devenir	11. mourir	16. tomber
2. monter	7. tenir	12. entrer	17. rester
3. marcher	8. venir	13. descendre	18. aller
4. dormir	9. boire	14. quitter	19. danser
5. arriver	10. sortir	15. naître	20. retourner

B. Mettez les phrases suivantes au passé composé.

1. Je sors de la ville.
2. Il vient chez moi.
3. Elle tombe dans l'escalier.
4. Vous restez à Amsterdam.
5. Elles partent en auto.
6. J'arrive avec mes amis.
7. Ils entrent dans le cinéma.
8. Liz monte dans l'autobus.
9. Nous descendons[3] chez Paul.
10. Tu deviens triste.

C. Demandez à un(-e) autre étudiant(-e) ...

1. quand il est né (elle est née).
2. où ses parents sont nés.
3. où John Kennedy est mort.
4. s'il est monté (si elle est montée) à cheval récemment.
5. à quelle heure il est rentré (elle est rentrée) à la maison hier.
6. s'il est allé (si elle est allée) au cinéma hier soir.
7. s'il est sorti (si elle est sortie) avec des amis samedi.
8. s'il est allé (si elle est allée) en Europe l'été dernier.

Présentation II

Avez-vous pris mes papiers?

Oui, *je* **les** *ai pris.*

Avez-vous pris mes crayons aussi? **Les** *avez-vous mis* sur votre table?

Je ne **les** *ai pas pris* et *je ne* **les** *ai pas mis* sur ma table.

J'ai vu un loup derrière cet arbre. **L'***avez-vous vu*?

Non, je ne **l'***ai pas vu.*

Avez-vous téléphoné à votre mère hier?

Non, *je ne* **lui** *ai pas téléphoné.*

Est-ce que *vous* **m'***écoutiez* bien quand j'expliquais l'imparfait?

Oui, *je* **vous** *écoutais* bien.

---

3. *Descendre* chez quelqu'un, *descendre* dans un hôtel, etc. = "to stay."

Explications

2 Au passé—exactement comme au présent—on met les pronoms objets devant le verbe.

A. Au passé composé, *les pronoms objets précèdent l'auxiliaire.* Si la phrase est négative, **ne** précède le pronom objet et **pas** vient après l'auxiliaire. Le participe passé est le dernier élément.

présent	*passé composé (affirmatif)*	*passé composé (négatif)*
Je **le** vois.	Je l'ai vu.	Je ne l'ai pas vu.
Il **l'**étudie.	Il **l'**a étudié.	Il ne **l'**a pas étudié.
Nous **te** répondons.	Nous **t'**avons répondu.	Nous ne **t'**avons pas répondu.
Ils **les** prennent.	Ils **les** ont pris.	Ils ne **les** ont pas pris.
Elles **lui** parlent.	Elles **lui** ont parlé.	Elles ne **lui** ont pas parlé.
Me voyez-vous?	**M'**avez-vous vu?	Ne **m'**avez-vous pas vu?

B. À l'imparfait la place du pronom objet et des mots de négation **(ne ... pas)** est comme au présent.

présent	*imparfait (affirmatif)*	*imparfait (négatif)*
Je **la** regarde.	Je **la** regardais.	Je ne **la** regardais pas.
Tu **leur** téléphones.	Tu **leur** téléphonais.	Tu ne **leur** téléphonais pas.
Il **vous** aime.	Il **vous** aimait.	Il ne **vous** aimait pas.
Me parlez-vous?	**Me** parliez-vous?	Ne **me** parliez-vous pas?

Exercices oraux

D. Remplacez les noms par un pronom objet.

Modèle J'ai vu mon professeur hier.
Je l'ai vu hier.

1. Vous avez chanté la Marseillaise.
2. Qui a lu cette histoire?
3. Tu as acheté ces roses.
4. J'ai écrit à mes grands-parents.
5. On a téléphoné à Jacqueline.
6. Je n'ai pas mis mon pull-over.
7. Robert n'a pas regardé la télé.
8. Vous n'avez pas répondu à Suzanne.
9. As-tu exprimé tes désirs?
10. Avez-vous fait le marché?

E. Répondez et employez un pronom objet.

Modèle Avez-vous aimé le spectacle hier?
Oui, je l'ai aimé. ou
Non, je ne l'ai pas aimé.

1. Où est-ce que vous avez mis vos vieux exercices?
2. Avez-vous lu le dernier paragraphe de ce livre?
3. Avons-nous fini ce cours de français?
4. Vos parents ont-ils écrit à votre professeur?
5. Vos parents vous ont-ils écrit récemment?
6. Avez-vous téléphoné au professeur hier soir?

F. Répondez aux questions suivantes sur vos habitudes et compétences de l'année dernière. Employez un pronom objet dans votre réponse.

Modèle Connaissiez-vous votre professeur de français?
Non, je ne le connaissais pas.

1. Aimiez-vous les films français?
2. Lisiez-vous le journal chaque matin?
3. Écoutiez-vous la radio?
4. Mentiez-vous à vos amis?
5. Regardiez-vous la télé?

Présentation III

Avez-vous compris *mes explications?*	Oui, je *les* ai compris**es** assez bien.
Avez-vous vu *la lune* hier soir?	Oui, je *l'*ai vu**e**.
Avez-vous oublié *vos parents?*	Naturellement je ne *les* ai pas oublié**s**!

Explications

3 L'accord de l'objet direct au passé composé

Avec les verbes qui prennent **avoir,** quand le complément d'objet direct précède le verbe, le participe passé adopte le genre et le nombre du complément d'objet direct.

As-tu dit *la vérité?* Mais oui, je *l'*ai dit**e**!
Cette dame dit qu'elle *nous* a déjà rencontré**s**.
Avez-vous vu *mes parents?* Non, je ne *les* ai pas vu**s**.
Voilà *les pommes* que j'ai acheté**es**.

Remarquez: Avec un pronom objet indirect, on ne fait pas l'accord du participe passé.

Ont-elles téléphoné *à leurs oncles?* Oui, elles **leur** ont téléphoné.
Avez-vous parlé *à Suzanne?* Non, je ne **lui** ai pas parlé.

Exercices oraux

G. Refaites les phrases suivantes. Employez un pronom objet.
   Attention à l'accord du participe passé.

   Modèle   Il a pris sa voiture.   *Il l'a prise.*

   1. Ils ont compris la leçon.
   2. Nous avons pris le train.
   3. Il a mis sa chemise préférée.
   4. Tu n'as pas dit la vérité.
   5. Vous avez écrit la réponse correcte.
   6. Elle a écrit à sa grand-mère.
   7. J'ai fait les courses.
   8. Vous avez présenté vos excuses.
   9. Nous avons vu nos parents.
   10. Ils ont téléphoné à leurs amis.

H. Répondez que vous avez *déjà* fait les choses demandées.
   Utilisez un pronom objet dans chaque réponse.

   Modèle   Est-ce que vous allez écrire votre composition aujourd'hui?
              Non, je l'ai déjà écrite.

   1. Est-ce que vous allez apprendre la leçon 11?
   2. Est-ce que vous allez me répondre?
   3. Est-ce que vous allez répondre au professeur?
   4. Est-ce que vous allez écrire à tous vos amis?
   5. Est-ce que vous allez acheter les livres pour vos cours?
   6. Est-ce que vous allez faire vos exercices?
   7. Est-ce que vous allez prendre votre petit déjeuner?
   8. Est-ce que vous allez boire votre café?
   9. Est-ce que vous allez téléphoner à vos parents?
   10. Est-ce que vous allez faire votre lit?

Présentation IV

Qu'est-ce qu'**ils faisaient** quand le réveil **a sonné?**

Quand le réveil **a sonné, ils dormaient.**

Qu'est-ce qu'**elle a dit** quand **vous avez posé** la question?

Quand **j'ai posé** la question, **elle n'a pas répondu.**

Explications

4 Le passé composé et l'imparfait (suite)

A. Étudiez les phrases suivantes.

   1. Quand **nous sommes arrivés, ils sont sortis.**
   2. Quand **nous sommes arrivés, ils sortaient.**

Dans l'exemple (1), les deux passés composés indiquent qu'*une action a motivé ou provoqué une autre action:* Notre arrivée a provoqué leur départ. Dans l'exemple (2), le passé composé indique *une action* et l'imparfait indique *une progression descriptive:* **Ils sortaient.** Cette nuance est exprimée en anglais par la forme progressive, "they *were* leaving."

B.   Dans un contexte passé, le futur immédiat est toujours à l'imparfait.

   Nous allons voir ce film.   Nous **allions** voir ce film.
   Il va partir tout de suite.   Il **allait** partir tout de suite.

C.   À l'imparfait, les verbes réguliers en **-cer** (comme **commencer**) et **-ger** (comme **manger**) changent d'orthographe.

-c + a- → -ça-	-g + a- → -gea-
je commen**ç**ais	je mang**e**ais
tu commen**ç**ais	tu mang**e**ais
il,elle commen**ç**ait	il,elle mang**e**ait
ils,elles commen**ç**aient	ils,elles mang**e**aient

   Mais: nous commencions   nous mangions
   vous commenciez   vous mangiez

Exercices oraux

I.   Dites au passé. Employez le passé composé ou l'imparfait selon le sens de la phrase.

   Modèle   Quand Reagan devient président, il est vieux.
   Quand Reagan est devenu président, il était vieux.

   1. Quand je vois l'accident, j'ai peur.
   2. Quand je vois l'accident, j'ai quinze ans.
   3. Quand elle entend la réponse, elle est choquée.
   4. Quand elle entend la réponse, elle est chez son frère.
   5. Quand nous recevons votre invitation, nous décidons de l'accepter.
   6. Quand nous recevons votre invitation, nous ne pensons pas à vous.

J.   Continuez chaque phrase: (a) avec un verbe au passé composé pour indiquer une réaction, et puis (b) avec un verbe à l'imparfait pour indiquer une progression descriptive.

   Modèle   Quand vous m'avez vu ...
   Quand vous m'avez vu, vous m'avez appelé.
   Quand vous m'avez vu, je mangeais une orange.

   1. Quand nous avons appris la fin de l'histoire ...
   2. Quand j'ai fermé les yeux ...
   3. Quand tu m'as téléphoné ...
   4. Quand vous êtes partis ...
   5. Quand je suis tombée ...

Création

Exercices de conversation

A. Employez un verbe au passé composé avec **être** comme auxiliaire pour expliquer comment chaque situation est arrivée.[4]

Modèle   Il est minuit. Tout le monde attend encore l'invité d'honneur à ce dîner.
L'invité d'honneur n'est pas arrivé à l'heure.

1. Le bébé est par terre et il pleure.
2. Trois hommes sont au sommet d'une grande montagne.
3. Le médecin dit au jeune couple: «Félicitations, c'est un petit garçon.»
4. J'étais devant ce bâtiment, mais maintenant je suis dans le bâtiment.
5. Votre canari n'est pas chez vous et vous ne le trouvez pas.
6. En 1970, M. Kildare était étudiant en médecine. Aujourd'hui, il est docteur.
7. Nous étions au cinquième étage. Nous sommes maintenant au deuxième étage.
8. Vous étiez dans le restaurant, mais maintenant vous êtes devant le restaurant.

B. Devinettes[5]: Demandez à un(-e) autre étudiant(-e) ...

1. pourquoi le poulet a traversé la rue.
2. ce que Tarzan a dit quand il a vu les éléphants.
3. pourquoi le pompier a mis des bretelles ("suspenders") rouges, blanches et bleues.
4. pourquoi l'idiot a jeté le réveil par la fenêtre.
5. comment l'éléphant est sorti d'un grand trou plein d'eau.

C. Jeu: 20 questions

Un(-e) étudiant(-e) a en tête une personne qui est morte. Les autres posent des questions au passé pour essayer de déterminer qui est cette personne. Essayez de varier les verbes dans les questions.

---

4. *Comment chaque situation est arrivée* = quelle était la cause de chaque situation.
5. Réponses aux devinettes: (1) Parce qu'il voulait être de l'autre côté. (2) «Voilà les éléphants!» (3) Parce qu'il ne voulait pas perdre son pantalon. (4) Parce qu'il voulait voir le temps voler. (5) Mouillé (humide).

D. Quelles sont les différentes excuses que les gens donnent quand la police les arrête pour excès de vitesse? Faites de petits dialogues.

L'agent de police

—Pardon Monsieur/Madame. Vous alliez trop vite.

— _____

—Pardon Monsieur/Madame, vous avez dépassé la limite de vitesse.

— _____

L'automobiliste

—Oh, mais monsieur l'agent,[6] je ...

— _____

—Est-ce possible?! Je ...

— _____.

E. Regardez la photo, page 253, et répondez.

1. L'avion est-il tombé? Pourquoi est-il tombé?
2. Sont-ils morts dans l'accident?
3. Sont-ils arrivés à leur destination?
4. Inventez une question à propos de la photo et posez-la à quelqu'un.

Exercices écrits

Faites les exercices écrits qui sont dans le *Cahier d'exercices,* Leçon 12.

Lecture

Le Voyage de Thierry autour du monde francophone

Thierry, pompeux et mystérieux, raconte une aventure extraordinaire: Voilà. Tout *a commencé* un soir de novembre où *j'étais* à la bibliothèque. Une femme mystérieuse *était* en face de moi et me *regardait* fixement. Quand *je l'ai vue, je l'ai regardée* aussi. *Elle n'avait pas* l'air
5 d'une étudiante, *elle n'avait pas* l'air d'un professeur non plus. *Elle était* grande, blonde et encore très jeune. À un certain moment, *je suis sorti* pour fumer une cigarette dans le hall. Quand *je suis rentré j'ai trouvé* un petit mot sur mon livre qui *me disait* de la retrouver dans un certain endroit à dix heures dix. *C'était* Madame X. *Je suis allé* au
10 rendez-vous et *elle m'a expliqué* qu'*elle avait* besoin de quelqu'un comme moi, mathématicien et français, pour accomplir une mission secrète dans plusieurs pays de langue française et dans d'autres pays où on parle français. Comme cette mission *me paraissait* intéressante, *je l'ai acceptée.*

6. *Monsieur l'agent* = "Officer."

1 l'Algérie
2 la Belgique
3 le Bénin
4 Bourkina Fasso (la Haute-Volta)
5 le Burundi
6 le Cameroun
7 le Congo
8 la Corse
9 la Côte d'Ivoire
10 Djibouti
11 la France
12 le Kampuchéa (le Cambodge)
13 le Gabon
14 la Guadeloupe
15 la Guinée
16 la Guyane française
17 Haïti
18 le Laos
19 la Louisiane
20 le Luxembourg
21 Madagascar
22 le Mali
23 le Maroc
24 la Martinique

25 la Mauritanie
26 le Niger
27 la Nouvelle-Angleterre
28 la Nouvelle-Calédonie
29 la Polynésie française
30 le Québec
31 la République Centrafricaine
32 la Réunion

33 le Rwanda
34 le Sénégal
35 la Suisse
36 le Tchad
37 le Togo
38 la Tunisie
39 le Viêt-nam
40 le Zaïre

LE FRANÇAIS DANS LE MONDE

Elle n'avait pas l'air d'une étudiante, elle n'avait pas l'air d'un professeur non plus.

La Baie des anges, Jacques Demy, 1963. Sur la photo: Jeanne Moreau.

Jeanne Moreau interprète le rôle d'une femme fatale obsédée par le jeu dans une histoire mélodramatique dans le style d'Hollywood.

15   *Nous sommes partis* de New York à l'aéroport Kennedy et *nous avons atterri* à Bruxelles. Madame X *a pris* contact avec plusieurs personnalités et *je servais* d'interprète. Ensuite *nous sommes allés* à Paris, mais *nous n'avons pas quitté* Roissy.[7] Madame X *a parlé* avec les gens qu'*elle voulait* voir et puis *nous sommes remontés* dans

20   l'avion pour la Suisse. *Nous sommes descendus* dans un hôtel de grand luxe à Genève. *Nous sommes restés* très peu à Genève. *J'ai voulu*[8] vous envoyer une carte, mais Madame X *m'a défendu* de le faire pour ne pas éveiller les soupçons. Alors *je l'ai gardée. Je l'ai mise* dans mes bagages. La voilà!

25   Après un bref séjour à Genève, *nous sommes remontés* en avion, cette fois-ci pour le Moyen-Orient, et *nous sommes arrivés* à Damas en Syrie. Mais *nous avons manqué* l'avion pour aller à Beyrouth, capitale du Liban; alors, *nous avons loué* une voiture pour y aller. Par miracle *je n'ai pas eu* d'accident. Mais *il n'y avait pas* d'autres voi-

30   tures sur la route et *il faisait* nuit. Bref, de Beyrouth *nous avons pris* un autre avion qui *nous a emmenés* au Caire, en Égypte. *C'était* merveilleux! *J'ai fait* la connaissance d'une femme égyptienne adorable qui *parlait* couramment notre langue, comme beaucoup d'Égyptiens. Mais, malheureusement, *je ne pouvais pas* lui dire mon vérita-

35   ble nom. Alors *c'était* une aventure sans espoir! Ah, les nuits du Caire! Quelle féerie! L'odeur des jasmins, les reflets du Nil et, de temps en temps, le crieur des mosquées qui appelle le peuple à la prière et à la méditation.

7. L'aéroport Charles de Gaulle, près de Roissy-en-France, est un des grands aéroports de Paris.
8. *J'ai voulu* = j'ai essayé (à un moment précis).

Du Caire *nous sommes allés* à Tunis où l'avion *a fait* escale avant
40   de repartir pour Alger. D'Alger *nous avons repris* l'avion pour le
Maroc. *Nous sommes descendus* vers Dakar, ville principale du
Sénégal, et *nous sommes restés* une semaine en Afrique Noire. *Nous
avons parcouru* des espaces immenses pour trouver les gens que
Madame X *avait* besoin de voir. *Nous sommes repartis* de Kinshasa
45   au Zaïre pour la République Malgache; et puis, *nous avons repris*
l'avion pour les Antilles françaises, Haïti et la Guyane. De là, *nous
sommes remontés* vers le Québec où *nous sommes restés* plusieurs
jours. Et me voilà. Je suis littéralement mort, ou presque ... *Saviez-
vous qu'on parlait* français dans tous ces pays? Et il y a bien d'autres
50   endroits où le français est la langue d'une minorité élégante et culti-
vée, comme ici par exemple!

Questions sur la lecture

1. Qui est Madame X? Où Thierry a-t-il fait sa connaissance? Comment? Quand?
2. Pourquoi Madame X avait-elle besoin de quelqu'un comme Thierry?
3. Pourquoi Thierry a-t-il accepté de faire ce voyage avec Madame X?
4. Où sont-ils allés au commencement du voyage?
5. Pourquoi Madame X a-t-elle défendu à Thierry d'envoyer la carte postale de Genève?
6. Comment sont-ils allés de Damas à Beyrouth? Pourquoi?
7. Pourquoi Thierry aimait-il tant le Caire?
8. Dans quels pays parle-t-on français?
9. Dans quels pays le français est-il une des langues nationales?
10. Est-ce qu'il y a d'autres pays où on parle français et où Thierry et Madame X ne sont pas allés? Nommez-les.

**Nous sommes partis
de New York à
l'aéroport Kennedy et
nous avons atterri a
Bruxelles.**

Jeu de massacre,
Alain Jessua, 1967.
Sur la photo: Claudine
Auger et Michel
Duchaussoy.
  On vit en réalité les
aventures de
l'imagination.

Discussion / Composition

1. Imaginez que vous avez fait un voyage autour du monde, mais limité aux pays où on parle français comme une des langues nationales. Où êtes-vous allé(-e) en Europe, en Afrique, au Moyen-Orient, en Asie, en Amérique?
2. Racontez (au passé) un film ou un programme de télévision que vous avez vu récemment où il y avait une intrigue internationale. Y avait-il un espion comme Madame X avec un interprète comme Thierry?
3. Racontez votre vie (pas tous les détails, bien sûr) et utilisez les verbes avec l'auxiliaire **être**.

Improvisation

Quatre ou cinq personnes: Il y a eu un crime. On a arrêté un criminel. Vous êtes au commissariat de police. L'inspecteur pose des questions au passé. L'accusé répond. Des témoins répondent aussi.

Vocabulaire

noms

bataille f.
commissariat de police m.
église f.
escalier m.
espoir m.
loup m.
réveil m.
témoin m.
tombeau m.
trou m.

adjectif

mouillé(-e)

verbes

applaudir
couper
exprimer
garder
manquer
naître
tomber
voler

autres expressions

donc
félicitations!
hélas!
par-ci, par-là
vers

noms apparentés

cimetière m.
couple m.
créateur m.
élément m.
enthousiasme m.
forêt f.
intrigue f.
nuance f.
progression f.
ruse f.
sénat m.
sommet m.

ENTRACTE IV
LA FRANCOPHONIE

La francophonie signifie l'ensemble des pays francophones (où on parle français). Il est nécessaire de distinguer entre les pays où le français est la langue maternelle de la majorité ou d'un nombre important d'habitants (par exemple, la France, la Belgique, la Suisse, le Canada, Haïti) et les pays où le français est la langue de l'éducation, du gouvernement, de la diplomatie, ou de l'industrie et du commerce (le Sénégal, la Côte-d'Ivoire, le Maroc). Il y a environ 80 millions de personnes qui parlent français comme langue maternelle. Ce chiffre double presque si on compte les autres peuples qui utilisent le français comme deuxième langue officielle.

Rôles historique et moderne du français

Si la France n'a que 55 millions d'habitants, pourquoi tant de personnes parlent-elles français? C'est que d'abord, la France comporte non seulement la métropole (la France européenne), mais des départements d'outre-mer qui font intégralement partie de la France (la Martinique, la Guadeloupe, l'île de la Réunion) ou des territoires d'outre-mer sous la souveraineté de la France (Tahiti, la Nouvelle Calédonie). On peut considérer en plus toutes les régions qui ne sont plus françaises[1] mais que les Français ont découvertes, explorées (la Louisiane), conquises ou colonisées

(l'Algérie, le Viêt-nam). Il y a aussi les anciens protectorats ou mandats français (le Maroc, le Liban) où le français reste une langue importante. Le français est une des langues officielles de vingt-cinq pays différents.

Une jeune Nigérienne au travail
Au Niger, les employés commencent leur journée très tôt. Beaucoup d'entreprises ont d'excellents techniciens spécialistes.

---

1. *Ne plus* ≠ encore.

Sauf le Canada et la Louisiane (que la France a cédés ou vendus aux Anglais ou aux Américains) et les nations sous mandat français, tous ces pays formaient l'Empire colonial français du 19e et du 20e siècle. Après la Deuxième guerre mondiale, l'ancien empire colonial est devenu l'Union Française. Puis, à partir de 1954 la France a commencé à donner leur indépendance—souvent après des guerres et des troubles civils—à toutes ses colonies d'Afrique et d'Asie. La moitié des pays africains anciennement français ont décidé de rester associés à la France dans les domaines monétaire, commercial, et culturel. La langue française reste essentielle dans cette association.

Dans les pays francophones, le français est la langue normalement employée dans les congrès internationaux d'affaires, de science ou de technologie. Le français est aussi une des cinq langues officielles des Nations Unies. En fait un tiers des délégations parle français.

Nous ajoutons à la francophonie d'origine politique et historique, une autre zone: les pays où le français est très pratiqué pour des raisons d'origine culturelle, c'est-à-dire où il est enseigné comme première ou deuxième langue étrangère; par exemple, en Europe, (Angleterre, Italie, Espagne), en Amérique du Nord et en Amérique du Sud.

Rôle unificateur du français

Comme l'anglais (en Inde en particulier), le français a joué et continue à jouer un rôle unificateur dans les pays où les habitants ont comme

Un magasin algérien
Les clients trouvent de tout dans ce magasin moderne d'Alger.

La ville de Genève, en Suisse
*Célèbre pour la qualité de ses produits, la Suisse est également connue pour
la beauté de ses villes et de ses environs.*

langue maternelle de multiples dialectes si différents les uns des autres que les citoyens d'un
même pays ne peuvent pas communiquer sans
l'aide d'une troisième langue. C'est le cas en
Côte-d'Ivoire, par exemple, une ancienne co-
lonie, où les habitants parlent de nombreux dialectes
africains (une centaine) mais où le français est la
langue commune.

Une littérature francophone

À cause de l'importance du français dans le
monde, il existe une littérature francophone importante, par exemple au Québec, aux Antilles et
en Afrique. Une manifestation remarquable de la
francophonie sont les écrivains étrangers qui
préfèrent écrire en français, comme l'académicien[2] Eugène Ionesco, auteur de pièces de théâtre qui est né en Roumanie, ou encore Léopold
Senghor, académicien aussi, ancien président du
Sénégal, poète et auteur d'essais.

L'exemple le plus célèbre est peut-être le cas
de Samuel Beckett (Prix Nobel 1969). Il est irlan-

---

2. *Académicien* = membre de l'Académie française, vieille
institution officielle. L'Académie est chargée de surveiller le
français, de formuler des règles concernant son usage, de
déterminer, par exemple, quels mots sont corrects. Le travail
des quarante membres de l'Académie (depuis 1635) a porté
une influence considérable sur le français dans tous les pays
où on le parle.

Une plage à Tahiti
Le charme de cette île exotique attire des visiteurs du monde entier.

dais mais a écrit la plus grande partie de son œuvre en français. On décerne[3] d'ailleurs chaque année en France un grand prix littéraire à un écrivain étranger de mérite qui écrit en français.

Le Québec

Le cas du Canada est un exemple complexe et intéressant parce que le français du Québec n'a pas évolué de la même manière qu'en France. Le français du Québec est une langue qui a gardé beaucoup de caractéristiques du français du 17e siècle et a subi une certaine influence de l'anglais. Cette langue a certains traits de prononciation et de vocabulaire qui lui sont propres et qui la distinguent du français européen. Pourtant, le Québe-

cois est parfaitement compréhensible pour les Français et les étudiants de français. Le français du Canada qui est parlé par plus de 8 millions de personnes est aussi une langue littéraire. Voici un exemple très connu d'un chanteur/poète québecois, Gilles Vigneault:

Mon Pays

Mon pays ce n'est pas un pays c'est l'hiver
Mon jardin ce n'est pas un jardin c'est la plaine
Mon chemin ce n'est pas un chemin c'est la neige
Mon pays ce n'est pas un pays c'est l'hiver

Dans la blanche cérémonie
Où la neige au vent se marie
Dans ce pays de poudrerie
Mon père a fait bâtir sa maison
Et je m'en vais être fidèle
À sa manière à son modèle
La chambre d'amis sera telle
Qu'on viendra les autres saisons
Pour se bâtir à côté d'elle

Mon pays ce n'est pas un pays c'est l'hiver
Mon refrain ce n'est pas un refrain c'est rafale
Ma maison ce n'est pas ma maison c'est froidure
Mon pays ce n'est pas un pays c'est l'hiver

De mon grand pays solitaire
Je crie avant que de me taire
À tous les hommes de la terre
Ma maison c'est votre maison
Entre mes murs de glace
Je mets mon temps et mon espace
À préparer le feu la place
Pour les humains de l'horizon
Et les humains sont de ma race

Mon pays ce n'est pas un pays c'est l'hiver
Mon jardin ce n'est pas un jardin c'est la plaine
Mon chemin ce n'est pas un chemin c'est la neige
Mon pays ce n'est pas un pays c'est l'hiver

Mon pays ce n'est pas un pays c'est l'envers
D'un pays qui n'était ni pays ni patrie
Ma chanson ce n'est pas ma chanson c'est ma vie
C'est pour toi que je veux posséder mes hivers

Gilles Vigneault
Avec les vieux mots, © Nouvelles Éditions de l'Arc

---

3. *On décerne* = on donne.

Vive les loisirs!

21. Ambiance méditerranéenne, spécialités niçoises   22. Face à face dans le Jardin du Luxembourg à Paris

23

24

23. Les sports d'hiver dans les Alpes suisses
24. Planches à voile à Toulon

25. Une joueuse renvoie la balle 26. Un
match de rugby 27. Jeu de boules

25

26

27

28. Feux d'artifice au carnaval de Nice

Une rue animée du vieux Québec
Au Canada, la province de Québec représente une région privilégiée par ses ressources naturelles et son héritage français.

Débat culturel

1. Quelle langue parle-t-on dans les départements d'outre-mer? Y a-t-il des états ou des territoires d'outre-mer américains? Quelle langue parle-t-on?

2. Quelle est la langue la plus parlée dans le monde? Savez-vous quelle est la deuxième?

3. Que signifie une «langue officielle»? Savez-vous combien de langues «officielles» il y a aux U.S.A.?

4. Savez-vous quelles sont les langues officielles des Nations Unies? Y a-t-il dans le monde anglo-saxon l'équivalent de l'Académie française? Expliquez pourquoi.

5. Pourquoi un diplomate sénégalais fait-il un discours en français aux Nations unies au lieu de sa propre langue maternelle? Un diplomate australien, par exemple, a-t-il le même problème?

6. Donnez un exemple d'un écrivain étranger qui écrit en français; en anglais; en d'autres langues.

7. Existe-t-il encore un Empire Français? Pourquoi parle-t-on français encore dans tous ces pays? Existe-t-il encore un Empire Britannique? Pourquoi parle-t-on anglais dans tant de pays?

8. Nommez dix pays où on parle français comme langue maternelle ou deuxième langue officielle. Nommez cinq pays où on parle anglais. Nommez cinq pays où on parle espagnol.

9. Y a-t-il de grandes différences entre le français de France et du Canada? Pourquoi?

10. Êtes-vous francophone?

Échanges

À propos des élections

À Paris

—Oh! les élections, j'en ai par-dessus la tête.[4] On voit toujours les mêmes binettes.[5]

—Et puis ce qu'ils disent, c'est du vent. C'est quand même moche.[6] On n'est pas fichu de[7] trouver un candidat à la hauteur.

—Moi, ça me dégoûte tellement ... je ne vais pas voter.

—Alors, t'attends[8] la révolution. C'est dur dur.[9]

Au Québec

—Oh! les élections, moi j'suis écœuré des élections.[10] C'est toujours les mêmes binettes.

—Et puis i'[11] parlent à travers leurs chapeaux. Et c'est pas intéressant. On trouve jamais un bon gars.

—Moi, ça m'écœure tellement ... je va pas voter.[12]

—Alors, t'attends l'indépendance. Ben, t'as pas fini.[13]

4. *J'en ai par-dessus la tête.* = J'en ai assez.
5. *Les mêmes binettes* = les mêmes visages.
6. *Moche* = mauvais.
7. *On n'est pas fichu de ...* = On n'est pas capable de ...
8. *T'attends* = tu attends.
9. *Dur dur* = très difficile.
10. *J'suis écœuré des élections* = Je trouve les élections dégoûtantes.
11. *I'* = ils.
12. *Je va pas voter.* = Je ne vais pas voter.
13. *Ben, t'as pas fini.* = Bien, tu vas attendre longtemps.

13 Treizième leçon

À vos ordres!

L'impératif
L'expression *il faut*
Les verbes *croire, ouvrir, souffrir,*
  courir, rire, sourire, conduire

L'expression *ne ... que*

Lecture: *Évitons la circulation: Prenons
  le métro*

Il y a toujours un plan du métro à l'extérieur de chaque station.

Découverte

Présentation I

L'examen est demain. Voici mes recommandations: **Ayez** confiance en vous! **N'ayez pas peur!** **Soyez** courageux! **Étudiez** bien! **Écrivez** correctement vos réponses! **Sachez** que le résultat va être bon! **Dites** à vos camarades la même chose! Voilà mon message!

Et nous acceptons votre message. Nous obéissons à vos ordres! *(tout le monde)* **Étudions** bien! **Mangeons** bien! **Faisons** bien! Oh! ... et **n'oublions pas: buvons** bien aussi! **Ayons** confiance en nous! **Soyons** courageux!

Explications

1 L'impératif

A. Voici quelques impératifs utilisés dans les exercices oraux et écrits:

> **Écrivez** un ... , **Regardez** la photo ... , **Répondez ...** ,
> **Dites ...** , **Demandez** à un(-e) autre étudiant(-e) ... . On
> emploie l'impératif pour donner des ordres.

B. L'impératif est formé comme le présent de l'indicatif, mais sans sujet. L'impératif a trois personnes (trois formes):

la deuxième personne du singulier (forme familière)

la première personne du pluriel (forme collective)

la deuxième personne du pluriel (forme polie ou forme plurielle)

Mange!	Ne mange pas!	Va!	Ne va pas!
Mangeons!	Ne mangeons pas!	Allons!	N'allons pas!
Mangez!	Ne mangez pas!	Allez!	N'allez pas!

Fais!	Ne fais pas!	Dis!	Ne dis pas!
Faisons!	Ne faisons pas!	Disons!	Ne disons pas!
Faites!	Ne faites pas!	Dites!	Ne dites pas!

Remarquez: L'impératif familier des verbes en **-er** est sans **-s**.

Tu mang**es** → Mang**e**!   **Tu** va**s** → Va!

C. L'impératif des verbes **avoir, être** et **savoir** est irrégulier.

avoir	être	savoir
Aie!	Sois!	Sache!
Ayons!	Soyons!	Sachons!
Ayez!	Soyez!	Sachez!

N'ayez pas peur! **Soyez** raisonnables! **Sachez** être patient!

D. Remarquez la place des pronoms objets avec l'impératif: à l'affirmatif, après le verbe; au négatif, avant le verbe.

1. Avec un pronom objet direct

affirmatif	*négatif*
Fais-**le**!	Ne **le** fais pas!
Faisons-**le**!	Ne **le** faisons pas!
Faites-**le**!	Ne **le** faites pas!

Étudie-**les**!	Ne **les** étudie pas!
Étudions-**les**!	Ne **les** étudions pas!
Étudiez-**les**!	Ne **les** étudiez pas!

Écoute-**moi**!	Ne **m'**écoute pas!
Écoutez-**moi**!	Ne **m'**écoutez pas!

Attention: **Me** → **moi** avec l'impératif affirmatif.

2. Avec un pronom objet indirect

Parle-**moi**!	Ne **me** parle pas!
Parlez-**moi**!	Ne **me** parlez pas!

Réponds-**leur**!	Ne **leur** réponds pas!
Répondons-**leur**!	Ne **leur** répondons pas!
Répondez-**leur**!	Ne **leur** répondez pas!

Écris-**lui**!	Ne **lui** écris pas!
Écrivons-**lui**!	Ne **lui** écrivons pas!
Écrivez-**lui**!	Ne **lui** écrivez pas!

Exercices oraux

A. Donnez les trois formes de l'impératif de chaque verbe.

Modèle Répondre *Réponds! Répondons! Répondez!*

1. écrire
2. dire
3. être
4. parler
5. avoir
6. finir
7. savoir
8. mettre
9. venir
10. manger

B. Dites le négatif.

Modèle Mange ton dessert, chéri.
Ne mange pas ton dessert, chéri.

1. Parle vite.
2. Va directement à l'école.
3. Finissez votre explication.
4. Acceptons cette situation.
5. Votez pour Georges.

C. Donnez la forme appropriée de l'impératif pour parler à chaque personne.

Modèle être à l'heure (votre mère / votre employé / vous et vos amis)
Sois à l'heure! Soyez à l'heure! Soyons à l'heure!

1. entrer (votre ami / vous et votre camarade de chambre / vos voisins)
2. boire du jus de tomate (votre sœur / votre professeur / vous et votre famille)
3. venir vite (vos cousins / votre chien / votre docteur)
4. comprendre ce dilemme (votre meilleur ami / vos deux fiancé(-e)s / votre avocat / vous et votre conscience)
5. marcher (vous et vos camarades / votre fille / vos deux enfants)

D. Dites à un(-e) autre étudiant(-e) ...

Modèle de regarder objectivement la situation.
Regardez objectivement la situation. ou
Regarde objectivement la situation.

1. d'écrire son adresse.
2. de choisir un numéro de un à cent.
3. de dire bonjour au professeur.
4. de mettre son argent dans votre portefeuille.
5. de savoir conjuguer le verbe *boire*.
6. d'être content(-e).
7. de ne pas être timide.
8. de ne pas avoir peur.
9. de ne pas parler anglais dans la classe de français.
10. de ne pas aller à la piscine.

E. Utilisez un pronom objet direct ou indirect et dites à quelqu'un à la forme affirmative et puis à la forme négative de l'impératif ...

> *Modèle* de terminer son travail.
> *Termine-le! Ne le termine pas!* ou
> *Terminez-le! Ne le terminez pas!*

1. de vous parler.
2. de regarder son cahier.
3. d'écouter le professeur.
4. de vous écrire.
5. d'écrire la date.
6. d'écrire à son ami.
7. de vous téléphoner.
8. de téléphoner à Paul et à Élizabeth.
9. d'obéir à ses parents.
10. de vous obéir.

Présentation II

A-t-on besoin d'argent quand on est étudiant? **Faut-il de l'**argent quand on est étudiant?

Oui, on a besoin d'argent quand on est étudiant. **Il faut de l'**argent. **Il faut** manger et boire pour subsister!

Qu'est-ce qu'**il ne faut pas** boire?

Il ne faut pas boire d'acide sulfurique.

Qu'est-ce qu'**il vous faut** pour faire un voyage?

Il me faut de l'argent, des vêtements et une valise.

Est-ce qu'**il vous fallait** être à la maison avant la nuit quand vous étiez plus jeune?

Oui, **il me fallait** rentrer avant huit heures du soir.

Explications

2 **Il faut**

A. **Il faut** est souvent une expression de *nécessité impersonnelle* ou *générale.*

> **Il faut** de l'argent quand on est étudiant.
> **Il faut** des œufs pour faire une omelette.
> **Il faut** avoir de bonnes notes.
> **Il faut** un ticket pour prendre le métro.

Remarquez: Après **il faut** à l'affirmatif, le partitif est formé de **de** + article défini.

> **Il** me **faut du** courage.

Après **avoir besoin** à l'affirmatif, le partitif est exprimé par **de** seul.

> **J'ai besoin de** courage.

B. La négation de **il faut** indique une prohibition générale.

> **Il ne faut pas de** sucre dans les spaghetti.
> **Il ne faut pas** être absent le jour de l'examen.
> **Il ne faut pas** boire d'acide sulfurique.

C. Le futur immédiat de **il faut** est **il va falloir.**

Il faut manger à midi.	**Il va falloir** manger à midi.
Il faut beaucoup de courage.	**Il va falloir** beaucoup de courage.

D. Quelquefois, **il faut** est employé pour une *nécessité* ou une *obligation personnelles.* Pour indiquer la personne pour qui c'est une nécessité, on utilise les pronoms objets indirects.

> **Il me faut** absolument ce livre. = **J'ai** absolument **besoin** de ce livre.
> **Il nous faut** de l'amour. = **Nous avons besoin** d'amour.
> **Il te faut** un cocktail avant le dîner. = **Tu as besoin** d'un cocktail avant le dîner.
> **Il lui faut** des vêtements très chers. = **Il (Elle) a besoin** de vêtements très chers.

E. Au passé

1. On emploie généralement l'imparfait avec **il faut.**

> **Il fallait** écouter avec attention.
> **Il nous fallait** de l'air.

2. Pour indiquer un moment précis, utilisez le passé composé.

> Après l'accident **il nous a fallu** boire quelque chose.
> Tout à coup **il a fallu** un imperméable.

Exercices oraux

F. Remplacez **on a besoin de** par **il faut** (et **on avait besoin de** par **il fallait**).

Modèle   On a besoin d'argent.   *Il faut de l'argent.*

1. On a besoin d'air.
2. On a besoin de manger.
3. On a besoin d'un stylo.
4. On avait besoin de sel.
5. On avait besoin de partir.
6. On a besoin d'un médecin.
7. On a besoin de boire.
8. On avait besoin d'eau.
9. On a besoin de musique.
10. On avait besoin d'un dictionnaire.

G. Dites une phrase équivalente avec **il faut** au temps correct.

Modèle   J'ai besoin d'un dollar.   *Il me faut un dollar.*

1. J'ai besoin d'un franc.
2. Elle avait besoin d'un appartement.
3. Nous avons besoin de café.
4. Il a besoin d'un téléphone.
5. Ils avaient besoin de patience.
6. Tu as besoin de discrétion.
7. Elles ont besoin de vacances.
8. Vous avez besoin de votre voiture.
9. J'avais besoin d'inspiration.
10. Elles avaient besoin de sucre.

Présentation III

Croyez-vous l'histoire de la petite grenouille française?

Non, **je ne** la **crois pas!**

Ouvrez-vous votre livre en classe?

Généralement **je n'ouvre pas** mon livre en classe, mais pour étudier il faut **ouvrir** le livre à la maison ou à la bibliothèque.

Qui **a ouvert** la porte?

Jacques **l'a ouverte.**

Offrez-vous des cadeaux à vos amis?

Oui, **j'offre** des cadeaux à mes amis intimes.

Souffrez-vous beaucoup? Quand est-ce que **vous souffrez?**

Oh, **je souffre** quelquefois pendant un examen difficile, et **je souffre** beaucoup quand mon camarade de chambre prépare le dîner.

Quand vous êtes pressée, **courez-vous?**

Oui, quelquefois **je cours** après l'autobus.

Riez-vous quand vous écoutez Bob Hope?

Quelquefois **je ris,** mais généralement **je souris** simplement.

Avez-vous ri quand Mortimer est tombé?

Non, **je n'ai pas ri!** Il a probablement beaucoup **souffert.**

Conduisez-vous vite?

Quelquefois **je conduis** vite, mais **je ne conduis pas** trop vite.

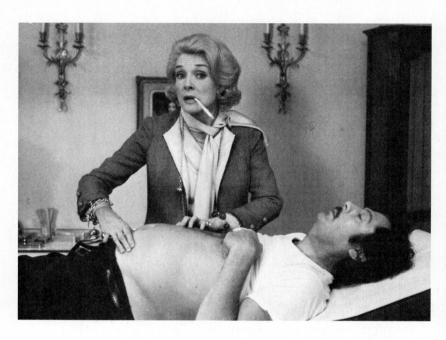

Je souffre beaucoup quand mon camarade de chambre prépare le dîner.

L'Événement le plus important depuis que l'homme a marché sur la lune, Jacques Demy, 1973. Sur la photo: Micheline Presle et Marcello Mastroianni.

Jacques Demy a fait cette histoire absurde. Ici, la gynécologue ausculte le malade et déclare: «Il n'y a pas de doute, cet homme attend un enfant.» Le monde entier croit cette nouvelle. La télévision et les journaux ne parlent que de ça.

Explications

3 Les verbes suivants sont irréguliers.

A. Le verbe **croire** (la croyance, la supposition, la conviction)

croire (participe passé: cru)	
je **crois**	nous **croyons**
tu **crois**	vous **croyez**
il, elle **croit**	ils, elles **croient**

1. **Croire** a souvent le même sens que **penser.**
   Je crois qu'il a raison. **Je pense** qu'il a raison.
   Je crois savoir la réponse. **Je pense** savoir la bonne réponse.

Attention: Dans les autres cas, **croire** et **penser** ont des sens différents.

Il croit toutes les histoires que les gens racontent.
Je pense à mes problèmes. = Je réfléchis à mes problèmes.

2. Au passé
   a. Comme avec les verbes **être, avoir, vouloir, savoir, pouvoir,** etc., on emploie généralement l'imparfait avec le verbe **croire.**

   Je croyais que vous étiez parti.
   Nous vous **croyions** en Europe.

   b. Pour indiquer un moment précis, employez le passé composé.

   Quand elle a annoncé cette nouvelle, **nous ne** l'**avons pas crue.**

B. Les verbes irréguliers **ouvrir, couvrir, découvrir, offrir** et **souffrir** ont le même système de conjugaison.

ouvrir (participe passé: **ouvert**)	
j' ouvre	**nous** ouvr**ons**
tu ouvr**es**	**vous** ouvr**ez**
il, elle ouvre	**ils, elles** ouvr**ent**

souffrir (participe passé: **souffert**)	
je souffre	**nous** souffr**ons**
tu souffr**es**	**vous** souffr**ez**
il, elle souffre	**ils, elles** souffr**ent**

C. Le verbe irrégulier **courir** (et ses composés **parcourir, secourir, accourir, recourir,** etc.)

courir (participe passé: **couru**)	
je cours	**nous** cour**ons**
tu cours	**vous** cour**ez**
il, elle court	**ils, elles** cour**ent**

D. Les verbes **rire** et **sourire** ont le même système de conjugaison.

rire (participe passé: **ri**)	
je ris	**nous** ri**ons**
tu ris	**vous** ri**ez**
il, elle rit	**ils, elles** ri**ent**

sourire (participe passé: **souri**)	
je souris	**nous** souri**ons**
tu souris	**vous** souri**ez**
il, elle sourit	**ils, elles** souri**ent**

E. Le verbe **conduire**

conduire (participe passé: **conduit**)	
je conduis	**nous** conduis**ons**
tu conduis	**vous** conduis**ez**
il, elle conduit	**ils, elles** conduis**ent**

Exercices oraux

H. Formez une phrase au présent. Employez le sujet donné.

   Modèle   croire votre histoire (nous)
   Nous croyons votre histoire.

   1. croire cet homme (nous / vous / ces garçons / je)
   2. courir chaque jour (je / mes amis / vous / nous)
   3. conduire une belle voiture (ce monsieur / tu / vous / ces gens)
   4. découvrir la vérité (je / vous / nous / tu)
   5. souffrir quelquefois (tu / nous / vous / tout le monde)
   6. sourire souvent (vous / tu / mes amis / je)

I. Répondez.

   1. Croyez-vous les histoires de science fiction?
   2. Quand souffrez-vous?
   3. Ouvrez-vous les lettres de votre camarade de chambre?
   4. Courez-vous quand vous avez peur?
   5. Riez-vous beaucoup?
   6. Souriez-vous quand vous êtes triste?
   7. Conduisez-vous une voiture japonaise?
   8. Couvrez-vous tous vos livres?

J. Dites au passé composé.

   1. Je ne souffre pas.
   2. On ouvre la porte.
   3. Elle offre une pomme au professeur.
   4. Quand nous découvrons ce scandale, nous ne le croyons pas!
   5. Il court beaucoup de risques.
   6. Tu ne souris pas.
   7. Vous riez.
   8. Ils conduisent des taxis.

K. Demandez à un(-e) autre étudiant(-e) ...

   1. s'il (si elle) souffre quand il y a un examen.
   2. s'il (si elle) découvre une solution à ses problèmes.
   3. s'il (si elle) croit les journaux.
   4. s'il (si elle) offre de l'argent à tout le monde.
   5. s'il (si elle) va offrir du cognac à la classe.
   6. s'il (si elle) va ouvrir son livre de français ce soir.
   7. s'il (si elle) conduit bien.
   8. s'il (si elle) rit quand il (elle) voit un film de Woody Allen.
   9. s'il (si elle) sourit quand on prend sa photo.

L. Dites à quelqu'un ...

   Modèle   d'ouvrir la fenêtre.   *Ouvrez la fenêtre!*

   1. d'ouvrir la porte.
   2. de finir l'exercice.
   3. d'offrir une pomme au professeur.
   4. de ne pas mentir.

5. de ne pas courir.
6. de ne pas dormir en classe.
7. de ne pas sourire.

8. de rire.
9. de ne pas conduire trop vite.
10. de ne pas souffrir.

Présentation IV

Avez-vous beaucoup de frères et de sœurs?

Mais non. J'ai **seulement** une sœur; je **n**'ai **qu**'une sœur.

Avez-vous essayé tous les hors-d'œuvre?

Non, je **n**'ai goûté **que** les champignons farcis.

Explications

4 **Ne ... que** = **seulement**

Je **ne** prends **qu**'une tasse de café le matin. = Je prends **seulement** une tasse de café le matin.
Il **ne** reçoit **que** très rarement des lettres de sa petite amie. = Il reçoit **seulement** très rarement des lettres de sa petite amie.
Les enfants **n**'ont mangé **que** le dessert. = Les enfants ont mangé **seulement** le dessert.
Napoléon **ne** croyait **que** ses intuitions. = Napoléon croyait **seulement** ses intuitions.

Exercices oraux

M. Mettez **ne ... que** dans les phrases.

Modèle   Il boit de l'eau.   *Il ne boit que de l'eau.*

1. J'ai un père.
2. Vous voulez du chocolat.
3. Paul a dormi trois heures hier soir.
4. Arielle buvait du lait.

5. Tu as reçu une lettre.
6. Il a souffert un peu.
7. Nous prenons du thé le soir.
8. Il est six heures.

N. Remplacez **seulement** par **ne ... que** dans les phrases.

Modèle   Il aime seulement une femme.
Il n'aime qu'une femme.

1. Il aimait seulement une chose: manger.
2. Nous avons seulement un dollar.
3. J'aime seulement le vrai champagne.
4. Elle a parlé seulement avec ses amis.
5. Je le fais seulement parce que c'est nécessaire.
6. Tu lis seulement des romans.
7. Vous avez vu seulement deux bons films.

Création

Exercices de conversation

A. Employez l'impératif et donnez deux ordres pour aider quelqu'un qui ...

Modèle veut sortir de la salle de classe.
Ouvrez la porte et avancez!

1. veut trouver un appartement.
2. veut devenir médecin.
3. ne veut pas grossir.
4. veut travailler dans un restaurant français.
5. veut venir chez vous.
6. ne peut pas dormir.
7. ne sait pas faire la cuisine.
8. a des allergies.
9. veut vendre sa voiture.
10. est toujours en retard.

B. Finissez les phrases suivantes, d'abord avec un nom approprié et ensuite avec un verbe approprié.

Modèle Quand on fait une omelette, il faut ...
Quand on fait une omelette, il faut des œufs.
Quand on fait une omelette, il faut la préparer dans la cuisine.

1. Quand on a froid, il faut ...
2. Quand il y a un examen, il ne faut pas ...
3. Quand vous avez des invités, il vous faut ...
4. Quand je suis malade, il me faut ...
5. Quand nous étions à l'école primaire, il nous fallait ...

C. Pour chaque situation donnez trois ordres. Utilisez l'impératif à la forme appropriée (**tu, vous** ou **nous**) et variez les verbes.

1. Vous êtes professeur de natation.[1] C'est le premier jour de classe et vous êtes à la piscine avec douze élèves. Donnez-leur vos premières instructions.
2. Votre camarade de chambre désire sortir avec une personne que vous connaissez bien. Dites-lui ce qu'il faut faire s'il (si elle) veut réussir à l'inviter.
3. Vous êtes pilote et votre avion a eu un accident. Vous et vos passagers êtes perdus dans les Alpes. Vous donnez des ordres collectifs à la forme **nous**.

---

1. *Natation* = "swimming."

D. Regardez la photo, page 268. Répondez.

1. Est-ce que la femme rit? Sourit-elle? Pourquoi?
2. Pourquoi ce monsieur souffre-t-il?
3. Qu'est-ce qu'il lui faut?
4. Inventez une question à propos de la photo. Posez votre question à un autre étudiant ou à une autre étudiante.

Exercices écrits

Faites les exercices écrits qui sont dans le *Cahier d'exercices,* Leçon 13.

Lecture

Évitons la circulation: Prenons le métro

Les gens qui connaissent Paris savent bien que la circulation automobile est très intense. Ils disent souvent que les Parisiens *conduisent* «comme des fous», mais *il ne faut pas* les *croire.* Les Parisiens *conduisent* vite mais ils obéissent généralement aux signaux lu-
5 mineux «feu vert» ou «feu rouge» qui leur ordonnent: *«Passez»* ou «Stop.» Il y a aussi les passages cloutés (pour les piétons quand ils ont la priorité) que les automobilistes respectent. Dans les grands carrefours il y a souvent des agents de police qui dirigent le trafic des

Il y a quelquefois des contrôles.

La Règle du Jeu, Jean Renoir, 1939.
    L'histoire est assez simple. Un aviateur, qui courtise la femme d'un homme riche, est tué par erreur par un gardien. À côté du drame fondamental, il y a toutes sortes d'intrigues amoureuses chez les maîtres et aussi chez les domestiques. Jean Renoir est à la fois réalisateur, scénariste, et interprète dans ce film.

automobiles et des piétons. Ils ont leur fameux bâton à la main et
quelquefois un sifflet à la bouche. Quand ils agitent leur bâton, ça veut
dire: «*Circulez! Circulez! Allez! Allez!* Vite! Vite! Vite!*» Quand tout d'un
coup ils traversent la chaussée et placent leur bâton verticalement,
cela signifie: «*Arrêtez!*» pour les voitures, et «*Passez!*» pour les
piétons.

Il est toujours très difficile et très long de traverser Paris en voiture.
Le moyen de transport le plus efficace, si vous êtes pressé, c'est le
métro. Il est très rapide et très confortable. Les stations importantes
sont décorées dans le style des quartiers où elles sont. Par exemple,
la station du Louvre[2] a de magnifiques reproductions de sculptures
antiques ou médiévales. *Remarquez* aussi et *admirez* l'architecture

2. Le Louvre est un grand musée.

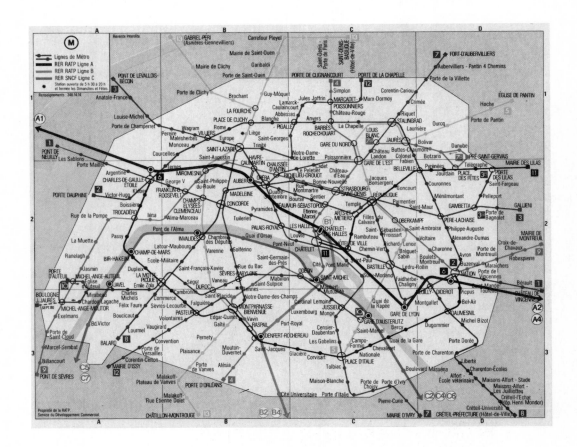

extérieure des vieilles stations. C'est le fameux style «art nouveau» qui était à la mode en 1900, l'année où on a inauguré le métro.

Si vous prenez le métro, voilà quelques conseils: il y a toujours un plan des stations et des lignes de métro à l'extérieur et à l'intérieur de chaque station. *Il faut le consulter.* Il vous indique généralement la station où vous êtes. *Choisissez* ensuite la station la plus proche de l'endroit où vous voulez aller. Vous pouvez maintenant savoir s'il y a une ligne directe entre les deux stations. Si oui, *notez* bien la direction, *achetez* votre ticket et *entrez* dans le couloir (corridor) qui indique la direction que vous désirez. Si vous ne réussissez pas à trouver une ligne directe, *ne désespérez pas! Soyez* patient; vous allez trouver une station où il y a une correspondance[3] entre les deux lignes que vous voulez. Choisissez toujours la combinaison la plus simple et la plus courte. Dans certaines stations on trouve des plans électrifiés. Vous *n'avez qu'à*[4] appuyer sur le bouton qui identifie la station où vous voulez aller et votre circuit va apparaître illuminé sur le plan avec l'indication de la direction. Vous allez remarquer que tout le monde *court* dans les couloirs et les escaliers mécaniques. Ils ont l'air sérieux et pressés. Mais il y a des gens qui bavardent, qui *rient* ou qui *sourient.*

Faites attention: *Ne jetez pas* votre ticket. *Gardez-le.* Il y a quelquefois des contrôles. Vous pouvez aussi décider de le garder comme souvenir de Paris. Bonne chance et bon voyage ... en métro!

Questions sur la lecture

1. Comment conduisent les Parisiens? Et les gens dans votre ville?
2. Que signifie un feu vert? un feu rouge?
3. Quelle est la fonction des passages cloutés? Faut-il traverser dans des passages cloutés dans votre ville?
4. Qu'est-ce que les agents de police font dans les carrefours?
5. Quel est le moyen de transport le plus efficace de Paris?
6. Comment est l'architecture extérieure des stations de métro?
7. Où y a-t-il un plan des stations et des lignes de métro?
8. Quand avez-vous besoin de trouver une station où il y a une correspondance entre deux lignes?
9. Si vous appuyez sur un bouton d'un plan électrifié, quel est le résultat?
10. Quels sont les transports publics dans votre ville? Comment circulez-vous dans votre ville?

3. *Correspondance* = "transfer connection."
4. *Vous n'avez qu'à* = il faut seulement.

Discussion / Composition

1. Y a-t-il un métro dans votre ville? Sinon, quel est le meilleur transport public? Donnez des conseils à quelqu'un qui ne connaît pas le système. Employez des impératifs, l'expression **il faut,** et les verbes de la leçon.

2. Quels endroits dans votre ville recommandez-vous à un touriste? Pourquoi? Expliquez à un touriste imaginaire ou réel comment aller à ces endroits et les activités que vous recommandez dans ces endroits. Employez l'impératif, les verbes de la leçon et l'expression **il faut.**

Improvisation

Deux personnes: Un visiteur étranger est perdu dans votre ville. Essayez de lui donner des renseignements. Utilisez beaucoup d'impératifs et beaucoup de verbes de la leçon.

Vocabulaire

noms	verbes	noms apparentés
bateau à voile m.	agiter	acide m.
carrefour m.	appuyer	adolescence f.
chaussée f.	arrêter	allergie f.
couloir m.	avancer	automobiliste m. ou f.
enfance f.	conduire	bouton m.
feu rouge m.	croire	circuit m.
feu vert m.	découvrir	combinaison f.
moyen de transport m.	désespérer	contrôle m.
passage clouté m.	inaugurer	correspondance f.
passager m.	jeter	priorité f.
plan m.	ordonner	scandale m.
signal lumineux m.	ouvrir	taxi m.
	rire	ticket m.
adjectifs	souffrir	trafic m.
	sourire	
décoré(-e)	traverser	
efficace		
fameux(-euse)	**autre expression**	
pressé(-e)		
proche	être au régime	
rapide		

14 Quatorzième Leçon

Allons-y! Parlons-en!

Y et *en*
Pronoms disjoints
Penser à, penser de, parler de

Les verbes *vivre* et *suivre*

Lecture: *Deux générations, deux systèmes*

On trouve des légumes et des fruits frais au marché rue Cambronne.

Découverte

Présentation I

Sommes-nous dans la classe?	Oui, nous **y** sommes.
Allez-vous souvent en ville?	Non, je n'**y** vais pas souvent.
Aimez-vous aller à la campagne?	Oui, j'aime **y** aller.
Êtes-vous allé au laboratoire hier soir?	Non, je n'**y** suis pas allé.

Explications

1 Le pronom complément **y**

A. **Y** remplace un nom introduit par **à (au, aux, à la, à l')** ou une préposition de lieu, comme **dans, en, sur, sous, chez, devant, derrière.**

Habitez-vous *aux États-Unis?*	Oui, nous **y** habitons.
Aimez-vous aller *au cinéma?*	Non, je n'aime pas **y** aller.
Allez-vous aller *à la soirée de Pat?*	Oui, je vais **y** aller et je suis
Êtes-vous content d'**y** aller?	content d'**y** aller.
Êtes-vous *dans la bibliothèque?*	Non, je n'**y** suis pas.
Êtes-vous allé *dans la lune?*	Non, je n'**y** suis pas allé.
Avez-vous dîné *dans ce restaurant?*	Oui, nous **y** avons dîné.

Sommes-nous dans la classe?

Le Jour se lève, Marcel Carné, 1939. Scénario de J. Viot et Jacques Prévert. Sur la photo: Jean Gabin et Arletty.
   Un ouvrier, assassin rêve de son passé et finit par se suicider.

Êtes-vous allé au laboratoire hier soir?

Les 400 Coups, François Truffaut, 1959.

Presque autobiographique, ce film présente l'histoire d'un jeune garçon. Mal compris par ses parents et par ses professeurs, il fait différentes escapades. Forcé d'aller dans un centre de réhabilitation, il finit par partir. Réalisé avec un budget restreint, ce film a connu un succès international.

Remarquez: **À** + personne ——→ pronom objet indirect **(lui, leur ...)**

J'obéis *à ma mère.*	Je **lui** obéis.
J'obéis *à la loi.*	J'**y** obéis.

B. **Y** est placé *directement devant le verbe* qui a un rapport logique avec ce pronom.

Êtes-vous *en classe?*	Oui, j'**y** suis.
Réfléchissez-vous *à ce problème?*	Oui, j'**y** réfléchis.
Aimez-vous aller *au laboratoire?*	Non, je n'aime pas **y** aller.
À quelle heure êtes-vous arrivés *chez vos amis?*	Nous **y** sommes arrivés à midi.

C. Avec l'*impératif affirmatif,* **y** est placé *après le verbe.*

impératif affirmatif	impératif négatif
Vas-**y!**[1]	N'**y** va pas!
Allons-**y!**	N'**y** allons pas!
Allez-**y!**	N'**y** allez pas!

Remarquez: Faites la liaison à l'impératif affirmatif entre le verbe et le pronom.

Vas-y!   Allez-y!
[z]   [z]

1. Avec le pronom complément *y,* on est obligé d'ajouter un **-s** à l'impératif familier pour des raisons euphoniques. Remarquez qu'au négatif, le **-s** disparaît.

Exercices oraux

A. Répétez les phrases suivantes et remplacez le complément du verbe par le pronom **y.**

Modèle Ils vont au Mexique. *Ils y vont.*

1. Tu vas au cinéma.
2. Je vais en France.
3. Je vais étudier en France.
4. Vous refusez d'aller à Lima.
5. Nous répondons au télégramme.
6. Ils vont souvent au théâtre.
7. Elles sont arrivées en classe.
8. Il a dormi dans son sac de couchage.
9. Nous avons skié dans les Alpes.
10. Le chien a disparu sous le lit.

B. Utilisez l'impératif affirmatif et négatif et le pronom approprié et dites à un(-e) autre étudiant(-e) ...

Modèle de parler à Jacques.
Parle-lui!
Ne lui parle pas!

1. d'écrire son nom.
2. de répondre au professeur.
3. de répondre à la question.
4. d'aller à ses cours.
5. de vous aider.
6. de nous écrire.
7. d'écrire les exercices pour demain.
8. de réfléchir à ses examens.
9. d'obéir à ses parents.
10. de regarder le tableau.

C. Demandez à un(-e) autre étudiant(-e) ...
(Employez le pronom approprié dans la réponse.)

Modèle s'il (si elle) est devant le tableau.
Question: *Es-tu devant le tableau?*
Réponse: *Oui, j'y suis.* ou
Non, je n'y suis pas.

1. s'il (si elle) est à côté du mur.
2. s'il (si elle) habite sur le campus.
3. s'il (si elle) est allé(-e) au Mexique.
4. s'il (si elle) a conduit dans les montagnes.
5. s'il (si elle) a dîné au restaurant universitaire.

Présentation II

Leslie a-t-elle de l'imagination? Et vous, **en** avez-vous?

Oui, elle **en** a et j'**en** ai aussi.

Les étudiants ont-ils besoin de temps libre? **En** ont-ils besoin?

Oui, ils **en** ont besoin.

Peut-on avoir trop d'amis?

Non, on ne peut pas **en** avoir trop.

Est-il difficile d'avoir des amis quand on est sympathique?

Non, il n'est pas difficile d'**en** avoir. Mais si on est méchant, on n'**en** a pas beaucoup.

Voulez-vous des fleurs? Allez-vous **en** acheter?

Oui, j'**en** veux et je vais **en** acheter cet après-midi.

Votre mère a-t-elle des sœurs? Combien **en** a-t-elle?

Elle **en** a deux.

Avez-vous fait de la natation l'été passé?

Oui, j'**en** ai fait.

Explications

2 Le pronom complément **en**

A. **En** remplace un nom introduit par **de (du, de la, de l', des).**

On vend *du sucre* dans une épicerie.
On **en** vend dans une épicerie.

Prenez-vous *de l'essence* à la station-service?
En prenez-vous à la station-service?

J'achète *des livres* dans une librairie.
J'**en** achète dans une librairie.

Avez-vous pris *de la crème* dans votre café?
En avez-vous pris dans votre café?

Elle revient *de Philadelphie.*
Elle **en** revient.

B. Quand le nom n'est pas exprimé, **en** est obligatoire avec les expressions de quantité comme ...

assez de	**tant de**	**un litre de**
beaucoup de	**un peu de**	**un kilo de**
trop de	**combien de**	**autant de**

Remarquez: **En** remplace **de** + le nom; **en** ne remplace pas le reste de l'expression de quantité.

Y a-t-il trop **d'étudiants** ici?
Y **en** a-t-il *trop* ici?

Il n'y a pas assez **d'étudiants** ici.
Il n'y **en** a *pas assez* ici.

Je veux un litre **de vin.**
J'**en** veux *un litre*.

C. Dans l'absence du nom, **en** est obligatoire après les nombres **(un, deux, vingt, quarante,** etc.). Les nombres sont aussi des expressions de quantité.

J'ai un **livre.**
J'**en** ai un.

Je n'ai qu'une **mère.**
Je n'**en** ai qu'une.

Je connais trois **architectes.**
J'**en** connais trois.

Il a mangé dix-huit **crêpes.**
Il **en** a mangé dix-huit.

D. Avec certaines expressions verbales (en particulier des expressions avec **avoir**) **en** remplace **de** + nom objet ou même tout le complément verbal (**de** + infinitif + objet).

avoir besoin de	**avoir l'intention de**	**avoir l'occasion de**
avoir envie de	**avoir la possibilité de**	**avoir honte de**
avoir peur de		

J'ai besoin **de vos notes.**   J'**en** ai besoin.
J'ai besoin **de dormir.**   J'**en** ai besoin.
Elle a envie **de boire du champagne.**   Elle **en** a envie.
Ils ont peur **de la nuit.**   Ils **en** ont peur.

E. Le pronom **en** est aussi placé *directement devant le verbe* qui a un rapport logique avec ce pronom.

J'ai des amis.   J'**en** ai.
J'aime avoir des amis chez moi.   J'aime **en** avoir chez moi.
Elle va prendre deux photos.   Elle va **en** prendre deux.
Elle a mangé de la quiche.   Elle **en** a mangé.

Remarquez: Quand le pronom est **y** ou **en** on ne fait pas l'accord du participe passé avec l'auxiliaire **avoir.**

F. À l'impératif, on dit:

Prends-**en**!	N'**en** prends pas!
Prenons-**en**!	N'**en** prenons pas!
Prenez-**en**!	N'**en** prenez pas!

Remarquez: Faites bien la liaison à l'impératif affirmatif entre le verbe et le pronom objet:
Prends-en!   Prenez-en!   Donnons-en!
  [z]   [z]   [z]

Exercices oraux

D. Répétez les phrases suivantes et remplacez le complément du verbe par le pronom **en.**

Modèle   Je viens des États-Unis.
            J'en viens.

1. Ils font du camping.
2. Ils font beaucoup de camping.
3. Je demande quatre cigares.
4. Vous avez l'occasion de voyager.
5. Il a peur des chiens méchants.
6. Tu as assez de travail.
7. Vous avez fait des erreurs.
8. Il est sorti de la salle.
9. Tu as écrit de la poésie.
10. Nous n'avions pas envie de parler.

E. Répondez aux questions suivantes. Employez **en** dans votre réponse.

> *Modèle* Combien de mains avez-vous?
> *J'en ai deux.*

1. Combien d'oreilles avez-vous?
2. Combien de doigts avez-vous?
3. Combien de frères avez-vous?
4. Combien de sœurs avez-vous?
5. Combien de nez avez-vous?
6. Combien de personnes y a-t-il dans votre famille?
7. Combien de tasses de café avez-vous bues hier?
8. Combien de pays avez-vous visités?
9. Combien de lettres avez-vous reçues cette semaine?
10. Combien de pages y a-t-il dans *Découverte et Création?*

F. Demandez à un(-e) autre étudiant(-e) ...
Employez le pronom approprié dans la réponse. (Attention: Il y a toutes sortes de pronoms possibles ici.)

> *Modèles* s'il (si elle) parle du dernier film de Truffaut.
> Question: *En parles-tu?* ou
> *Parles-tu du dernier film de Truffaut?*
> Réponse: *Oui, j'en parle.* ou
> *Non, je n'en parle pas.*
>
> s'il (si elle) va voir ses parents.
> Question: *Vas-tu voir tes parents?* ou
> *Vas-tu les voir?*
> Réponse: *Oui, je vais les voir.* ou
> *Non, je ne vais pas les voir.*

1. s'il (si elle) parle de son livre de français.
2. s'il (si elle) parle aux autres étudiants.
3. s'il (si elle) aime les animaux.
4. s'il (si elle) a peur des animaux.
5. s'il (si elle) a beaucoup d'animaux.
6. s'il (si elle) obéit à son père.
7. s'il (si elle) écrit des lettres.
8. s'il (si elle) écrit beaucoup de lettres.
9. s'il (si elle) écrit au Père Noël.[2]
10. s'il (si elle) dort dans l'autobus.

---

2. *Le Père Noël* = "Santa Claus."

Présentation III

Venez-vous au cinéma avec **nous** ou y allez-vous avec Georges et Anne?

Je préfère y aller avec **vous.** Je n'y vais pas avec **eux.**

Aimez-vous les escargots?

Moi, je ne les aime pas, mais mon père, **lui,** les adore. Les Américains ne mangent pas souvent d'escargots, mais les Français, **eux,** en mangent beaucoup.

Explications

3 Les *pronoms disjoints* (pronoms d'accentuation, pronoms après les prépositions)

je →	**moi**	nous →	**nous**
tu →	**toi**	vous →	**vous**
il →	**lui**	ils →	**eux**
elle →	**elle**	elles →	**elles**

A. On utilise les pronoms disjoints pour insister sur la personne qui est le sujet ou l'objet (direct ou indirect) d'une action et pour faire un contraste entre deux personnes.

> Louise, **elle,** est partie en vacances, mais Jean-Luc, **lui,** est resté ici.
> Louise est partie en vacances, **elle,** mais Jean-Luc est resté ici, **lui.**
> Vous avez de la chance, **vous!** Moi, je n'en ai pas!
> **Nous,** nous préférons marcher, mais les Smith, **eux,** adorent rouler en voiture.

B. On utilise les pronoms disjoints après *c'est* ou *ce sont.*

> C'est **vous** qui avez tort et c'est **moi** qui ai raison.
> Ce n'est pas **moi** qui apporte le vin, c'est **toi!**
> Ce sont **eux** qui ont fait ce travail, pas **nous.**

C. On utilise aussi les pronoms disjoints après les prépositions comme **devant, derrière, à côté de, chez, pour, avec, en, comme, sans,** etc.

> Elle a fait ce voyage **sans lui.**
> Nous sommes **derrière eux.**
> Venez **chez nous!**
> Ils venaient **avec nous** quand nous allions en ville.
> Voilà Arthur; justement nous parlions **de lui.**

Attention: Ne confondez pas **lui**, pronom disjoint masculin, avec **lui,** pronom objet indirect masculin *ou* féminin.

Jacques parle à la jeune fille.	Jacques **lui** parle.
Jacques parle de la jeune fille.	Jacques parle **d'elle**.
Jacques parle avec la jeune fille.	Jacques parle **avec elle**.
Je parle au jeune homme.	Je **lui** parle.
Je parle du jeune homme.	Je parle **de lui**.
Je parle avec le jeune homme.	Je parle **avec lui**.

D. On utilise aussi les pronoms disjoints après **que** dans une phrase comparative.

> Gilberte est plus gentille **que moi**.
> Paul joue du piano, mais Thérèse joue mieux **que lui**.

Exercices oraux

G. Dans les phrases suivantes insistez sur les sujets ou sur les objets. Employez les pronoms disjoints.

Modèle   J'ai les yeux bruns mais mon père a les yeux bleus.
Moi, j'ai les yeux bruns mais mon père, lui, a les yeux bleus.

1. Je comprends la question, mais Martin ne la comprend pas.
2. Tu téléphones à Sylvie ce soir, et nous lui téléphonons demain.
3. Nathalie, on l'aime, mais on ne m'aime pas.
4. Vous pouvez préparer la salade et nous pouvons préparer le rosbif.
5. Je t'adore mais tes amis, je les déteste.
6. Jacqueline et Marianne parlent français, et Bob et moi parlons anglais.

H. Dans les phrases suivantes, remplacez les noms par un pronom disjoint approprié.

Modèle   Je vais chez mon professeur.
Je vais chez lui.

1. Je vais chez mon oncle.
2. Nous voyageons avec Claude et Jean-Louis.
3. Tu parles de Jacqueline.
4. Elle est à côté de ses amis.
5. Je déjeune avec Élisabeth.
6. Je déjeune avec Paul.
7. Je déjeune avec Paul et Élisabeth.
8. C'est une photo de Catherine et de moi.
9. C'est une photo de Catherine et d'Élisabeth.
10. C'est une photo de toi et de Catherine.

I. Finissez les phrases suivantes avec **que** + le pronom disjoint approprié.

Modèle   Je suis plus content que Marie; elle est moins
          contente ...
          Je suis plus content que Marie; elle est moins
          contente que moi.

1. Tu es moins âgé que Pierre; il est plus âgé ...
2. Je parle plus fort que vous; vous parlez moins fort ...
3. Ils sont plus grands que nous; nous sommes moins grands ...
4. Elle est plus riche que moi; je suis moins riche ...
5. Nous nageons moins bien que toi; tu nages mieux ...

J. Employez un pronom disjoint ou un pronom objet (direct ou indirect) pour répondre à ces questions.

1. Avez-vous téléphoné à Dolly Parton?
2. Est-ce vous qui parlez?
3. Allez-vous dîner avec votre camarade de chambre ce soir?
4. Avez-vous appris à marcher sans vos parents?
5. Avez-vous répondu au professeur récemment?
6. Écrivez-vous souvent à vos sénateurs?
7. Quand vous dansez, êtes-vous en face de votre partenaire?
8. Qui est devant vous?
9. Qui est plus grand que _____ et _____?
10. Voulez-vous parler à Barbara Walters?

Présentation IV

Pensez-vous à vos amis quand ils ne sont pas ici?

Oui, **je pense à eux,** et **je parle** beaucoup **d'eux** aussi.

Pensez-vous à vos problèmes?

Oui, **j'y** pense mais **je n'en parle pas** toujours.

Que **pensez-vous de** ce tableau moderne?

Je pense qu'il est intéressant.

Que **pensez-vous de** cette actrice?

Je pense qu'elle est formidable.

Parlez-vous souvent **de** cette actrice?

Oui, je **parle** souvent **d'elle.**

Explications

4 **Penser à** ⎫
   Penser de ⎬ + une personne ou une chose
   Parler de ⎭

A. **Penser à** + objet de la réflexion mentale

> Je pense **à mes problèmes.** Je pense aussi **aux (à + les) problèmes** universels.
> Robert pense **à Françoise.**

Remarquez l'emploi des pronoms compléments avec **penser à.**

1. Une chose → **y**

> Je pense **à mon premier jour d'école élémentaire.** J'**y** pense.
> Elle pense **à sa destinée.** Elle **y** pense.
> Vous pensez **à vos dettes.** Vous **y** pensez.

2. Une personne → pronom disjoint

> Anne pense **à Michel.** Anne pense **à lui.**
> Michel pense **à ses amis.** Michel pense **à eux.**
> Vous pensez **à toutes vos amies.** Vous pensez **à elles.**

B. **Penser de** → objet de l'opinion

1. On emploie **penser de** particulièrement dans une question mais **penser que** dans la réponse.

> Que pensez-vous **de ma composition? Je pense qu'**elle est excellente.
> Que penses-tu **du président** de l'université? **Je pense qu'**il est trop austère.

2. On emploie le pronom **en** pour une chose et les pronoms disjoints pour une personne.

> Claire propose un pique-nique. Qu'**en** penses-tu?
> Il y a deux nouveaux étudiants dans la classe. Que pensez-vous **d'eux?**

C. Remarquez aussi l'emploi des pronoms compléments avec **parler de.**

1. Une chose → **en**

> Nous parlons **de notre classe.** Nous **en** parlons.
> Il a beaucoup parlé **de sa nouvelle voiture.** Il **en** a beaucoup parlé.

2. Une personne → pronom disjoint

> Anne parle **de Michel.** Anne parle **de lui.**
> Vous parlez **de vos sœurs.** Vous parlez **d'elles.**

Exercices oraux

K. Répondez.

1. À quoi pensez-vous quand vous êtes dans la classe de français?
2. Que pensez-vous du système électoral aux États-Unis?
3. À quoi pensez-vous quand vous êtes dans un restaurant?
4. À qui pensez-vous quand vous êtes avec votre ami(-e)?
5. Pensez-vous au professeur de français le samedi?
6. Que pensez-vous de la crise de l'énergie?

L. Répétez les phrases suivantes avec **y, en** ou un pronom disjoint.

Modèle   Ils parlent de leur maison d'étudiants.
Ils en parlent.

1. Je pense à mes difficultés.
2. Vous pensez à vos amis.
3. Tu parles de ton camarade de chambre.
4. Tu parles de ta camarade de chambre.
5. On parle du Président.
6. Nous pensons à nos exercices.
7. Vous parlez de la situation politique.
8. Je pense à mes sœurs.

M. Demandez à un(-e) autre étudiant(-e) son opinion à propos des choses ou des personnes données. Employez un pronom approprié.

Modèle   le livre de français

Question: *Qu'en penses-tu?*   ou
Qu'est-ce que tu en penses?
Réponse: *Je pense qu'il est superbe.*

1. l'art impressionniste
2. Leonard Bernstein
3. la musique populaire
4. l'astronaute Sally Ride
5. Abbott et Costello
6. ma coiffure

Présentation V

Les Français **vivent-ils** bien ou mal? Et vous?	Ils **vivent** bien, probablement. Moi, **je vis** assez bien.
Est-ce que le Marquis de Lafayette **a vécu** au dix-septième ou au dix-huitième siècle?	Il **a vécu** au dix-huitième siècle.
Suivez-vous un cours d'histoire?	Oui, **je suis** un cours d'histoire américaine.
Avez-vous suivi les explications du professeur?	Oui, **je les ai suivies.**

Explications

5 Les verbes **vivre** (et ses composés **revivre, survivre**) et **suivre**

vivre	(participe passé: **vécu**)
je **vis**	nous **vivons**
tu **vis**	vous **vivez**
il, elle **vit**	ils, elles **vivent**

suivre	(participe passé: **suivi**)
je **suis**	nous **suivons**
tu **suis**	vous **suivez**
il, elle **suit**	ils, elles **suivent**

Remarquez: On **suit** un cours.

> **Je suis** quatre cours ce semestre.
> **Je n'ai suivi que** trois cours le semestre dernier.
> **Elle suit** un cours d'informatique.

Exercices oraux

N. Faites une phrase au temps et à la personne indiqués.

> *Modèle*   *présent:* vivre en Amérique (je)
> *Je vis en Amérique.*

1. *présent:* vivre bien (nous / on / ces gens)
2. *présent:* suivre un cours de chimie (je / vous / Patricia)
3. *passé composé:* vivre en Europe (je / Hemingway / vous)
4. *passé composé:* suivre mon histoire (tu / nous / mes amis)
5. *imparfait:* vivre pour l'amour (l'homme / l'homme et la femme / nous)

O. Répondez.

1. Quels cours suivez-vous?
2. Suivez-vous les explications du livre?
3. Vivez-vous pour manger (ou mangez-vous pour vivre)?
4. Qui a vécu au dix-neuvième siècle?
5. Avez-vous suivi les dernières campagnes électorales?

P. Demandez à un(-e) autre étudiant(-e) ...

1. s'il (si elle) vit à l'université ou en ville.
2. s'il (si elle) vit dans un appartement ou dans une maison.
3. si ses amis vivent près de l'université.
4. s'il (si elle) a vécu longtemps dans le même endroit.
5. quels cours il (elle) suit ce semestre.
6. quels cours il (elle) a suivis le semestre passé.

Création

Exercices de conversation

A. Imaginez la question qui correspond aux réponses suivantes.
N'employez pas **y** ou **en** dans la question.

Modèle Oui, il y habite.
Le Président habite-t-il à la Maison Blanche?

1. Oui, tout le monde en a deux.
2. Non, il n'y est pas.
3. Oui, on y joue au tennis.
4. Non, je n'en ai pas peur.
5. Oui, on y mange du sushi.
6. Non, je n'y ai pas vécu.
7. Non, on n'y pense pas quand on est content.
8. Non, il n'en a pas parlé récemment.
9. Il y en a douze.
10. On y danse.

B. Demandez à un(-e) autre étudiant(-e) à qui ou à quoi il (elle)
pense dans les circonstances indiquées.

Modèle C'est la fête des mères.

Question: *À qui penses-tu quand c'est la fête des mères?*
Réponse: *Je pense à ma mère, naturellement, et je pense à*
ma grand-mère aussi.

ou
Question: *À quoi penses-tu quand c'est la fête des mères?*
Réponse: *Je pense au cadeau que je vais offrir à ma mère.*

1. Il (elle) est au restaurant.
2. Il (elle) est au laboratoire.
3. C'est la Saint-Valentin.
4. Il (elle) voit un film comique.
5. Il (elle) reçoit une carte d'anniversaire.
6. C'est le premier janvier.
7. C'est Noël.
8. Il (elle) a mal à l'estomac.

C. Vous êtes chez Janine et une personne inconnue téléphone.
Comme vous entendez seulement Janine, vous imaginez la conversation.

Janine:

—Allô. Qui est-ce?

—Non, franchement, je ne pensais
pas à toi. Je suis un peu occupée
en ce moment.

—Oh, je pense qu'il est intéressant,
mais je ne veux pas parler de lui.

—Parce que j'ai eu une dispute avec
lui la semaine dernière.

—Je pense que tu ne comprends pas.

—Non, je n'en ai pas.

—Non, je ne veux pas y aller avec toi.

—Parce que je n'ai pas oublié notre
dernière dispute. Au revoir!

La personne inconnue:

———. ————?

———. ————?

———. ————?

————!

————?

————?

————?

D. Interviewez un(-e) étudiant(-e) qui joue le rôle d'un critique de
cinéma. Demandez-lui son opinion du dernier film qu'il a vu. Il va
répondre avec **y, en,** des pronoms disjoints, etc. quand c'est possible.
Demandez-lui ...

—le nom du dernier film qu'il a vu
—s'il a suivi l'histoire facilement
—combien de bons acteurs il y a dans ce film
—ce qu'il pense des costumes («Qu'est-ce que vous ... »)
—ce qu'il pense du décor
—ce qu'il pense du film
—si ses commentaires vont paraître dans le journal

Selon ses réponses, voulez-vous aller voir ce film?
Si vous l'avez déjà vu, êtes-vous d'accord avec lui?

E. Regardez la photo, p. 279, et répondez. Employez un pronom si possible.

1. Combien d'hommes y a-t-il?
2. À quoi pense le petit garçon? (Imaginez.) et le gendarme
   assis? (Imaginez aussi.)
3. Sont-ils devant le juge? dans le bureau du professeur de
   français? dans le commissariat de police?
4. Inventez une question à propos de la photo. Posez-la à un(-e) autre étudiant(-e).

Exercices écrits

Faites les exercices écrits qui sont dans le *Cahier d'exercices,*
Leçon 14.

Lecture

Deux générations, deux systèmes

Madame Pasquier habite dans le XVe arrondissement[3] à Paris. Elle *vit* seule et comme elle mange peu, elle ne fait ses courses que trois fois par semaine. Elle a peur des voleurs, alors quand elle sort, elle ferme toujours sa porte à clé.[4] Elle met sa liste dans son sac, prend
5 un filet et part à pied.

D'abord, elle va au marché rue Cambronne. Elle *pense que* les légumes et les fruits *y* sont bien plus frais que dans les supermarchés. Au marché, les marchands sont très pittoresques. On les entend *parler des* mérites de leur marchandise: «Les voilà, les carottes de Bre-
10 tagne, les pommes de Normandie! Regardez-les! Goûtez! Achetez-en! Allez-y![5] Allez-y! Vous pouvez *y* aller. Ce sont les meilleures du marché. Voilà ma petite dame! Ça fait deux francs cinquante.»

Ensuite, Madame Pasquier va à l'épicerie. Elle *y* achète du thé et de l'huile. Et puis elle entre à la crémerie où elle choisit quelques
15 fromages; elle les met dans son filet. Elle va aussi à la boucherie pour prendre de la viande. Elle n'*en* achète pas beaucoup, mais elle aime bien discuter avec la bouchère et *suit* toujours ses conseils culinaires. Quelquefois elle va à la charcuterie. On *y* vend du pâté, du jambon, du saucisson et des plats préparés. Le vendredi, traditionnellement,
20 elle prend du poisson à la poissonnerie. Chaque jour elle va à la boulangerie acheter une baguette de pain frais. D'ailleurs, elle *y* achète souvent une ficelle, qui est plus petite qu'une baguette.

Madame Pasquier comprend mal le rythme de la vie moderne. Elle *suit* toujours la même routine parce que cette routine lui permet de
25 bavarder avec les commerçants et d'avoir des rapports plus humains avec *eux.*

Par contre, son fils et sa belle-fille, Jean-Luc et Chantal, *vivent* autrement. Ils travaillent tous les deux. *Ils pensent* moins à la qualité des produits qu'*à* la rapidité du service. Alors ils font les courses une
30 fois par semaine dans un supermarché. Pour *eux* le système traditionnel prend trop de temps. Comme ils habitent aussi le XVe, ils vont en voiture à Inno Montparnasse, qui est le plus grand supermarché du quartier. En fait, on l'appelle un hypermarché parce qu'on *y* vend des meubles, des vêtements, etc., aussi bien que de la nourriture.
35 Quelquefois ils emmènent leur petit garçon Arnaud avec *eux.*

Quand ils arrivent, ils prennent un chariot. Ils *y* mettent du lait, du beurre, des œufs, des boîtes de conserve, de la viande, du vin et des

3. La ville de Paris est divisée en vingt secteurs appelés *arrondissements.*
4. *Fermer à clé* = ''to lock.''
5. *Allez-y* = ''Go ahead.''

Madame Pasquier habite dans le XVe arrondissement à Paris.

Les Enfants du Paradis (voir page 189).

fromages. Ils achètent plusieurs fromages car, comme tous les Français, ils *en* mangent beaucoup. Quand ils ont fini leur marché, ils vont
40 à la caisse. La caissière est pressée et n'a pas le temps de dire bonjour. Comme elle ne met pas les provisions dans des sacs, Jean-Luc
et Chantal les mettent dans leurs filets et dans leurs paniers. Ce système mécanique et impersonnel leur permet de faire les courses de
la semaine en une heure et demie. Que de temps gagné![6] Que vont-
45 ils *en* faire?[7] Qu'*en* pensez-vous?

Questions sur la lecture

1. Combien de fois par semaine Madame Pasquier fait-elle ses courses?
2. Où achète-t-elle des légumes et des fruits? Pourquoi?
3. Qu'est-ce que Madame Pasquier achète à l'épicerie?
4. Qu'est-ce qu'elle achète à la crémerie?
5. Où achète-t-elle de la viande? Du poisson?
6. Qu'est-ce qu'elle achète à la boulangerie?
7. Où vont Jean-Luc et Chantal pour faire les courses?
8. Combien de fois par semaine y vont-ils?
9. Y vont-ils à pied ou en voiture?
10. Qu'achètent-ils à Inno?

6. *Que de temps gagné!* = Combien de temps est gagné!
7. *Que vont-ils en faire?* = Que vont-ils faire *de* leur temps gagné?

Discussion / Composition

1. La lecture décrit deux façons différentes de faire le marché. Quelle manière vous paraît la plus pratique? La plus économique? La plus pittoresque? Dans quel magasin la qualité des produits est-elle meilleure? Pourquoi? Y a-t-il une différence entre votre façon de faire le marché et la routine suivie par vos parents? Expliquez.

2. Qui fait les courses chez vous? Où va-t-il (elle)? Combien de fois par semaine? Où achète-t-il (elle) des légumes? De la viande? Du pain?

3. Aimez-vous faire les courses ou détestez-vous les faire? Expliquez en détail.

Improvisation

Deux personnes: Deux camarades de chambre, qui ont des goûts très différents, essaient de préparer une liste pour faire les courses ensemble: par exemple, un(-e) végétarien(-ne) et quelqu'un qui adore la viande. Ils ont une dispute.

Vocabulaire

noms

arrondissement m.
baguette f.
boîte de conserve f.
boucher m. (bouchère f.)
boucherie f.
caissier m. (caissière f.)
campagne f.
chariot m.
crémerie f.
épicerie f.
ficelle f.
filet m.
huile f.
informatique f.
librairie f.
panier m.
poissonnerie f.
provisions f.pl.
siècle m.

verbes

goûter
rouler
suivre

adverbe

d'ailleurs

autres expressions

avoir l'intention de
avoir l'occasion de
avoir la possibilité de
faire contraste
faire les courses
fermer à clé

noms apparentés

chef m.
crise f.
décor m.
destinée f.
dette f.
liste f.
mérite m.
poésie f.
supermarché m.
victime f.

15 Quinzième Leçon

Non! Plus jamais ... personne!

Parce que et à cause de
La négation (suite): *ne ... jamais, plus,
pas encore, personne, rien, aucun,
nulle part, ni ... ni*
Les pronoms indéfinis: *quelque chose,
rien, quelqu'un, personne*

Avant et après avec un nom ou un verbe

Lecture: *En France n'offrez jamais de
chrysanthèmes!*

Des gens superstitieux achètent leur billet de loterie le treize du mois, un jour de chance.

Découverte

Présentation I

Philippe, expliquez-moi votre absence d'hier.

Oh, Madame, j'étais absent **à cause** d'une maladie. Je ne suis pas venu au cours **parce que** j'étais malade.

Explications

1 **Parce que** et **à cause de:** On emploie **parce que** devant une proposition (un *sujet* + *verbe*). On emploie **à cause de** devant un nom.

> Nous ne voulons pas danser **parce que** la musique est détestable.
> Elle est partie **à cause d**'une dispute avec son père.

Exercices oraux

A. Faites une phrase. Employez **parce que** ou **à cause de.**

Modèles   Nous sommes tristes / le mauvais temps
Nous sommes tristes à cause du mauvais temps.

Nous sommes tristes / il fait mauvais
Nous sommes tristes parce qu'il fait mauvais.

1. Nous sommes rentrés tôt / la pluie
2. Nous sommes rentrés tôt / il a commencé à pleuvoir
3. Il dort / le vin qu'il a bu
4. Il dort / il a bu trop de vin
5. Je suis parti très vite / j'ai vu qu'il était très tard
6. Je suis parti très vite / l'heure qu'il était

B. Inventez deux réponses à chaque question: (1) avec **parce que** et (2) avec **à cause de.**

Modèle   Pourquoi êtes-vous triste?
Je suis triste parce que mes plantes sont mortes.
Je suis triste à cause de la mort de mes plantes.

1. Pourquoi ne mangez-vous pas?
2. Pourquoi dit-on «Quel dommage»?
3. Pourquoi souffrez-vous?
4. Pourquoi n'avez-vous pas votre composition aujourd'hui?
5. Pourquoi êtes-vous furieux (furieuse)?

Présentation II

Dites-vous toujours des bêtises?

Non, je **ne** dis **jamais** de bêtises.

Avez-vous déjà trente-cinq ans?

Non, je **n'**ai **pas encore** trente-cinq ans. Je n'ai que vingt ans.

Avez-vous encore douze ans?

Non, je **n'**ai **plus** douze ans; je **ne** suis **plus** un enfant.

Y a-t-il quelqu'un chez vous maintenant?

Non, il **n'**y a **personne** chez moi; j'habite seul.

Avez-vous vu quelqu'un derrière la porte?

Non, je **n'**ai vu **personne.**

Qu'est-ce que David a dans la bouche? Et vous?

David a du chewing-gum dans la bouche. Moi, je **n'**ai **rien** dans la bouche.

Avez-vous entendu ce bruit?

Non, je **n'**ai **rien** entendu.

Paul est fils unique. A-t-il des frères et des sœurs?

Non, il **n'**a **ni** frères **ni** sœurs.

Explications

2 La négation (suite)

ne ... jamais	ne ... rien
ne ... plus	ne ... aucun(-e)
ne ... pas encore	ne ... nulle part
ne ... personne	ne ... ni ... ni

A. Étudiez les phrases suivantes et leur contraire.

Il parle **toujours.**
Il parle **quelquefois.**

≠

Il **ne** parle **jamais.**

Vos parents sont **encore** jeunes. ≠ Vos parents **ne** sont **plus** jeunes.

Denis a **déjà dix ans.** ≠ Denis **n**'a **pas encore** dix ans.

Il y a **quelqu'un** à la porte. ≠ Il **n**'y a **personne** à la porte.

Quelqu'un est absent. ≠ **Personne n**'est absent.

Nous voyons **quelque chose**. ≠ Nous **ne** voyons **rien.**

Tu es grand **et** gros. ≠ Tu **n**'es **ni** grand **ni** gros.

Ils ont **quelques** amis.   ≠   Ils **n'**ont **aucun** ami.

Ils sont allés à **toutes** les   ≠   Ils **ne** sont allés à **aucune**
soirées.   soirée.

Vous allez **partout.**

Vous allez **quelque part.** }   ≠   Vous **n'**allez **nulle part.**

Le vin **ou** la bière sont bons   ≠   **Ni** le vin **ni** la bière **ne** sont bons
pour vous.   pour vous.

B. Les négations avec **jamais** et **plus** sont formées avec **ne** devant
le verbe et **jamais** et **plus** après le verbe. **Pas** est éliminé. **Pas
de ...** est remplacé par **jamais de ...** ou **plus de ...**

Je lis un livre d'histoire.
Je **ne** lis **pas de** livre de psychologie.
Je **ne** lis **jamais de** livre d'anthropologie.
Je **ne** lis **plus de** livre d'alchimie.

Je lis des livres de physique.
Je **ne** lis **pas de** livres de biologie.
Je **ne** lis **jamais de** livres de mathématiques.
Je **ne** lis **plus de** livres d'espagnol.

Attention: Je **ne** lis **pas encore** de livre de gérontologie.

C. **Personne** et **rien** peuvent être à la place du sujet ou du complément d'objet. **Ne** est devant le verbe.

complément d'objet	*sujet*
Je **ne** vois **personne**.	**Personne ne** voit la vérité.
Je **n**'entends **rien**.	**Rien ne** paraissait impossible.

D. **Aucun(-e)** est un adjectif. **Ne** est devant le verbe. **Aucun(-e)** est toujours singulier.

Je **n**'ai **aucune** idée.
Aucun psychiatre **ne** comprenait ses problèmes.

E. **Ni ... ni ...** remplace **pas** et élimine complètement **pas de**. **Ne** est devant le verbe.

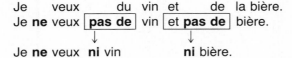

Je veux du vin et de la bière.
Je **ne** veux pas de vin et pas de bière.

Je **ne** veux **ni** vin **ni** bière.

Attention: **Pas de,** la négation normale de **un, une, des, du, de la, de l',** est éliminée, mais l'article défini ou l'adjectif possessif sont conservés.

J'aime **le** vin et **la** bière.   Je **n**'aime **ni** le vin **ni** la bière.
Il a **son** chien et **son** chat.   Il **n**'a **ni son** chien **ni son** chat.

F. On peut utiliser deux ou trois termes négatifs dans la même phrase. (Ce n'est pas possible en anglais.)

Nous **ne** parlons **plus jamais** à **personne**.
Ces gens **ne** vont **jamais nulle part**.

G. Avec le passé composé, les négations **ne ... plus, ne ... pas encore, ne ... jamais** et **ne ... rien** sont placées entre l'auxiliaire et le participe passé.

Je **n**'ai **jamais** vu cet homme.
Nous **n**'y sommes **plus** allés.
Elle **n**'a **rien** dit.
Ils **n**'ont **jamais** répondu à l'invitation.
Nous **n**'avons **pas encore** établi notre itinéraire.

Attention: Quand **personne** ou **nulle part** sont les compléments, on les place après le participe passé.

Je **n**'ai vu **personne**.
Il **n**'a accusé **personne**.
Elles **n**'ont parlé à **personne**.
Ils **ne** sont allés **nulle part**.

Exercices oraux

C. Avez-vous déjà fait les choses suivantes?

Modèle lire le journal aujourd'hui
Oui, j'ai déjà lu le journal aujourd'hui. ou
Non, je n'ai pas encore lu le journal aujourd'hui.

1. avoir des enfants
2. dîner
3. finir ce cours
4. commencer votre carrière
5. recevoir votre diplôme de l'université.
6. acheter une nouvelle voiture

D. Faites-vous encore les choses suivantes?

Modèle porter un pyjama du Docteur Denton
Oui, je porte encore un pyjama du Docteur Denton. ou
Non, je ne porte plus de pyjama du Docteur Denton.

1. dormir avec vos animaux
2. habiter chez vos parents
3. avoir peur des monstres
4. regarder «1, rue Sésame»[1]
5. aller au lycée
6. faire des promenades à bicyclette
7. jouer dans le parc
8. jouer aux gendarmes et aux voleurs

E. Donnez le contraire des phrases suivantes et utilisez les expressions négatives de la leçon.

Modèle Il est toujours logique.
Il n'est jamais logique.

1. Il est toujours méchant.
2. Nous avons encore du temps.
3. Il est déjà minuit.
4. Je vois quelqu'un derrière vous.
5. Quelqu'un comprend cette situation.
6. Il y a quelque chose sous votre chaise.
7. Nous avons quelques difficultés.
8. L'homme est partout le même.
9. Elle vend des cigarettes et des journaux.
10. Il aime les Américains et les Canadiens.
11. Il est quelquefois triste.
12. Je vois le problème et la solution.

---

1. *1, rue Sésame* = "Sesame Street."

F. Dites au passé composé.

> **Modèle** Il ne voit personne.
> *Il n'a vu personne.*

1. Je ne fais rien.
2. Il ne finit pas encore.
3. Vous ne parlez plus.
4. Rien n'arrive.
5. Tu ne tombes jamais!
6. Nous ne consultons personne.
7. Je n'achète ni rubis ni perles.
8. Personne ne m'explique mes rêves.
9. Nous n'allons nulle part.
10. Elle ne nous donne aucune excuse.

G. Répondez aux questions suivantes. Employez les expressions négatives de la leçon.

1. Êtes-vous déjà mort(-e)?
2. Êtes-vous souvent allé(-e) sur Jupiter?
3. Y a-t-il quelque chose sur votre nez?
4. Parlez-vous à quelqu'un maintenant?
5. Êtes-vous encore au lit?
6. Avez-vous découvert l'Amérique et l'Australie?
7. Est-ce que quelqu'un a vu un éléphant qui vole?
8. Est-ce que quelque chose est tombé sur votre tête ce matin?

H. Demandez à un(-e) autre étudiant(-e) ...

1. s'il (si elle) a écrit quelques livres de philosophie.
2. s'il (si elle) est souvent allé(-e) à Tombouctou.
3. où il (elle) va quand il (elle) dort.
4. s'il (si elle) a déjà dîné aujourd'hui.
5. s'il y a encore des dinosaures.
6. si tous les gangsters sont sentimentaux.
7. qui est né(-e) sur Mars.
8. s'il (si elle) a mangé des chats ou des chiens.

Ethel Jones a reçu le prix Nobel. Cette femme est quelqu'un de remarquable.

La Nuit de Varennes (voir page 139).

Présentation III

Simone, y a-t-il **quelque chose d'intéressant** dans le journal d'aujourd'hui?

Oui, Ethel Jones a reçu le prix Nobel. Cette femme est **quelqu'un de remarquable.**

Bernard, avez-vous **quelque chose à faire** après le cours?

Non, je **n'**ai **rien à faire.** Je **n'**ai **rien d'urgent à faire.**

Avez-vous **quelqu'un à voir?**

Je **n'**ai **personne à voir.** Je **n'**ai **personne d'important à voir.**

Explications

3 Les pronoms indéfinis: **quelque chose, rien, quelqu'un, personne**

A. Les pronoms indéfinis + **de**

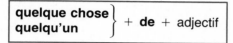

Il y a **quelque chose de bon** dans le réfrigérateur.
Je connais **quelqu'un d'intéressant.**
J'ai fait **quelque chose d'important.**

Il **n'**y a **rien de bon** dans le réfrigérateur.
Je **ne** connais **personne d'intéressant.**
Je **n'**ai **rien** fait **d'important.**

B. Les pronoms indéfinis + **à**

quelque chose		
quelqu'un	} + **à** + infinitif

ne ... rien		
ne ... personne	} + **à** + infinitif

J'ai **quelque chose à faire.**
Nous avions **quelqu'un à voir.**

Je **n'**ai **rien à faire.**
Nous **n'**avions **personne à voir.**

C. On peut utiliser les constructions A et B ensemble.

quelque chose		
quelqu'un		
ne ... rien	} + **de** + adjectif + **à** + infinitif
ne ... personne	

C'est **quelque chose d'amusant à faire.**
Je **ne** vois **rien de beau à acheter.**
Elle va inviter **quelqu'un de fascinant à écouter.**
Il **ne** rencontre **personne d'intéressant à connaître.**

Exercices oraux

I. Placez l'adjectif dans la phrase à la forme correcte. Utilisez **de** si c'est nécessaire.

> *Modèles*   C'est quelqu'un / amusant
> *C'est quelqu'un d'amusant.*
>
> C'est une femme / amusant
> *C'est une femme amusante.*

1. C'est une chose / agréable
2. C'est quelque chose / agréable
3. Je vois un homme / bizarre
4. Je vois quelqu'un / bizarre
5. Montrez-moi une fleur / beau
6. Montrez-moi quelque chose / beau
7. Il aime une femme / parfait
8. Il aime quelqu'un / parfait
9. Veux-tu de la moutarde / français
10. Veux-tu quelque chose / français

J. Faites une seule phrase. Employez **à** ou **de.**

> *Modèles*   Le président est quelqu'un / important
> *Le président est quelqu'un d'important.*
>
> C'est quelque chose / étudier
> *C'est quelque chose à étudier.*

1. Je n'ai rien / dire
2. Nous avons quelque chose / faire
3. Voilà quelqu'un / original
4. Je ne connais personne / détestable
5. Voilà quelque chose / manger
6. Voilà quelqu'un / admirer

K. Demandez à un(-e) autre étudiant(-e) ...

1. s'il (si elle) a mangé quelque chose de délicieux ce matin.
2. s'il y a quelqu'un de célèbre dans sa famille.
3. s'il (si elle) a quelque chose d'amusant à faire ce soir.
4. s'il (si elle) a parlé à quelqu'un d'amusant hier soir.
5. s'il (si elle) a quelque chose d'important à dire.
6. s'il (si elle) a quelque chose d'ennuyeux à faire maintenant.

Présentation III

Simone, y a-t-il **quelque chose d'intéressant** dans le journal d'aujourd'hui?

Bernard, avez-vous **quelque chose à faire** après le cours?

Avez-vous **quelqu'un à voir?**

Oui, Ethel Jones a reçu le prix Nobel. Cette femme est **quelqu'un de remarquable.**

Non, je **n'**ai **rien à faire**. Je **n'**ai **rien d'urgent à faire.**

Je **n'**ai **personne à voir.** Je **n'**ai **personne d'important à voir.**

Explications

3 Les pronoms indéfinis: **quelque chose, rien, quelqu'un, personne**

A. Les pronoms indéfinis + **de**

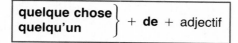

Il y a **quelque chose de bon** dans le réfrigérateur.
Je connais **quelqu'un d'intéressant.**
J'ai fait **quelque chose d'important.**

Il n'y a **rien de bon** dans le réfrigérateur.
Je **ne** connais **personne d'intéressant.**
Je **n'**ai **rien** fait **d'important.**

B. Les pronoms indéfinis + **à**

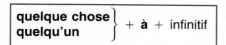

J'ai **quelque chose à faire.**
Nous avions **quelqu'un à voir.**

Je **n'**ai **rien à faire.**
Nous **n'**avions **personne à voir.**

C. On peut utiliser les constructions A et B ensemble.

C'est **quelque chose d'amusant à faire.**
Je **ne** vois **rien de beau à acheter.**
Elle va inviter **quelqu'un de fascinant à écouter.**
Il **ne** rencontre **personne d'intéressant à connaître.**

Exercices oraux

I. Placez l'adjectif dans la phrase à la forme correcte. Utilisez **de** si c'est nécessaire.

Modèles   C'est quelqu'un / amusant
C'est quelqu'un d'amusant.

C'est une femme / amusant
C'est une femme amusante.

1. C'est une chose / agréable
2. C'est quelque chose / agréable
3. Je vois un homme / bizarre
4. Je vois quelqu'un / bizarre
5. Montrez-moi une fleur / beau
6. Montrez-moi quelque chose / beau
7. Il aime une femme / parfait
8. Il aime quelqu'un / parfait
9. Veux-tu de la moutarde / français
10. Veux-tu quelque chose / français

J. Faites une seule phrase. Employez **à** ou **de**.

Modèles   Le président est quelqu'un / important
Le président est quelqu'un d'important.

C'est quelque chose / étudier
C'est quelque chose à étudier.

1. Je n'ai rien / dire
2. Nous avons quelque chose / faire
3. Voilà quelqu'un / original
4. Je ne connais personne / détestable
5. Voilà quelque chose / manger
6. Voilà quelqu'un / admirer

K. Demandez à un(-e) autre étudiant(-e) ...

1. s'il (si elle) a mangé quelque chose de délicieux ce matin.
2. s'il y a quelqu'un de célèbre dans sa famille.
3. s'il (si elle) a quelque chose d'amusant à faire ce soir.
4. s'il (si elle) a parlé à quelqu'un d'amusant hier soir.
5. s'il (si elle) a quelque chose d'important à dire.
6. s'il (si elle) a quelque chose d'ennuyeux à faire maintenant.

L. Formez une phrase complète à propos de la personne ou de l'objet nommés. Utilisez **quelqu'un** ou **quelque chose** + **de** + adjectif ou **quelqu'un** ou **quelque chose** + **à** + verbe.

Modèle un dîner dans un restaurant français
Un dîner dans un restaurant français est quelque chose à apprécier!

1. Charlie Brown
2. Une Citroën
3. Salvador Dali
4. *Reader's Digest*
5. Une Grenouille française
6. Le Centre d'art et de culture Georges Pompidou
7. Pearl Bailey
8. La Fontaine des Innocents

Présentation IV

Qu'est-ce que vous faites généralement **avant de dîner?**

Avant de dîner je prends un apéritif.

Qu'est-ce que vous faites **après avoir dîné?**

Après avoir dîné je prends un café.

Qu'est-ce que vous avez dit **après être arrivé** en classe?

Après y **être arrivé** j'ai dit bonjour. J'ai dit au revoir **avant de sortir.**

Après avoir dîné, je prends un café.

Les Malheurs d'Alfred, Pierre Richard, 1972. Sur la photo: Pierre Richard et Anny Duperey.

Les bâtiments d'Alfred, architecte, tombent en ruines. Il prépare son suicide. Agathe prépare son suicide aussi! Résultat: Alfred abandonne son project de suicide et Agathe aussi. Pierre Richard est un des grands réalisateurs-comédiens en France.

Explications

4 **Avant** et **après** + nom ou verbe

A. **avant**⎫
   après⎬ + nom

   avant + de + infinitif
   après + infinitif passé (**avoir** ou **être** + participe passé)

> Il fait ses devoirs **avant** son cours.
> Il rentre à la maison **après** le cinéma.
>
> Il fait ses devoirs **avant d'aller** en classe.
> Elle réfléchit **avant de** leur **parler.**
>
> Elles rentrent à la maison **après être allées** au cinéma.
> Il leur répond **après** les **avoir écoutés.**

Remarquez: L'accord du participe passé est comme avec le passé composé. Pour les verbes qui prennent **être**, l'accord est avec *le sujet.* Pour les verbes qui prennent **avoir**, l'accord est avec le complément d'*objet direct quand il précède l'infinitif.*

B. Ces constructions *ne varient pas* quand le temps de la phrase change.

> Il a acheté son billet **avant d'aller** au théâtre.
> Elles sont rentrées à la maison **après être allées** au cinéma.
> Elles vont rentrer à la maison **après être allées** au cinéma.

Exercices oraux

M. Refaites chaque phrase et utilisez **avant de** + infinitif.

Modèle Il étudie et il va au cinéma.
          Avant d'aller au cinéma, il étudie.

1. Nous mettons un manteau et nous sortons.
2. J'ai lu mon horoscope et ensuite je suis parti en vacances.
3. Tu vas faire des choses extraordinaires et puis tu vas écrire ton autobiographie.
4. Louise a beaucoup travaillé et alors elle est devenue riche.
5. Frédéric buvait un martini et après il prenait son dîner.

6. Il regarde la télévision et il fait une promenade.
7. J'ai pris une aspirine et j'ai dormi.
8. Nous revenons à la maison et nous lisons le journal.
9. Elle a dit au revoir et elle est partie.
10. On boit beaucoup de cognac et on voit des éléphants roses.

N. Refaites chaque phrase de l'exercice M. Utilisez **après** + infinitif passé.

Modèle   Il étudie et il va au cinéma.
             Après avoir étudié, il va au cinéma.

O. Demandez à un(-e) autre étudiant(-e) ...

1. s'il (si elle) lit avant de dormir.
2. s'il (si elle) a envie de manger avant de sortir.
3. ce qu'il (elle) va faire après être rentré(-e) à la maison.
(« Qu'est-ce que tu ... »)
4. s'il (si elle) regarde dans toutes les directions avant de traverser la rue.
5. ce qu'il (elle) fait après avoir pris son dîner. (« Qu'est-ce que tu ... »)
6. ce qu'il (elle) a fait après avoir quitté la maison aujourd'hui.
(«Qu'est-ce que tu ...»)

P. Finissez les phrases suivantes avec un nom ou un verbe approprié.

Modèle   Je vais recevoir des invités après ...
             Je vais recevoir des invités après avoir fait le ménage. ou
             Je vais recevoir des invités après six heures.

1. Tu prépares le dîner avant ...
2. Nous avons mieux compris après ...
3. J'ai besoin de faire de l'exercice avant ...
4. Vous n'avez pas ri après ...
5. On souffre après ...

Création

Exercices de conversation

A. Vous êtes juge dans le concours de Miss Amérique. Vous posez les questions suivantes à plusieurs candidates qui vont répondre avec **parce que** ou **à cause de.**

—Pourquoi voulez-vous être Miss Amérique?
—À votre avis, pourquoi est-ce que les États-Unis sont un pays formidable?
—Selon vous, pourquoi est-ce qu'il y a encore des gens pauvres et des enfants qui ont faim dans ce monde?
—Pourquoi est-ce qu'on vous a choisie pour représenter votre état?
—Pourquoi ... ? (Inventez d'autres questions.)

B. Êtes-vous exploité(-e)? Formez une phrase complète pour répondre aux questions suivantes à propos de votre vie familiale.

Modèle Est-ce vous qui faites les courses?
Oui, je les fais souvent.

Est-ce vous qui ...	*toujours*	*souvent*	*quelquefois*	*rarement*	*jamais*
—faites les lits?	☐	☐	☐	☐	☐
—réparez la voiture?	☐	☐	☐	☐	☐
—faites la cuisine?	☐	☐	☐	☐	☐
—servez les repas?	☐	☐	☐	☐	☐
—faites la vaisselle?	☐	☐	☐	☐	☐
—répondez au téléphone?	☐	☐	☐	☐	☐
—répondez à la porte?	☐	☐	☐	☐	☐
—travaillez dans le jardin?	☐	☐	☐	☐	☐

Faites-vous trop de choses chez vous, ou pas assez?

C. Dialogue entre un(-e) optimiste et un(-e) pessimiste. Le (la) pessimiste contredit l'optimiste.

l'optimiste: le (la) pessimiste:

—Il fait toujours beau!   _____!
—Je suis généralement content(-e).   _____.
—Tout le monde m'aime, et j'aime tout le monde!   _____!
—Je veux danser et chanter!   _____!
—J'ai toujours voulu vivre un jour comme aujourd'hui!   _____!
—Je n'ai aucun problème!   _____!

D. Interviewez un(-e) autre étudiant(-e) à propos de ses réactions quand il (elle) est déprimé(-e). Vous voulez savoir ...

—où il (elle) veut aller.
—ce qu'il (elle) veut faire. (« Qu'est-ce que tu ... »)
—qui il (elle) veut voir.
—s'il (si elle) mange beaucoup (si oui, où il / elle mange).
—s'il (si elle) boit (si oui, où il / elle boit).
—s'il (si elle) fait quelque chose de spécial pour être plus content(-e).
—s'il (si elle) pleure (si oui, demandez-lui s'il / si elle est plus heureux / heureuse après avoir pleuré).
—s'il (si elle) est souvent déprimé(-e).

Avez-vous les mêmes réactions quand vous êtes déprimé(-e)? Précisez.

E. Caractérisez la classe de français.

Y a-t-il quelqu'un d'unique? de sportif? de poétique? de romantique? d'élégant? Si oui, qui, et pourquoi? Avez-vous fait quelque chose de dangereux dans ce cours? quelque chose d'amusant? de difficile? de nécessaire? de différent? Si oui, précisez.

F. Regardez la photo, page 305 et répondez aux questions.

1. Quelle substance est tombée sur ce monsieur?
2. Qu'est-ce que la femme fait? Qu'est-ce qu'elle dit?
3. A-t-il mérité cet accident? Si oui, pourquoi?
4. Inventez une question à propos de la photo et posez-la à un(-e) autre étudiant(-e).

Exercices Écrits

Faites les exercices écrits qui sont dans le *Cahier d'exercices,* Leçon 15.

Lecture

En France, n'offrez *jamais* de chrysanthèmes!

Nous sommes dans l'appartement de Sylvie. Jerry et Christian sont assis sur le canapé. Jerry est arrivé le premier et a offert à Sylvie un très joli bouquet de chrysanthèmes jaunes. *Après avoir arrangé* les fleurs dans un vase, Sylvie les a mises sur la table basse.

5   **CHRISTIAN:** Tiens, Jerry, comme c'est drôle, en France on *n'*offre *jamais* de chrysanthèmes. On les considère comme *quelque chose de* morbide.

JERRY: Ah! Vraiment? *Personne ne* m'a dit ça. Je *ne* comprends *rien* à[2] vos traditions. Pour moi ce sont des fleurs comme les autres. C'est simplement *quelque chose de* joli à regarder. Et pourquoi pas de chrysanthèmes?

CHRISTIAN: *Parce que* ce sont des fleurs réservées aux morts[3] et les Français *n'*associent *jamais* les morts et les vivants.

JERRY: C'est différent en Amérique et nous avons même une fête où les vivants invitent les morts. C'est Halloween!

CHRISTIAN: Comme c'est bizarre, nous *n'*avons *rien* comme ça en France.

SYLVIE: Moi, je *n'*ai *rien* contre les chrysanthèmes. Je les trouve très jolis. *Ne* parlons *plus* de ces bêtises.

CHRISTIAN: On m'a dit que le vendredi 13 était un jour néfaste en Amérique et qu'il *ne* fallait *rien* entreprendre un vendredi 13. En France, au contraire, beaucoup de gens considèrent le chiffre treize comme un porte-bonheur.

SYLVIE: En effet les gens superstitieux achètent leur billet de loterie le treize. C'est un jour de chance. Mais nous avons beaucoup d'autres

2. *À* = à propos de.
3. Le premier novembre est la Toussaint, fête religieuse en l'honneur de tous les saints. On apporte des fleurs au cimetière.

Nous avons même une fête où les vivants invitent les morts. C'est Halloween!

La Belle et la Bête (voir page 117).

superstitions. Par exemple, *après avoir cassé* un verre *personne n'*est furieux *parce qu'*on dit que cela porte chance. Pourtant beaucoup de superstitions sont pareilles en France et en Amérique. Le trèfle à quatre feuilles, par exemple, porte bonheur mais casser un
30 miroir, voir un chat noir ou passer sous une échelle portent malchance.

JERRY: Est-ce qu'on touche du bois pour éviter la malchance?

SYLVIE: Oui, mais on *ne* croise *jamais* les doigts. Mais je *ne* veux *plus* parler de ces superstitions. Il *ne* faut *jamais* écouter ces histoires
35 ridicules. Je *n'*aime *ni* ces superstitions *ni* les gens qui les observent ... Mais mon Dieu! Quel jour sommes-nous? Le treize? Oh! Nous avons un examen demain matin et je *n'*ai *rien* étudié *à cause de* cette discussion.

CHRISTIAN: Tiens! C'est vrai! Moi non plus. Je *n'*ai *pas encore* ouvert
40 mon livre! Je *ne* peux *plus rien* faire!

JERRY: *Ne* fais *rien,* crois en la Providence et croise tes doigts!

Questions sur la lecture

1. Qu'est-ce que Jerry a offert à Sylvie?
2. Pourquoi n'offre-t-on jamais de chrysanthèmes en France?
3. Quelle est la signification du vendredi treize en Amérique?
4. Qu'est-ce que le chiffre treize signifie en France?
5. Pourquoi est-ce que personne n'est furieux si on casse un miroir?
6. Quelles sont quelques superstitions semblables en France et en Amérique? Qu'est-ce qui porte bonheur? Qu'est-ce qui porte malchance?
7. Pourquoi Sylvie n'a-t-elle rien étudié?
8. Qu'est-ce que Jerry dit à Christian de faire?

Discussion / Composition

1. Les superstitions sont-elles fondées sur un certain sens commun ou sont-elles simplement ridicules? Expliquez votre opinion et considérez quelques superstitions que vous connaissez. Racontez leur origine si vous la savez.

2. Imaginez la vie d'une personne excessivement superstitieuse. Racontez sa routine et employez les expressions négatives de la leçon, **parce que, à cause de,** et les pronoms indéfinis **quelqu'un de** + adjectif, **quelque chose de** + adjectif, etc.

Improvisation

Deux, trois ou quatre personnes: Un(-e) journaliste fait l'interview d'une victime ou d'un groupe de victimes immédiatement après un désastre. Employez beaucoup d'expressions négatives dans les réponses et employez **avant, après, parce que** et **à cause de.**

Vocabulaire

noms

bêtise f.
billet m.
bois m.
canapé m.
chance f.
échelle f.
malchance f.
ménage m.
porte-bonheur m.
prix m.
trèfle (à quatre feuilles) m.
vivant m.

adjectifs

déprimé(-e)
drôle
néfaste
pareil(-le)

verbes

casser
entreprendre
éviter

adverbes

justement
nulle part
partout
quelque part

autres expressions

avant de
porter bonheur

noms apparentés

autobiographie f.
bar m.
chrysanthème m.
divorce m.
empire m.
loterie f.
parachutiste m.
perle f.
rubis m.
succès m.
vase m.
vinaigre m.

ENTRACTE V COMMUNICATIONS ET INFORMATIONS

Toutes sortes de services de communications et d'information desservent la France. Les PTT (postes, télécommunications et télédiffusion), la radio, la télévision, et la presse permettent la distribution d'information et de communications personnelles au public français.

Les services des PTT

Les bureaux de poste français—les PTT—sont le centre d'une activité intense à Paris et en province. Même dans les petits villages, la poste devient en été le moyen principal de communication des vacanciers, des touristes et des campeurs. Dans une grande poste de Paris un après-midi d'hiver ou dans une petite poste de village sur la Côte d'Azur au mois d'août, beaucoup de gens font la queue[1] devant de nombreux guichets: *mandats, poste aérienne, timbres en gros, poste restante, articles recommandés.*[2] Comme dans les banques, la queue est souvent parallèle au comptoir et l'employé de la poste est assis derrière un guichet en verre avec un petit trou au milieu appelé un *hygiaphone.*

Les services de la poste sont multiples. Non

1. *Faire la queue* = attendre l'un derrière l'autre, quand plusieurs personnes attendent un service ou avant d'entrer dans un cinéma.
2. *Mandats ... articles recommandés* = ''money orders, air mail, large stamp purchases, general delivery, registered mail.''

Les boîtes aux lettres sont peintes en jaune.
Il y a des levées plusieurs fois par jour.

seulement on expédie les lettres et les paquets, mais on rend aussi des services bancaires. On peut investir son argent dans les PTT ou ouvrir un compte courant de chèques postaux. On peut avoir un carnet de chèques et une carte en plastique pour les dispenseurs de billets automatiques à l'extérieur de beaucoup de postes modernes.

Si on veut faire une communication interurbaine,[3] on peut chercher le numéro de téléphone dans les annuaires de toute la France qui sont dans les bureaux de poste. Il y a une ou plusieurs cabines téléphoniques dans chaque poste. L'employé de la poste indique au client dans quelle cabine téléphoner et le client paie l'employé au guichet après la communication. Si on veut, on peut naturellement faire la communication dans une cabine téléphonique publique dans la rue. Mais attention! Même les communications locales

sont limitées à trois minutes pour décourager les bavards. Évidemment, si on téléphone de chez soi, on dispose des mêmes services. Pour trouver un numéro de téléphone qu'on ne sait pas, par exemple, on fait le 12 pour les renseignements dans la région parisienne (le 11, si on habite en province) ou on consulte directement l'annuaire.

Comme les annuaires téléphoniques sont énormes à Paris, ils existent en deux formats: normal et mini. Pour le *minibottin*, un annuaire très petit, il faut une loupe pour agrandir les lettres! Dans certaines régions de France, l'annuaire n'est pas un livre mais un écran de télévision, parce que ce service électronique est effectué chez les abonnés[4] par ordinateur.

L'appareil de téléphone installé par les PTT dans la maison est généralement équipé d'un écouteur en plus du récepteur normal. Deux per-

Dans une cabine téléphonique
Mais attention! Les communications locales sont limitées à trois minutes.

---

3. *Communication interurbaine* = communication entre des villes éloignées.

4. *Abonnés* = personnes qui ont le téléphone, ''subscribers.''

sonnes peuvent donc écouter en même temps au même poste.

Vous pouvez appeler l'horloge parlante si vous ne savez pas l'heure, envoyer un télégramme en langue étrangère, et être réveillé le matin par téléphone.

Quant au[5] courrier, le facteur passe deux fois par jour le livrer à domicile. Dans les grandes villes, dans les immeubles, il donne souvent les lettres et paquets au concierge ou au gardien, qui les distribuent aux particuliers. Il y a des levées[6] dans les boîtes aux lettres, qui sont peintes en jaune, plusieurs fois par jour. On peut acheter des timbres-poste[7] aussi dans les bureaux de tabac. La marque d'oblitération faite par la poste sur le timbre indique la ville (ou la poste), la date et l'heure de l'expédition.

Le philatéliste voit des différences entre les timbres-poste français et les timbres-poste mexicains, canadiens, anglais et allemands. On dit que les pays révèlent leur culture dans les images de leur timbres-poste: les timbres français représentent souvent des chefs-d'œuvre d'art ou des monuments célèbres.

La Radio et la télévision

La radio et la télévision ont été très longtemps— comme les PTT et la SNCF—un monopole d'état (récemment l'état a autorisé des postes de radio d'émissions privées). Parmi les cinq postes d'état, *France-Culture* et *France-Musique* émettent des programmes de culture et de musique (surtout classique) destinés à un public restreint. *France-Inter* diffuse des émissions plus populaires. *Radio 7* est pour les jeunes et *Radio-Bleue*, pour les personnes âgées. On peut aussi capter facilement les émissions des radios étrangères qui font des émissions en français de toutes sortes (Radio Luxembourg, Radio Monte Carlo, Europe I) avec beau-

coup de publicité. Les postes de radio d'état n'ont pas de publicité.

La télévision est aussi un monopole d'état. Trois chaînes de télévision offrent des programmes organisés par trois sociétés différentes et souvent réalisés par une quatrième société de pro-

Une émission officielle
La télévision est un monopole d'état.

Une jeune fille écoute sa radio,
France-Inter diffuse des émissions populaires.

---

5. *Quant au* = au sujet du …
6. *Levées* = ''mail pickups.''
7. *Timbre-poste, timbre* = ''postage stamp.''

Un kiosque à journaux

Cette dame lit un long article dans «Le Monde».

duction. Chaque chaîne a une certaine spécialisation: programmes d'intérêt régional, programmes d'art et d'essai[8] ou simplement des programmes pour le téléspectateur «moyen».

Le coût de cette production est payé en faible partie par la publicité qui ne paraît que par intervalles très définis: publicité, par exemple, pour une dizaine de produits présentés en cinq minutes, seulement avant et après les informations du midi et du soir. On n'interrompt jamais un programme pour la publicité. Une partie de la subvention de l'état vient de la taxe payée par chaque propriétaire de radio, de télévision ou de magnétoscope.

La presse

La presse est entièrement privée. Une dizaine de journaux quotidiens dominent parce que les trans-ports rapides permettent leur diffusion le même jour dans presque toute la France. Vous pouvez lire *Le Monde,* par exemple, un excellent journal sans photos qui traite des sujets en profondeur dans de longs articles, ou bien vous pouvez lire *France Soir* avec ses grandes manchettes[9] et ses articles plus courts sur des faits divers.[10] Parmi les revues hebdomadaires, qui sont publiées toutes les semaines, *L'Express, Le Point,* et *Le Nouvel Observateur* ont chacune un tirage important. On peut aussi qualifier presque tous les journaux et presque toutes les revues d'une tendance politique: de droite, du centre ou de gauche. Il y aussi beaucoup de revues de mode destinées aux femmes, comme *Elle* et *Marie-Claire. F. Magazine* et *Biba,* plus féministes, s'adressent surtout à la femme moderne qui travaille. On achète les journaux chez le marchand de journaux, au bureau de tabac, ou au kiosque à journaux.

8. *D'art et d'essai* = ''experimental art.''

9. *Manchettes* = ''headlines.''
10. *Faits divers* = accidents, disputes; ''news items.''

Débat culturel

1. Dans le secteur communications-informations, quels sont les services d'état et quels sont les services privés? Et les mêmes services en Amérique?

2. Quand vous entrez dans une poste en Amérique, cherchez-vous longtemps le guichet qu'il vous faut? Pourquoi ou pourquoi pas?

3. Comment fait-on la queue dans une poste ou dans une banque en France? A-t-on le même système dans les pays anglo-américains? S'il y a une différence, essayez de l'expliquer.

4. Y a-t-il des guichets en verre dans les établissements en Amérique du Nord? Pourquoi y a-t-il quelquefois un *hygiaphone* en France?

5. Où peut-on trouver tous les annuaires téléphoniques français réunis dans un seul endroit? Et en Amérique?

6. Quand vous faites une communication *locale* dans une cabine téléphonique publique en Amérique, votre communication est-elle limitée? Et à Paris? Pourquoi cette différence?

7. Que fait-on en Amérique pour envoyer par téléphone un télégramme en langue étrangère?

8. Pourquoi est-ce que les appareils de téléphone français ont un écouteur supplémentaire? Pourquoi les téléphones américains n'en ont-ils pas?

9. Quelles sont les indications de la marque d'oblitération de timbres-poste en France? En Amérique? Pourquoi cette différence?

10. Quelles images trouve-t-on sur un timbre-poste français? Sur un timbre-poste américain? Pourquoi cette différence?

11. Quel poste de radio allez-vous écouter en France? Pourquoi?

12. Que pensez-vous du système de taxes annuelles sur les appareils de radio et de télévision en France?

Échanges

Au téléphone, à la poste, devant la télé

Un monsieur fait un appel d'affaires

—Allô.

—Allô. Monsieur Brichefort à l'appareil.[11] Je voudrais parler á Madame Texel, s'il vous plaît ... Je suis bien aux Éditions de Midi?[12]

—Oui, Monsieur. Vous voulez parler à Madame Texel? ... de la part de qui déjà? Je n'ai pas bien compris ...

—De la part de Monsieur Brichefort: B-R-I-C-H-E-F-O-R-T ... de la Librairie Dumont.

(pause)

—Je suis désolée, Monsieur, mais Madame

11. *Monsieur Brichefort à l'appareil* = Ici Monsieur Brichefort.
12. *Je suis bien ...* Monsieur Brichefort demande simplement s'il a fait le numéro correct. En France on n'indique pas toujours le nom de la firme quand on répond au téléphone.

Texel n'est pas là.[13] Puis-je prendre un message?

—Dites-lui que je vais la rappeler plus tard, s'il vous plaît.

—Très bien, Monsieur. Au revoir, Monsieur.

—Au revoir, Madame.

Une femme veut acheter des timbres

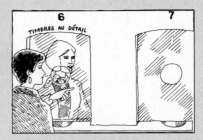

—Je voudrais dix timbres à 1 franc 50,[14] s'il vous plaît.

—Vous voulez un carnet,[15] alors?

—Non, Madame, simplement dix timbres à I franc 50.

—Il faut aller au guichet 7.

—Mais votre guichet est bien indiqué «Timbres au détail»!

—Ça ne change rien. Je n'ai plus de timbres au détail.

—Alors je prends un carnet.

—J'ai plus[16] de carnet non plus ... allez au numéro 7!

Deux amis critiquent la speakerine

—Voilà la speakerine[17] qui annonce les programmes de ce soir! Viens voir.

—Tiens! Elle a une nouvelle coiffure et deux kilos de mascara sur les yeux.

—Son sourire artificiel me tape sur les nerfs.[18] Et tu vas voir son commentaire pseudo-intellectuel sur le film.

—Il faut être débile[19] pour faire ce métier-là.

13. *Là* = ici.
14. *1 franc 50* = 1 franc 50 centimes.
15. *Carnet* = un petit paquet de 10 timbres-poste non détachés.
16. *J'ai plus* (familier) = je n'ai plus.
17. La *speakerine,* toujours élégante, ne paraît que dix minutes chaque soir pour annoncer les programmes.
18. *Me tape sur les nerfs* = m'irrite.
19. *Débile* = idiot.

16 Seizième Leçon

Narcisse se regarde et il s'aime

Les verbes pronominaux, principe et
   conjugaison:
     présent (affirmatif, interrogatif, négatif)
     imparfait
     avec une partie du corps
     sens réciproque
     sens passif, sens idiomatique

impératif et impératif négatif
passé composé
infinitif (verbe + verbe, *avant de* ou
après + verbe pronominal)

Lecture: *La Belle Histoire de Tristan et
Iseut*

Ils ont continué à se voir en secret.

Découverte

Présentation I

Que faites-vous tous les matins?

D'abord **nous nous réveillons et** puis **nous nous levons.** Ensuite **nous nous lavons** et **nous nous habillons.**

Que faites-vous le soir, Christophe?

Je dîne, j'étudie, **je me lave, je me déshabille** et puis **je me couche.** Et si tout va bien **je m'endors** et je fais de beaux rêves.

Que faisiez-vous le soir, l'an dernier?

La même chose: j'étudiais, **je me lavais, je me couchais,** etc.

Explications

1 Le principe des verbes pronominaux

A. Ces verbes indiquent une action *réfléchie, réciproque, passive* ou simplement *idiomatique.* On utilise beaucoup de verbes pronominaux en français pour exprimer des actions qui ne sont pas nécessairement réfléchies dans d'autres langues.

> **Nous nous réveillons.** = "We wake up." (sens réfléchi)
> **Vous vous aimez** bien. = "You like each other." (sens réciproque)
> **Le français se parle** ici. = "French is spoken here." (sens passif)
> **Tu te moques de** Paul. = "You are making fun of Paul." (sens idiomatique)

B. Le *sujet* et l'*objet* d'un verbe pronominal réfléchi sont *identiques,* c'est-à-dire qu'ils représentent les mêmes personnes ou les mêmes choses. Voici les pronoms objets réfléchis:

je → **me**	nous → **nous**
tu → **te**	vous → **vous**
il, elle, on → **se**	ils, elles → **se**

Remarquez: Grammaticalement, presque tous les verbes transitifs peuvent exister à la forme pronominale, mais le sens ne le permet pas toujours.

forme simple

forme pronominale

Je lave la voiture.

Je me lave.

Il regarde la maison.

Il se regarde dans un miroir.

Vous habillez votre fils.

Vous vous habillez.

C. La conjugaison des verbes pronominaux

1. Pour conjuguer un verbe pronominal, on ajoute le pronom objet réfléchi au verbe simple.

a. À l'affirmatif

se laver	
je **me** lave	nous **nous** lavons
tu **te** laves	vous **vous** lavez
il **se** lave	ils **se** lavent
elle **se** lave	elles **se** lavent

s' habiller	
je **m'** habille	nous **nous** habillons
tu **t'** habilles	vous **vous** habillez
il **s'** habille	ils **s'** habillent
elle **s'** habille	elles **s'** habillent

b. À l'interrogatif

se laver?	
Est-ce que je **me** lave?	**Nous** lavons-nous?
Te laves-tu?	**Vous** lavez-vous?
Se lave-t-il?	**Se** lavent-ils?
Se lave-t-elle?	**Se** lavent-elles?

Remarquez: On emploie **est-ce que** à la première personne du singulier. L'ordre des mots ne change pas.

Remarquez: On emploie l'inversion du pronom sujet et du verbe pour les autres personnes et on met le pronom objet devant le verbe. Comparez.

forme simple   *forme pronominale*

Laves-tu ta voiture?   **Te laves-tu?**

Attention: On peut employer **est-ce que** à toutes les personnes du verbe. Avec **est-ce que,** l'ordre des mots ne change pas.

Est-ce que **tu te laves?**

Au négatif: On met **ne** entre le sujet et le pronom objet réfléchi, et **pas** après le verbe.

ne pas se laver	
je **ne** me lave **pas**	nous **ne** nous lavons **pas**
tu **ne** te laves **pas**	vous **ne** vous lavez **pas**
il **ne** se lave **pas**	ils **ne** se lavent **pas**

2. L'imparfait des verbes pronominaux est régulier.

se laver	
je me **lavais**	nous nous **lavions**
tu te **lavais**	vous vous **laviez**
il se **lavait**	ils se **lavaient**

Exercices oraux

A. Voici des phrases à la forme simple. Dites la forme pronominale qui correspond au verbe employé dans chaque phrase.

Modèle Je regarde la télé. *Je me regarde.*

1. Nous lavons la voiture.
2. Il amuse bien le bébé.
3. Je réveille ma sœur.
4. Tu habilles ta fille.
5. Vous regardez une photo.
6. Ils déshabillent leur fils.
7. Elle couche le bébé.
8. Tu regardes les photos.

B. Répétez ces questions, mais employez l'inversion.

Modèle Est-ce qu'il se lève tôt? *Se lève-t-il tôt?*

1. Est-ce que tu te réveilles à midi?
2. Est-ce que vous vous couchez à minuit?
3. Est-ce qu'il se lève vite?
4. Est-ce qu'il lave sa voiture tous les week-ends?
5. Est-ce que nous nous habillons le matin?
6. Est-ce qu'elles s'endorment en classe?
7. Est-ce que vous vous rasez?
8. Est-ce qu'il se regarde?

C. Mettez ces phrases au négatif.

Modèle Je me couche à minuit.
           Je ne me couche pas à minuit.

1. Elle s'habille bien.
2. Gérard se lève tôt.
3. Je me regarde chaque matin.
4. Vous vous lavez trop.
5. Il se réveille à cinq heures.
6. Nous nous endormons ici.
7. Tu te déshabilles vite.
8. Elles se couchent dans leur chambre.

D. Mettez ces verbes pronominaux à l'imparfait.

Modèle Elle se couche. *Elle se couchait.*

1. Elle se réveille.
2. Vous vous parlez.
3. Nous nous lavons.
4. Tu te lèves.
5. Je me rase.

6. Ils s'endorment.
7. On s'habille.
8. Vous vous couchez.
9. Je me lave.
10. Nous nous regardons.

Présentation II

Vous rasez-vous, Georges?

Oui, je me rase tous les jours; **je me rase** le visage.

Est-ce que **vous vous lavez** les dents?

Oui, **je me lave** les dents après chaque repas.

Explications

2 La forme pronominale réfléchie + une partie du corps

Elle se lave *les mains.* = Elle lave ses mains.
Nous nous rasons *la barbe.* = Nous rasons notre barbe.
Vous vous brossez *les cheveux.* = Vous brossez vos cheveux.

Remarquez: Quand on utilise un verbe pronominal pour une action réfléchie avec un autre complément (partie du corps), l'adjectif possessif n'est pas nécessaire parce que la possession est exprimée par le pronom réfléchi.

Exercices oraux

E. Faites une phrase. Employez les mots donnés et un verbe pronominal approprié.

Modèle Elle / les cheveux
Elle se brosse les cheveux. ou
Elle se peigne les cheveux. ou
Elle se lave les cheveux.

1. Linda / les dents
2. Tu / les mains
3. Nous / le visage

4. Marc / ne pas / les jambes
5. Je / les cheveux
6. Vous / la figure

F. Demandez à un(-e) autre étudiant(-e) s'il (si elle) fait les choses suivantes plusieurs fois par jour. Utilisez **est-ce que** ou l'inversion.

Modèle   se laver les mains
Question: *Est-ce que tu te laves les mains plusieurs fois par jour?*   ou
            Te laves-tu les mains plusieurs fois par jour?
Réponse: *Oui, je me lave les mains plusieurs fois par jour.*   ou
           Non, je ne me lave pas les mains plusieurs fois par jour.

1. se laver les pieds
2. se brosser les dents
3. se peigner les cheveux
4. se raser les jambes

5. se brosser les cheveux
6. se laver la figure
7. se raser la barbe
8. se laver les cheveux

Présentation III

Monique, téléphonez-vous à Christine?

Oui, je lui téléphone quelquefois. Et elle me téléphone aussi. Alors **nous nous téléphonons.**

Richard aime Sophie. Et Sophie aime Richard. Est-ce qu'**ils s'aiment?**

Oui, **ils s'aiment.** Mais Lee et Michelle **ne s'aiment plus.** En fait, **ils se détestent.**

Est-ce qu'on parle français au Canada?

Oui, le français **se parle** au Canada.

Lee et Michelle ne s'aiment plus. En fait, ils se détestent.

Les Visiteurs du soir (voir page 162).

Explications

3 Sens particuliers de la forme pronominale

A. La forme pronominale à sens réciproque
Quand un verbe représente une *action réciproque* entre deux ou plusieurs personnes, on utilise la forme pronominale de ce verbe.

> Marie m'aime et j'aime Marie. → **Nous nous aimons.**
> Tu parles à tes amis et tes amis te parlent. → **Vous vous parlez.**
> Ils rencontrent leurs amis à la bibliothèque et leurs amis les rencontrent à la bibliothèque. → **Ils se rencontrent** à la bibliothèque.

B. La forme pronominale à sens passif

1. On utilise aussi la forme pronominale pour exprimer une *idée passive.*

> (Le français est parlé en Belgique.) On parle français en Belgique. = Le français **se parle** en Belgique.

2. En général, le français emploie moins que l'anglais le vrai passif; il préfère utiliser la forme impersonnelle avec **on** ou la forme pronominale avec **se** pour exprimer une idée passive.

On fait ça.	Ça **se fait.**
On dit ça.	Ça **se dit.**
On vend ces journaux dans la rue.	Ces journaux **se vendent** dans la rue.
On trouve ça partout.	Ça **se trouve** partout.

Exercices oraux

G. Indiquez la réciprocité par l'emploi de la forme pronominale.

Modèle Il l'aime et elle l'aime. *Ils s'aiment.*

1. Je lui téléphone et elle me téléphone.
2. Vous la rencontrez et elle vous rencontre.
3. Je lui parle et elle me parle.
4. Vous le détestiez et il vous détestait.
5. Je la connais et elle me connaît.
6. Je l'attends et il m'attend.
7. Vous m'aidiez et je vous aidais.
8. Je te vois et tu me vois.
9. Il t'écrivait et tu lui écrivais.
10. Elle m'aimait et je l'aimais.

H. Dites à la forme pronominale.

> *Modèle* On parle français en Belgique.
> *Le français se parle en Belgique.*

1. On fait ça.
2. On trouve le meilleur champagne en France.
3. On dit «septante»[1] et «nonante»[2] en Suisse.
4. On joue beaucoup de films français en Amérique.
5. On comprend facilement cette situation.

I. Demandez à un(-e) autre étudiant(-e) s'il (si elle) fait les choses suivantes avec son (sa) meilleur(-e) ami(-e).

> *Modèle*   se raconter leurs rêves
> Question: *Toi et ton meilleur ami, vous racontez-vous vos rêves?*   ou
>   *Est-ce que toi et ton meilleur ami vous vous racontez vos rêves?*
> Réponse: *Oui, nous nous racontons nos rêves.*   ou
>   *Non, nous ne nous racontons pas nos rêves.*

1. s'attendre après les cours
2. se téléphoner chaque soir
3. se voir tous les week-ends
4. s'écrire chaque semaine
5. se dire des secrets

Présentation IV

Comment **vous appelez-vous?**

Je m'appelle Lynne.

S'amuse-t-on ici?

Oui, **nous nous amusons** bien.
Nous ne nous ennuyons pas.

Explications

4 La forme pronominale idiomatique

A. Avec certains verbes il y a une différence de signification entre la forme simple et la forme pronominale.

> J'appelle mon amie au téléphone.
> *Mais:* **Je m'appelle** Georges.
>
> Vous allez chez des amis.
> *Mais:* **Vous vous en allez.** (Vous partez.)
>
> Nous amusons les enfants.
> *Mais:* **Nous nous amusons.** (Nous passons le temps dans des activités amusantes.)

---

1. «Septante» = soixante-dix.
2. «Nonante» = quatre-vingt-dix.

B. Voici une liste de quelques verbes pronominaux idiomatiques, ou qui n'ont pas la même signification que la forme simple.

s'amuser = prendre plaisir, avoir une expérience agréable

s'appeler = indication du nom

se demander = se poser une question

se dépêcher = être pressé

se disputer = avoir une dispute

s'en aller = partir

s'ennuyer ≠ s'amuser (Quand une situation est ennuyeuse, on s'ennuie.)

se fâcher (avec) = devenir furieux

se fatiguer ≠ se reposer

se marier (avec) = épouser

se rappeler ≠ oublier

se reposer ≠ se fatiguer

se servir de[3] = utiliser

se souvenir de = se rappeler

se tromper = faire une erreur

se trouver = être situé

Exercices oraux

J. Répondez aux questions suivantes par une phrase complète.

Modèle   Comment vous appelez-vous?
Je m'appelle Suzanne.

1. Qui s'en va le premier (la première) après la classe, vous ou moi?
2. Quand vous amusez-vous?
3. Qui se fatigue plus vite dans un match de polo, les joueurs ou les chevaux?
4. Avec qui un homme se marie-t-il, avec sa fiancée ou avec sa belle-mère?
5. De quoi vous servez-vous pour écrire?
6. Avec qui vous disputez-vous le plus souvent?
7. Où se repose-t-on mieux, à Tahiti ou à Tokyo?
8. Qui se fâche plus facilement, vous ou votre meilleur(-e) ami(-e)?
9. Qui se souvient de tout, les éléphants ou les gens séniles?
10. Vous ennuyez-vous le plus dans un concert de musique classique, à un match de football ou dans une conférence de géologie?

K. Demandez à un(-e) autre étudiant(-e) ...

Modèle   s'il (si elle) s'ennuie souvent.
Question: *T'ennuies-tu souvent?*
Réponse: *Oui, je m'ennuie souvent.*   ou
Non, je ne m'ennuie pas souvent.

1. s'il (si elle) s'amuse souvent.
2. à quelle heure il (elle) s'en va.
3. comment il (elle) s'appelle.
4. quand il (elle) se fâche.
5. s'il (si elle) se dépêche tous les matins.
6. s'il (si elle) se repose bien le soir.
7. s'il (si elle) se sert d'un dictionnaire.
8. s'il (si elle) se souvient du premier jour de classe.

3. Après *se servir de* on forme le partitif sans article défini. Par exemple: On se sert **de** café et **d'**eau pour faire du café.

Présentation V

Dites-moi de me réveiller.　　　**Réveillez-vous!**

Dites-moi de m'en aller.　　　**Allez-vous-en!**

Dites à Susie de ne pas se lever.　　　**Ne te lève pas!**

Explications

5 L'impératif des verbes pronominaux

À l'impératif affirmatif, on utilise les pronoms **toi, nous** et **vous** après le verbe. À l'impératif négatif, on utilise **ne** + pronom objet réfléchi dans l'ordre normal.

affirmatif	négatif
Réveille-**toi!**	Ne **te** réveille pas si tôt!
Lavons-**nous!**	Ne **nous** lavons pas!
Va-**t'**en!	Ne **t'**en va pas!
Allez-**vous**-en!	Ne **vous** en allez pas!

Remarquez: *Toi* devant une voyelle → *t'*.

Attention:　　Ne confondez pas l'impératif des verbes pronominaux avec la forme interrogative de **vous** et **nous.**

question

Regardez-vous la
télévision?

ordre

Regardez-vous dans ce
miroir!

Exercices oraux

L. Mettez ces phrases à l'impératif affirmatif et puis à l'impératif négatif.

> *Modèle* Nous nous levons.
> *Levons-nous!*
> *Ne nous levons pas!*

1. Nous nous dépêchons.
2. Vous vous rasez.
3. Tu t'endors maintenant.
4. Vous parlez plus fort.
5. Tu te laves.
6. Vous vous en allez.
7. Tu te réveilles.
8. Nous nous reposons.
9. Vous vous dépêchez.
10. Nous mangeons.

M. Réagissez d'une façon logique. Utilisez l'impératif.

> *Modèles* Je veux me reposer.
> *Alors, repose-toi.*
>
> Nous ne voulons pas nous disputer.
> *Alors, ne vous disputez pas.*

1. Nous voulons nous amuser.
2. Nous ne voulons pas nous tromper de route.
3. Nous ne voulons pas nous fâcher.
4. Nous voulons nous mettre à table.
5. Je veux me dépêcher.
6. Je ne veux pas me fatiguer.
7. Nous ne voulons pas nous marier.
8. Je veux m'en aller.

Présentation VI

Qu'est-ce que vous avez fait ce matin, Alice?

Je me suis réveillée, je me suis lavée, je me suis brossé les dents, je me suis habillée et j'ai pris mon petit déjeuner.

Avez-vous parlé à votre mère hier?

Oui, elle m'a parlé et je lui ai parlé. **Nous nous sommes parlé.**

Vous êtes-vous lavé les cheveux ce matin, Agnès?

Oui, **je me suis lavé les cheveux.**

Explications

6 Le passé composé des verbes pronominaux

A. Le passé composé de tous les verbes pronominaux est avec l'auxiliaire **être.**

laver
j' ai lavé
tu as lavé
il a lavé
elle a lavé
nous avons lavé
vous avez lavé
ils ont lavé
elles ont lavé

se laver
je **me suis lavé(-e)**
tu **t'es lavé(-e)**
il **s'est lavé**
elle **s'est lavée**
nous **nous sommes lavé(-e)s**
vous **vous êtes lavé(-e)(-s)**
ils **se sont lavés**
elles **se sont lavées**

ne pas se laver
je **ne me suis pas lavé(-e)**
tu **ne t'es pas lavé(-e)**
il **ne s'est pas lavé**
elle **ne s'est pas lavée**
nous **ne nous sommes pas lavé(-e)s**
vous **ne vous êtes pas lavé(-e)(-s)**
ils **ne se sont pas lavés**
elles **ne se sont pas lavées**

B. L'accord du participe passé suit la règle des verbes avec l'auxiliaire **avoir.**

1. Le participe passé s'accorde avec le complément d'objet direct quand ce complément est placé *devant* le verbe. Quand le complément d'objet direct est placé *après* le verbe, le participe passé reste invariable. Le participe passé reste invariable aussi quand le complément n'est pas direct. Au passé composé la place du pronom réfléchi **se** est comme avec les autres pronoms objets: avant l'auxiliaire.

   J'ai mangé la pomme.   J'ai parlé à Marie.
   Je l'ai mang**ée.**   Je lui ai parl**é.**
   La pomme que j'ai
      mang**ée ...**

De même avec les verbes pronominaux:

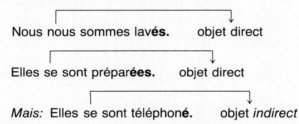

Nous nous sommes lav**és.**   objet direct

Elles se sont prépar**ées.**   objet direct

Mais: Elles se sont téléphon**é.**   objet *indirect*

Attention: Dans le dernier exemple, le participe passé reste invariable parce que **se** ne représente pas l'objet direct, mais l'objet indirect (on téléphone **à** quelqu'un).

Ils se sont vu**s** et ils se sont parl**é.** (**Parlé** est sans **-s** parce qu'on parle **à** quelqu'un.)

2. Quelquefois, il y a *deux compléments d'objet:* le pronom objet qui correspond au sujet, et un autre objet. Dans ce cas, on considère l'*objet non-réfléchi* comme le *seul complément d'objet direct* et l'*objet réfléchi* comme le *complément d'objet indirect.* On applique la règle de l'accord du participe passé des verbes avec l'auxiliaire **avoir.**

   Elle s'est lav**é les mains.**
   Elle se **les** est lav**ées.**

   Nous nous sommes bross**é les dents.**
   Nous nous **les** sommes bross**ées.**

Exercices oraux

N. Mettez ces phrases au passé composé.

>*Modèle* Je me lave.
>*Je me suis lavé(-e).*

1. Je me réveille.
2. Elle s'habille.
3. Elles s'endorment.
4. Tu te dépêches.
5. Nous ne nous amusons pas.
6. Vous vous souvenez de moi.
7. Il se repose.
8. Je ne me marie pas.
9. Tu ne te fâches pas.
10. Nous nous écrivons.

O. Formez une question avec l'inversion.

>*Modèle* Ils se sont réveillés.
>*Se sont-ils réveillés?*

1. Tu t'es rasé.
2. Marc s'est ennuyé.
3. Elle s'est endormie.
4. Les gens se sont amusés.
5. Vous vous êtes écrit.
6. Nous nous sommes dépêchés.
7. Tu t'es reposé.
8. Vous vous êtes fâché.
9. Nous nous sommes disputés.
10. Les enfants se sont couchés.

P. Demandez à un(-e) autre étudiant(-e) ...

>*Modèle* s'il (si elle) s'est lavé les cheveux ce matin.
>Question: *T'es-tu lavé les cheveux ce matin?*
>Réponse: *Oui, je me suis lavé les cheveux ce matin.* ou
>*Non, je ne me suis pas lavé les cheveux ce matin.*

1. à quelle heure il (elle) s'est levé(-e) ce matin.
2. s'il (si elle) s'est dépêché(-e) ce matin.
3. s'il (si elle) s'est amusé(-e) hier soir.
4. s'il (si elle) s'est couché(-e) de bonne heure hier soir.
5. s'il (si elle) s'est servi(-e) d'un couteau hier soir.

Présentation VII

Allez-vous **vous amuser** le week-end prochain?

Oui, nous allons **nous amuser;** nous n'allons pas **nous ennuyer.**

Qu'est-ce que vous faites **avant de vous coucher?**

Avant de me coucher, je me déshabille.

Qu'est-ce que vous faites **après vous être couché?**

Après m'être couché, je lis un peu et j'essaie de m'endormir.

Explications

7 L'infinitif du verbe pronominal

A. Verbe + verbe pronominal
Quand un autre verbe précède un verbe pronominal, on utilise
l'infinitif du verbe pronominal, *précédé du pronom qui correspond au sujet.*

se lever	Nous détestons **nous lever.**
s'ennuyer	Les étudiants détestent **s'ennuyer** en classe.
se dépêcher	Tu vas **te dépêcher** pour arriver à l'heure.
	(futur immédiat)

B. **Avant de** ou **après** + verbe pronominal

Comparez: **Avant de dîner,** nous prenons un apéritif.
Avant de nous habiller, nous nous lavons.

Prenez quelque chose **avant de partir.**
Prenez quelque chose **avant de vous en aller.**

Après avoir dormi, ils ont repris leur travail.
Après nous être habillés, nous sommes sortis.

Remarquez: La règle **avant de** + *infinitif* et **après** + *infinitif passé* est
respectée, mais on conserve le pronom objet correspondant.
N'oubliez pas l'accord du participe passé.

Exercices oraux

Q. Mettez ces phrases au futur immédiat (**aller** au présent + infinitif).

Modèle   Nous nous amusons.
Nous allons nous amuser.

1. Tu te lèves.
2. Ils se disputent.
3. Tu te maries.
4. Vous vous habillez.
5. Elles se regardent.
6. Tu t'endors.
7. Nous nous ennuyons.
8. Je me fâche.

R. Répondez à ces questions.

1. Que faites-vous après vous être habillé(-e)?
2. Que faites-vous avant de vous coucher le soir?
3. Que faites-vous pour vous amuser le week-end?
4. Que faites-vous après vous être disputé(-e) avec un(-e) ami(-e)?
5. Quand avez-vous besoin de vous dépêcher?
6. Aimez-vous vous reposer?
7. Voulez-vous vous marier bientôt?
8. Est-ce que je peux m'endormir maintenant?
9. Est-ce que vous et vos amis préférez vous amuser ou vous ennuyer?

Création

Exercices de conversation

A. Répondez aux questions suivantes. Employez un verbe pronominal.

> *Modèle* Qu'est-ce que vous faites avec un peigne?
> *Je me peigne les cheveux.*

1. Qu'est-ce que vous faites avec du dentifrice et une brosse à dents?
2. Qu'est-ce qu'on fait avec une brosse à cheveux?
3. Qu'est-ce que je fais avec du savon «Palmolive»?
4. Qu'est-ce qu'on fait avec un rasoir électrique?
5. À quelle heure allez-vous au lit?
6. Est-ce qu'on parle français en Louisiane?

B. Vous cherchez un(-e) nouveau (nouvelle) camarade de chambre. Posez des questions à une personne intéressée pour voir si vous pouvez habiter ensemble. Vous voulez savoir ...

1. comment il (elle) s'appelle.
2. à quelle heure il (elle) se réveille.
3. s'il (si elle) fait du bruit quand il (elle) se lève.
4. s'il (si elle) s'amuse facilement et ce qu'il (elle) fait pour s'amuser.
5. quand il (elle) s'ennuie.
6. avec quelles sortes de personnes il (elle) se dispute.
7. s'il (si elle) veut se servir de votre stéréo ou de vos disques et si vous pouvez vous servir de sa stéréo ou de ses disques.
8. à quelle heure il (elle) se couche.
9. s'il (si elle) regarde la télé ou s'il (si elle) étudie avant de se coucher; sinon, ce qu'il (elle) fait avant de se coucher.
10. s'il (si elle) a besoin de silence total pour s'endormir.

Avez-vous des habitudes similaires? Précisez. Acceptez-vous cette personne comme camarade de chambre?

C. Vous connaissez un enfant paresseux. Vous lui donnez des
ordres parce qu'il ne veut pas ...

Modèle   se réveiller
Vous lui dites: *Réveille-toi!*

1. se lever
2. se laver la figure
3. se brosser les dents
4. se brosser les cheveux
5. s'habiller

6. manger
7. se déshabiller
8. prendre son bain
9. se coucher
10. s'endormir

D. Rôles: Un(-e) journaliste fait l'interview d'un(-e) astronaute à
propos de sa vie quand il (elle) était dans l'espace. Le (la)
journaliste lui demande ...

—s'il (si elle) se souvient de ses premières réactions après avoir
quitté la Terre.
—à quelle heure il (elle) se réveillait.
—s'il (si elle) se lavait les dents, et avec quoi.
—s'il (si elle) pouvait se coucher facilement.
—de quoi il (elle) se servait pour boire.
—s'il (si elle) se disputait avec les autres astronautes (si oui, à
propos de quoi).
—s'il (si elle) s'amusait ou s'ennuyait.
—s'il (si elle) se fatiguait plus vite ou moins vite que sur la Terre.
—s'il (si elle) a souffert du mal de l'air.
—si l'absence de gravité rendait la vie plus facile ou moins facile.

E. Est-ce le grand amour?
Voici un petit test pour vous aider à savoir si vous êtes vraiment
amoureux(-euse) de votre ami(-e). Choisissez la meilleure
réponse et formez une phrase complète.

Modèle   Quand vous vous voyez, est-ce que
a. votre cœur palpite?
b. vous souriez et rougissez?
c. vous dites bonjour?
Quand nous nous voyons, mon cœur palpite.   ou
Quand nous nous voyons, je souris et rougis.   ou
Quand nous nous voyons, je dis bonjour.

1. Quand vous vous voyez, est-ce que
a. votre cœur palpite?
b. vous souriez et rougissez?
c. vous dites bonjour?

2. Quand vous vous disputez, est-ce que vous
   a. perdez l'appétit et voulez entrer dans un couvent (un monastère)?
   b. vous fâchez mais restez calme?
   c. voulez sortir avec d'autres personnes?
3. Quand vous vous réconciliez après une dispute, est-ce que vous
   a. voulez chanter et crier?
   b. avez peur d'avoir une autre dispute?
   c. vous souvenez toujours de la dispute et en parlez souvent?
4. Quand vous pensez à votre avenir ensemble, est-ce que vous
   a. êtes si heureux (heureuse) que vous sautez de joie?
   b. considérez logiquement le pour et le contre?
   c. avez un peu mal à l'estomac?
5. Quand vous vous parlez, votre conversation est-elle
   a. fascinante?
   b. agréable?
   c. ennuyeuse?
6. Quand vous n'êtes pas ensemble, est-ce que vous
   a. pensez constamment à lui (elle)?
   b. êtes moins content(-e) que quand vous êtes ensemble?
   c. voulez être avec quelqu'un d'autre?
7. Quand vous êtes ensemble et que vous ne vous parlez pas, est-ce que vous
   a. vous comprenez parce que les mots ne sont pas nécessaires?
   b. êtes à l'aise?
   c. croyez que c'est le moment de vous dire bonsoir?
8. Quand vous vous embrassez, est-ce que
   a. le reste du monde n'existe pas?
   b. vous voulez ne jamais vous arrêter?
   c. vous vous demandez si vous vous êtes lavé les dents?

Vous avez 5 points pour chaque réponse *a,* 3 points pour chaque réponse *b,* et 1 point pour chaque réponse *c.*

Total de 30–40: C'est le grand amour, peut-être pas très réaliste, mais vous êtes passionnément amoureux (amoureuse).

13–29: C'est une attraction agréable, mais ce n'est pas l'amour fou.

0–12: Vous vous amusez peut-être, mais c'est tout.

F. Regardez la photo, p. 339, et répondez.

   1. Cette femme et ces messieurs se connaissent-ils? se parlent-ils?
   2. La femme se repose-t-elle ou s'ennuie-t-elle?
   3. Les hommes se disputent-ils?
   4. Inventez une question à propos de la photo et posez-la à un(-e) autre étudiant (-e).

Exercices écrits

Faites les exercices écrits qui sont dans le *Cahier d'exercices*, Leçon 16.

Lecture

La Belle Histoire de Tristan et Iseut

Vous connaissez certainement les histoires d'amour les plus célèbres: Roméo et Juliette, Antoine et Cléopâtre, Orphée et Euridice. Vous avez eu, vous-même des liaisons amoureuses, peut-être moins célèbres mais aussi intenses. Pourtant, les circonstances romanes-
5 ques de l'histoire de Tristan et Iseut surpassent toutes les autres. Il faut *se souvenir* que ce roman *se situe* au milieu du douzième siècle. C'est l'époque de la littérature courtoise. *Souvenez-vous* du roi Arthur et des Chevaliers de la Table Ronde! *Souvenez-vous* de Lancelot, de Perceval, de la reine Guenièvre et de l'enchanteur Merlin. Ce sont des
10 légendes françaises.

Pendant les Croisades, les chevaliers de France *se battaient* contre les infidèles à Jérusalem ou à Constantinople. Leurs femmes *s'ennuyaient* beaucoup dans les châteaux pendant leur absence. Quelquefois, des troupes de troubadours passaient par là et *s'installaient* dans les châteaux pendant quelques jours. C'étaient de très
15 beaux jeunes gens et jeunes filles, acrobates, magiciens, musiciens ou poètes qui jouaient du luth, de la cornemuse et d'autres instruments qui *ne se font plus* aujourd'hui. Pendant les soirées d'hiver *on s'asseyait* dans la grande salle du château où les troubadours racontaient de longues histoires romanesques et *s'accompagnaient* en mu-
20 sique.

Marc était le roi de Cornouaille, son neveu *s'appelait* Tristan. C'était un jeune chevalier très courageux. L'oncle et le neveu *s'aimaient* beaucoup. Mais les circonstances allaient rendre difficiles leurs rapports. Tout a commencé quand deux hirondelles ont apporté à Marc
25 un cheveu blond. C'était un présage magique.

Le roi Marc allait épouser la jeune fille à qui appartenait ce beau cheveu. Tristan, qui connaissait la jeune fille, a proposé immédiatement d'aller la chercher en Irlande où elle habitait et de la ramener à
30 son oncle. Quand il est arrivé en Irlande, tout le pays avait peur d'un dragon qui dévorait les jeunes filles. Après avoir tué le dragon, Tristan a gagné, par ses prouesses et son courage, la main d'Iseut pour son oncle. Iseut trouvait Tristan très séduisant, mais à cette époque, les jeunes filles obéissaient à leurs parents pour les questions de
35 mariage.

Leurs femmes s'ennuyaient beaucoup dans les châteaux pendant leur absence. Quelquefois des troupes de troubadours passaient par là et s'installaient dans les châteaux pendant quelques jours.

Préparez vos mouchoirs, Bertrand Blier, 1978. Sur la photo: Carole Laure, Gérard Dépardieu et Patrick Dewaere.

Les deux jeunes gens *se préparaient* à partir pour la Cornouaille lorsque la mère d'Iseut a mis dans leur bateau un flacon plein de potion magique. Les deux jeunes gens *se sont mis* en route. Pendant le voyage ils avaient soif. *Ils se sont trompés* de flacon et ont bu, par
40 erreur, la potion magique. Alors Tristan est tombé amoureux d'Iseut, et Iseut *s'est sentie* transportée d'un amour sans limite pour Tristan. *Ils s'aimaient* désormais pour toujours, dans la vie et dans la mort. Qu'est-ce qui allait *se passer* après être arrivés en Cornouaille?

Après leur arrivée, ils ont essayé de *se séparer.* Iseut et Marc *se*
45 *sont mariés.* Iseut est devenue reine. Mais la passion des deux jeunes gens était plus forte que tout et ils ont continué à *se voir* en secret. Quand le roi *s'est rendu compte de* leur liaison il les a condamnés à être brûlés vifs.

Mais Tristan et Iseut *se sont sauvés* et *se sont réfugiés* dans la
50 forêt. Là ils avaient une existence très dure: ils n'avaient pas de maison, ils mangeaient les animaux que Tristan chassait et quelques racines, mais *ils s'aimaient* et c'était l'essentiel.

Un jour le roi Marc, qui chassait par là, les a surpris endormis, l'un à côté de l'autre, et alors *il s'est rendu compte de* leur amour et de
55 leur souffrance. *Il s'est demandé* s'il fallait les tuer, mais il a décidé de leur donner deux signes de son passage et de son pardon: il a enlevé la bague du doigt maigre de la pauvre Iseut et l'a remplacée par sa bague de mariage. Il a pris l'épée de Tristan et a mis son épée royale à côté de Tristan. Quand Tristan et Iseut *se sont réveillés* ils
60 ont tout de suite compris et Tristan, plein de remords, a rendu Iseut à son oncle. Pour l'oublier *il s'est marié* avec une autre Iseut, Iseut la Brune.

Un jour, Tristan est blessé par une arme empoisonnée et il ne veut
65 pas mourir sans revoir Iseut la Blonde.[4] Il envoie son beau-frère
chercher la reine.

Iseut accepte sans hésitation. Tristan attend; il va mourir. En mer,
une tempête empêche le bateau d'aborder. Tristan, qui va mourir, demande à Iseut la Brune si la reine arrive. En effet, elle arrive, mais,
70 perfide et jalouse, sa femme lui répond que non, et Tristan meurt sans
revoir Iseut. Quand Iseut la Blonde arrive devant le corps de son bien-
aimé, *elle se rend compte qu'*elle ne peut plus vivre sans lui car la
potion les a réunis pour la vie et pour la mort. Alors, *elle s'allonge* à
côté de Tristan et elle meurt.
75 On les enterre, l'un à côté de l'autre, et alors, ô merveille! un rosier
sauvage sort du tombeau de Tristan et va fleurir sur le tombeau
d'Iseut.

> *Belle amie, ainsi est de nous,*
> *Ni vous sans moi, ni moi sans vous.*

Questions sur la lecture

1. À quelle époque se situe l'histoire de Tristan et Iseut?
2. Que faisaient les chevaliers de France pendant les Croisades?
3. Pourquoi les nobles dames de France s'ennuyaient-elles dans leurs châteaux?
4. Que faisaient les troubadours?
5. Quel était le rapport entre le roi Marc et Tristan?
6. Qu'est-ce que le cheveu blond signifiait?
7. Qu'est-ce que Tristan a fait pour gagner la main d'Iseut pour Marc?
8. Pourquoi Tristan et Iseut se sont-ils aimés?
9. Avec qui Iseut était-elle obligée de se marier?
10. Qu'est-ce que Marc a fait quand il a vu qu'Iseut aimait Tristan?
11. Où Tristan et Iseut se sont-ils réfugiés? Comment était leur vie?
12. Marc a-t-il pardonné aux deux amants?
13. Pourquoi Tristan s'est-il marié avec Iseut la Brune?
14. Pourquoi Tristan est-il mort sans revoir Iseut la Blonde?
15. Pourquoi Iseut est-elle morte?

4. Remarquez que cet emploi du présent, qu'on appelle le «présent historique»,
donne une force particulière à la narration du passé.

Discussion / Composition

1. Racontez une histoire d'amour d'un couple que vous connaissez (peut-être l'histoire de vos parents) ou d'un couple fictif. Employez des verbes pronominaux au passé. (Où et comment se sont-ils rencontrés? Pourquoi se sont-ils aimés? Se sont-ils mariés? Ont-ils divorcé? Etc.)

2. Racontez une de vos nombreuses histoires d'amour. Exemple: C'était le coup de foudre[5]. Nous nous sommes vus, nous nous sommes aimés tout de suite ...

3. Imaginez la vie quotidienne (la vie de tous les jours) à une autre époque historique (le douzième siècle, la préhistoire, l'époque de l'Égypte ancienne, l'époque de la Révolution Française, etc.) Décrivez la routine de tous les jours. Employez des verbes pronominaux à l'imparfait. Ensuite contrastez avec votre vie quotidienne. Employez des verbes pronominaux au présent. Exemple: A l'époque de Tristan et Iseut, on se réveillait avec le soleil parce qu'il n'y avait pas de réveil.[6] Les dames se levaient et se lavaient avec de l'eau froide. Les maris n'étaient pas au château, alors ils ne se voyaient pas ... Moi, au contraire, je me réveille quand mon réveil sonne à _____ heures. Je me lève, je me lave dans la salle de bain avec de l'eau chaude, etc.

Improvisation

Quatre ou cinq personnes: Préparez un documentaire, «La Vie quotidienne de _____». Choisissez un personnage réel ou fictif, célèbre ou inconnu. Puis jouez la scène où un journaliste fait l'interview du personnage principal et de plusieurs autres personnes dans la vie du personnage principal.

---

5. *Coup de foudre* = "love at first sight."
6. *Réveil* = "alarm clock."

Vocabulaire

noms

amant m.
avenir m.
bague f.
barbe f.
chair f.
dent f.
égoïsme m.
épée f.
épouse f.
forêt f.
mort f.
racine f.
rasoir (électrique) m.
savon m.
siècle m.
tempête f.
tombeau m.
vie f.
voile f.

adjectifs

amoureux(-euse)
brûlé(-e)
courtois(-e)
instruit(-e)
quotidien(-ne)
vif (vive)

verbes

aborder
s'amuser
appartenir
s'arrêter
se battre
se brosser
chasser
se coiffer
contenir
se coucher
crier
se dépêcher
se déshabiller
se disputer
s'embrasser
empêcher
emporter (sur)
s'en aller
s'endormir
s'enfuir
enlever
s'ennuyer
s'entendre
épouser
se fâcher (avec)
se fatiguer
s'habiller
s'installer
se laver
se lever
se marier (avec)
parvenir (à)
se passer
se peigner
se raser

se réconcilier
se rendre
se rendre compte
se reposer
se servir (de)
se souvenir (de)
se tromper (de)
se trouver

autres mots et expressions

au lieu de
bien élevé(-e)
faire du bruit
le pour et le contre
sauter de joie
se mettre à table

noms apparentés

absence f.
arme f.
circonstance f.
époque f.
héros m. (héroïne f.)
origine f.
passion f.
routine f.
souffrance f.
troupe f.

Temps et durée

Le futur
Quand, si, lorsque, dès que,
  aussitôt que
Expressions de temps et de durée
  depuis et depuis que
  il y a ... que
  il y a + temps
  jusque
  pendant et pendant que

Passer et durer, prendre et mettre

Lecture: *Dans un café*

Rendez-vous à la terrasse d'un café parisien.

Découverte

Présentation I

Que **ferez-vous** cet été, Bill?   **J'irai** en Europe, j'y **resterai** deux mois.

Quand **partirez-vous?**   **Je partirai dès que**[1] les classes **seront** finies.

Verrez-vous vos amis en France?   Oui, **si je peux j'irai** les voir.

Quand les **verrez-vous?**   Je ne sais pas. Mais **je** leur **téléphonerai quand j'arriverai.**

Explications

1   Le futur

A. Le futur et le futur immédiat

On peut presque toujours utiliser le futur immédiat (**aller** + infinitif) pour exprimer une idée ou une action future. Mais dans les cas où l'idée ou l'action ont un caractère plus défini, plus distant ou plus littéraire, on emploie le futur.

> **Je déjeunerai** avec elle.   ou
> **Je vais déjeuner** avec elle.   *mais*
> Le train **partira** à quatre heures cinquante-huit.

B. Formation régulière

Pour former le futur d'un verbe régulier on ajoute les terminaisons **-ai, -as, -a, -ons, -ez, -ont** à l'infinitif. Si l'infinitif est en **-re,** on supprime le **e.** Remarquez la ressemblance des terminaisons du futur avec le présent du verbe **avoir.**

---

1. *Dès que* = aussitôt que = "as soon as."

parler	finir	rendre
je parler**ai**	je finir**ai**	je rendr**ai**
tu parler**as**	tu finir**as**	tu rendr**as**
il, elle parler**a**	il, elle finir**a**	il, elle rendr**a**
nous parler**ons**	nous finir**ons**	nous rendr**ons**
vous parler**ez**	vous finir**ez**	vous rendr**ez**
ils, elles parler**ont**	ils, elles finir**ont**	ils, elles rendr**ont**

C. Certains verbes ont un radical irrégulier au futur, mais les terminaisons sont toujours régulières.

voir	aller	se souvenir
je **verr**ai	j' **ir**ai	je me **souviendr**ai
tu **verr**as	tu **ir**as	tu te **souviendr**as
il, elle **verr**a	il, elle **ir**a	il, elle se **souviendr**a
nous **verr**ons	nous **ir**ons	nous nous **souviendr**ons
vous **verr**ez	vous **ir**ez	vous vous **souviendr**ez
ils, elles **verr**ont	ils, elles **ir**ont	ils, elles se **souviendr**ont

avoir: j'**aur**ai, etc. **pouvoir:** je **pourr**ai, etc.
savoir: je **saur**ai, etc. **mourir:** je **mourr**ai, etc.
être: je **ser**ai, etc. **courir:** je **courr**ai, etc.
faire: je **fer**ai, etc. **vouloir:** je **voudr**ai, etc.
envoyer: j'**enverr**ai, etc. **venir:** je **viendr**ai, etc.

Remarquez: Le futur de c'est = **ce sera**
il y a = **il y aura**
il faut = **il faudra**

D. Notez l'emploi du futur après **quand, lorsque,**[2] **dès que** et **aussitôt que** dans les phrases suivantes.

Quand j'irai à Rome, je verrai le Vatican.
Lorsque j'irai à Rome, je verrai le Vatican.
Dès que nous serons à Paris, nous téléphonerons à nos amis.
Nous téléphonerons à nos amis **aussitôt que nous serons** à Paris.

Remarquez: Avec une action future, il faut utiliser le futur après **quand, lorsque, dès que** et **aussitôt que.** En anglais, par contre, on utilise le présent: "When *I go* to Rome, I'll see the Vatican."

Attention: On n'utilise pas le futur après **si** (même avec une action future). On dit:
Si je le vois, je lui parlerai.
Si je vais à Rome, je verrai le Vatican.

2. *Lorsque* = quand.

Exercices oraux

A. Dites au futur.

Modèle Je finis mon travail.
Je finirai mon travail.

1. Cet enfant grandit.
2. Il vend sa voiture.
3. Nous parlons avec lui.
4. Vous faites des progrès.
5. Ils viennent sur le campus.
6. Je suis content.
7. Nous savons la réponse.
8. Elles ont de la chance.
9. On voit le problème.
10. Vous pouvez le faire.
11. Vous voulez le faire.
12. Il y a du champagne.
13. Il faut le discuter.
14. C'est l'essentiel.
15. Elle va chez eux.
16. Il court chez elle.
17. Je me repose.
18. Nous nous ennuyons.
19. Tu te réveilles.
20. Elle s'en va.

B. Dites les phrases suivantes au futur.

Modèles S'il fait beau, nous allons à la plage.
S'il fait beau, nous irons à la plage.

Quand il fait beau, nous allons à la plage.
Quand il fera beau, nous irons à la plage.

1. Si je viens, je la vois.
2. Dès que je viens, je la vois.
3. Si vous avez de l'argent, vous visitez le Mexique.
4. Aussitôt que vous avez de l'argent, vous visitez le Mexique.
5. S'il arrive, il peut nous aider.
6. Lorsqu'il arrive, il peut nous aider.
7. S'ils sont prêts, nous partons ensemble.
8. Quand ils sont prêts, nous partons ensemble.
9. Si tu regardes bien la photo, tu te souviens de ce monsieur.
10. Aussitôt que tu regardes bien la photo, tu te souviens de ce monsieur.
11. S'ils se voient, ils se fâchent.
12. Dès qu'ils se voient, ils se fâchent.

C. Ferez-vous les choses suivantes l'année prochaine?

Modèle être encore à cette université
Non, l'année prochaine je ne serai plus à cette université. ou
Oui, l'année prochaine je serai encore à cette université.

1. habiter en Europe
2. étudier encore le français
3. avoir un bon travail
4. vous amuser
5. vous souvenir de ce moment

6. lire *Vogue*
7. comprendre mieux la vie
8. vous réveiller tous les jours à six heures du matin
9. aller souvent à la plage
10. être très heureux (heureuse)

D. Demandez à un(-e) autre étudiant(-e) ...

1. où il (elle) ira après la classe.
2. ce qu'il (elle) fera ce week-end. (Qu'est-ce que tu ...?)
3. où il (elle) sera en 1989.
4. quand il (elle) terminera ses études.
5. où il (elle) dormira ce soir.
6. quand il (elle) vous enverra une carte postale.
7. s'il (si elle) viendra en classe samedi.
8. quel temps il fera demain.

Présentation II

Depuis quand êtes-vous à l'université?

J'y suis **depuis que** l'année scolaire a commencé, c'est-à-dire que j'y suis **depuis** septembre; je suis étudiant de première année.

Combien de temps **y a-t-il que vous y êtes?**

Voyons ... nous sommes en mars maintenant, alors **il y a** sept mois **que** je suis ici.

Et vous, Jim?

Je suis arrivé **il y a** trois ans.

Combien de temps allez-vous rester à l'université?

Je vais y rester un an.[3] Je vais y rester **pendant** un an.

Qu'est-ce que vous faites **pendant que** j'explique la leçon?

Pendant que vous l'expliquez, nous écoutons et nous faisons attention à vos explications.

Jusqu'à quelle heure avez-vous étudié hier soir?

J'ai étudié **jusqu'à** minuit.

3. On utilise *an* après un nombre, après *tous les,* après *par.* Pour les autres situations, utilisez *année.*
> J'ai *vingt ans.*
> Il vient *tous les ans.*
> Je la vois quatre fois *par an.*
Mais: *Cette année* nous allons à Paris.
> Je la vois *chaque année.*

Qu'est-ce que vous faites pendant que j'explique la leçon?

La Communale, Jean Lhote, 1965. Sur la photo: Robert Dhery.

L'école communale, la «communale», est l'école publique française. Cet instituteur est professeur d'une petite classe. Il fait sa classe sous le buste de Marianne. «Marianne» est le symbole de la République Française en souvenir de la Révolution de 1789.

Explications

2 Prépositions, conjonctions et expressions de temps

A. **Depuis** et **depuis que** indiquent le commencement d'une situation.

> **depuis** + nom
> **depuis que** + proposition (sujet + verbe)

> Je suis à Paris **depuis** le premier mai.
> **Depuis que** je suis à Paris, je ne parle plus anglais.
> Il ne parle plus anglais **depuis qu**'il a quitté les États-Unis.

Remarquez: Le verbe est au présent si cette situation qui a commencé dans le passé continue encore au présent.

B. **Il y a ... que** + proposition (sujet + verbe) indique une durée, un intervalle entre le commencement d'une situation et le présent. On emploie **il y a ... que** avec le présent.[4]

> **Il y a** *trois heures* **que** j'attends mon ami.
> **Il y a** *deux ans* **que** nous sommes ici.

---

4. On peut employer *il y a ... que* avec le passé composé quand le verbe est au négatif; par exemple: *Il y a trois ans que je ne l'ai pas vu.*

C. **Il y a** + *temps* indique aussi une quantité de temps, mais c'est l'intervalle entre le présent et une situation ou une action passée. On emploie **il y a** uniquement avec le passé.

> Vous êtes arrivé ici **il y a** *trois semaines.*
> J'ai terminé mes études **il y a** *longtemps.*

D. **Jusque** indique *la fin* ou *la limite* d'une situation ou d'une distance.

> Ils sont partis de Paris et sont allés **jusqu'**à Rome.
> Nous allons vous accompagner **jusque** *chez vous.*
> Tu resteras ici **jusqu'**en juin.

E. **Pendant** et **pendant que**

1. **Pendant** + *nom* indique *la durée.*

> La guillotine a beaucoup fonctionné **pendant** *la révolution.*
> Je resterai chez vous **pendant** *quinze jours.*[5]

Remarquez: **Pendant** n'est pas obligatoire avec une durée de temps précise.

> Il a attendu **pendant** *dix minutes.* = Il a attendu *dix minutes.*
> Je resterai chez vous **pendant** *quinze jours.* = Je resterai chez vous *quinze jours.*

2. **Pendant que** + *sujet* + *verbe* indique *la simultanéité* de deux actions.

> Jules rêve **pendant qu'**il dort.
> **Pendant que** Marty *réparait* l'auto, ses amis buvaient de la bière.

Exercices oraux

E. Faites une seule phrase. Employez **depuis** ou **depuis que** pour indiquer le commencement.

Modèles   Ils habitent ensemble / leur mariage
> *Ils habitent ensemble depuis leur mariage.*

Ils habitent ensemble / ils se sont mariés
> *Ils habitent ensemble depuis qu'ils se sont mariés.*

1. Elles sont en vacances / le 3 décembre
2. Il pleut / nous sommes ici
3. Marc travaille / son arrivée à Paris
4. Marc travaille / il est arrivé à Paris
5. Vous n'aimez plus les chrysanthèmes / nous avons lu la lecture de la Leçon 15.

---

5. *Quinze jours* = deux semaines. *Huit jours* = une semaine.

F. Finissez les phrases avec un nom ou une proposition selon le cas.

> *Modèles* Ils ne se parlent plus depuis que ...
> *Ils ne se parlent plus depuis qu'ils se sont disputés.*
>
> Ils ne se parlent plus depuis ...
> *Ils ne se parlent plus depuis leur dispute.*

1. Cette femme s'appelle Mme Losange depuis que ...
2. Nous nous connaissons depuis ...
3. J'ai faim depuis ...
4. Nous nous comprenons mieux depuis que ...
5. Personne ne dit rien depuis ...

G. Faites une phrase avec **il y a ... que.**

> *Modèle* Nous étudions le français / six mois
> *Il y a six mois que nous étudions le français.*

1. La Guerre Civile est finie / longtemps
2. Je vous écoute / deux minutes
3. Elle souffre / des semaines
4. Charles est aux toilettes / une heure
5. Les dents de mes grands-parents sont fausses / longtemps

H. Répondez aux questions suivantes. Employez **il y a** dans votre réponse.

> *Modèle* Quand vous êtes-vous réveillé(-e)?
> *Je me suis réveillé(-e) il y a trois heures.*

1. Quand êtes-vous arrivé(-e) en classe?
2. Quand êtes-vous né(-e)?
3. Quand le président a-t-il été inauguré?
4. Quand avons-nous commencé cette leçon?
5. Quand vos parents se sont-ils mariés?

I. Faites une seule phrase. Employez **jusque** pour indiquer la fin.

> *Modèles* Nous allons en France.
> *Nous allons jusqu'en France.*
>
> Ils travaillent. Ils finissent vendredi.
> *Ils travaillent jusqu'à vendredi.*

1. Ce train va à Chicago.
2. Les pionniers sont allés en Californie.
3. Je t'accompagnerai chez toi.
4. Nous avons dansé. Nous avons fini de danser à six heures du matin.
5. Vous serez en vacances. Les vacances finiront en septembre.

J. Faites une seule phrase. Employez **pendant** ou **pendant que**.

1. Ils sont en vacances / le mois de décembre
2. Ils parlaient / nous regardions le film
3. Les autres étudiaient / nous mangions
4. Ils ont regardé la télévision / une heure
5. Vous avez dormi / le professeur lisait la lecture
6. Je resterai ici / deux jours

K. Demandez à un(-e) autre étudiant(-e) ...

1. depuis quelle heure il (elle) est à l'université.
2. jusqu'à quelle heure il (elle) étudie le soir.
3. ce qu'il (elle) fait pendant le week-end. («Qu'est-ce que tu ...?»)
4. depuis quand les États-Unis sont indépendants.
5. combien de temps il y a que son professeur de français le (la) connaît.
6. où il (elle) était il y a trois heures.
7. combien de temps il y a qu'il (elle) parle anglais.
8. si on peut aller jusqu'à Paris à bicyclette.

Présentation III

Combien de temps **durent** les études universitaires?

Elles durent quatre ans. **Elles durent pendant** quatre ans.

Est-ce que le temps **passe** vite dans cette classe?

Oui, **il passe** très vite en général, mais quelquefois **il passe** lentement.

Combien de temps la visite du monument **prend-elle?**

Elle prend trois quarts d'heure.

Combien de temps **mettez-vous** à écrire une composition?

Généralement je mets une heure; quelquefois je mets plus longtemps.

Combien de temps mettez-vous à écrire une composition?

Les 400 Coups (voir page 279).

Explications

3 Les verbes qui expriment le temps

A. **Passer** et **durer**

1. **Passer** dans le sens temporel est souvent suivi d'un *adverbe*.

Hélas, le temps **passe** *vite!*

Le temps **passe** *lentement, difficilement, agréablement, péniblement, horriblement,* etc.

Remarquez: On passe *le temps* **à** *faire quelque chose.* (Unité de temps: une heure, deux jours, etc.)

Elle passe toujours trois heures **à** *écouter la leçon de laboratoire.*
J'ai passé deux semaines **à** *préparer mes examens.*

2. **Durer** a généralement un complément qui exprime *le temps.*

La guerre **a duré** *cinquante ans.*
Ce film est long, **il dure** *deux heures quinze minutes.*

B. **Prendre** et **mettre** indiquent quelquefois *la durée.*

Cette excursion **prend** *quatre heures.*
J'ai mis *trois heures* à écrire ma composition.

Exercice oral

L. Répondez aux questions suivantes.

1. Combien de temps durent les vacances de Noël?
2. Est-ce que le temps passe vite quand vous êtes avec des amis?
3. Combien de temps dure un film en général?
4. Combien de temps mettez-vous à écrire une composition de français?
5. Combien de temps prend un voyage autour du monde?
6. Combien de temps passez-vous à vous regarder dans le miroir chaque jour?

Création

Exercices de conversation

A. Vous êtes météorologiste.

Quel temps fera-t-il demain? Où neigera-t-il? Où pleuvra-t-il? Quels seront les endroits où il fera beau? mauvais? du vent? du soleil? Comment sera le temps pendant les cinq jours à venir? Parlez aussi un peu de la météorologie de votre région. Quel temps fait-il maintenant à l'endroit où vous êtes? Et demain?

B. Interviewez un(-e) autre étudiant(-e) à propos de ses projets d'avenir. Demandez-lui ...

—où il (elle) sera quand il (elle) aura quarante ans
—s'il (si elle) sera marié(-e) quand il (elle) aura quarante ans
—s'il (si elle) aura des enfants
—où il (elle) travaillera; ce qu'il (elle) fera («Qu'est-ce que tu ...»); s'il (si elle) aimera son travail
—s'il (si elle) sera riche
—où il (elle) passera ses vacances
—s'il (si elle) habitera dans une maison ou dans un appartement; comment sera la maison ou l'appartement.

C. Employez les expressions données pour décrire la situation.

1. Il est sept heures. Utilisez: **pendant, pendant que, jusque.**

2. Il est huit heures.
   Utilisez: **depuis, depuis que, il y a ... que.**

3. Il est neuf heures. Utilisez: **pendant, jusque, pendant que, depuis.**

D. Regardez la photo, page 348 et répondez.

   1. Que fait le professeur pendant cette leçon?
   2. Pendant combien de temps gardera-t-il cette position? Expliquez.
   3. Inventez une question sur la photo et posez-la à quelqu'un.

L'héritage culturel

29

30

29. Carcassonne, cité médiévale, illuminée
la nuit   30. La chapelle de Ronchamps,
œuvre de l'architecte Le Corbusier

31. Un artisan de la porcelaine, à Limoges
32. Une dessinatrice illustre des livres.

31

32

33. Au musée du Louvre: devant le *Radeau de la Méduse* du peintre Géricault   34. Le centre national d'art et de culture Georges Pompidou

33

34

35

36

35. *Don Juan* de Molière, à la Comédie
Française   36. Films français et films américains à l'affiche d'un cinéma parisien

Exercices écrits

Faites les exercices écrits qui sont dans le *Cahier d'exercices,*
Leçon 17.

Lecture

Dans un café

Kelly, une étudiante américaine est installée à la terrasse d'un café
situé au coin du Boulevard Saint-Michel et du Quai Saint-Michel, au
bord de la Seine. La vue de Notre Dame est magnifique. Il fait très
beau. À côté d'elle un jeune homme la regarde de temps en temps.
Kelly écrit des cartes à ses amis. À un moment donné le jeune
5   homme lui sourit amicalement et la conversation commence.

LUI: Vous n'êtes pas d'ici, je suppose.

ELLE: Comment le savez-vous?

LUI: Oh! Je ne sais pas ... votre allure, vos vêtements ... vos mains ...
un je ne sais quoi ...

10   ELLE: Oui, en effet, je suis américaine.

LUI: Ah! Vraiment? D'où êtes-vous? *Depuis quand êtes-vous* à Paris?

ELLE: Je viens du Colorado et je suis ici *depuis* lundi dernier. *Il y a*
déjà *une semaine que je suis* parisienne. J'adore Paris. Et vous?
Êtes-vous d'ici?

15   LUI: Non, j'habite Bordeaux. Je suis ici pour un stage d'informatique.
Le stage *dure pendant trois mois.* Je n'aime pas Paris. C'est trop
bruyant,[6] trop intense ... les gens sont névrosés[7] ... on court toujours
partout ... Combien de temps *resterez-vous* à Paris?

ELLE: Oh! J'y suis venue pour l'année. *Je ne repartirai pas* avant l'an-
20   née prochaine. J'ai le temps. *J'irai* probablement en province aussi.
En fait *j'irai* à Bordeaux *pendant* les vacances de Pâques. Je sais
qu'on y mange et qu'on y boit très bien!

LUI: Ah! La gastronomie! C'est la grande spécialité de ma région.
Quand vous serez à Bordeaux, *vous pourrez* me téléphoner et *je*
25   vous *emmènerai* dans les endroits intéressants.

ELLE: Je vous remercie. *Est-ce qu'il y a longtemps que vous êtes* à
Paris?

6. *Bruyant(-e)* = avec trop de bruit.
7. *Névrosé(-e)* = "neurotic."

LUI: Voyons ... je suis arrivé le 15 septembre ... nous sommes le 27 ... demain *il y aura treize jours que je suis* ici.

30 **ELLE:** Connaissiez-vous Paris avant?

LUI: Oui, naturellement, j'y suis venu plusieurs fois. J'y suis même resté *pendant un an pendant que je faisais* mes études, mais *il y a* bien *longtemps* de cela! ... Mais vous parlez un français excellent. Êtes-vous d'origine française?

35 **ELLE:** Pas du tout. Je l'ai étudié au lycée *pendant deux ans et demi* et puis j'ai poursuivi mes études à l'université. Mon université organise un stage d'un an en France pour les étudiants. Je vais donc rester à Paris *pendant un an.* Je suis enthousiasmée. Hier *j'ai passé* toute la journée dans les agences de location. Je cherche un petit
40 appartement.

LUI: Ah, c'est très difficile ici! En province on en trouve plus facilement. Dans quel quartier voulez-vous habiter?

ELLE: Oh, ça m'est égal mais je ne veux pas être trop loin du Quartier Latin.[8]

45 **LUI:** Écoutez, j'ai un copain qui travaille dans une agence immobilière. *Si vous voulez, je pourrai* vous présenter. Que faites-vous demain?

ELLE: Le matin je vais à la Fac[9] mais l'après-midi je suis libre.

LUI: Formidable, alors *si vous voulez, je vous retrouverai* ici à 13 heures 30. *Nous irons* le voir à son agence. *Il y a assez longtemps*
50 *qu'il y travaille* et je suis certain qu'*il* vous *trouvera* quelque chose.

ELLE: Mais vous êtes très aimable. *J'essaierai* d'être à l'heure. Sinon, le premier venu attend l'autre.

LUI: OK, comme on dit en Amérique. Oh! J'oubliais ... Comment vous appelez-vous?

55 **ELLE:** Kelly, et vous?

LUI: Laurent. Alors, à demain!

---

8. *Quartier Latin* = quartier de Paris, situé sur la rive gauche de la Seine, où s'élevait l'ancienne université dont l'enseignement était donné en latin et où se trouvent encore les facultés.
9. *La Fac* = faculté = l'université.

Questions sur la lecture

1. Où est Kelly? Qu'est-ce qu'elle fait?
2. Comment est-ce que cette conversation commence?
3. Comment le jeune homme sait-il que Kelly n'est pas française?
4. Depuis quand Kelly est-elle à Paris? Et le jeune homme?
5. Pourquoi est-elle à Paris? Et le jeune homme, pourquoi est-il à Paris?
6. Que pense Kelly de Paris? Et qu'en pense le jeune homme?
7. Combien de temps Kelly restera-t-elle à Paris? Combien de temps le jeune homme y restera-t-il?
8. Qu'est-ce que Kelly cherche? Qu'est-ce qu'elle fait pour le trouver?
9. Comment le jeune homme pourra-t-il aider Kelly?
10. Quel rendez-vous les deux jeunes gens fixent-ils?

Discussion / Composition

1. Écrivez en forme de dialogue une conversation entre deux jeunes touristes qui se rencontrent pour la première fois dans un café. Employez des expressions comme **depuis, il y a, pendant.**
2. Qu'est-ce que Kelly et Laurent feront demain? Employez des expressions comme **si, quand, dès que, aussitôt que.**
3. Qu'est-ce que vous ferez quand vous finirez vos études? Où irez-vous si vous décidez de voyager? Que ferez-vous si vous décidez de travailler? Employez des expressions comme **si, quand, aussitôt que, dès que.**

Improvisation

Deux, trois, quatre ou cinq personnes: Chez un médium. Vous interrogez un médium sur votre avenir; si vous désirez, essayez de prendre contact avec des esprits (vos ancêtres, par exemple) qui vous conseilleront aussi. (Une personne joue le rôle du médium, une ou plusieurs lui posent des questions, et peut-être une ou plusieurs jouent le rôle des revenants.[10])

10. *Revenant* = esprit ou fantôme.

Vocabulaire

noms

agence de location f.
agence immobilière f.
droit m.
esprit m.
guerre f.
Pâques m.
stage m.

adjectifs

égal(-e)
enthousiasmé(-e)
faux(-sse)
libre

verbes

emmener
poursuivre
remercier
réparer

adverbes

amicalement
péniblement

conjonctions

aussitôt que
depuis que
dès que
il y a ... que
lorsque
pendant que

autres expressions

ça m'est égal
depuis
de temps en temps
en province
jusque
par contre

noms apparentés

agence f.
intervalle m.

Sensation

Par les soirs bleus d'été, j'irai dans les sentiers,
Picoté par les blés, fouler l'herbe menue:
Rêveur, j'en sentirai la fraîcheur à mes pieds.
Je laisserai le vent baigner ma tête nue.

Je ne parlerai pas, je ne penserai rien:
Mais l'amour infini me montera dans l'âme,
Et j'irai loin, bien loin, comme un bohémien,
Par la Nature,—heureux comme avec une femme.

Arthur Rimbaud (1854–1891)

18 Dix-huitième Leçon

Vous ne m'en aviez pas parlé!

Deux pronoms compléments et leurs places respectives

L'infinitif complément: Nom ou adjectif + *de, à, pour* ou *sans* + infinitif

Le plus-que-parfait

Lecture: *Orphée noir*

Des Africaines francophones jouent au ballon.

Découverte

Présentation I

Votre mère vous donne-t-elle de l'argent?	Oui, elle **m'en** donne.
Y a-t-il de mauvais étudiants dans cette classe?	Non, il n'**y en** a pas.
Parlez-vous de vos problèmes à votre camarade de chambre?	Oui, je **lui en** parle.
Vous donne-t-il la solution?	Oui, il **me la** donne.
Rendez-vous la composition à votre professeur?	Oui, nous **la lui** rendons.
Est-ce que j'ai expliqué le vocabulaire aux étudiants?	Oui, vous **le leur** avez expliqué.
Est-ce que je vous explique personnellement vos fautes?	Oui, vous **me les** expliquez personnellement.
Est-ce que vous montriez vos exercices à Irène quand je suis entré?	Non, je ne **les lui** montrais pas.
Montrez-moi votre cahier. Vite! Montrez-**le-moi!**	D'accord. Je **vous le** montre.

Explications

1   Deux pronoms compléments et leurs places respectives

A.   Quand il y a deux pronoms, **en** est toujours *le dernier*.

Me donnez-vous du café?	Oui, je **vous en** donne. Non, je ne **vous en** donne pas.
Y a-t-il des gens?	Oui, il **y en** a. Non, il n'**y en** a pas.
Avez-vous écrit des lettres à votre ami?	Oui, je **lui en** ai écrit. Non, je ne **lui en** ai pas écrit.

Est-ce que vous montriez vos exercices à Irène quand je suis entré?

Les Enfants du Paradis (voir page 189).

B. Le pronom objet indirect précède le pronom objet direct, excepté quand les deux pronoms sont à la troisième personne.

Me présentez-vous votre amie?
Oui, je **vous la** présente.   Non, je ne **vous la** présente pas.

Est-ce que je vous ai rendu les exercices?
Oui, vous **me les** avez rendus.   Non, vous ne **me les** avez pas rendus.

Votre professeur vous explique-t-il la leçon?
Oui, il **nous l'**explique.   Non, il ne **nous l'**explique pas.

Est-ce que je rends les compositions aux étudiants?
Oui, vous **les leur** rendez.   Non, vous ne **les leur** rendez pas.

Michel présente-t-il Sarah à Ted et à Alice?
Oui, il **la leur** présente.   Non, il ne **la leur** présente pas.

Votre professeur a-t-il expliqué la leçon à Paul?
Oui, il **la lui** a expliquée.   Non, il ne **la lui** a pas expliquée.

C. Résumé de l'ordre régulier des pronoms compléments

	1ère, 2e, 3e personnes —objet direct ou indirect	*3e personne —objet direct*	*3e personne —objet indirect*			*verbe (auxiliaire)*	*mot de négation*	*(participe passé)*
(ne)	**me te nous vous se**	**le la l' les**	**lui leur**	**y**	**en**	———	(pas, jamais, etc.)	----

D. Place des pronoms compléments avec l'impératif

1. Avec l'impératif affirmatif, les pronoms compléments viennent *après* le verbe; avec l'impératif négatif, *avant* (voir Leçon 13).

Donne-**le-lui**!	Ne **le lui** donne pas!
Donnons-**le-lui**!	Ne **le lui** donnons pas!
Donnez-**le-lui**!	Ne **le lui** donnez pas!
Présente-**la-leur**!	Ne **la leur** présente pas!
Présentons-**la-leur**!	Ne **la leur** présentons pas!
Présentez-**la-leur**!	Ne **la leur** présentez pas!

2. L'ordre des pronoms avec *l'impératif affirmatif* est le suivant:

(1)	(2)	(3)	(4)	(5)
verbe	objet direct	objet indirect	**y**	**en**

Avec *l'impératif négatif* l'ordre régulier des pronoms est respecté.

affirmatif	*négatif*
Dites-**le-moi**!	Ne **me le** dites pas!
Rendez-**la-moi**!	Ne **me la** rendez pas!
Donnez-**les-nous**!	Ne **nous les** donnez pas!

Remarquez: Avec l'impératif affirmatif, **moi** + **en** → **m'en**

Parlez-**m'en**!   Donnez-**m'en**!

Exercices oraux

A. Remplacez le nom par le pronom correct.

Modèle   Il me donne son livre.
            Il me le donne.

1. Vous lui montrez vos chaussures.
2. Vous me parlez de votre voiture.
3. Nous te donnerons ces disques.
4. Je vous servirai le dîner.
5. On ne m'a pas expliqué le problème.
6. Je lui dirai la vérité.
7. Nous ne les verrons pas au concert.
8. Vous leur avez envoyé des lettres.
9. Tu les as donnés à Jacqueline.
10. Je te pose des questions intéressantes.

B. Dites les phrases suivantes avec les deux pronoms appropriés.

> **Modèle**   Je parle de mes problèmes à mon psychiatre.
> *Je lui en parle.*

1. Tu demandes de l'argent à tes parents.
2. Nous disons la vérité à nos amis.
3. Jean-Louis a décrit son voyage à David.
4. Je dénonce l'inégalité sexuelle à mon sénateur.
5. Il a écrit des lettres à Ann Landers.
6. Vous avez proposé un voyage à vos parents.
7. Elle a offert beaucoup d'argent à son ami.
8. Ils ont vendu les réponses de l'examen aux autres étudiants.
9. Je me souviens de mes dettes.
10. Elle se brosse les cheveux.

C. Utilisez l'impératif affirmatif et négatif et les pronoms appropriés pour dire à quelqu'un ...

> **Modèle**   de parler d'amour à Jacques.
> *Parle-lui-en!*   *Ne lui en parle pas!*

1. de nous écrire une lettre.
2. de nous écrire des lettres.
3. de nous écrire beaucoup de lettres.
4. de vous vendre sa voiture.
5. de présenter Paul à Élizabeth.
6. de vous présenter ses amis.
7. de servir des crêpes à ses amis.
8. de vous demander l'heure.
9. de se souvenir de votre anniversaire.
10. de vous passer le sel et le poivre.

D. Employez deux pronoms et demandez à un(-e) autre étudiant(-e) ...

> **Modèle**   s'il (si elle) a parlé de son exercice au professeur.
> Question: *Lui en as-tu parlé?*
> Réponse: *Oui, je lui en ai parlé.*   ou
> *Non, je ne lui en ai pas parlé.*

1. s'il (si elle) vous parle de ses difficultés.
2. s'il (si elle) donne des fleurs au professeur.
3. si vous lui posez une question.
4. s'il (si elle) veut offrir un cadeau aux autres étudiants de la classe.
5. s'il (si elle) a écrit beaucoup de lettres à ses parents cette semaine.

Oui, je suis très content d'être ici.

Le Vieil Homme et l'enfant,
Claude Berri, 1966.
Sur la photo: Michel Simon.
Dans ce film de Claude Berri, le grand acteur, Michel Simon, incarne un grand-père conservateur, alcoolique et antisémite qui accepte dans sa maison un petit garçon juif. Mais le grand-père ignore l'origine et la religion du petit garçon. C'est l'histoire authentique de Claude Berri dans les derniers mois de l'occupation nazie en France.

Présentation II

Êtes-vous **content d'être** ici?

Oui je suis très **content d'être** ici.

Avez-vous eu **l'occasion de voir** le dernier film de Truffaut?

Oui, j'ai eu **l'occasion de** le **voir.** C'est un film très **émouvant à voir.**

Pourquoi l'avez-vous revu?

Je l'ai revu **pour** mieux l'**apprécier.**

Est-ce que vous êtes **prêts à passer** l'examen?

Non, nous ne sommes pas **prêts à passer** l'examen.

Explications

2 L'infinitif complément

A. L'infinitif est presque toujours la forme du verbe à utiliser après une préposition.

> J'ai l'honneur **d'accepter** votre invitation.
> Il travaille **pour acheter** une auto.
> Vous ne pouvez pas entrer **sans payer.**

B. NOM
ou　　　⎱ + **DE** + INFINITIF
ADJECTIF ⎰

On ne peut pas attacher un infinitif directement à un nom ou à un adjectif. Il faut l'intermédiaire d'une préposition. Cette préposition est **de** quand le nom qui précède immédiatement la préposition n'est pas l'objet direct de l'infinitif.

> Je suis **heureux de faire** votre connaissance.
> J'ai **l'honneur de présenter** la nouvelle présidente.
> Elles n'ont pas **l'air de croire** à leur bonheur.

C. NOM
ou　　　⎱ + **À** + INFINITIF
ADJECTIF ⎰

1. Quand l'objet direct de l'infinitif précède la préposition, on utilise **à.**

   > C'est **un film extraordinaire à voir!**
   > Voilà **un homme à écouter.**
   > Elle a **des choses à faire.**
   > Nous avons vu **une étoile difficile à observer.**

2. Certains adjectifs prennent régulièrement **à** + infinitif (**prêt, seul, dernier, premier**).

   > Je suis **prête à passer** l'examen.
   > Êtes-vous **seul à faire** ce travail?
   > Il est toujours le **dernier à comprendre** la leçon.
   > Elle est toujours la **première à finir** ses devoirs.

D. NOM
ou　　　⎱ + **POUR** + INFINITIF exprime le but d'une chose ou d'une action.
VERBE ⎰

> Voilà **des vitamines pour assurer** votre santé.
> Regardez **les illustrations pour comprendre** le texte.
> **Elle est allée** dans sa chambre **pour être** plus tranquille.

E. NOM
ou　　　⎱ + **SANS** + INFINITIF exprime ce qu'on ne fait pas ou ce qu'on n'a pas.
VERBE ⎰

> Il est parti **sans dire** au revoir.
> Elle est sortie **sans se maquiller.**

Exercices oraux

E. Employez **de** pour combiner les deux phrases.

> *Modèle* Je suis heureux. Je fais votre connaissance.
> *Je suis heureux de faire votre connaissance.*

1. Vous êtes triste. Vous vous trompez.
2. Nous sommes contents. Nous connaissons votre mère.
3. J'ai honte. J'oublie ton anniversaire.
4. Tu as l'occasion. Tu fais du parachutisme.
5. Je suis sûr. J'ai raison.

F. Employez **à** pour combiner les deux phrases.

> *Modèle* Vous avez un exercice. Vous allez écrire cet exercice.
> *Vous avez un exercice à écrire.*

1. Vous avez des amis. Vous allez voir vos amis.
2. C'est une femme. Il faut connaître cette femme.
3. Nous sommes prêts. Nous allons dîner.
4. J'avais des lettres. Il fallait écrire ces lettres.
5. C'est une occasion. Il faut célébrer cette occasion.

G. Faites une seule phrase. Employez **à** ou **de** + infinitif.

> *Modèle* C'était un livre. On a lu le livre.
> *C'était un livre à lire.*

1. Nous avons l'intention. Nous partons.
2. Je suis ravi. Je vous connais.
3. Elle a l'occasion. Elle voyage en France.
4. Elle est prête. Elle part.
5. Nous avons une composition. Il faut écrire cette composition.
6. J'ai eu le plaisir. J'ai vu votre sœur.
7. Il y a des réparations. On va faire les réparations.
8. Qui va être le premier? Qui va terminer?

H. Répondez aux questions suivantes. Employez **pour** dans votre réponse.

> *Modèle* Pourquoi dormez-vous?
> *Je dors pour me reposer.*

1. Pourquoi lisez-vous?
2. Pourquoi mangez-vous?
3. Pourquoi avez-vous des yeux?
4. Pourquoi fait-on du sport?
5. Pourquoi êtes-vous présent(-e) aujourd'hui?

I. Finissez les phrases avec la préposition **sans** + infinitif.

Modèle   On ne fait pas d'omelette ...
            On ne fait pas d'omelette sans avoir des œufs.

1. Ne partez pas ...
2. Je n'irai pas à New York ...
3. Elle a fini ...
4. Nous ne conduisons pas ...
5. Il s'est habillé ...

Présentation III

Est-ce que **vous aviez mangé** avant de venir en classe?

Oui, **j'avais mangé.**

Est-ce que **vous étiez** déjà **arrivés** quand je suis entrée dans la classe?

Oui, **nous étions** déjà **arrivés** quand vous êtes entrée dans la classe.

Explications

3 Le PLUS-QUE-PARFAIT est un temps du passé qui précède un autre temps du passé. On emploie donc le plus-que-parfait par rapport à un autre verbe, explicite ou implicite. La formation du plus-que-parfait est facile.

> auxiliaire **(avoir** ou **être)** à l'imparfait + participe passé

A. Comparez:

passé composé	*plus-que-parfait*
j'ai parlé	**j'avais** parlé
vous avez vendu	**vous aviez** vendu
nous sommes allées	**nous étions** allées

Ils sont arrivés en retard, mais leurs amis **étaient arrivés** à l'heure.
Nous **avions** déjà **écrit** nos devoirs avant la classe.

B. La conjugaison de quelques verbes au plus-que-parfait

parler	arriver	se réveiller
j' **avais** parlé	j' **étais** arrivé(-e)	je **m'étais** réveillé(-e)
tu **avais** parlé	tu **étais** arrivé(-e)	tu **t'étais** réveillé(-e)
il **avait** parlé	il **était** arrivé	il **s'était** réveillé
elle **avait** parlé	elle **était** arrivée	elle **s'était** réveillée
nous **avions** parlé	nous **étions** arrivé(-e)s	nous **nous étions** réveillé(-e)s
vous **aviez** parlé	vous **étiez** arrivé(-e)(-s)	vous **vous étiez** réveillé(-e)(-s)
ils **avaient** parlé	ils **étaient** arrivés	ils **s'étaient** réveillés
elles **avaient** parlé	elles **étaient** arrivées	elles **s'étaient** réveillées

finir	répondre
j' **avais** fini, etc.	j' **avais** répondu, etc.

Remarquez: L'accord du participe passé au plus-que-parfait est le même que pour le passé composé.

Exercices oraux

J. Mettez les phrases suivantes au plus-que-parfait.

Modèle J'ai parlé.
J'avais parlé.

1. Il a couru.
2. Nous avons mangé.
3. Elles ont souffert.
4. Je suis parti.
5. Tu as compris.
6. Ils ont dîné.
7. Vous êtes arrivés.
8. On a bien dormi.
9. Avez-vous étudié?
10. Elle est sortie.
11. Je me suis endormi.
12. Vous vous êtes couché.
13. Nous nous sommes levés.
14. Tu t'es lavé les mains.
15. Elle s'est amusée.

K. Demandez à un(-e) autre étudiant(-e) s'il (si elle) avait déjà fait les choses suivantes quand il (elle) est arrivé(-e) en classe aujourd'hui.

Modèle   se réveiller
Question: *T'étais-tu déjà réveillé quand tu es arrivé en classe aujourd'hui?*
Réponse: *Oui, je m'étais déjà réveillé quand je suis arrivé, bien sûr!*

1. prendre le petit déjeuner
2. faire du jogging
3. finir ses devoirs
4. lire le journal
5. s'habiller

Création

Exercices de conversation

A. Vous êtes chez Janine et une personne inconnue lui téléphone.
Comme vous n'entendez que Janine, vous imaginez la conversation.

Janine:	La personne inconnue:
—Allô? Qui est-ce?	_____. _____?
—Ça va, et toi?	_____. _____?
—Non, je n'y vais pas; personne ne m'en a parlé!	_____. _____?
—Je la lui ai déjà envoyée.	_____.
—Ne me la raconte pas, je peux déjà tout imaginer.	_____.
—Oui, je m'en souviendrai, mais je ne suis pas très contente. Salut!	_____.

B. Finissez les phrases suivantes avec un infinitif approprié de votre choix.

Modèle   On ne peut pas vivre sans ...
   On ne peut pas vivre sans dormir régulièrement.

1. Vous travaillez pour ...
2. Elle entre dans la salle sans ...
3. J'aime écouter de la musique pour ...
4. Nous avons des amis à ...
5. J'ai lu le journal pour ...
6. Tu as écrit ta lettre sans ...
7. On se sert de lunettes pour ...
8. C'était une femme à ...

C. Vrai ou faux? Dans les histoires suivantes dites si l'affirmation est vraie ou fausse. Si elle est fausse, racontez l'histoire comme vous la connaissez.

Modèle   *Cendrillon: Cendrillon avait déjà quitté le bal à minuit.*
   Mais non! À minuit Cendrillon n'avait pas encore quitté le bal. C'est à minuit qu'elle s'est rappelé qu'il fallait partir.

1. Blanche Neige:
   a. Le Prince Charmant l'avait déjà vue quand elle a mangé la pomme.
   b. Les sept nains étaient déjà partis quand la méchante belle-mère est arrivée.

2. Cendrillon:
   a. Quand elle est arrivée au bal elle avait déjà dansé avec le prince.
   b. À minuit le prince était déjà tombé amoureux d'elle.
3. Les Trois Ours:
   a. Les ours étaient déjà rentrés quand Boucles d'or a goûté leur petit déjeuner.
   b. Boucles d'or s'était déjà endormie quand ils l'ont trouvée.
4. La Belle au Bois dormant:
   a. Le prince l'avait déjà embrassée quand elle s'est endormie.
   b. Cent ans avaient passé quand elle s'est réveillée.
5. Le Petit Chaperon Rouge:
   a. Le loup l'avait déjà vue quand il est allé chez la grand-mère.
   b. Le Petit Chaperon Rouge avait déjà reconnu le loup quand elle lui a dit que ses yeux étaient énormes.

D. Regardez la photo, p. 361 et répondez. Employez deux pronoms dans votre réponse si possible.
   1. Ce monsieur parle-t-il du temps à cette dame?
   2. Lui offre-t-il ses compliments?
   3. La dame est-elle heureuse de recevoir le monsieur?
   4. Inventez une question à propos de la photo et posez-la à un(-e) autre étudiant(-e).

Exercices écrits

Faites les exercices écrits qui sont dans le *Cahier d'exercices*, Leçon 18.

Lecture

Orphée[1] noir

Voici un poème *à lire* et *à apprécier*. L'auteur, Léon Damas, est né à Cayenne en Guyane. Élevé à la Martinique, *il* y *avait* déjà *fait* ses études secondaires quand il a décidé d'aller à Paris *pour* y *continuer* ses études à la Faculté de Droit.

5   Ce poème évoque pour nous d'une manière puissante l'angoisse et la tragédie des Noirs soumis au colonialisme. «Solde» exprime la révolte des Noirs obligés *d'adopter* les habitudes de la société blanche.

---

1. Poète et musicien des dieux dans la mythologie grecque.

Dans ce poème, qui commence assez légèrement, le rythme, les sons et les idées y évoluent en crescendo *pour finir* dans une révolte violente et sanguinaire dans les dernières strophes.[2]

Demandez à votre professeur de *vous le* lire et de *vous l'*expliquer. Si vous avez des amis qui aiment la poésie *sans connaître* ces beaux vers, montrez-*les-leur!* Expliquez-*les-leur* et parlez-*leur-en!*

Solde

J'ai l'impression d'être ridicule
dans leurs souliers[3]
dans leur smoking[4]
dans leur plastron[5]
dans leur faux-col[6]
dans leur monocle
dans leur melon[7]

J'ai l'impression d'être ridicule
avec mes orteils qui ne sont pas faits
pour transpirer du matin jusqu'au soir qui déshabille
avec l'emmaillotage[8] qui m'affaiblit les membres
et enlève à mon corps sa beauté de cache-sexe

J'ai l'impression d'être ridicule
avec mon cou en cheminée d'usine
avec ces maux de tête qui cessent
chaque fois que je salue quelqu'un

J'ai l'impression d'être ridicule
dans leurs salons
dans leurs manières
dans leurs courbettes[9]
dans leur multiple besoin de singeries[10]

2. *Strophe* = " stanza."
3. *Soulier* = "shoe."
4. *Smoking* = "tuxedo."
5. *Plastron* = "shirt front."
6. *Faux-col* = "high dress collar."
7. *Melon* = "derby hat."
8. *Emmaillotage* = "swaddling."
9. *Courbette* = "bow."
10. *Singeries* = "antics."

J'ai l'impression d'être ridicule
avec tout ce qu'ils racontent
jusqu'à ce qu'ils vous servent l'après-midi
un peu d'eau chaude
et des gâteaux enrhumés

J'ai l'impression d'être ridicule
avec les théories qu'ils assaisonnent
au goût de leurs besoins
de leurs passions
de leurs instincts ouverts la nuit
en forme de paillasson[11]

J'ai l'impression d'être ridicule
parmi eux complice
parmi eux souteneur[12]
parmi eux égorgeur[13]
les mains effroyablement rouges
du sang de leur civilisation

Léon Damas (1912-1978)
tiré de *Pigments* © Présence Africaine, Paris, 1962

Questions sur la lecture

1. Où Léon Damas est-il né? Où a-t-il étudié?
2. Quel est le sujet principal du poème «Solde»?
3. Relisez «Solde». Dans ce poème, vous voyez encore le mot *ils* et aussi l'adjectif possessif *leur. Leur* indique la possession de qui? Identifiez *ils*.
4. Regardez la première strophe de «Solde». De quelles sortes de vêtements parle le poète? Pourquoi a-t-il l'impression d'être ridicule dans ces vêtements?
5. Regardez la deuxième strophe. Pourquoi les orteils du poète transpirent-ils? Quel est l'emploi normal de l'emmaillotage? Quel est l'effet de l'emmaillotage sur le poète?
6. Regardez la troisième strophe. A votre avis, pourquoi le poète compare-t-il son cou à une cheminée d'usine? Imitez le geste qu'il emploie pour saluer quelqu'un. Pourquoi pensez-vous qu'il dit que

11. *Paillasson* = "doormat."
12. *Souteneur* = "pimp."
13. *Égorgeur* = "strangler; throat-slitter."

ses maux de tête cessent chaque fois qu'il salue quelqu'un?

7. Regardez la quatrième strophe. Quels aspects de la vie sociale sont difficiles ou impossibles à accepter pour le poète?

8. Regardez la cinquième strophe. De quelle coutume parle-t-il dans cette strophe? Quels termes nous indiquent son attitude négative?

9. Regardez la dernière strophe. Pourquoi les mains sont-elles rouges? À votre avis, qui égorge qui ou quoi? Dans quel sens peut-on dire qu'une civilisation est égorgée? *Leur* indique la civilisation de qui?

10. Comment interprétez-vous le titre de ce poème?

Discussion / Composition

1. Vous remarquez que le livre d'où est tiré ce poème s'appelle *Pigments.* Expliquez ce titre et ses rapports avec le poème que vous avez lu.

2. Avez-vous eu l'impression d'être ridicule? Dans quelles circonstances? Analysez ce sentiment et écrivez un poème à ce sujet. Employez «Solde» comme modèle.

3. Connaissez-vous un écrivain ou un autre artiste (musicien, peintre, sculpteur, etc.) qui proteste une condition de vie injuste et difficile à supporter? Parlez de cette personne et de son travail.

Improvisation

Trois, quatre, cinq ou six personnes: Présentez une scène d'activité révolutionnaire: Les opprimés font une réunion pour protester la condition de leur vie et pour décider s'il faut faire une révolution. Plusieurs groupes opprimés sont possibles. Par exemple: Les Noirs sous la domination des Blancs, les Canadiens francophones sous la domination des Canadiens anglophones, les Terrestres sous la domination des Martiens, les animaux sous la domination des hommes, etc.

Vocabulaire

noms

mal de tête m.
   (pl. maux de tête)
sang m.
singeries f.pl.
son m.
strophe f.

adjectifs

émouvant(-e)
enrhumé(-e)

verbes

affaiblir
assaisonner
égorger
évoluer
transpirer

adverbes

effroyablement
énormément

autres expressions

faire ses études
fou (folle) de joie

noms apparentés

angoisse f.
cheminée f.
costume m.
diplôme m.
inégalité f.
instinct m.
poète m.
révolte f.
rythme m.
théorie f.
tragédie f.

On n'oublie rien

On n'oublie rien de rien
On n'oublie rien du tout
On n'oublie rien de rien
On s'habitue c'est tout

Ni ces départs ni ces navires
Ni ces voyages qui nous chavirent
De paysages en paysages
Et de visages en visages
Ni tous ces ports ni tous ces bars
Ni tous ces attrape-cafard
Où l'on attend le matin gris
Au cinéma de son whisky

Ni tout cela ni rien au monde
Ne sait pas nous faire oublier
Ne peut pas nous faire oublier
Qu'aussi vrai que la terre est ronde
On n'oublie rien de rien
On n'oublie rien du tout
On n'oublie rien de rien
On s'habitue c'est tout

Jacques Brel (1929–1978)

ENTRACTE VI
LOISIRS

La semaine du travail en France consiste légalement en quarante heures étalées en général sur cinq jours, huit heures par jour de travail en moyenne sans compter les heures supplémentaires. Beaucoup de Français travaillent le samedi mais ont leur lundi libre. Les grands magasins à Paris, par exemple—et en fait, un assez grand nombre d'établissements divers—sont fermés le lundi matin. Autrefois, l'expression *fin de semaine* voulait dire dimanche; maintenant *week-end* signifie les deux jours libres. En 1936, le gouvernement a accordé à tous les travailleurs le droit de quatre semaines de congés payés[1] par an; en 1982, ce droit est passé de quatre à cinq semaines de vacances annuelles. D'autre part, il y a toute une série de jours fériés, ou jours de vacances, qui sont des fêtes religieuses (Noël, Pâques) ou des fêtes nationales (le 14 juillet et le 1er mai, par exemple).

Faire le pont

Dans les écoles élémentaires et secondaires, l'année scolaire va du début septembre jusqu'à la fin juin. Dans les universités les cours commencent entre la mi-octobre et le début de novembre et finissent en juin. Les travailleurs et les étudiants profitent souvent d'une fête qui tombe un mardi ou un jeudi pour *faire le pont*, c'est-à-dire qu'ils combinent leur jour férié avec le week-end pour prendre quatre jours de vacances. Ces petites vacances donnent souvent l'occasion de quitter la ville et d'aller à la mer ou à la campagne ou, pour les provinciaux, d'aller à Paris.

Les plaisirs du week-end
Pour la promenade du dimanche, la ville ou la campagne offrent des jardins, des parcs, ou des forêts.

---

1. *Congés payés* = période d'exemption de travail mais toujours rémunérée.

Des promeneurs dans les dunes et sur le sable
Le littoral français présente des rivages et des paysages très variés.

Résidences secondaires

Un phénomène bien français est la résidence secondaire, qui n'est pas nécessairement limitée aux classes privilégiées. Beaucoup de Parisiens et d'habitants de province ont hérité d'une maison de campagne devenue pour eux une retraite tranquille de week-end ou lieu de séjour de grandes vacances. Les provinciaux, par contre, vont fréquemment séjourner dans leur pied-à-terre, un petit appartement, à Paris, ou ils le prêtent à un cousin qui fait ses études dans la région parisienne.

Pour les nombreux Français qui ne se déplacent pas beaucoup le week-end, leur ville ou la campagne environnante leur offrent des jardins, des parcs, des forêts ou de charmantes routes rurales pour une promenade le dimanche, vieille tradition familiale, surtout après le repas de midi. Malgré la densité des grandes agglomérations urbaines (Paris, Marseille, Lyon, Lille), le nombre d'habitants par kilomètre carré (km^2) en France est plus petit qu'en Allemagne, en Angleterre ou en Italie.[2] On peut toujours s'évader dans la verdure d'un champ ... peut-être pour pique-niquer (les clôtures ou barrières en fil de fer barbelé[3] sont rares en France) ou se promener au milieu d'un vaste parc, comme le parc du Château de Versailles. Si vous vous promenez dans un parc en France, faites attention de ne pas marcher sur l'herbe (INTERDIT DE MARCHER SUR LA PELOUSE indique l'enseigne)!

2. Densité du nombre d'habitants par km^2: Allemagne—248; Angleterre—230; États-Unis d'Amérique—25; France—99; Italie—187.
3. *Clôtures ou barrières en fil de fer barbelé* = ''barriers or barbed wire fences.''

La Semaine et le week-end

Ni les adultes ni les jeunes n'attendent pourtant le week-end pour se détendre. On regarde la télé le soir, bien entendu, mais une distraction importante, ce sont les rencontres. Les ouvriers, les étudiants, les cadres, les employés de bureau et de magasin fréquentent les cafés et les terrasses pour prendre un pot[4] avec un ami, une amie ou des collègues, surtout pour un petit café après le déjeuner ou l'apéritif à la sortie du travail le soir. La fin de la journée de travail est généralement à 18 heures.

Le cinéma, les bals de quartier ou de village et les «boums»,[5] c'est plutôt le week-end. (À Paris, si vous allez au cinéma le lundi, vous payez un tarif réduit). Les jeunes sortent souvent ensemble, filles et garçons, en groupes de quatre à six.

Les Français aiment tous les sports, mais ils préfèrent sans doute les sports où ils sont spectateurs plutôt que participants, notamment le *Tour de France* (cyclisme) ou la *Coupe du Monde* (football[6]). L'équipe de France de football a bien gagné la médaille d'or aux Jeux Olympiques de 1984!

Un match de football
Les Français aiment tous les sports, mais ils préfèrent sans doute les sports où ils sont spectateurs.

4. *Prendre un pot* = prendre quelque chose à boire.

5. *Boums* = parties.
6. *Football* (familier: *foot*) = ''soccer.''

Les sports d'hiver
Il y a de nombreuses stations de ski dans les Alpes et les Pyrénées.

Les Vacances

Les congés payés de cinq semaines—surtout les grandes vacances d'été—sont un bien social incontestable mais un problème économique certain, particulièrement parce que la moitié des Français partent vraiment en vacances (presque tous en juillet ou en août) et laissent ralentir le rythme des usines. On ferme les bureaux, les magasins et les boutiques. On peut lire devant la porte: FERMETURE ANNUELLE. Les plages sur les trois côtes de France—Méditerranéenne, Atlantique et la Manche—se peuplent de vacanciers qui font de la natation ou de la planche à voile,[7] jouent au volley ou au tennis, se bronzent au soleil ou, s'il n'y a pas trop de soleil, font de la pêche à pied.[8]

Les moins audacieux participent à des voyages organisés par des agences de voyages ou vont à une des stations exotiques du célèbre Club Med.

De plus en plus de Français prennent une partie de leurs vacances pour aller aux sports d'hiver qui sont très bien organisés. Les jeunes skieurs et skieuses participent à des épreuves évaluées partout selon la norme de l'ESF (École de Ski Français). Beaucoup d'écoliers français ont la chance de passer trois ou quatre semaines de l'année scolaire en «classes de neige» dans les nombreuses stations de ski des Alpes ou des Pyrénées: Val d'Isère, Chamonix, Mégève, Courchevel, les Airelles, Font-Romeu.

---

7. *Planche à voile* = ''windsurfing.''

8. *Pêche à pied*. Sur les côtes françaises de la Manche au moment de la marée descendante (''outgoing tide''), la mer peut se retirer très loin (jusqu'à 5 km!). On part alors à pied là où était la mer ramasser facilement les mollusques et crustacées.

Débat culturel

1. À combien de vacances annuelles le travailleur français a-t-il droit? Est-ce que ce sont des congés payés? Qui détermine ces droits? À combien de vacances le travailleur américain a-t-il droit? Ses vacances sont-elles payées? Qui détermine ces droits? Pourquoi les vacances ne présentent-elles pas de grand problème à l'économie ou à l'industrie américaine? Que pensez-vous du système français?

2. Pour quelles vacances américaines est-ce qu'on fait le pont? Y a-t-il d'autres vacances de quatre jours en Amérique? De trois jours? Pourquoi est-ce qu'un lundi férié ne fait pas nécessairement trois jours de vacances en France?

3. Pourquoi y a-t-il tant de résidences secondaires en France? Combien de gens connaissez-vous qui ont un pied-à-terre dans une grande ville américaine? Pourquoi tant de Français ont-ils un pied-à-terre à Paris?

4. Comment passez-vous vos dimanches en famille? Comment les passe-t-on en France?

5. Trouve-t-on facilement en Amérique de jolis endroits où pique-niquer? Par exemple? Et en France? Pourquoi pensez-vous que les champs en France ne sont pas souvent fermés par des barrières?

6. Que pensez-vous de l'interdiction de marcher sur l'herbe dans les parcs en France?

7. Quelle est l'importance des cafés dans la vie française? Ont-ils la même importance en Amérique? Quand vous donnez rendez-vous à un ami ou une amie, dans quel endroit vous rencontrez-vous? Préférez-vous sortir en couple ou en groupe d'amis et d'amies?

8. Quels événements sportifs sont les plus suivis en France? Et en Amérique? Un sport préféré d'un pays peut-il refléter certaines valeurs de la culture du pays? Expliquez.

9. Où allez-vous en vacances? Quels sports pratiquez-vous quand vous êtes en vacances? Quelle activité ou quel sport particulièrement pratiqué en France vous intéresse?

10. Comment les jeunes Français savent-ils s'ils apprennent à skier correctement ou s'ils font des progrès? Y a-t-il en Amérique un système national semblable pour le ski … ou pour d'autres sports?

Une plage à Saint-Malo
En été, les plages des trois côtes de France se peuplent de vacanciers.

Échanges

Distractions

Match de foot

—Hier, au Parc des Princes[9] on a vu un match de foot—Reims contre Nantes. Qu'est-ce que c'était disputé![10]

—T'as de la chance. Moi, j'ai fait du vélo avec les copains.

—Dupont, il jouait comme un dieu ... et puis leur gardien de but était en super forme. Il a arrêté trois buts coup sur coup dans la première mi-temps.[11] L'équipe de Nantes était lamentable.

—Ils ont perdu combien?

—Sept à zéro, une vraie piquette.[12]

Vacances à Tahiti

—Salut, vieux![13]

—Ah! Salut! Qu'est-ce que t'es bronzé! D'où tu sors?

—Tu ne vas pas y croire: trois semaines au Club Med à Tahiti.

—Eh ben, dis donc! Tu te l'es coulée douce![14]

—Si tu savais! C'était le paradis là-bas. Je suis parti en avion et quand je suis arrivé à Papeete,[15] adieu la civilisation!

—Ça me plaît tout ça! Alors, tu mangeais avec tes doigts, tu dormais à la belle étoile et naturellement tu portais un pagne.[16]

—Mais non! espèce d'idiot! C'était la vie primitive mais ... de luxe! On a fait la bringue[17] tous les soirs.

9. *Parc des Princes* = le grand stade de football à Paris.
10. *Qu'est-ce que c'était disputé!* = Comme c'était disputé ("hard-fought").
11. *Mi-temps* = "half time."
12. *Piquette* = "shutout."
13. *Vieux* = mon ami.
14. *Tu te l'es coulée douce!* = "You really took it easy!"
15. *Papeete* = capitale de Tahiti.
16. *Un pagne* = "a loincloth."
17. *On a fait la bringue* = "We lived it up."

19 Dix-neuvième Leçon

Suppositions

Le conditionnel: formation du présent et
du passé; usage
Récapitulation de la concordance des
temps avec *si*

Le verbe *devoir*
  devoir + nom
  devoir + infinitif

Lecture: *Le Carnaval de Québec*

Si vous voulez vous amuser, allez au Carnaval d'hiver au Québec.

Découverte

Présentation I

Voudriez-vous déjeuner avec moi?

Oui, volontiers.[1] **Pourriez-vous** venir me chercher?

Si vous alliez en France, **iriez-vous** seul ou avec des amis?

Si j'y allais, **je préférerais** y aller seul.

Où **vous installeriez-vous?**

Je m'installerais dans un petit hôtel et **je ferais** toutes les choses que font les Français.

Explications

1 Le conditionnel est un mode.[2] Il y a deux temps conditionnels: le *conditionnel présent* et le *conditionnel passé*.

A. Formation du *conditionnel présent*

1. Pour former le *conditionnel présent,* on prend le radical du futur (voir Leçon 17) et on remplace les terminaisons du futur par les terminaisons de l'imparfait: **-ais, -ais, -ait, -ions, -iez, -aient**.

parler	
futur	*conditionnel*
je parler**ai**	**je** parler**ais**
tu parler**as**	**tu** parler**ais**
il, elle parler**a**	**il, elle** parler**ait**
nous parler**ons**	**nous** parler**ions**
vous parler**ez**	**vous** parler**iez**
ils, elles parler**ont**	**ils, elles** parler**aient**

1. *Volontiers* = certainement, avec plaisir.
2. Le mode que vous avez le plus employé jusqu'ici est l'*indicatif (le présent,* le *passé composé,* le *futur,* l'*imparfait,* le *plus-que-parfait). L'impératif* est aussi un mode.

—Voudriez-vous déjeuner avec moi?
—Oui, volontiers. Pourriez-vous venir me chercher?

Masculin, Féminin, Jean-Luc Godard, 1966.
La vie de quatre jeunes gens tourne au tragique quand l'un d'eux meurt dans la maison même où il allait vivre avec son amie.

finir	
futur	*conditionnel*
je finir**ai**	**je** finir**ais**
tu finir**as**	**tu** finir**ais**
il, elle finir**a**	**il, elle** finir**ait**
nous finir**ons**	**nous** finir**ions**
vous finir**ez**	**vous** finir**iez**
ils, elles finir**ont**	**ils, elles** finir**aient**

rendre	
futur	*conditionnel*
je rendr**ai**	**je** rendr**ais**
tu rendr**as**	**tu** rendr**ais**
il, elle rendr**a**	**il, elle** rendr**ait**
nous rendr**ons**	**nous** rendr**ions**
vous rendr**ez**	**vous** rendr**iez**
ils, elles rendr**ont**	**ils, elles** rendr**aient**

s'amuser	
futur	*conditionnel*
je m' amuser**ai**	**je m'** amuser**ais**
tu t' amuser**as**	**tu t'** amuser**ais**
etc.	etc.

2. Naturellement, les verbes qui ont un radical irrégulier au futur ont la même irrégularité au conditionnel. Les terminaisons sont toujours régulières.

infinitif	futur	conditionnel
avoir	j' **aur**ai	j' **aur**ais, tu **aur**ais, etc.
être	je **ser**ai	je **ser**ais, tu **ser**ais, etc.
aller	j' **ir**ai	j' **ir**ais, tu **ir**ais, etc.
venir	je **viendr**ai	je **viendr**ais, tu **viendr**ais, etc.
faire	je **fer**ai	je **fer**ais, tu **fer**ais, etc.
voir	je **verr**ai	je **verr**ais, tu **verr**ais, etc.
savoir	je **saur**ai	je **saur**ais, tu **saur**ais, etc.
vouloir	je **voudr**ai	je **voudr**ais, tu **voudr**ais, etc.
pouvoir	je **pourr**ai	je **pourr**ais, tu **pourr**ais, etc.

3. Voici le conditionnel de certaines expressions impersonnelles.

présent	futur	conditionnel
c'est	ce sera	ce **serait**
il y a	il y aura	il y **aurait**
il faut	il faudra	il **faudrait**
il fait (beau, mauvais)	il fera	il **ferait**

B. Emploi du conditionnel présent

1. On utilise souvent le conditionnel pour être plus poli ou plus gentil.

> **Je voudrais** des cacahuètes, s'il vous plaît.
> **Pourriez-vous** venir me voir?
> **Auriez-vous** la bonté de m'accompagner?

2. On utilise le conditionnel quand l'action exprimée par le verbe dépend d'une condition ou d'une supposition hypothétiques; cette condition ou cette supposition sont introduites par **si** + imparfait.

> Si **vous veniez** avec nous, **nous serions** très contents.
> Si **tu voulais** vraiment étudier, **tu apprendrais** facilement.
> **Je m'ennuierais** si **je n'avais pas** d'amis.

Exercices oraux

A. Les verbes suivants sont au futur. Mettez-les au conditionnel présent.

Modèle Il parlera fort. *Il parlerait fort.*

1. Il parlera vite.
2. Vous obéirez au juge.
3. Je ferai la cuisine.
4. Nous voudrons dormir.
5. Ils s'ennuieront.
6. Tu voudras partir.
7. Elle viendra chez vous.
8. Vous pourrez entrer.
9. Nous nous en irons.
10. Elles répondront bien.

B. Employez le conditionnel pour rendre les phrases suivantes plus polies.

Modèle Savez-vous l'heure? *Sauriez-vous l'heure?*

1. Avez-vous cinq dollars?
2. Nous voulons votre opinion.
3. Est-ce que je peux vous aider?
4. Est-il possible de partir maintenant?
5. Il faut du vin.
6. Y a-t-il de la place pour moi?
7. Voulez-vous danser avec moi?
8. Pouvez-vous m'accompagner?

C. Répondez.

1. À quelle heure vous réveilleriez-vous s'il n'y avait pas de classe aujourd'hui?
2. Quel temps ferait-il si c'était le premier janvier?
3. De quoi vous serviriez-vous s'il fallait faire une omelette?
4. Dans quel restaurant dîneriez-vous ce soir si vous aviez le choix?
5. Où serait votre maison idéale si vous pouviez choisir?

D. Demandez à un(-e) autre étudiant(-e) ...

Modèle   où il (elle) habiterait s'il (si elle) avait le choix.
Question: *Où habiterais-tu si tu avais le choix?*
Réponse: *Si j'avais le choix, j'habiterais dans un château.*

1. où il (elle) irait s'il (si elle) avait un avion.
2. où il (elle) serait s'il (si elle) n'était pas en classe.
3. comment il (elle) s'appellerait s'il (si elle) était français(-e).
4. avec qui il (elle) sortirait s'il (si elle) avait le choix.
5. ce qu'il (elle) changerait s'il (si elle) pouvait changer son apparence physique. («Qu'est-ce que tu ...»)

Présentation II

Si vous aviez pu choisir votre famille, quelle sorte de famille **auriez-vous choisie?**

Si vous n'aviez pas bien dormi hier soir, **seriez-vous venu** en classe aujourd'hui?

Oh, je ne sais pas, mais je pense que **j'aurais voulu** avoir les mêmes parents.

Naturellement! Même si je n'avais pas dormi, **je serais venu!**

Explications

2 *Le conditionnel passé* est le deuxième temps du mode conditionnel.

A. Formation du conditionnel passé

Pour former le conditionnel passé, on met l'auxiliaire au conditionnel présent et on ajoute le participe passé.

parler	arriver
j' **aurais parlé**	je **serais arrivé(-e)**
tu **aurais parlé**	tu **serais arrivé(-e)**
il **aurait parlé**	il **serait arrivé**
elle **aurait parlé**	elle **serait arrivée**
nous **aurions parlé**	nous **serions arrivé(-e)s**
vous **auriez parlé**	vous **seriez arrivé(-e)(-s)**
ils **auraient parlé**	ils **seraient arrivés**
elles **auraient parlé**	elles **seraient arrivées**

finir: j'**aurais fini,** tu **aurais fini,** etc.
rendre: j'**aurais rendu,** tu **aurais rendu,** etc.
partir: je **serais parti(-e),** tu **serais parti(-e),** etc.
s'amuser: je **me serais amusé(-e),** tu **te serais amusé(-e),** etc.

B. Emploi du conditionnel passé

Quand la condition ou la supposition hypothétiques sont introduites par un verbe au plus-que-parfait, l'autre verbe est au conditionnel passé.

> Si **vous étiez venu** avec nous, **nous aurions été** très contents.
> Si **tu avais voulu** étudier, **tu** m'**aurais fait** plaisir.
> **Je** vous **aurais aimée** si **vous** m'**aviez aimé.**

Remarquez que le résultat de la situation hypothétique est seulement une possibilité du passé. Le plus-que-parfait exprime l'hypothèse du passé et le conditionnel passé exprime le résultat.

3 Récapitulation de la concordance des temps ("tense sequence") avec **si:**

A. Vous savez que lorsque la condition ou la supposition hypothétiques sont introduites par un verbe au *présent*, l'autre verbe est au *futur*.

> Si **vous voulez** le savoir, **je** vous le **dirai.**
> Si **elles viennent** la semaine prochaine, nous **serons contents.**

Résumé:

> **si** + *présent,* l'autre verbe est au *futur*[3]
> **si** + *imparfait,* l'autre verbe est au *conditionnel présent*
> **si** + *plus-que-parfait,* l'autre verbe est au *conditionnel passé*

Remarquez qu'on n'emploie ni le futur, ni le conditionnel après **si** hypothétique.

B. La condition ou la supposition peuvent être placées avant ou après l'autre verbe.

> **Nous serons** contents **si vous venez.**   ou
> **Si vous venez, nous serons** contents.

> **Tu** me **ferais** plaisir **si tu voulais** étudier.   ou
> **Si tu voulais** étudier, **tu** me **ferais** plaisir.

> **Nous aurions été** contents **si vous étiez venu.**   ou
> **Si vous étiez venu, nous aurions été** contents.

Remarquez: Quand **si** a le sens de "whether" (et non pas de "if"), on peut employer le futur ou le conditionnel, particulièrement avec les verbes qui posent une question indirecte (**savoir, demander, se demander).**

> Il me demande **si je viendrai** demain.
> Je ne sais pas **s'il dira** la vérité.
> Je me suis demandé **si vous reconnaîtriez** notre maison.

C. L'expression **on dirait (on aurait dit)** est très utile pour exprimer une comparaison, une opinion, une perception ou l'apparence d'une personne, d'une situation, d'un fait.

> Elle a l'air pâle. **On dirait** qu'elle est malade.
> Elle avait l'air pâle. **On aurait dit** qu'elle était malade.
> Ces animaux sont intelligents. **On dirait** des êtres humains.

---

3. Quelquefois *si* = *quand* ou *chaque fois que.* Dans ce cas, *si* n'est pas hypothétique et l'emploi du présent est possible; par exemple: *Si* j'ai faim, je mange.

Exercices oraux

E. Mettez les verbes suivants au conditionnel passé et ajoutez **s'il avait fallu.**

Modèle Cécile danse.
Cécile aurait dansé s'il avait fallu.

1. Tu écoutes.
2. Je me couche.
3. Ils finissent.
4. Vous revenez.
5. Nous nous dépêchons.
6. Elles sont prêtes.
7. Je les vois.
8. Nous répondons.
9. Vous vous levez de bonne heure.
10. Tu cours.

F. Répondez.

1. Si vous aviez commencé à lire *Guerre et Paix* hier soir, l'auriez-vous déjà terminé?
2. Si vous vous étiez couché(-e) à trois heures du matin, auriez-vous pu venir en classe aujourd'hui?
3. S'il y avait eu un tremblement de terre hier soir, auriez-vous bien dormi?
4. Si vous aviez vécu à l'époque de Tristan et Iseut, auriez-vous eu peur des dragons?
5. Si on n'avait pas découvert l'électricité, la vie aurait-elle été différente?

G. Changez le premier verbe d'abord à l'imparfait et puis au plus-que-parfait. Faites les autres changements nécessaires.

Modèle S'il fait beau, nous irons à la plage.
S'il faisait beau, nous irions à la plage.
S'il avait fait beau, nous serions allés à la plage.

1. Si tu me téléphones, je te parlerai.
2. Si nous nous aimons, nous nous marierons.
3. Si elle essaie, elle réussira.
4. Si vous dites oui, nous irons au cinéma.
5. Si je tombe, qui m'aidera?

H. Demandez à un(-e) autre étudiant(-e) ...

1. qui aurait ouvert la porte si vous aviez frappé.
2. quelle sorte de voiture il (elle) achèterait s'il (si elle) avait beaucoup d'argent.
3. où il (elle) ira s'il (si elle) a mal aux dents la semaine prochaine.
4. où il (elle) irait s'il (si elle) avait un yacht.
5. quelle serait sa réaction si vous lui offriez un bouquet de roses.
6. ce qu'il (elle) aurait fait si ç'avait été[4] son anniversaire hier.

4. *Ç'avait été* = ce + avait été.

I. Ajoutez **on dirait** ou **on aurait dit** aux phrases suivantes pour exprimer une comparaison, une opinion, une perception.

> *Modèle*   Comme il est obèse!
> *Comme il est obèse. On dirait un éléphant!*

1. Mon chat est féroce.
2. Quel nez énorme!
3. Il chantait très bien.
4. Oh! Quel idiot!

Présentation III

Est-ce que **vous** me **devez** de *l'argent?*

Oui, **je** vous **dois** *un dollar.*

Qu'est-ce que **vous devez** *faire* aujourd'hui?

Je dois *aller* à mes cours, **je dois** *déjeuner* avec Julie et puis **je dois** *aller* à un rendez-vous à quatre heures.

Thierry et Alice sont absents. **Ils doivent** *être* malades.

Non, ils sont absents parce qu'**ils doivent** *avoir* peur de l'examen.

Vous **deviez** *écrire* une composition pour aujourd'hui, n'est-ce pas?

Oui, **nous devions** en *écrire* une ..., mais nous n'avons pas fini de l'écrire.

Où est votre clé? **Vous avez dû** la *perdre.*

Je ne la trouve pas. En effet, **j'ai dû** la *perdre.*

Est-ce que **vous devriez** *écrire* plus souvent à vos parents?

Oui, **je devrais** leur *écrire* plus souvent, mais, hélas! je n'ai pas le temps.

La voiture de Charles a coûté très cher, mais elle ne marche pas.[5] Est-ce qu'**il aurait dû** l'*acheter?*

Non. **Il n'aurait pas dû** *acheter* cette voiture.

5. *Marcher* = fonctionner.

Explications

4 **Devoir**

A. La conjugaison du verbe **devoir**

devoir *(présent)*	
je **dois**	nous **devons**
tu **dois**	vous **devez**
il, elle **doit**	ils, elles **doivent**

futur: **je devrai, tu devras,** etc.
conditionnel: **je devrais, tu devrais,** etc.
imparfait: **je devais, tu devais,** etc.
passé composé: **j'ai dû, tu as dû,** etc.
plus-que-parfait: **j'avais dû, tu avais dû,** etc.
conditionnel passé: **j'aurais dû, tu aurais dû,** etc.

B. **Devoir** a plusieurs sens différents.

1. Une dette matérielle ou morale: **devoir** + nom

   On doit *de l'argent* à la banque, à un créditeur.
   On doit *une invitation* à des gens.
   On doit *du respect* à ses parents.
   Mon père **devait** *de l'argent* à ma grand-mère.
   Quand nous aurons fini de payer la voiture et la maison,
   nous ne devrons plus *rien* à personne.

2. Une obligation, une probabilité ou une éventualité[6]: **devoir** + infinitif

   a. Obligation

      Vous devez *avoir* votre passeport quand vous voyagez en Europe.
      Vous deviez *avoir* votre passeport quand vous voyagiez en Europe.
      Il doit *dire* la vérité devant la commission d'enquête du Sénat.
      Il devra *dire* la vérité devant la commission d'enquête du Sénat.
      Tu devais toujours *être* à l'heure.
      Nous devrons *nous réveiller* à huit heures demain.
      Puisque[7] la voiture ne marchait pas, **nous avons dû** *aller* à pied.

   b. Probabilité

      Charles est absent; **il doit** *être* malade.
      Les enfants sont nerveux; **ils doivent** *avoir* faim.

---

6. Le contexte particulier détermine si on parle de probabilité, d'obligation ou d'éventualité.
7. *Puisque* = parce que.

Vous avez dû *vous amuser* pendant les vacances.
La mort de Marie Stuart **a dû** *être* horrible.
Ils ne sont pas encore arrivés; **ils ont dû** *avoir* un accident.

c. Éventualité ou possibilité (généralement au présent ou à l'imparfait)

Georges et Marianne **doivent** *se marier* le 14 septembre.
Nous devions *aller* à la plage, mais il a plu; alors, nous
    sommes restés à la maison.
Elles devaient *venir,* mais elles n'ont pas pu.

3. Un avis, une recommandation, un conseil ou une suggestion:
devoir *(au conditionnel présent)* + *infinitif*

Vous ne devriez pas *fumer.*
Je devrais *manger* régulièrement.
Nous devrions nous *préparer* pour l'examen.

4. Un avis, une recommandation rétrospective, un conseil ou une
suggestion tardifs *au passé:* **devoir** *(au conditionnel passé)* + *infinitif*

Vous n'auriez pas dû *fumer.*
J'aurais dû *manger* régulièrement.
Nous aurions dû *nous préparer* pour l'examen.

Exercices oraux

J. Indiquez à qui on doit les choses indiquées.

    Modèle   vous / de l'argent
                Je ne dois d'argent à personne.   ou
                Je dois de l'argent à la banque.

1. vous / du respect
2. le monde / la théorie
   de l'évolution
3. les étudiants / des livres
4. un patron / de la considération
5. le gouvernement / de l'argent

K. Redites les phrases suivantes avec le verbe **devoir** pour
exprimer une action obligatoire.

    Modèle   Je suis obligé d'étudier maintenant.
                Je dois étudier maintenant.

1. Nous aurons besoin de partir.
2. Tu as besoin de manger.
3. On est obligé d'être poli.
4. J'ai besoin de faire attention.
5. Vous serez obligé de répondre
   à cette lettre.
6. Elles ont besoin de voir le directeur.
7. Ils auront besoin d'aller en ville ce soir.
8. Ils seront obligés de finir avant une heure.
9. Nous sommes obligés de parler français.
10. Vous êtes obligé de vous souvenir
    de vos rendez-vous.

L. Utilisez le verbe **devoir** pour exprimer «probablement».

Modèles   Cet exercice est probablement trop facile.
Cet exercice doit être trop facile.

                Vous êtes probablement sorti hier soir.
Vous avez dû sortir hier soir.

1. Cet exercice est probablement trop simple.
2. Elle est probablement venue ce matin.
3. Il a probablement oublié notre réunion.
4. Ils sont probablement partis.
5. Elle lui a probablement parlé.
6. Nous sommes probablement en avance.
7. J'ai probablement raison.
8. Tu as probablement vu la Tour Eiffel.
9. Vous savez probablement danser.
10. Elle se souvient probablement de moi.

M. Employez **devoir** au conditionnel pour conseiller à un(-e) ami(-e) ...

Modèle   de venir plus souvent en classe.
Tu devrais venir plus souvent en classe.

1. d'étudier avant l'examen final.
2. d'écrire à ses parents.
3. de se coucher plus tôt.
4. de manger régulièrement.
5. de dire la vérité.
6. de se brosser les dents.

N. Monsieur LeBeau, candidat politique, a récemment perdu une élection. Qu'est-ce qu'il aurait dû faire ou qu'est-ce qu'il n'aurait pas dû faire?

Modèles   Il n'a pas embrassé de bébés.
Il aurait dû en embrasser.

              Il a critiqué sa mère.
Il n'aurait pas dû la critiquer.

1. Il a menti.
2. Il n'a pas parlé avec les gens.
3. Il a dit des choses grossières à propos de son adversaire.
4. Il a mal répondu aux questions des journalistes.
5. Il a refusé des interviews à la télévision.
6. Il n'est pas allé à l'église.
7. Il s'est mal habillé.
8. Il n'a pas voté!

Création

Exercices de conversation

A. Interview d'une personne qui veut travailler comme steward (hôtesse de l'air). Demandez-lui ce qu'il (elle) ferait dans les circonstances suivantes. Utilisez «Que feriez-vous?» ou «Qu'est-ce que vous feriez?»

1. si quelqu'un refusait d'attacher sa ceinture de sécurité.
2. s'il (si elle) tombait malade pendant un moment de turbulence.
3. si un passager devenait gravement malade.
4. si un garçon de seize ans voulait prendre un cocktail.
5. si une femme commençait à accoucher (avoir un bébé) dans l'avion.
6. si un homme avec une bombe demandait d'aller directement à Cuba.
7. si un passager (une passagère) lui demandait son numéro de téléphone.
8. si le pilote annonçait qu'il n'y avait plus d'essence.

Engageriez-vous cette personne? Pourquoi? Quelles réponses étaient satisfaisantes? Quelles réponses étaient inacceptables?

B. Complétez ces phrases.

Modèle S'il y avait des habitants sur Mars, ...
S'il y avait des habitants sur Mars, nous voudrions les connaître.

1. S'il pleut aujourd'hui, ...
2. Si j'avais de l'argent, ...
3. Je me serais endormi si ...
4. Je rougirais si ...
5. Si je pouvais recommencer ma vie, ...
6. Nous aurions réussi à l'examen si ...
7. Cet enfant serait gentil si ...
8. Si j'avais été dans le jardin d'Éden, ...

C. Un(-e) étudiant(-e) choisit secrètement un(-e) autre étudiant(-e) de la classe. Les autres lui posent les questions suivantes pour essayer de déterminer qui est la personne qu'il a choisie. L'étudiant doit répondre aux questions par des phrases complètes.

1. Où serait-il s'il n'était pas en classe maintenant?
2. Qu'est-ce qu'il dirait si on l'insultait?
3. S'il était acteur, dans quel film jouerait-il? Quel serait son rôle?

4. S'il sort ce soir où ira-t-il?
5. S'il était un animal, quelle sorte d'animal serait-il?
6. S'il devenait très riche, qu'est-ce qu'il ferait de tout son argent?
7. S'il était chef, dans quel restaurant travaillerait-il?
8. S'il avait écrit un livre, quel aurait été le sujet? le titre?
9. Qu'est-ce qu'il aurait fait si tu lui avais téléphoné hier soir à minuit?
10. Inventez d'autres questions ... Avez-vous deviné qui c'est?

D. Qu'en pensez-vous? Pour être heureux ensemble est-ce qu'un homme et une femme devraient faire les choses suivantes? Formez des phrases complètes, puis expliquez vos opinions.

Modèle aimer manger les mêmes choses
Oui, un homme et une femme devraient aimer manger les mêmes choses. S'ils veulent manger ensemble, ils devraient aimer les mêmes choses.

	Oui	Non	Peut-être
1. avoir les mêmes opinions politiques	____	____	____
2. s'entendre[8] toujours parfaitement	____	____	____
3. sortir avec d'autres personnes de temps en temps	____	____	____
4. passer tout leur temps ensemble	____	____	____
5. avoir la même religion	____	____	____
6. partager les travaux ménagers (le travail de la vie domestique)	____	____	____
7. être de la même classe sociale	____	____	____
8. discuter beaucoup ensemble	____	____	____
9. vouloir les mêmes choses dans la vie	____	____	____
10. être également beaux/intelligents/ artistiques	____	____	____

E. Les histoires suivantes ont une fin tragique. Indiquez l'erreur que les protagonistes ont faite. Employez le verbe **devoir** au conditionnel passé.

Modèle Tristan et Iseut
Ils n'auraient pas dû boire la potion magique.

1. Œdipe
2. Roméo et Juliette
3. Jacques et Jill
4. King Kong
5. Pandore
6. La petite grenouille française (Leçon 11)
7. Samson et Dalila
8. Othello
9. Le capitaine du Titanic
10. Le roi Midas

8. *S'entendre* ≠ se disputer.

F. Répondez à la question qui accompagne chaque photo. Utilisez le verbe **devoir** dans vos réponses.

1. Hier soir ces gens sont allés à une grande soirée où ils ont trop mangé et trop bu. Aujourd'hui ils en souffrent. Qu'est-ce qu'ils devraient faire pour diminuer leur souffrance?

Sans mobile apparent, Philippe Labro, 1971. Sur la photo: Jean-Pierre Marielle et Laura Antonelli.

2. Il y a un instant, Louise a répondu au téléphone. La voix qu'elle entend n'est pas la voix d'un ami. C'est la voix d'une personne qui a kidnappé son chien Roméo, que Louise aime beaucoup. La voix lui demande une somme d'argent astronomique pour lui rendre Roméo; sinon, la voix menace d'envoyer le chien en Sibérie! Qu'est-ce que Louise devrait faire?

Nathalie Granger, Marguerite Duras, 1972. Sur la photo: Jeanne Moreau.

Exercices écrits

Faites les exercices écrits qui sont dans le *Cahier d'exercices,*
Leçon 19.

Lecture

Le Carnaval de Québec

Si vous voulez vous amuser dans une ambiance française sans quitter l'Amérique du Nord, *vous n'aurez pas* d'océans à traverser et *vous
n'aurez pas* besoin de votre passeport. Un permis de conduire vous
suffira pour passer la frontière accueillante du Canada. Il s'agit[9] en
5   effet du Carnaval de Québec, qu'on appelle «le Carnaval d'hiver» ou
«le Carnaval de Glace.» Le Carnaval commence généralement au début de février et dure pendant une dizaine de jours.

Le Carnaval s'ouvre officiellement chaque année par l'arrivée triom-
phale dans la ville du «Bonhomme[10] Carnaval» dans son costume de
10   neige avec son bonnet rouge (sa «tuque»). C'est lui qui procède à
l'inauguration des fêtes du Carnaval. On lui donne les clés de la ville
et pendant toute cette période il devient le Roi incontesté et incontestable de Québec. D'abord, *il doit* choisir sa Reine parmi les jeunes
beautés qui représentent les sept régions voisines de Québec. Le
15   «Bonhomme Carnaval» et la Reine deviennent alors le symbole de
Québec. Ils vont partout, *ils doivent assister* à tous les événements et
ils président toutes les activités.

Il y a une grande variété d'activités et d'événements au Carnaval.
Par exemple, *si vous étiez* sculpteur, *vous pourriez* représenter votre
20   pays ou votre région au concours international de sculptures sur neige
qui se trouve sur la Place des Arts et rue Sainte-Thérèse. Êtes-vous
sportif et musclé? *Si vous vouliez* vous mesurer aux athlètes canadiens et internationaux, alors, *vous devriez* peut-être participer à la
course en canots. Si vous n'avez jamais fait d'aviron,[11] n'essayez pas!
25   C'est une course très dure sur le St.-Laurent, encore encombré par la
glace. *Si vous saviez* faire du hockey sur glace *vous auriez* l'occasion
de participer au tournoi international de «Hockey Pee-Wee.»

Aimeriez-vous vous déguiser? *Si c'était le cas, vous pourriez* devenir un clown, un cheval, un animal fantastique, un monstre allégo-
30   rique ou mythologique, un personnage fabuleux. *Si l'humour était*

---

9. *Il s'agit de* = il est question de = le sujet est ... .
10. *Bonhomme* = "guy."
11. *Faire de l'aviron* = pratiquer le sport du canotage, une course rapide où plusieurs
personnes manœuvrent un canot (un petit bateau).

votre fort[12] *vous amuseriez* tout le monde dans un costume loufoque[13] mais imaginatif. Il y a plusieurs défilés de chars splendides et de personnages en costumes, accompagnés de fanfares et de majorettes. La nuit, des feux d'artifices illuminent le ciel québecois.

35   *Si vous aimez* aussi les activités de société comme danser, boire avec vos amis ou simplement parler ou flirter, *vous devriez* aller au «Bal chez Boulé», qui vous rappellera le «bon vieux temps», et au «Carnaval de Rio», où vous danserez au rythme endiablé de la musique sud-américaine.

40   Tout le monde trouve sa place au Carnaval de Québec. Et vous, Monsieur, *vous devez* avoir envie de connaître des Canadiennes. *Si,* par hasard, *vous étiez* timide et *aviez* honte d'engager une conversation avec une jolie Québecoise, *vous seriez* à votre aise à la «Soirée des courtisanes». Là, ce sont les dames qui font la cour

45 aux messieurs! Qu'en pensez-vous?

    Québec est «la porte à côté». *Si vous* y *alliez* pour le Carnaval, *vous* en *reviendriez* plein de souvenirs agréables.

Questions sur la lecture

1. À quelle époque est le Carnaval de Québec?
2. Quel est l'événement qui marque l'ouverture officielle du Carnaval?
3. Décrivez le «Bonhomme Carnaval». Qu'est-ce qu'il doit faire?
4. Qu'est-ce que vous pourriez faire si vous étiez sculpteur?
5. Voudriez-vous participer à la course en canots? Pourquoi est-ce que ce serait difficile?
6. Quelle sorte de costume porteriez-vous si vous vous déguisiez?
7. Qu'est-ce qui se passe à la «Soirée des courtisanes»?
8. À quelles activités participeriez-vous au Carnaval?

Discussion / Composition

1. Y a-t-il un festival d'hiver, d'automne, d'été ou de printemps, une foire[14] ou un défilé dans votre région? Qu'est-ce qu'on pourrait voir si on y allait? Qu'est-ce qu'on devrait y faire? Employez beaucoup de verbes au conditionnel et le verbe **devoir**.

---

12. *Votre fort* = votre spécialité.
13. *Loufoque* = extravagant.
14. *Foire* = grand marché et exposition régionale de produits divers; fête, carnaval.

2. Si vous étiez allé au Carnaval d'hiver l'année dernière à Québec, qu'est-ce que vous auriez fait? Auriez-vous participé aux événements sportifs? Auriez-vous regardé les défilés? Vous seriez-vous déguisé(-e)? Seriez-vous allé(-e) au bal des courtisanes? Qu'est-ce que vous auriez aimé le plus?

3. Si vous pouviez recommencer votre vie, feriez-vous les mêmes choses? Les mêmes erreurs? Auriez-vous les mêmes amours? Préféreriez-vous être dans un autre pays? Vivre à une autre époque? À une époque passée? Future? Pourquoi?

Improvisation

Trois, quatre, cinq ou six personnes: une séance de psychothérapie de groupe. Une personne joue le rôle du psychologue ou du psychiatre. Les autres parlent du problème d'un des membres du groupe, ou d'un problème que tout le monde a. Utilisez le conditionnel et le verbe **devoir** à différentes formes.

Vocabulaire

noms

avis m.
cacahuète f.
ceinture de sécurité f.
début m.
défilé m.
étoile f.
événement m.
fanfare m.
feu d'artifice m.
ouverture f.
neige f.
poche f.
roi m.
tremblement de terre m.

adjectifs

accueillant(-e)
incontestable
incontesté(-e)
ménager(-ère)
voisin(-e)

verbes

deviner
devoir
engager
partager
présider
suffire

autres expressions

à son aise
course en canots
faire la cour
il s'agit de

noms apparentés

ambiance f.
arrivée f.
cage f.
carnaval m.
frontière f.
passeport m.
turbulence f.

20 Vingtième Leçon

Obligations

Le subjonctif présent
   Il faut que + subjonctif
Le participe présent
Le passé immédiat

Les verbes *craindre, peindre,* etc.

Lecture: *Lettre d'une mère à sa fille et
   la réponse de la fille*

À la Sorbonne, les étudiants cherchent les résultats des examens.

Découverte

Présentation I

Nous avons besoin d'être en bonne forme physique. Nous sommes obligés d'être en bonne forme physique. Nous devons être en bonne forme physique. Il nous faut être en bonne forme physique.

En effet, *il faut que* **nous soyons** en bonne forme physique.

Nous avons besoin de faire de l'exercice. Nous sommes obligés de faire de l'exercice. Nous devons faire de l'exercice. Il nous faut faire de l'exercice.

En effet, *il faut que* **nous fassions** de l'exercice.

Faut-il que **vous ayez** de la patience avec votre professeur?

Oui, *il faut que* **nous** en **ayons** beaucoup.

Faut-il que le professeur **ait** de la patience avec les étudiants?

Oui, *il faut qu'*il **(elle)** en **ait** aussi.

Faudrait-il que **vous puissiez** répondre aux questions en français?

Oui, *il faudrait que* **je puisse** y répondre en français.

Faut-il que **vous sachiez** le subjonctif?

Oui, *il faut que* **je** le **sache.**

Fallait-il que **vous écriviez** des compositions l'année passée?

Oui, *il fallait que* **j'en écrive,** et *il faut* encore *que* **j'en écrive.**

Fallait-il que **je finisse** la leçon 19 avant de commencer la leçon 20?

Oui, *il fallait que* **vous finissiez** la leçon 19 d'abord.

Où *fallait-il que* **vous alliez** hier?

Il fallait que **j'aille** au laboratoire.

Qu'est-ce qu'*il faudra que* **vous disiez** demain matin quand vous arriverez?

Il faudra que **je dise** bonjour.

Explications

1 Le subjonctif

A. Le subjonctif est un mode verbal[1] employé dans certaines
propositions subordonnées. Quand la proposition principale
exprime une idée d'obligation, le verbe de la proposition
subordonnée est au subjonctif. On emploie le subjonctif après un
verbe ou une expression de nécessité comme **Il est nécessaire que ...** ,
Il est essentiel que ... , **Il est indispensable que ...** , **Il faut que ...** .

proposition principale	*proposition subordonnée*
il faut	**que** + sujet + verbe au subjonctif
indicatif présent	Il faut qu'**elle finisse** sa lettre aujourd'hui.
	Il faut que **nous n'oubliions** pas ce détail.
	Il ne faut pas qu'**ils** le **sachent**.
indicatif imparfait	Il fallait qu'**elle finisse** sa lettre hier.
	Il fallait que **nous n'oubliions pas** ce détail.
	Il ne fallait pas qu'**ils** le **sachent**.
indicatif futur	Il faudra qu'**elle finisse** sa lettre demain.
	Il faudra que **nous n'oubliions pas** ce détail.
	Il ne faudra pas qu'**ils** le **sachent**.
conditionnel présent	Il faudrait qu'**elle finisse** sa lettre aujourd'hui ou demain.
	Il faudrait que **nous n'oubliions pas** ce détail.
	Il ne faudrait pas qu'**ils** le **sachent**.
conditionnel passé	Il aurait fallu qu'**elle finisse** sa lettre hier.
	Il aurait fallu que **nous n'oubliions pas** ce détail.
	Il n'aurait pas fallu qu'**ils** le **sachent**.
passé composé	Il a fallu qu'**elle finisse** sa lettre hier.
	Il a fallu que **nous n'oubliions pas** ce détail.
	Il n'a pas fallu qu'**ils** le **sachent**.

---

1. Les autres modes verbaux que vous avez appris sont *l'indicatif*, qui exprime ou
suppose une réalité objective *(Il fait beau. Vous avez des amis. J'ai vu ce film.)*; le
conditionnel, qui exprime le résultat probable d'une situation hypothétique *(André
ferait ce voyage s'il avait assez d'argent.); l'impératif*, qui exprime un ordre direct
(Faites vos devoirs! Fais ton lit! Écoutons bien!).

B. Formation régulière

1. Le radical de la majorité des verbes est celui de la troisième personne du pluriel **(ils, elles)** du présent de l'indicatif.

infinitif	*3ᵉ personne du pluriel du présent de l'indicatif*	*radical du subjonctif*
parler	(ils, elles) parle~~nt~~	⟶**parl-**
rendre	(ils, elles) rende~~nt~~	⟶**rend-**
finir	(ils, elles) finisse~~nt~~	⟶**finiss-**
connaître	(ils, elles) connaisse~~nt~~	⟶**connaiss-**
dormir	(ils, elles) dorme~~nt~~	⟶**dorm-**
dire	(ils, elles) dise~~nt~~	⟶**dis-**

2. Les terminaisons du subjonctif présent

je	**-e**	nous	**-ions**
tu	**-es**	vous	**-iez**
il (elle, on)	**-e**	ils (elles)	**-ent**

3. Voici la conjugaison complète de quelques verbes au présent du subjonctif.

parler
il faut que **je parle**
il faut que **tu parles**
il faut qu'**il parle**
il faut que **nous parlions**
il faut que **vous parliez**
il faut qu'**ils parlent**

finir
il faut que **je finisse**
il faut que **tu finisses**
il faut qu'**il finisse**
il faut que **nous finissions**
il faut que **vous finissiez**
il faut qu'**ils finissent**

rendre
il faut que **je rende**
il faut que **tu rendes**
il faut qu'**il rende**
il faut que **nous rendions**
il faut que **vous rendiez**
il faut qu'**ils rendent**

C. Formation irrégulière

1. Les verbes irréguliers avec deux radicaux à l'indicatif présent ont deux radicaux au subjonctif présent. Ces radicaux sont dérivés de la troisième et de la première personne du pluriel du présent de l'indicatif **(reçoivent, recevons; viennent, venons).** Les terminaisons sont toujours régulières.

	3ᵉ personne du pluriel de l'indicatif présent	*1ᵉʳᵉ personne du pluriel de l'indicatif présent*

voir

(ils) **voi** e̶n̶t̶   (nous) **voy** o̶n̶s̶

il faut que **je voie**   il faut que **nous voyions**
il faut que **tu voies**   il faut que **vous voyiez**
il faut qu'**il voie**
il faut qu'**ils voient**

recevoir

(ils) **reçoiv** e̶n̶t̶   (nous) **recev** o̶n̶s̶

il faut que **je reçoive**   il faut que **nous recevions**
il faut que **tu reçoives**   il faut que **vous receviez**
il faut qu'**il reçoive**
il faut qu'**ils reçoivent**

prendre

(ils) **prenn** e̶n̶t̶   (nous) **pren** o̶n̶s̶

il faut que **je prenne**   il faut que **nous prenions**
il faut que **tu prennes**   il faut que **vous preniez**
il faut qu'**il prenne**
il faut qu'**ils prennent**

venir

(ils) **vienn** e̶n̶t̶   (nous) **ven** o̶n̶s̶

il faut que **je vienne**   il faut que **nous venions**
il faut que **tu viennes**   il faut que **vous veniez**
il faut qu'**il vienne**
il faut qu'**ils viennent**

2. Les radicaux des trois verbes suivants sont des formes entièrement nouvelles, mais les terminaisons sont régulières.

faire (fass-)
il faut que **je fasse**
il faut que **tu fasses**
il faut qu'**il fasse**
il faut que **nous fassions**
il faut que **vous fassiez**
il faut qu'**ils fassent**

savoir (sach-)
il faut que **je sache**
il faut que **tu saches**
il faut qu'**il sache**
il faut que **nous sachions**
il faut que **vous sachiez**
il faut qu'**ils sachent**

pouvoir (puiss-)
il faut que **je puisse**
il faut que **tu puisses**
il faut qu'**il puisse**
il faut que **nous puissions**
il faut que **vous puissiez**
il faut qu'**ils puissent**

3. Au subjonctif, les verbes **aller** et **vouloir** ont un radical irrégulier (**aill-, veuill-**) et un autre radical qui dérive de la première personne du pluriel de l'indicatif présent (**all**ǿnś, **voul**ǿnś).

aller

aill-	(nous) all ǿnś
il faut que **j'aille**	il faut que **nous allions**
il faut que **tu ailles**	il faut que **vous alliez**
il faut qu'**il aille**	
il faut qu'**ils aillent**	

vouloir

veuill-	(nous) voul ǿnś
il faut que **je veuille**	il faut que **nous voulions**
il faut que **tu veuilles**	il faut que **vous vouliez**
il faut qu'**il veuille**	
il faut qu'**ils veuillent**	

4. Il y a seulement deux verbes avec un radical et des terminaisons irréguliers.

être
il faut que **je sois**
il faut que **tu sois**
il faut qu'**il soit**
il faut que **nous soyons**
il faut que **vous soyez**
il faut qu'**ils soient**

avoir
il faut que **j' aie**
il faut que **tu aies**
il faut qu'**il ait**
il faut que **nous ayons**
il faut que **vous ayez**
il faut qu'**ils aient**

5. Quelques expressions impersonnelles au présent du subjonctif:

c'est   il faut que **ce soit**
il y a   il faut qu'**il y ait**
il fait beau   il faut qu'**il fasse beau**

Exercices oraux

A. Remplacez le sujet de la proposition subordonnée par le nouveau sujet donné. Faites les autres changements nécessaires.

Modèle   Il faut que je parle. (nous)
           Il faut que nous parlions.

1. Il faut que les gens partent. (je / nous / Marie)
2. Il faut que les gens choisissent un cours. (vous / l'étudiante / tu)
3. Il ne faut pas que les gens s'endorment ici. (tu / vous / je)
4. Il faut que les gens conduisent mieux. (nous / je / Sophie)
5. Il ne faut pas que les gens perdent la tête. (tu / je / vous)

B. Dites les phrases suivantes au subjonctif présent. Commencez chaque phrase avec l'expression **Il faut que.**

Modèle   Je suis présent.
           Il faut que je sois présent.

1. Elle est ici.
2. Il est à l'heure.
3. Nous sommes présents.
4. Vous êtes logique.
5. Vous avez du courage.
6. Nous avons de l'argent.
7. Ils ont un parapluie.
8. Tu as assez de temps.
9. Tu vas à la piscine.
10. Je vais chez moi.
11. Vous allez vite.
12. C'est vrai.
13. Il y a une solution.
14. Il fait beau.
15. Je fais mes exercices.
16. Nous faisons attention.

C. Dites les phrases suivantes au subjonctif présent. Commencez chaque phrase avec l'expression **Il faudrait que.**

1. Je prends des vitamines.
2. Nous prenons notre temps.
3. Tu prends ta voiture.
4. Tu sais la réponse.
5. Vous savez l'adresse.
6. Ils savent nager.
7. Je peux réussir.
8. Nous pouvons voir.
9. Il peut voyager.
10. Tu peux comprendre.

Maintenant, commencez ces phrases avec **Il fallait que.**

11. Vous voulez réussir.
12. Elles veulent sourire.
13. Tu veux travailler.
14. Vous venez plus tôt.
15. Il vient chez nous.
16. Nous venons avec vous.

D. Redites les phrases suivantes et exprimez l'idée d'obligation par **Il faut que** au temps approprié + le subjonctif présent.

Modèle   Les étudiants doivent être présents pour l'examen.
           Il faut que les étudiants soient présents pour l'examen.

1. Je dois obéir à mes parents.
2. Nous devons rentrer immédiatement.
3. Il doit faire attention aux explications.
4. Vous devez recevoir une bonne note.
5. Tu devais conduire lentement.
6. Je devais me coucher tôt.
7. Vous devriez écouter les explications.
8. Tu devrais avoir plus de patience.
9. Nous aurions dû faire du sport régulièrement.
10. J'ai dû aller voir mon conseiller d'études.

E. Répondez.

1. Que faut-il que vous fassiez quand vous avez mal à la gorge?
2. Que faut-il que vous fassiez avant de vous coucher?
3. Que fallait-il que vous fassiez quand vous étiez petit(-e)?
4. Que faudra-t-il que vous fassiez quand vous aurez cinquante ans?
5. Que faudrait-il que vos amis fassent le jour de votre anniversaire?

F. Demandez à un(-e) autre étudiant(-e) ...

1. s'il faut qu'il (elle) déjeune à midi.
2. s'il faut qu'il (elle) vende son auto.
3. s'il faut qu'il (elle) réfléchisse à son avenir.
4. s'il faudrait qu'il (elle) apprenne le subjonctif.
5. s'il faudra qu'il (elle) dise son opinion.
6. s'il faut qu'il (elle) attende encore pour se marier.
7. s'il fallait qu'il (elle) écrive une composition hier soir.
8. s'il faudrait que vous veniez en classe plus tôt.

Présentation II

Quand vous voyagez, envoyez-vous beaucoup de cartes postales?

Oui, **en voyageant** je trouve toujours le temps d'écrire.

Cet étudiant écoute-t-il de la musique quand il étudie?

Oui, il écoute de la musique **en étudiant,** ou il étudie **en écoutant** de la musique.

Avez-vous vu Élisabeth ce matin?

Oui, je l'ai rencontrée **en allant** à l'université.

Comment êtes-vous devenue championne de gymnastique?

En travaillant et **en faisant** beaucoup d'exercices.

Explications

2 Le participe présent

A. Emploi: Le participe présent est une forme verbale souvent employée pour indiquer la simultanéité ou la manière. Le suffixe **-ant** est le signe du participe présent. En général, la préposition **en** le précède. (**En** est la seule préposition employée avec le participe présent.)[2]

1. Le participe présent indique une action faite en même temps que, ou immédiatement avant ou après l'action du verbe principal. Le même sujet détermine donc les deux actions.

> Jeanne chante **en travaillant.** = Jeanne chante et travaille.
>
> **En écoutant** cette conférence sur la métaphysiconigologie, les étudiants se sont endormis. = Les étudiants ont écouté et se sont endormis.

2. Le participe présent peut indiquer aussi comment est accomplie l'action du verbe principal. Il répond donc à la question «Comment?».

Comment avez-vous appris le français?	J'ai appris le français **en parlant.**
Comment avez-vous ouvert la boîte sans la clé?	J'ai ouvert la boîte **en mettant** une épingle à cheveux dans la serrure.

---

2. L'infinitif est la forme du verbe qu'il faut employer avec toutes les autres prépositions: J'aime m'amuser à *regarder* les chimpanzés. Je passe le temps à *lire.* J'essaie de *skier.* Il a fini par *comprendre.*

B. Formation

1. Le participe présent des verbes réguliers et irréguliers se
   forme avec la terminaison **-ant** attachée au radical. Le radical
   est celui de la première personne du pluriel **(nous)** de
   l'indicatif présent.

infinitif	1ère personne du pluriel de l'indicatif présent	radical	participe présent
parler	(nous) parlo̷n̷s̷	parl-	**parlant**
choisir	(nous) choisisso̷n̷s̷	choisiss-	**choisissant**
rendre	(nous) rendo̷n̷s̷	rend-	**rendant**
prendre	(nous) preno̷n̷s̷	pren-	**prenant**
vouloir	(nous) voulo̷n̷s̷	voul-	**voulant**

Attention aux verbes réguliers en **-ger** et **-cer**.

manger	(nous) mange̷o̷n̷s̷	mange-	**mangeant**
commencer	(nous) commenço̷n̷s̷	commenç-	**commençant**

2. Il y a seulement trois verbes exceptionnels.

être	**étant**
avoir	**ayant**
savoir	**sachant**

3. Le négatif du participe présent est le même que pour un verbe
   conjugué: **ne** avant et **pas** (ou un autre mot de négation) après.

   En ne voyant pas cette erreur, je me suis trompé complètement.
   En n'ayant pas peur de parler, j'ai pu pratiquer mon français oral.
   En ne faisant jamais rien, il est devenu très paresseux.

C. Le participe présent avec des pronoms objets

1. Les pronoms objets précèdent le participe présent.

   En vous voyant, Monsieur, je vous ai reconnu immédiatement.
   En ne lui écrivant pas, elle lui a fait du mal.

2. Le pronom objet d'un verbe pronominal, naturellement,
   s'accorde avec le sujet.

   En me réveillant, j'ai regardé l'heure.
   En te levant, tu as cherché tes sandales.
   En se rasant, Maurice s'est coupé.
   En vous habillant, vous avez mis votre chemise à l'envers.

Exercices oraux

G. Redites chaque phrase en mettant un des verbes au participe présent.

Modèle Je travaille et je chante.
Je travaille en chantant. ou
Je chante en travaillant.

1. Je comprends et j'écoute.
2. Il regarde et il admire.
3. Elle cherche et elle espère trouver.
4. Vous riez et vous parlez.
5. Vous vous plaignez et vous finissez votre devoir.
6. Tu es modeste et tu réussis.
7. Il se rase et il conduit.
8. Je me lève; je sais quelle heure il est.
9. Je m'endors; j'écoute de la musique.
10. Vous regardez les gens et vous vous promenez.

H. Répondez aux questions suivantes en employant un des verbes proposés au participe présent.

Modèle Comment vous endormez-vous? (boire du lait chaud? fermer les yeux?)
Je m'endors en buvant du lait chaud. ou
Je m'endors en fermant les yeux.

1. Comment vous réveillez-vous? (boire du café? prendre une douche froide?)
2. Comment apprend-on à parler français? (parler? étudier?)
3. Comment avez-vous appris à marcher? (marcher? tomber?)
4. Comment est-ce que je peux savoir les nouvelles? (lire le journal? écouter la radio?)
5. Comment peut-on réussir dans la vie? (avoir de la chance? prendre des risques?)

Présentation III

Debbie est arrivée il y a deux minutes.

Oui, **elle vient d'arriver.**

Nous avons écrit à nos parents il y a deux jours.

Oui, **nous venons de** leur **écrire.**

Vous êtes arrivé à 5 heures et le téléphone a sonné à 5 heures 03.

En effet, **je venais d'arriver** quand le téléphone a sonné.

Explications

3 Pour exprimer une action terminée récemment, on emploie **venir de** + infinitif.

> **Je viens de voir** Monsieur Wilson.
> **Nous venons de nous réveiller.**

Remarquez: Cette construction est utilisée *uniquement pour un passé très récent:* quelques secondes, quelques heures, quelques jours.

Quand on raconte une histoire au passé, on utilise uniquement l'imparfait du verbe **venir** + **de** + infinitif.

Comparez: Nous venons de voir un film.
> **Nous venions de voir** un film quand nous sommes allés prendre un café.

> Je viens d'entrer.
> **Je venais d'entrer** quand tout le monde est sorti!

Exercices oraux

I. Redites les phrases suivantes en employant **venir de.**

Modèle Elle a écrit un poème il y a quelques instants.
Elle vient d'écrire un poème.

1. Ils sont arrivés à l'université il y a quelques instants.
2. J'ai vu votre camarade il y a quelques minutes.
3. On a appris le subjonctif il y a quelques jours.
4. Vous vous êtes levés il y a une minute.
5. Nous nous sommes habillés il y a quelques instants.
6. Ils se sont mariés ce matin.
7. Tu as répondu il y a quelques secondes.
8. Il y a un instant, j'ai compris que cet exercice était facile.

J. Mettez les verbes suivants au passé et finissez les phrases.

Modèle Je viens de manger.
Je venais de manger quand j'ai fait la vaisselle.

1. Elle vient de partir.
2. On vient de parler de Jérôme.
3. Je viens de me réveiller.
4. Nous venons d'arriver.
5. Tu viens de me poser une question.

Présentation IV

Craignez-vous les tremblements de terre?

Oh oui, **je les crains! Je crains de** recevoir une maison sur la tête.

Éteignez-vous les lampes quand vous vous couchez?

Bien sûr, **je les éteins!**

Avez-vous peint votre chambre au début de l'année?

Non, **je ne l'ai pas peinte,** elle était déjà peinte.

De quoi **se plaignent** les étudiants?

Ils se plaignent de l'injustice du système, **ils se plaignent d'**avoir trop d'examens, **ils se plaignent de** ne pas avoir assez d'argent.

Explications

4 Le verbe **craindre** (= *avoir peur de*) est le modèle d'un groupe de verbes irréguliers assez nombreux (voyelle nasale **-ein, -ain, -oin + dre**) avec le même système de conjugaison (**éteindre**[3], **peindre, atteindre, joindre, plaindre, se plaindre,** etc.**).**

craindre (participe passé: **craint**)	
je **crains**	nous **craignons**
tu **crains**	vous **craignez**
il, elle **craint**	ils, elles **craignent**

éteindre (participe passé: **éteint**)	
j' **éteins**	nous **éteignons**
tu **éteins**	vous **éteignez**
il, elle **éteint**	ils, elles **éteignent**

Remarquez: **Je crains** la bombe atomique. = J'ai peur de la bombe atomique.

Remarquez: **craindre + de** + infinitif:

Tout le monde **craint de mourir.**

se plaindre + de + nom ou infinitif:

Elle **se plaint du** climat.
Il **se plaint d'**être toujours le dernier.

---

3. *Éteindre* ≠ allumer

Exercices oraux

K. Remplacez le sujet de la phrase par le nouveau sujet donné.

   Modèle   Vous craignez les insectes. (je)
            Je crains les insectes.

   1. Nous craignons les chiens. (je / vous / les chats)
   2. J'éteins la radio. (tu / nous / vous)
   3. Tu te plains du mauvais temps. (vous / on / nous)
   4. On peint les murs. (nous / je / les gens)
   5. Je craignais de sortir. (on / tu / nous)

L. Répondez.

   1. Craignez-vous vos parents?
   2. Éteignez-vous la télé quand vous entendez l'hymne national?
   3. Vous plaignez-vous de vos professeurs?
   4. Qui peint bien? Salvador Dalí? Votre petite sœur? Vous?
   5. Craignez-vous de voyager en avion?
   6. Qui a peint «La Joconde» (la Mona Lisa)?
   7. Vous êtes-vous plaint de votre dernière note?
   8. Craignait-on les sorcières à Salem au dix-septième siècle?

M. Demandez à un(-e) autre étudiant(-e) ...

   1. s'il (si elle) se plaint de la cuisine dans les restaurants universitaires.
   2. s'il (si elle) sait peindre.
   3. s'il (si elle) vous craint.
   4. s'il (si elle) craint de faire une faute.
   5. s'il (si elle) éteint la lumière avant de se coucher ou après s'être couché(-e).
   6. s'il (si elle) craignait les monstres quand il (elle) était petit(-e).

Création

Exercices de conversation

A. Dans les situations suivantes il y a un dilemme. Qu'est-ce qu'il faut que la personne fasse? Commencez votre réponse avec **il faut que** ou **il ne faut pas que**.

> *Modèle*   Je n'ai pas de parapluie, et il pleut.
> *Il faut que vous en achetiez un très vite!*   ou
> *Il ne faut pas que vous sortiez!*

1. Je ne sais pas la réponse à une question importante de mon examen final.
2. Vous recevez l'addition au restaurant et vous n'avez pas assez d'argent.
3. Je pense que j'ai une appendicite; j'essaie de téléphoner à mon médecin, mais personne ne répond au téléphone.
4. Je ne peux pas dormir parce qu'il fait trop chaud.
5. Vous rentrez chez vous à pied à minuit; vous remarquez qu'un homme, qui a l'air dangereux, vous suit.

B. Êtes-vous d'accord? (à faire à deux)
Un(-e) étudiant(-e) finit la phrase. Un(-e) deuxième étudiant(-e) indique s'il (si elle) est d'accord ou non, et dit pourquoi.

> *Modèle*   Il faudrait que le président ...
> Étudiant(-e) 1: *Il faudrait que le président propose plus d'impôts.[4]*
> Étudiant(-e) 2: *Non, il ne faudrait pas qu'il fasse cela, parce que ...*   ou
> *Oui, je suis d'accord avec toi parce que ...*

1. Il faudrait que les parents ...
2. Il faudrait que notre université ...
3. Dans cette classe il faudrait que nous ...
4. Il faudrait que les écoles publiques ...
5. Il faudrait que tout le monde ...
6. Il aurait fallu que Blanche Neige ...
7. Il aurait fallu que Nixon ...
8. Il aurait fallu que le Général Custer ...
9. Il aurait fallu qu'Adam et Ève ...
10. Il aurait fallu que je ...

---

4. *Impôts* = "taxes."

C. Dites si un(-e) de vos camarades *vient de faire* les actions suivantes. Si oui, indiquez *qui* dans une phrase affirmative. Autrement répondez avec une phrase négative.

> *Modèle* écrire une phrase au tableau
> *Christine vient d'écrire une phrase au tableau.*   ou
> *Personne ne vient d'écrire de phrase au tableau.*

1. boire du café
2. arriver en classe
3. s'endormir
4. se réveiller
5. répondre correctement à une question
6. réciter un poème
7. présenter un sketch
8. lire la lecture
9. passer un examen
10. se disputer avec le professeur

D. Les gens dans le dessin font beaucoup de choses en même temps. Employez le participe présent pour décrire chaque personne. (Quelques verbes possibles: **boire, manger, danser, fumer, s'ennuyer, sourire, parler, écouter, se disputer,** etc.).

> *Modèle* *Jules s'ennuie en regardant les autres danser.*

E. Utilisez l'expression **Il faut que** au temps approprié et le subjonctif présent pour répondre aux questions qui accompagnent chaque photo.

1. Cette petite fille vient de demander à son papa des renseignements sur son origine. Le papa est très puritain, mais il croit qu'il faut dire la vérité aux enfants. C'est une situation gênante pour le pauvre père. Que faudrait-il qu'il fasse? Comment faudrait-il qu'il réagisse?

La Peau douce,
François Truffaut,
1963. Sur la photo:
Jean Desailly et
Sabine Haudepin.

2. Chaque fois que Mathilde et Bernard (au piano) vont voir leur
cousin Maurice (le monsieur qui n'a pas l'air content), ils
restent très longtemps et ils insistent pour passer des heures
au piano à chanter et à jouer pour le pauvre Maurice. Il
déteste ces visites et il déteste leur musique (ils ne sont pas
très forts en musique). Mais Maurice est trop poli pour leur
dire de ne pas venir ou de ne pas chanter et jouer. Qu'est-ce
qu'il aurait fallu que Maurice fasse pour éviter cette visite
particulièrement désagréable?

Ce Cher Victor, Robin
Davis, 1975. Sur la
photo: Jacques
Dufilho, Bernard Blier
et Alida Valli.

F. Regardez la photo, page 418, et répondez aux questions suivantes.

1. Comment cette femme est-elle arrivée à être dans cette position?
2. Que faudrait-il qu'elle fasse?
3. Inventez une question sur la photo et posez-la à un(-e) autre étudiant(-e).

Exercices écrits

Faites les exercices écrits qui sont dans le *Cahier d'exercices,* Leçon 20.

Lecture

Lettre d'une mère à sa fille et la réponse de la fille

le 5 octobre

Ma chérie,

Il y a maintenant plus d'une semaine que tu as quitté la maison et nous sommes encore sans nouvelles. Il faut absolument que *tu nous écrives* souvent *en donnant* tous les détails de ta vie à l'université,
5   car il faut que *nous sachions* comment tu vis pour pouvoir supporter cette première séparation. Je suis vraiment étonnée que *tu ne nous écrives pas.*

J'espère que tu as assez d'argent pour payer ton inscription, tes
10 livres, ta chambre et ta pension. Écris-moi s'il faut que *nous* t'en *envoyions* davantage.

Tu sais que ton père et moi, nous faisons de gros sacrifices *en t'envoyant* à l'université (il faut bien que *tu le saches*). Il faut donc que *tu puisses* bénéficier pleinement de tes cours et de tes rapports avec
15 les autres étudiants.

Les universités sont pleines de jeunes gens de toutes sortes, et il y a beaucoup de mauvaises tentations pour une jeune fille pure comme toi. Il faut donc que *tu sois* très prudente: *je crains de* te voir influen-cée par de mauvaises fréquentations.
20 Je n'ai pas besoin de te dire, d'autre part, que c'est souvent à l'uni-versité qu'on trouve à se marier.[5] Il y a certainement des quantités de jeunes gens sérieux et de bonne famille qui cherchent à connaître des jeunes filles. C'est *en allant* à l'université que j'ai connu ton père. Donc il faut que *tu penses* à cela. On n'est pas toujours jeune et il
25 faut que *tu considères* l'avenir. Ton bonheur et ta sécurité doivent te

---

5. *Trouver à se marier* = trouver quelqu'un à épouser.

Pour faire une bonne
impression en te
présentant aux gens,
il faut que tu sois
toujours
correctement habillé.

Les Malheurs d'Alfred
(voir page 305).

préoccuper autant que tes études. Il aurait fallu que *nous parlions* de
tout cela avant ton départ.

Pour faire une bonne impression *en te présentant* aux gens, il faut
que *tu sois* toujours correctement habillée. Il faut que *tu te conduises*
30 bien et que *tu t'entendes* bien avec tes amis. Si tu fais la connaissance d'un jeune homme intéressant, sérieux, qui t'aime et te respecte, écris-le-moi.

Je t'envoie le bonjour de nos voisins, les Martin. Il faudra que *tu*
leur *envoies* une carte postale de ton campus, car *ils se plaignent que*
35 *tu ne* leur *écrives pas.*

Écris-moi vite, ma chérie! Je t'embrasse affectueusement.

Ta maman

le 15 octobre

Ma chère petite maman,

40 Je viens de recevoir ta lettre du 5 octobre. Je suis désolée d'avoir
tardé à vous écrire, mais il fallait que *je finisse* de m'occuper de beaucoup de choses avant la rentrée. Voilà pourquoi il a fallu que *je m'en*
aille, mais cette séparation nous fera réciproquement beaucoup de
bien. J'ai vécu jusqu'à maintenant dans le cadre familial; maintenant
45 il faut que *je sache* qui je suis vraiment, il faut que mon identité et ma
personnalité *puissent* se définir librement.

Il faut que *tu comprennes,* ma chère maman, que je sais, mieux
que personne, ce que je dois faire et il faut que *tu admettes* que j'ai
ma vie à vivre. Je prends note de tous tes conseils et je les apprécie
50 et il ne faut pas que *tu sois* inquiète pour moi.

Les Français sont amoureux des westerns et des policiers du cinéma américain. Dans ce film abracadabrant, il y a des agents doubles, des enquêtes, une mystérieuse boîte saisie à la frontière. Il y a aussi des paysages bizarres comme ici, où le metteur en scène suspend son actrice principale dans le vide au bout d'un fil. Mais juste au bon moment, son fiancé arrive, tue l'espion ... et ils partent ensemble pour être heureux et avoir beaucoup d'enfants.

Il faut aussi que *tu te rendes compte* de mon âge. Je ne suis plus une enfant. Je suis une femme. Il faudrait que papa et toi, *vous soyez* conscients de cette réalité et que *vous* l'*acceptiez!* Les temps ont

15　changé, ma petite maman! Quant au mariage, il faut bien que *je te dise* que je n'y pense pas: C'est la moindre de mes préoccupations.

Il y a des choses qu'il faut que *je fasse* moi-même pour avoir une vie, une carrière, des intérêts à moi, indépendamment de ma famille et de mon mari (si je me marie).

20　Voilà, ma chère maman, mais il faut aussi que *vous sachiez,* papa et toi, que j'ai besoin de votre affection et de votre confiance. Sans elles, il me serait difficile de réaliser mes aspirations. Je t'embrasse affectueusement.

Julie

P.S. La vie est très chère ici et il faut que *j'achète* beaucoup de

25　livres qui coûtent très cher. Pourriez-vous m'envoyer un peu d'argent pour subsister *en attendant* que je trouve un emploi?

Questions sur la lecture

1. Pourquoi faut-il que Julie écrive souvent à ses parents?
2. Que pensez-vous de la mère de Julie? Cette mère ressemble-t-elle à votre mère?
3. Selon sa mère, pourquoi Julie doit-elle être prudente en ce qui concerne le choix de ses amis?
4. Pourquoi faut-il qu'elle commence à chercher un mari?
5. D'après la mère de Julie, qu'est-ce qu'il faut faire pour faire une bonne impression? Êtes-vous d'accord avec elle?
6. Comment doit être la situation sociale et économique de cette famille?
7. Pourquoi cette séparation était-elle nécessaire?
8. Comment sont les rapports de Julie avec ses parents? Ressemblent-ils aux rapports qui existent entre vous et vos parents?
9. Quelles différences d'opinion remarquez-vous entre la mère et la fille? Correspondent-elles aux différences entre vos opinions et les opinions de votre mère?

Discussion / Composition

1. Écrivez une lettre à une journaliste comme Ann Landers ou Abigail Van Buren. Expliquez un problème réel ou imaginaire que vous avez et écrivez sa réponse. (Employez beaucoup de subjonctifs!)
2. Qu'est-ce qu'il faut faire pour réussir à l'université? Est-ce qu'il faut que vous fassiez vos études seulement, ou est-ce qu'il y a d'autres choses à faire? Qu'est-ce qu'il faut que vous fassiez pour votre vie sociale à l'université? (Employez beaucoup de subjonctifs!)

Improvisation

Deux ou quatre personnes: Un débat. Une ou deux personnes prennent le parti *pour,* une ou deux personnes prennent le parti *contre.* Disputez-vous sur une question de controverse. Employez **il faut que, il ne faut pas que, il faudrait que, il ne faudrait pas que, il aurait fallu que, il n'aurait pas fallu que,** etc. Par exemple: Faut-il qu'il y ait des réacteurs nucléaires? Faudrait-il que l'université élimine les fraternités? Faudrait-il qu'il y ait des notes à l'université?

Vocabulaire

noms

conseiller d'études m.
  (conseillère d'études f.)
fréquentation f.

adjectifs

moindre
protégé(-e)

verbes

bénéficier
se conduire
songer (à)
supporter
supprimer
tarder (à)

adverbes

affectueusement
indépendamment

autres expressions

davantage
d'ici peu
en ce qui concerne

noms apparentés

détail m.
sacrifice m.
sandales f.pl.

Le Chat

Je souhaite dans ma maison:
Une femme ayant sa raison,
Un chat passant parmi les livres,
Des amis en toute saison
Sans lesquels je ne peux pas vivre.

La Puce

Puces, amies, amantes même,
Qu'ils sont cruels ceux qui nous aiment!
Tout notre sang coule pour eux.
Les bien-aimés sont malheureux.

Guillaume Apollinaire (1880–1918)
Le bestiaire, © Éditions Gallimard

21 Vingt et unième Leçon

Émotions

Le subjonctif (suite)
  Autres emplois du subjonctif
  Le passé du subjonctif

Lecture: *Lettre d'un père à son fils et la réponse du fils*

On discute les cours dans le restaurant universitaire.

Découverte

Présentation I

Voudriez-vous faire un voyage?

Oui, nous voudrions faire un voyage.

Voudriez-vous que **je fasse** ce voyage avec vous?

Oh oui, nous voudrions que **vous** le **fassiez** avec nous.

Êtes-vous contents d'être dans cette classe?

Oui, nous sommes contents d'y être.

Êtes-vous contents que **je sois** votre professeur?

Oui, nous sommes très contents que **vous soyez** notre professeur.

Pensez-vous que **je sois** intelligent?

Oui, nous pensons que **vous êtes** intelligent.

Pensez-vous qu'Alfred E. Newman **soit** intelligent?

Non, nous ne pensons pas qu'**il soit** intelligent!

Étiez-vous tristes que **je sois** malade?

Oui, nous étions tristes que **vous soyez** malade et nous sommes contents que **vous alliez** mieux.

Explications

1 Il faut une raison précise pour employer le subjonctif. Dans la leçon 20, vous avez étudié le subjonctif d'obligation. Maintenant, voici plusieurs autres catégories où on emploie le subjonctif.

A. On emploie le subjonctif dans les propositions subordonnées introduites par les verbes qui expriment *la volonté.*

vouloir	**commander**	**recommander**	**suggérer**
ordonner	**demander**	**proposer**	**permettre**, etc.

Ma mère *voudrait que* **je fasse** mon lit tous les matins.
Dagobert *recommande que* **vous arriviez** avant trois heures.
On suggère que **nous sachions** toutes les dates de la guerre de sécession.

B. On emploie le subjonctif après les verbes et les expressions qui expriment *un sentiment, une attitude, une opinion ou une émotion.*

aimer	avoir peur	se fâcher	il est préférable que ...
préférer	craindre	être désolé(-e)	il est regrettable que ...
regretter	s'étonner	être content	il est bon que ...

> *J'aime qu'***elle vienne** ici.
> Sa mère *a peur qu'***elle** ne[1] **choisisse** un mauvais mari.
> *Je m'étonne que* **vous ayez** déjà envie de partir.
> *Je suis heureux que* **vous soyez** avec moi.
> *Il est préférable que* sa famille vous **reçoive.**

Remarquez: Avec le verbe **espérer,** on utilise l'indicatif.

> *J'espère que* **vous** me **comprenez.**
> *Nous espérons qu'***il n'y aura pas** de problèmes.

---

1. Le verbe est affirmatif. Le **ne** pléonastique est employé après les verbes *avoir peur* et *craindre.* Le **ne** pléonastique s'emploie également après certaines conjonctions (par exemple, *à moins que*) et dans certaines constructions de comparaison (Elle est *plus* intelligente que vous **ne** pensez. Nous avons *moins d'argent* que vous **ne** supposez.) Ce **ne** est souvent négligé dans la langue parlée.

C. On emploie le subjonctif après certains verbes et certaines expressions qui expriment *un doute, une opinion négative* ou *interrogative, une incertitude, une possibilité.*

douter
ne pas croire, croire?
ne pas penser, penser?
ne pas trouver, trouver?
ne pas être sûr, être sûr?

ne pas être certain, être certain?
il semble
il est possible
il est impossible

Des verbes comme **penser, croire, trouver** et des expressions comme **être sûr, être certain** prennent l'indicatif quand ils ne sont ni interrogatifs ni négatifs. Le verbe **douter** prend le subjonctif dans toutes les circonstances. **Il semble** prend le subjonctif, mais **il *me* semble** prend l'indicatif le plus souvent.

Je doute que Charles **reconnaisse** cette dame.
Il semble que Georges **ait** des difficultés.

Mais: *Il **me** semble que* Georges **a** des difficultés.

Ils ne croient pas que **je dise** la vérité.
Croient-ils que **je dise** la vérité?

Mais: *Ils croient que* **je dis** la vérité.

Nous ne sommes pas sûrs que **vous soyez** d'accord.
*Es-tu sûr qu'***ils soient** d'accord?

Mais: *Nous sommes sûrs qu'***ils sont** d'accord.

Il est possible que **je puisse** vous accompagner.

Mais: *Il est probable que* **je peux** vous accompagner.

2 Le subjonctif s'emploie dans la proposition subordonnée seulement quand le sujet de la proposition subordonnée est différent du sujet de la proposition principale. Si le sujet est le même, on emploie l'infinitif dans une phrase simple.

UN SEUL SUJET	DEUX SUJETS DIFFÉRENTS
verbe + infinitif	*subjonctif dans la proposition subordonnée*
Je veux **être** juste.	**Je** veux que **vous soyez juste.**
Vous avez peur de **savoir** la vérité.	**Vous** avez peur que **nous sachions** la vérité.
Elle travaille pour **pouvoir** vivre confortablement.	**Elle** travaille pour qu'**ils puissent** vivre confortablement.
Elles ne pensent pas **recevoir** la lettre à temps.	**Elles** ne pensent pas que **je reçoive** la lettre à temps.

Attention: Il ne faut pas supposer que le subjonctif s'emploie dans *toutes* les propositions subordonnées. Vous avez déjà appris à employer l'indicatif comme dans les exemples suivants.

Je sais qu'**ils sont** arrivés.
Je vois que **vous avez** l'air content.
Je remarque que le vent **vient** souvent de l'est.
Elle se rend compte pourquoi **nous** la **cherchons.**
Je suis heureux parce que **vous êtes** ici.

Remarquez: Le subjonctif ne s'emploie pas dans la proposition principale.

Exercices oraux

A. Combinez les deux phrases en employant l'infinitif.

   Modèle   Je suis contente. Je suis ici.
                Je suis contente d'être ici.

   1. Joseph décide. Joseph boit du cognac.
   2. Nous regrettons. Nous sommes en retard.
   3. Tu veux. Tu parles français.
   4. J'ai peur. Je tombe.
   5. Vous aimez. Vous dites: «Ça va!»

B. Combinez les deux phrases en employant le subjonctif.

   Modèle   Je suis contente. Tu es ici.
                Je suis contente que tu sois ici.

   1. Je veux. Vous me dites la vérité.
   2. Elle désire. Je lis cette lettre.
   3. Je crains. Il est malheureux.
   4. Je regrette. Tu ne peux pas venir.
   5. Nous ordonnons. Vous apportez du champagne.

C. Combinez les deux phrases. Utilisez le subjonctif quand le sujet change et l'infinitif quand le sujet ne change pas.

   Modèles   Je suis heureuse. Je te comprends.
                 Je suis heureuse de te comprendre.

                 Je suis heureuse. Tu me comprends.
                 Je suis heureuse que tu me comprennes.

   1. Ils craignent. Ils feront des fautes.
   2. Ils craignent. Nous ferons des fautes.
   3. Vous étonnez-vous? Vous réussissez.
   4. Vous étonnez-vous? Je réussis.
   5. Yvette est désolée. Yvette ne te reconnaît pas.
   6. Yvette est désolée. Tu ne la reconnais pas.
   7. Je préfère. Je ne me lève pas si tôt.
   8. Je préfère. Nous ne nous levons pas si tôt.

D. Répondez aux questions suivantes.

1. Voudriez-vous qu'on ne reçoive pas de notes?
2. Voudriez-vous que vos parents sachent toutes vos activités?
3. Proposez-vous que nous partions maintenant?
4. Demandez-vous qu'un garçon vous serve vite?
5. La mère d'Iseut a-t-elle recommandé que Tristan boive la potion magique?

E. Répondez affirmativement, puis négativement.

Modèle Croyez-vous que le français soit utile?
Oui, je crois que le français est utile.
Non, je ne crois pas que le français soit utile.

1. Trouvez-vous que la vie d'étudiant soit compliquée?
2. Êtes-vous sûr(-e) que cette université vous convienne?
3. Êtes-vous certain(-e) que vos amis sachent employer le subjonctif?
4. Pensez-vous que cette leçon soit difficile?
5. Croyez-vous que quelqu'un ici se souvienne des mini-jupes?
6. Doutez-vous que le français soit une langue logique?

F. Demandez à un(-e) autre étudiant(-e) ...

Modèle s'il (si elle) a peur qu'une guerre nucléaire n'ait lieu.
Question: *As-tu peur qu'une guerre nucléaire n'ait lieu?*
Réponse: *Oui, j'ai peur qu'une guerre nucléaire n'ait lieu.* ou
Non, je n'ai pas peur qu'une guerre nucléaire ait lieu.

1. s'il (si elle) regrette que nous ne parlions pas anglais.
2. s'il (si elle) s'étonne que le hamburger américain réussisse en Europe.
3. s'il est préférable qu'il (elle) fasse attention aux explications.
4. s'il (si elle) aime que les gens soient à l'heure.
5. s'il (si elle) est heureux (heureuse) que le professeur puisse le (la) comprendre en français.

G. Combinez les deux phrases en choisissant le subjonctif ou l'indicatif selon le cas.

Modèles Je sais. Vous me parlez.
Je sais que vous me parlez.

Je crains. Vous me parlez.
Je crains que vous me parliez.

1. Êtes-vous ravi? Nous pouvons commencer maintenant.
2. J'ai peur. Tu ne te souviendras pas de moi.
3. Nous avons remarqué. Il faisait beau.
4. Je doute. Ce monsieur sait jouer au polo.
5. Vous dites. C'est la vie.
6. N'oubliez pas. Je suis votre ami.

7. Je propose. Vous quittez cette ville.
8. On veut. Le gouvernement deviendra plus simple.
9. Vous savez. Je conduis une très petite voiture.
10. J'ai décidé. Nous partirons ensemble.

Présentation II

Pourquoi étudiez-vous le subjonctif?

Nous l'étudions **pour pouvoir** l'utiliser.

Pourquoi est-ce que je vous explique le subjonctif?

Vous nous l'expliquez **pour que nous puissions** le comprendre.

Est-ce que nous l'étudierons *jusqu'à ce que* **nous nous endormions?**

Nous l'étudierons *jusqu'à ce qu'il devienne* parfaitement clair.

Explications

3 On utilise le subjonctif également après certaines *conjonctions de subordination.*

A. Les conjonctions suivantes prennent le subjonctif quand il y a un changement de sujet dans la proposition subordonnée.

sans que ("without")	**avant que** ("before")
pour que ("in order that")	**à condition que** ("provided that")
afin que ("so that," "in order that")	**à moins que** ("unless")

Je l'écoute *sans qu'***il dise** grand-chose.
Mais: Il parle *sans* **dire** grand-chose.

Je me dépêche *pour que* **nous finissions** à l'heure.
Mais: Je me dépêche *pour* **finir** à l'heure.

Le roi porte une couronne *afin que* ses sujets le **reconnaissent.**
Mais: Le roi porte une couronne *afin d'***être** reconnu par ses sujets.

Roméo se tue *avant que* Juliette **reprenne** conscience.
Mais: Roméo se tue *avant de* **pouvoir** parler à Juliette.

Elle considérera ce projet *à condition qu'***on** lui **fournisse** un dossier complet.
Mais: Elle considérera ce projet *à condition d'***avoir** un dossier complet.

Tu seras sans doute à l'heure *à moins qu'***il n'y ait** un accident sur la route.
Mais: Tu seras sans doute à l'heure *à moins d'***avoir** un accident en route.

B. Les conjonctions suivantes prennent *toujours* le subjonctif. Avec ces conjonctions de subordination, on utilise le subjonctif sans changement de sujet *et* avec changement de sujet:

pourvu que ("provided that")
bien que ("although")
quoique ("although")
jusqu'à ce que ("until")
qui que ("whoever, whomever")
quoi que ("whatever")
où que ("wherever")

Nous sommes de bonne humeur *pourvu que* **nous soyons** en forme.
Nous sommes de bonne humeur *pourvu que* notre santé **soit** bonne.

Bien que **je fasse** des efforts, je ne réussis pas.
Bien que **je fasse** des efforts, c'est toujours impossible à faire.

Quoique **je fasse** des efforts, je ne réussis pas.
Quoique **je fasse** des efforts, c'est toujours impossible à faire.

Nous nous parlerons *jusqu'à ce que* **nous nous endormions.**
Nous nous parlerons *jusqu'à ce que* le soleil **apparaisse** à l'horizon.

Qui que **vous soyez,** vous ne comprendrez jamais le secret de la chambre bleue.
Qui que **vous soyez,** je ne vous dirai jamais le secret de la chambre bleue.

Quoi que **nous décidions,** nous réussirons.
Quoi que **nous décidions** de faire, j'espère que nous le ferons.

Où que **j'aille,** je ne t'oublierai jamais.
Où que **j'aille,** tu resteras toujours dans mon esprit.

Exercices oraux

H. Utilisez une préposition ou une conjonction pour combiner les deux phrases.

Modèles   sans / sans que
Marie chante. Elle n'ouvre pas la bouche.
Marie chante sans ouvrir la bouche.

pour / pour que
Je travaille. Nous pouvons acheter un ordinateur.
Je travaille pour que nous puissions acheter un ordinateur.

1. pour / pour que
   Tu me téléphones. Tu m'expliques ta mauvaise conduite.
2. afin de / afin que
   On m'a donné des lunettes. Je peux mieux voir.
3. sans / sans que
   Il est venu. Je ne le savais pas.
4. avant de / avant que
   Elle est rentrée. Elle ne s'est pas fatiguée.
5. à moins de / à moins que
   Je ne vous dirai rien. Vous avez besoin de moi.
6. à condition de / à condition que
   Il ira à votre soirée. Il recevra votre invitation.

I. Combinez les deux phrases en employant la conjonction donnée.

Modèle jusqu'à ce que
          J'étudie. Je comprends bien.
          J'étudie jusqu'à ce que je comprenne bien.

1. bien que
   Nous irons à la plage. Il fait mauvais.
2. pourvu que
   Je serai chez moi. Je ne suis pas obligé de sortir.
3. où que
   On accepte les chèques de voyage. Vous allez.
4. jusqu'à ce que
   Il lit. Il s'endort.
5. quoique
   Tu ne réussis pas à comprendre le chinois. Tu fais d'énormes efforts.

J. Finissez chaque phrase avec le subjonctif ou l'indicatif de
    l'expression **il fait beau.**

Modèle Je suis triste quoique ...
          Je suis triste quoiqu'il fasse beau.

1. J'aurai mon parapluie à moins que ...
2. Nous sommes contents parce que ...
3. Vous priez beaucoup afin que ...
4. On ira à la plage pourvu que ...
5. Il faudra attendre jusqu'à ce que ...

Maintenant finissez les phrases suivantes avec le subjonctif ou
l'indicatif de l'expression **c'est nécessaire.**

6. Je dirai tout à condition que ...
7. Vous m'avez donné des fleurs sans que ...
8. Les Duval ont payé leurs impôts avant que ...
9. On devient sérieux aussitôt que ...
10. Jacques ne fait pas ses devoirs bien que ...

Présentation III

Connaissez-vous *quelqu'un qui* **puisse** m'expliquer tous les emplois du subjonctif en cinq minutes?

Non, je *ne* connais *personne* qui **soit** capable de le faire. Mais je connais quelqu'un qui peut vous expliquer l'emploi de l'impératif en cinq minutes.

Qui est la personne *la plus remarquable que* **vous connaissiez?**

Vous êtes la personne *la plus remarquable que* **je connaisse.**

Explications

4 Dans une proposition subordonnée qui décrit quelqu'un ou quelque chose, l'emploi du subjonctif indique que l'existence ou les caractéristiques de cette personne ou de cette chose sont douteuses, exclusives ou superlatives.

A. **Rien** ou **personne**

Ce musée *ne* contient *rien qui* **puisse** vous intéresser.
Je *ne* vois *personne qui* **soit** capable de le faire mieux que moi.

B. Une personne ou une chose recherchée ou désirée avec des caractéristiques qui sont peut-être introuvables.

Il cherche *une petite auto de sport italienne, rouge, dernier modèle, qui ne* **soit** *pas chère.* (Si elle existe, peut-elle ne pas être chère?)

Mais: Il cherche sa voiture, qui **est** ancienne et beige, et qu'**on a volée** la semaine dernière. (Elle existe!)

Je voudrais trouver *un chien qui* **soit** *fidèle et sympathique et qui* **obéisse** *à tous mes ordres.* (Existe-t-il? Est-ce possible?)

Mais: Je voudrais trouver mon chien, qui **est** petit et gris et qui **s'appelle** Rover. (Il existe!)

C. Un nom modifié par **seul, unique,** ou par un *adjectif au superlatif* (vérité discutable).

C'est le professeur *le plus intelligent qu'***il y ait** à cette école. (C'est une opinion subjective. Il y a peut-être d'autres professeurs aussi intelligents que lui.)

Mais: La Chine est le pays *le plus peuplé qu'***il y a** sur la terre. (C'est un fait réel.)

Vous êtes l'*unique femme du monde qui* **sache** l'alchimie.
Vous êtes la *seule femme qui* **comprenne** ces choses-là!

Mais: Vous êtes l'*unique femme qu'***il y a** dans cette salle. (C'est un fait indiscutable.)

Exercices oraux

K. Changez la phrase donnée en employant le commencement proposé et le subjonctif.

Modèle J'ai une femme qui a une carrière brillante.
Je voudrais trouver une femme qui ...
Je voudrais trouver une femme qui ait une carrière brillante.

1. J'ai un appartement où je peux étudier en silence.
Je cherche un appartement où ...
2. Vous connaissez quelqu'un qui sait piloter un avion.
N'y a-t-il personne ici qui ...
3. Nous mangeons quelque chose que nous adorons.
Dans ce restaurant il n'y a rien que ...
4. C'est un homme qui sait tout.
Je voudrais rencontrer un homme qui ...
5. Voici un garçon qui veut faire ce travail.
Connaissez-vous un garçon qui ...

L. Finissez les phrases suivantes avec l'expression donnée. Utilisez l'indicatif ou le subjonctif.

Modèle être poli / Vous êtes le seul homme ici qui ...
Vous êtes le seul homme ici qui soit poli.

1. savoir tout / Je cherche quelqu'un qui ...
2. avoir plus de patience que Ghandi / Il n'y a personne qui ...
3. pouvoir faire tous mes devoirs / Je voudrais une machine qui ...
4. dire son opinion / Maurice est certainement quelqu'un qui ...
5. connaître / Voici le meilleur fromage que je ...

M. Finissez les phrases suivantes avec le subjonctif ou l'indicatif.

Modèle J'aimerais parler avec un acteur qui ...
J'aimerais parler avec un acteur qui écrive aussi des romans.

1. Je voudrais connaître un Français qui ...
2. Voilà quelqu'un qui ...
3. Je n'ai rien qui ...
4. J'ai un ami qui ...
5. Je ne parlerai jamais à quelqu'un qui ...
6. Je cherche un objet d'art qui ...

Présentation IV

Croyez-vous que Paul **ait** mal **dormi** la nuit dernière?

Non, je ne crois pas qu'**il ait** mal **dormi**. Il a l'air d'être en pleine forme.

Êtes-vous content que «La Bannière étoilée» **soit devenu** l'hymne national américain?

Non, je ne suis pas content qu'on l'**ait choisi** parce qu'il est difficile à chanter.

Étiez-vous surpris que l'université vous **ait admis?**

Non, je n'étais pas surpris qu'elle m'**ait admis** parce que j'avais de très bonnes notes.

Explications

5 Le passé du subjonctif

A. On emploie le passé du subjonctif quand l'action de la proposition subordonnée vient *avant* l'action ou la situation de la proposition principale.

proposition principale

proposition subordonnée

Je ne crois pas

qu'**il ait** mal **dormi** la nuit dernière.

(*L'action se passe* avant *le moment de l'opinion.*)

Étiez-vous surpris

que l'université vous **ait admis?**

(*L'action se passe* avant *le moment de la surprise.*)

Attention: J'ai fini mon travail   avant qu'**elle vienne.**

(*L'action se passe après le moment de finir, alors on emploie le présent du subjonctif.*)

B. Le passé du subjonctif est formé du subjonctif présent de l'auxiliaire (**être** ou **avoir**) + le participe passé.

donner	venir
... que j'**aie donné**	... que je **sois venu(-e)**
... que tu **aies donné**	... que tu **sois venu(-e)**
... qu'il **ait donné**	... qu'il **soit venu**
... qu'elle **ait donné**	... qu'elle **soit venue**
... que nous **ayons donné**	... que nous **soyons venu(-e)s**
... que vous **ayez donné**	... que vous **soyez venu(-e)(-s)**
... qu'ils **aient donné**	... qu'ils **soient venus**
... qu'elles **aient donné**	... qu'elles **soient venues**

Exercices oraux

N. Formez une seule phrase. Employez le passé du subjonctif, ou, si le sujet ne change pas, l'infinitif passé.

Modèles   Je veux ... vous avez fini votre livre avant minuit.
Je veux que vous ayez fini votre livre avant minuit.

Je regrette ... j'ai insulté Pierre.
Je regrette d'avoir insulté Pierre.

1. Nous regrettons ... vous n'avez pas compris.
2. Elle est désolée ... nous ne sommes pas allés chez elle.
3. Thérèse a honte ... elle a oublié son rendez-vous.
4. Êtes-vous surpris? ... ils ont gagné tant d'argent.
5. Je ne crois pas ... elle s'est déjà couchée.
6. Êtes-vous fâché? ... Ils ont refusé de vous répondre.
7. Tu voudrais ... ces gens sont déjà partis.
8. Suzette est contente ... nous ne nous sommes pas disputés.
9. Es-tu sûr? ... tu as entendu correctement?
10. Sylvie est furieuse ... vous ne l'avez pas attendue.

O. Répondez aux questions suivantes en utilisant le passé du subjonctif.

1. À quelle heure fallait-il que Cendrillon soit rentrée chez elle?
2. Que faudrait-il que vous ayez fait avant de mourir?
3. Que faudrait-il que nous ayons découvert avant l'an 2000?
4. Quand faut-il que vous ayez bien dormi?
5. Avez-vous peur que vos amis aient oublié votre numéro de téléphone?
6. Est-il regrettable que nous ayons inventé la bombe nucléaire?
7. Craignez-vous que nous ayons détruit trop de ressources naturelles?
8. Doutez-vous que Hitler soit mort à la fin de la guerre?
9. Regrettez-vous que vos parents aient choisi le nom que vous avez?
10. Est-ce que vos parents regrettent que vous ne vous soyez pas encore marié(-e)?

Création

Exercices de conversation

A. *Deux personnes:* Vous parlez à quelqu'un qui vous indique ses habitudes et ses goûts. Vous réagissez en donnant vos sentiments. (**Je suis triste / heureux / désolé que, je regrette que, c'est dommage que,** etc.)

Modèle   Je sais ...
Votre partenaire: *Je sais faire du ski.*
Vous: *Je suis content(-e) que tu saches faire du ski!*

1. Je fais souvent du / de la / de l' / des ...
2. Je ne vais jamais à / au / à la / à l' ...
3. J'ai souvent envie de ...
4. J'écris ...
5. Je conduis ...
6. Je ne peux pas ...
7. Je veux ...
8. J'ai peur de ...
9. Je suis toujours ...
10. Je ne bois pas ...

B. Finissez les phrases suivantes.

Modèle   Nous irons au cinéma ce soir à condition que ...
           Nous irons au cinéma ce soir à condition qu'il y ait un bon film.

1. Vous irez à Honolulu ce week-end à moins que ...
2. Simon ne comprend jamais rien, bien que ...
3. Tu seras mon meilleur ami pourvu que ...
4. Nous resterons ensemble jusqu'à ce que ...
5. Isabelle est partie sans que ...
6. Je me suis dépêché(-e) afin que ...
7. On nous donne des vitamines pour que ...
8. Personne n'a trouvé le message secret quoique ...
9. Nous avons pris un café avant que ...
10. Vous pouvez partir maintenant à condition que ...

C. Que pensez-vous de l'ordinateur?

Demandez à un(-e) de vos camarades son opinion sur les affirmations suivantes à propos de l'ordinateur. Commencez vos questions par **penses-tu que ...** , **crois-tu que ...** , **trouves-tu que ...** , **est-il probable que ...** , **est-ce qu'il te semble que ...** .

Modèle   L'ordinateur a toujours une bonne réponse à toutes les questions.

Étudiant(-e) 1:   *Trouves-tu que l'ordinateur ait toujours une bonne réponse à toutes les questions?*

Étudiant(-e) 2:   *Non, je ne trouve pas que l'ordinateur ait toujours une bonne réponse à toutes les questions.*   ou *Oui, je trouve que l'ordinateur a toujours une bonne réponse à toutes les questions.*

1. L'ordinateur a déjà changé la vie.
2. L'ordinateur rend la vie plus facile.
3. L'ordinateur prend la place des gens.
4. L'ordinateur fait plus de travail que l'homme.
5. L'ordinateur peut nous libérer.
6. L'ordinateur assurera nos loisirs.
7. L'ordinateur est une machine à craindre.
8. Tout le monde sait se servir d'un ordinateur.
9. Tout le monde veut un ordinateur.
10. Tout le monde peut avoir bientôt son ordinateur personnel.

D. Vous fondez un restaurant avec des associés. Énumérez vos besoins. Employez les expressions suivantes avec le subjonctif.

Nous avons besoin de	quelqu'un	qui
Nous cherchons	quelque chose	que
Il faudrait trouver	un bâtiment	où
Nous voudrions	un endroit	
Y a-t-il	un chef	
	un garçon / des garçons	
	une serveuse / des serveuses	

Modèle   *Nous voudrions un chef qui sache bien faire les soufflés.*

E. Regardez la photo, page 423 et répondez.

1. Pensez-vous que ces deux messieurs soient au restaurant? à la maison?
2. Le monsieur de droite est-il triste que l'autre fasse des grimaces?
3. Le monsieur de gauche veut-il que le garçon lui donne quelque chose à manger?
4. Inventez une question à propos de la photo et posez-la à un(-e) autre étudiant(-e).

Exercices écrits

Faites les exercices écrits qui sont dans le *Cahier d'exercices*,
Leçon 21.

Lecture

Lettre d'un père à son fils et la réponse du fils

le 10 octobre

Mon cher fils,

Je voudrais tout d'abord te remercier de nous avoir écrit cette longue lettre pleine de détails sur ton arrivée à l'université. Ta mère et
5   moi, nous sommes très heureux que *tu aies trouvé* un appartement si
près du campus. C'est une chance aussi que *tu sois* avec Jack et
Paul Stuart. Je connais bien leur père avec qui j'étais moi-même à
l'université, il y a bien longtemps. Mais les choses ont changé depuis
ce temps-là!
10   Bien que *je sois* conscient de nos différences, j'aurais voulu que *tu
deviennes* membre de ma «fraternité» Sigma Epsilon, mais puisque
ça ne t'intéresse pas, je ne veux pas t'influencer. Je voudrais quand
même que *tu ailles* visiter ma «fraternité» et que *tu dises* aux jeunes
gens qui y habitent que tu es le fils d'un de leurs anciens membres.
15   Donne-leur ton adresse et ton numéro de téléphone pour qu'*ils puissent* t'inviter à leurs soirées—elles étaient formidables de mon temps
et il est probable que cela n'a pas changé.
Tu sais que ta mère et moi, nous avons la plus grande confiance
en toi et nous sommes persuadés que tu feras de ton mieux[2] pour
20   réussir dans tes études. Nous ne nous étonnons pas que *tu ne
saches pas* encore quelle spécialité tu voudrais choisir, pourtant nous
voudrions que *tu prennes* une décision.[3] Je n'ai pas besoin de te dire
que j'aimerais que *tu deviennes* médecin. C'est une profession très
utile ... et il est certain que les médecins gagnent tous beaucoup
25   d'argent.
Je suis surpris que *tu ne fasses pas* de sport, car au lycée tu aimais
beaucoup le football et le basket-ball. Il est possible qu'*il y ait* bien
d'autres choses à faire à l'université, mais n'oublie pas le proverbe: «Un esprit sain dans un corps sain».
30   J'ai souvent peur aussi que tous ces gens qu'on voit sur les campus
aujourd'hui *aient* trop d'influence sur toi. Il y en a beaucoup qui ne

---

2. *Faire de son mieux,* expression idiomatique = faire tout son possible.
3. Remarquez qu'on *prend une décision* en français.

C'est une chance aussi que tu sois avec Jack et Paul Stuart.

Danton (voir page 49).
Danton (Gérard Depardieu), à gauche, et ses compatriotes attendent la guillotine.

sont pas là pour étudier et choisir une carrière. Sois[4] donc fort en toute occasion et ne te laisse pas influencer par eux.

35   Je sais que tu tiens à[5] financer tes études, mais j'aimerais que *tu n'hésites pas* à me demander de l'argent si tu en as besoin—raisonnablement, bien sûr! Je voudrais que *tu puisses* consacrer tout ton temps à tes études jusqu'à ce que *tu obtiennes* ton diplôme.

    Toute notre famille se porte bien—nous espérons te lire[6] bientôt. Je souhaite que *tu t'adaptes* bien à ta nouvelle vie et que *tu réussisses*
40 à tous tes examens.

    Écris-nous quand tu pourras.

Bien affectueusement,
Ton père

le 15 novembre
45   Mon cher papa,

    Ta lettre du 10 octobre est bien arrivée. Je voulais te répondre tout de suite afin que maman et toi, *vous sachiez* que je ne vous oublie pas complètement, mais mes copains voulaient que *j'aille* avec eux faire une excursion de quelques jours en montagne. Nous y sommes
50 allés en auto-stop. Il n'y avait pas encore assez de neige pour que *nous puissions* faire du ski, mais nous nous sommes bien amusés.

---

4. *Sois* est ici l'impératif familier du verbe *être*.
5. *Tenir à* = insister pour.
6. *Te lire* = lire une lettre de toi.

Tu voulais que *j'aille* à ta «fraternité», mais je n'ai pas eu le temps de le faire. Mon emploi du temps est très chargé. Je joue aussi beaucoup au tennis et je cours tous les matins autour du campus
55 pour rester en forme.

Je regrette de t'annoncer que, pour le moment, ni les affaires ni la médecine ne m'intéressent particulièrement. J'aime de plus en plus lire des poèmes et en écrire. Je me suis donc inscrit dans un cours de littérature anglaise. J'ai aussi décidé de faire du français, car j'aime
60 beaucoup la littérature et la langue françaises. J'aime aussi de plus en plus le cinéma. Je regrette que tous ces nouveaux intérêts *ne soient pas* conformes à vos désirs et à vos aspirations pour moi, mais c'est ma vie et j'ai l'intention de faire ce qui me plaît.

Dis à maman que je vais lui écrire.

65
Affectueusement,
Paul

P.S. Puisque tu veux bien m'aider jusqu'à ce que *je réussisse* à trouver un boulot,[7] envoie-moi un peu d'argent.

Questions sur la lecture

1. Pourquoi les parents sont-ils heureux que leur fils ait trouvé un appartement?
2. Pourquoi le père veut-il que son fils aille voir sa «fraternité»? Pensez-vous que le fils ait la même opinion vis-à-vis des «fraternités» que son père? Pensez-vous qu'il veuille y aller, comme son père le suggère?
3. Pourquoi les parents veulent-ils que leur fils choisisse bientôt une spécialité? Est-ce nécessaire qu'un(-e) étudiant(-e) de première année en choisisse une?
4. Quelle profession le père envisage-t-il pour son fils? Et la mère? Quelle carrière vos parents veulent-ils que vous choisissiez? Et vous, quelle carrière voulez-vous choisir?
5. À quelles disciplines est-ce que Paul s'intéresse?
6. A-t-il répondu tout de suite à la lettre de son père? Pourquoi? ou pourquoi pas?
7. Qui finance les études de Paul? Qui finance vos études?
8. Est-ce que vous recevez quelquefois des lettres semblables? Sur quelles choses vos parents insistent-ils?

7. *Boulot* (terme familier) = travail, poste, situation.

Discussion / Composition

1. Imaginez la réaction des parents de Paul à sa lettre. Décrivez la réaction du père, ou écrivez sa réponse. (Employez beaucoup de subjonctifs.)
2. Écrivez une lettre typique (réelle ou imaginaire) de vos parents et écrivez votre réponse. (Employez beaucoup de subjonctifs.)
3. Expliquez le mode d'emploi[8] d'un produit, expliquez comment faire quelque chose ou bien écrivez la notice (page d'instruction). Par exemple: comment utiliser votre nouvelle machine à écrire, comment vous comporter en public, comment un bon espion cache sa vraie identité, etc. Employez beaucoup d'expressions au subjonctif.

Improvisation

Deux ou trois personnes: Imaginez la conversation au téléphone entre une personne célèbre quand elle était étudiant(-e) et son père, sa mère ou ses deux parents. Par exemple: Winston Churchill et sa mère, Chris Evert et son père, Miss Piggy et sa mère, etc. Employez la lecture comme modèle, et employez beaucoup d'expressions au subjonctif.

Vocabulaire

noms

auto-stop m.
chant m.
couronne f.
dossier m.
homme d'affaires m.
impôt m.
ordinateur m.

adjectifs

chargé(-e)
désolé(-e)
sain(-e)

verbes

convertir
détruire
s'étonner
remercier
souhaiter

prépositions

à condition de
afin de
à moins de
avant de

conjonctions

à condition que
afin que
à moins que
avant que
bien que
jusqu'à ce que
où que
pour que
pourvu que
qui que
quoique
quoi que

autres expressions

à temps
d'avance
grand-chose
pratiquer un sport
reprendre conscience
vis-à-vis de

nom apparenté

vitamine f.

---

8. *Mode d'emploi* = directives, instructions.

Bonne Justice

C'est la chaude loi des hommes
Du raisin ils font du vin
Du charbon ils font du feu
Des baisers ils font des hommes

C'est la dure loi des hommes
Se garder intact malgré
Les guerres et la misère
Malgré les dangers de mort

C'est la douce loi des hommes
De changer l'eau en lumière
Le rêve en réalité
Et les ennemis en frères

Une loi vieille et nouvelle
Qui va se perfectionnant
Du fond du cœur de l'enfant
Jusqu'à la raison suprême

Paul Éluard (1895–1952)
Pouvoir tout dire, © Éditions Gallimard

ENTRACTE VII
LE CINÉMA

Si nous avons utilisé des photos de film dans ce livre, c'était pour illustrer avec des images vivantes des phrases ou des passages du texte et, bien sûr, pour rendre plus agréable avec un peu d'humour la matière grammaticale. Ces images illustrent *Découverte et Création* également pour attirer votre attention sur le «Septième Art», art cinématographique qui donne très souvent une idée directe de la civilisation française moderne … et aussi quelquefois une idée de son histoire. Voilà pourquoi nous avons choisi quelques photos de films étrangers consacrés à des sujets historiques français, comme *La Prise du Pouvoir par*

Louis XIV de Rossellini (page 2) ou *Danton* de Vajda (pages 49 et 437). Cependant, il y a encore un autre véritable intérêt du cinéma français pour des étudiants débutants en français. C'est la représentation de la culture française actuelle, particulièrement dans ses différences avec la culture anglo-saxonne. Même un mauvais film sans succès—un navet—peut vous montrer des détails pertinents sur la vie des Français. Qu'y a-t-il, par exemple, dans cette photo de film à la page 305 *(Les Malheurs d'Alfred)* qui vous permette d'apprendre des aspects de la culture française? Pourquoi cette scène ne pourrait-elle pas être

Un cinéma parisien
Les jeunes Français s'intéressent énormément aux films.

américaine? Ou cette autre photo à la page 348 (*La Communale*)?

Les jeunes Français s'intéressent énormément aux films, projetés sur le grand écran des cinémas de la ville ou sur le petit écran de la télé. Ils s'y intéressent non seulement parce qu'un film peut raconter une bonne histoire mais aussi parce qu'un film peut présenter des problèmes philosophiques, politiques, esthétiques, etc. Écoutez attentivement les conversations autour de vous à une terrasse de café dans le Quartier Latin à Paris. Vous entendrez certainement des étudiants engagés dans une discussion animée sur la politique ou le cinéma.

La Naissance du cinéma

La photographie, premier élément essentiel du cinéma, est l'invention d'un chimiste français, Nicéphore Niepce. Un autre Français, l'artiste Daguerre, a travaillé davantage cette invention et a produit le *daguerrotype*. L'invention du cinéma à la fin du 19ᵉ siècle est le résultat du travail presque simultané des frères Lumière en France et de Thomas Edison aux États-Unis. La première projection publique pour des spectateurs payants a eu lieu à Paris le 22 mars 1895. Ces premiers «fanas»[1] de cinéma sont venus voir un film des frères Lumière intitulé *La Sortie des ouvriers de l'usine Lumière*. Le cinéma commercial était lancé!

Au début, en France comme en Amérique, on a connu le cinéma simplement comme du théâtre filmé. Puis on a vu surgir peu à peu de vrais cinéastes—des deux côtés de l'Atlantique—qui comprenaient que le cinéma était bien un nouvel art tout à fait différent du théâtre. Un des pre-

Nicéphore Niepce et Jacques Daguerre
La photographie est l'invention de Niepce. Daguerre a travaillé davantage cette invention et a produit le daguerrotype.

───────────

1. *Fanas* = fanatiques, passionnés de cinéma.

miers grands cinéastes français, Georges Méliès, a réalisé en 1902 un film remarquable: *Le Voyage dans la Lune* (… à comparer avec le film documentaire du voyage réel soixante-sept ans plus tard!) Après Méliès, les auteurs et les artistes ont sérieusement cherché à perfectionner cette nouvelle forme d'art. Quel bonheur pour les surréalistes qui apprenaient les techniques du trucage![2] Seul le cinéma pouvait créer cette ambiance fantastique de magie et d'irréel, comme dans *La Belle et la Bête* (pages 117 et 310) de Jean Cocteau, peintre, poète, romancier, et cinéaste.

La production de films en France a énormément diminué pendant la Deuxième guerre mondiale. Pourtant un grand metteur en scène,[3] Marcel Carné, et un grand scénariste et poète populaire, Jacques Prévert (vous lirez un de ses poèmes à la page 446) ont collaboré à la production de quelques chefs-d'œuvre[4] pendant cette période difficile—par exemple, *Les Visiteurs du soir* (pages 162 et 325) et *Les Enfants du paradis* (pages 189, 293 et 361).

«La Sortie des ouvriers de l'usine Lumière» (à gauche) et «Le Voyage dans la Lune» (ci-dessus et ci-dessous)
Les premiers «fanas» de cinéma ont payé pour voir le film des frères Lumière à Paris le 22 mars 1895. Et puis en 1902, Georges Méliès a réalisé «Le Voyage dans la Lune», un film remarquable à cette époque.

---

2. *Trucage* = les artifices de caméra, de montage et de laboratoire.
3. *Metteur en scène* = réalisateur = cinéaste.
4. *Chef-d'œuvre* (pl. *chefs-d'œuvre*) = travail parfait.

La Nouvelle Vague

Après la Deuxième guerre mondiale le cinéma français a retrouvé son élan.[5] C'est alors qu'a eu lieu pour la première fois la rencontre annuelle la plus importante du monde du cinéma (scénaristes, réalisateurs, producteurs, distributeurs, acteurs), le Festival de Cannes. Ce festival de cinéma international a couronné,[6] par exemple, en 1959 le film de François Truffaut, *Les 400 Coups* (pages 279 et 351). On reconnaissait ainsi l'importance d'un mouvement qu'on a appelé «la nouvelle vague» et qui définissait ainsi sa nouvelle esthétique: des films tournés[7] sur le vrai site de l'histoire—surtout dans les rues de Paris—et non pas en studio, des films interprétés par des acteurs et des actrices inconnus ou peu connus, un rythme rapide, des transitions brusques ou surprenantes, des prises de vue insolites.[8] Des metteurs en scène, comme Jean-Luc Godard, Éric Rohmer, Alain Resnais, ont participé à ce mouvement, créant un «cinéma d'auteur» réalisé selon leurs propres idées artistiques assez indépendamment des producteurs et des financiers. Comment était-ce possible? Parce que le gouvernement français, dans son rôle de patron des arts, a fait subventionner[9] par le Ministère de la Culture une partie des frais de production.

Réalisateurs et acteurs

Après la «nouvelle vague», les années 60 ont marqué un sommet du cinéma français et, curieusement, ce cinéma théoriquement sans stars a rendu célèbres ses interprètes: Jeanne Moreau (page 252), Catherine Deneuve et Jean-Paul Belmondo (page 212), par exemple. Des acteurs plus récents sont Gérard Dépardieu (page 339) et Marie-Christine Barrault (page 99). Vous reconnaissez peut-être les noms des grands réalisateurs aussi: Abel Gance, René Clair, Jean Renoir, Louis Malle, Agnès Varda. Les Français, eux, jugent un film d'abord sur la réputation du cinéaste, bien qu'ils aient, comme les Américains, leurs acteurs et actrices préférés. Le critère du réalisateur n'est pourtant pas toujours valable. Un excellent cinéaste, par exemple, Jacques Demy, réalisateur de comédies musicales ou de films chantés, a tourné il y a plusieurs années un film très mal reçu du public. Les critiques de cinéma français, par esprit de solidarité avec cet artiste qu'ils admiraient, ont fait paraître dans les journaux de Paris, signée d'une cinquantaine de noms, une publicité proclamant que c'était un film à voir! Le film n'a toujours pas réussi.

Le Cinéma actuel

Effectivement, à cause de la concurrence[10] de la télévision et du cinéma américain, le cinéma français a connu une baisse à la fin des années 70 et au début des années 80. Plus récemment, le public, fatigué du petit écran, retourne dans les cinémas voir des films de meilleure qualité, réalisés par de jeunes cinéastes de talent: Tavernier, Taccholla, Beineix, etc. Allez vous-mêmes voir leurs films. Ils vous rappelleront peut-être certaines illustrations de ce livre. Ces images-ci, hélas! ne bougent pas, alors que le cinéma avant tout signifie *mouvement*.

---

5. *Élan* = mouvement dynamique.
6. *Couronner* = honorer.
7. *Tourner* (un film) = réaliser (un film).
8. *Prises de vue insolites* = ''unusual camera angles.''
9. *Subventionner* = donner un subside.

---

10. *Concurrence* = compétition.

Débat culturel

1. Quelles photos de film dans ce livre vous ont particulièrement frappé(-e)? Pourquoi?

2. Savez-vous analyser les détails d'une photo? Quelles photos de film (autres que les photos mentionnées ci-dessus) vous semblent représenter des aspects distinctifs de la culture française?

3. Quels sont les films américains que vous voudriez recommander à des étudiants français? Pourquoi les recommandez-vous? Représentent-ils bien la vie américaine?

4. Quels sont les sujets qui intéressent passionnément les étudiants américains? Le cinéma est-il un de ces sujets? Et les étudiants français?

5. Indiquez des noms célèbres du jeune cinéma américain (1900–1930): producteurs? réalisateurs? scénaristes? acteurs? actrices? À qui est-ce que le public américain donne le plus d'importance? Et le public français?

6. Sauriez-vous nommer quelques grands auteurs américains ou anglais qui écrivent—ou ont écrit—des scénarios de film? Quelques auteurs français? Pourquoi pensez-vous que les grands auteurs s'occupent assez rarement d'écrire des scénarios?

7. Comment un cinéaste de talent mais inconnu peut-il réaliser ses propres idées artistiques en Amérique? En France? Que pensez-vous du système français?

8. Le Festival de Cannes vous paraît-il semblable aux «Academy Awards»? Pourquoi?

9. Vous semble-t-il possible que tous les critiques de cinéma de New York ou de Los Angeles puissent se réunir pour payer une grande annonce dans les journaux en faveur d'un film que le public n'aime pas? Pourquoi pensez-vous que c'est possible en France?

10. Comparez un film américain et un film français qui traitent d'un sujet similaire (amour, famille, adolescence, maladie, divorce, accident, guerre, espionnage, identité mystérieuse).

Échanges

Cinéma ou Dancing?

Qu'est-ce qu'on va faire?

—Je vais au cinoche.[11] On passe le dernier Truffaut au Champolion.[12]
—T'es complètement dingue![13] C'est un navet. Viens avec nous. On va danser au Palace.[14]
—Ah! T'y vas parce que c'est la boîte[15] dans le vent?[16] Non merci. Je suis une intellectuelle, moi!
—Eh bien, moi, j'en ai ras le bol[17] des intellectuelles!

11. *Cinoche* = cinéma.
12. *Champolion* = nom d'un cinéma au Quartier Latin.
13. *Dingue* = dans un désordre mental; fou.
14. *Palace* = nom du dancing ou de la discothèque.
15. *Boîte* = boîte de nuit, dancing, cabaret.
16. *Dans le vent* = en vogue, à la mode.
17. *J'en ai ras le bol* = "I've had it up to here."

Les Enfants qui s'aiment

Les enfants qui s'aiment s'embrassent debout
Contre les portes de la nuit
Et les passants qui passent les désignent du doigt
Mais les enfants qui s'aiment
Ne sont là pour personne
Et c'est seulement leur ombre
Qui tremble dans la nuit
Excitant la rage des passants
Leur rage leur mépris leurs rires et leur envie
Les enfants qui s'aiment ne sont là pour personne
Ils sont ailleurs bien plus loin que la nuit
Bien plus haut que le jour
Dans l'éblouissante clarté de leur premier amour.

Jacques Prévert (1900–1977)
Spectacles, © Éditions Gallimard

22 Vingt-deuxième Leçon

Qui? Quoi? Lequel?

Les pronoms possessifs
Les pronoms interrogatifs
Ce qui et *ce que*

Lecture: *Le vôtre, le sien, le nôtre, le leur, cela n'a aucune importance*

Comme c'est le week-end, il y a un monde fou sur la plage.

Découverte

Présentation I

Voici une lettre. Est-ce ma lettre? Est-ce **la mienne?** Est-ce votre lettre? Est-ce **la vôtre?**

Oui, c'est ma lettre. C'est **la mienne.** Elle est **à moi.** Ce n'est pas **la vôtre.** Elle n'est pas **à vous.**

Est-ce votre stylo, Nicole?

Non, ce n'est pas **le mien.** C'est le stylo de Philippe. C'est **le sien.** Il est **à lui.**

Est-ce que ce sont les livres de Suzanne? Ou est-ce que ce sont vos livres, Lisa?

Ce sont **les miens.** Ce ne sont pas **les siens.**

Est-ce la maison des Schneider?

Oui, c'est **la leur.** Elle est **à eux.**

Est-ce notre classe?

Oui, c'est notre classe. C'est **la nôtre.**

De quel cours parlez-vous? De mon cours ou du cours de Madame Gilette? Parlez-vous **du mien** ou **du sien?**

Nous parlons **du vôtre.** Nous ne parlons pas **du sien.**

Explications

1 Pour exprimer la possession

A. Les pronoms possessifs

    1. Les formes

possession singulière		*possession plurielle*	
masculin	féminin	masculin	féminin
le mien	**la mienne**	**les miens**	**les miennes**
le tien	**la tienne**	**les tiens**	**les tiennes**
le sien	**la sienne**	**les siens**	**les siennes**
le nôtre	**la nôtre**	**les nôtres**	**les nôtres**
le vôtre	**la vôtre**	**les vôtres**	**les vôtres**
le leur	**la leur**	**les leurs**	**les leurs**

mon livre	**Le mien** est rouge.
ma chambre	**La mienne** est en ordre.
mes intérêts	**Les miens** sont intellectuels.
mes distractions	**Les miennes** provoquent le scandale.
ton ami	**Le tien** vient ici demain.
ta fortune	**La tienne** est limitée.
tes frères	**Les tiens** travaillent beaucoup.
tes amies	**Les tiennes** parlent français.
son stylo	**Le sien** marche bien.
sa robe	**La sienne** est à la mode.
ses amis	**Les siens** parlent trop.
ses autos	**Les siennes** sont de 1925.
notre professeur	**Le nôtre** explique bien la grammaire.
notre maison	**La nôtre** est très grande.
nos problèmes	**Les nôtres** sont éternels.
nos préoccupations	**Les nôtres** paraissent sans solution.
votre avion	**Le vôtre** est à l'heure.
votre place	**La vôtre** est au fond de la salle.
vos privilèges	**Les vôtres** sont révoqués immédiatement.
vos dettes	**Les vôtres** semblent énormes.
leur père	**Le leur** est architecte.
leur maison	**La leur** a besoin de peinture.
leurs parents	**Les leurs** partent en vacances.
leurs filles	**Les leurs** sont avocates à New York.
Voilà mon livre.	Voilà **le mien**.
Il cherche ses affaires.	Il cherche **les siennes**.
Elles présentent leur duo.	Elles présentent **le leur**.

2. Étudiez les exemples et remarquez la contraction de l'article
   défini avec les prépositions **de** et **à**.

Parlez-vous de mon cours ou du cours de Madame Gilette? Parlez-vous **du mien** ou **du sien**?	Je parle **du vôtre**.
Est-ce que le match de basket se joue à notre gymnase ou **au leur**?	Il se joue **au leur**.

Élizabeth et moi, nous irons à sa maison après les cours.
   Nous n'irons pas **à la mienne**.
Je n'ai pas peur de mes parents, et tu n'as pas peur **des tiens**.

B. On peut dire aussi:

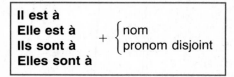

> C'est mon livre, il est **à moi.**
> Ce sont leurs stylos, ils sont **à eux.**
> À qui est cette robe? Elle est **à Marianne.**

Exercices oraux

A. Continuez les phrases suivantes et précisez le possesseur en utilisant l'expression **il est à (elle est à, ils sont à, elles sont à)** + pronom disjoint.

> *Modèle*　C'est mon livre.
> *C'est mon livre, il est à moi.*

1. Ce sont mes skis.
2. C'est ton stylo.
3. Ce sont vos manteaux.
4. C'est notre chambre.
5. C'est la bicyclette d'Anne.
6. C'est la bicyclette de Tim.
7. C'est la maison de Jim et de Suzette.
8. Ce sont les autos des Smith.
9. C'est votre stylo.
10. Ce sont nos problèmes.

B. Changez le nom dans chaque phrase et faites les autres changements nécessaires.

> *Modèle*　Ce livre est à moi, c'est le mien. (cette lampe / ces lunettes)
> *Cette lampe est à moi, c'est la mienne.*
> *Ces lunettes sont à moi, ce sont les miennes.*

1. Ces crayons sont à toi, ce sont les tiens. (cet ordinateur / ces plantes / ces disques)
2. Cette statue est à elle, c'est la sienne. (ces chevaux / ces voitures / ce bateau)
3. Cette fontaine est à nous, c'est la nôtre. (ce gâteau / ces meubles / cette lettre)
4. Ces chambres sont à vous, ce sont les vôtres. (ces vêtements / cette stéréo / ce jardin)
5. Ces chaussures sont à eux, ce sont les leurs. (ces manteaux / cette piscine / cet oiseau)

C. Dans les phrases suivantes, remplacez le deuxième nom et l'adjectif possessif par un pronom possessif approprié.

> *Modèle* C'est mon livre, ce n'est pas ton livre.
> *C'est mon livre, ce n'est pas le tien.*

1. Georges ne veut pas votre stylo, il veut son stylo.
2. Je comprends tes idées, mais tu ne comprends pas mes idées.
3. Vous connaissez mes frères, mais je ne connais pas vos frères.
4. Sylvie a goûté ma soupe, maintenant je veux goûter sa soupe.
5. Ces étudiants ne vont pas à notre classe, ils vont à leur classe.
6. Ne regarde pas mon examen, regarde ton examen!
7. Mes parents sont américains, tes parents sont belges.
8. Si je perds mon crayon, je me servirai de votre crayon, d'accord?
9. Tout le monde pense à ses problèmes, et moi, naturellement, je pense à mes problèmes.
10. Il a expliqué sa position, maintenant expliquons notre position.

Présentation II

Qui est le président de cette université?	C'est Monsieur Vonthundertronk.
À qui écrivez-vous? **À qui est-ce que** vous écrivez souvent?	J'écris souvent à mes parents et à mes amis.
Avec qui sortez-vous souvent?	Je sors souvent avec mes amis.
Que dites-vous quand vous entrez dans la classe?	Nous disons bonjour!
Qu'est-ce que l'agent de police vous répond quand vous lui dites que vous êtes innocent?	Il répond: «!§?!z!!§»
Avec quoi mangez-vous?	Je mange avec une fourchette, un couteau et une cuillère.
Regardons ces deux tableaux. Quel tableau préférez-vous? **Lequel** préférez-vous?	Je préfère le tableau à droite.
Quelle leçon étudions-nous? **Laquelle** étudions-nous?	Nous étudions la vingt-deuxième leçon.
Quels philosophes lisez-vous? **Lesquels** lisez-vous?	Je lis Socrates, Descartes, Kant et Nirvununani.
À quel restaurant irez-vous dîner? **Auquel** irez-vous dîner?	Nous irons Chez Léon parce que c'est le moins cher.

À quelles femmes est-ce qu'on a donné le Prix Nobel?
Auxquelles est-ce qu'on a donné le Prix Nobel?

Voilà des pâtisseries délicieuses. **Desquelles** avez-vous envie?

On l'a donné à Madame Curie, par exemple. On l'a donné aussi à Pearl Buck et à la Mère Thérèse.

J'ai envie de l'éclair au chocolat et du baba au rhum.

Explications

2 Les pronoms interrogatifs

A. Pour une personne: **Qui**

Sujet

> **Qui** est à la porte? C'est Jean.

Objet direct

> **Qui** voyez-vous? **Qui est-ce que** (= **Qui** + **est-ce que**) vous voyez? Je vois Sylvie.

Après une préposition

> À **qui** avez-vous donné votre clé? Je l'ai donnée à Luc.

B. Pour une chose: **Qu'est-ce qui, que, quoi**

Sujet

Qu'est-ce qui cause la pollution atmosphérique?
Qu'est-ce qui a rendu possible l'exploration de l'espace?

Objet direct

Que voit-elle dans sa boule de cristal?
Que faites-vous quand vous avez faim?
Qu'est-ce que (= **Que** + **est-ce que**) vous faites quand vous avez faim?

Après une préposition

Avec **quoi** écrivez-vous, un stylo ou un crayon?
De **quoi** parle-t-il?
De **quoi** est-ce qu'il parle?

C. Récapitulation

	personne ☺	*chose* ☐
Sujet	**qui ... ?**	**qu'est-ce qui ... ?**
Objet direct	**qui ... ?**	**que ... ?**
Après une préposition	**... qui ... ?**	**... quoi ... ?**

D. **Lequel ... ? (laquelle ... ? lesquels ... ? lesquelles ... ?)** est un pronom interrogatif qui indique le genre et le nombre.

1. **Lequel** est employé pour les *personnes ou les choses* (sujet, objet, ou après les prépositions).

Quel homme?

Lequel est le plus beau?
Lequel préférez-vous?
Pour **lequel** travailles-tu?

Quels hommes?

Lesquels sont les plus beaux?
Lesquels préfère-t-elle?
Pour **lesquels** travailles-tu?

Quelle leçon?

Laquelle est difficile?
Laquelle étudions-nous?
Dans **laquelle** étudions-nous les interrogatifs?

Quelles leçons?

Lesquelles sont difficiles?
Lesquelles étudions-nous?
Dans **lesquelles** étudions-nous les interrogatifs?

2. On contracte la préposition **à** et **de**.

auquel ... ? (à + lequel)	**duquel ... ? (de + lequel)**
auxquels ... ? (à + lesquels)	**desquels ... ? (de + lesquels)**
auxquelles ... ? (à + lesquelles)	**desquelles ... ? (de + lesquelles)**

trois restaurants possibles   **Auquel** irez-vous?
des animaux intelligents   **Auxquels** peut-on enseigner à parler?
plusieurs auteurs intéressants   **Duquel** parlez-vous en particulier?
des pâtisseries délicieuses   **Desquelles** avez-vous envie?

3. Récapitulation

singulier		pluriel	
masculin	*féminin*	*masculin*	*féminin*
lequel?	**laquelle?**	**lesquels?**	**lesquelles?**
auquel?	**à laquelle?**	**auxquels?**	**auxquelles?**
duquel?	**de laquelle?**	**desquels?**	**desquelles?**

Exercices oraux

D. Répétez les questions suivantes et remplacez **qu'est-ce que** par **que; qui est-ce que** par **qui.** N'oubliez pas qu'il faut changer l'ordre du verbe et du pronom.

> *Modèle*   Qu'est-ce que vous faites?
> *Que faites-vous?*

1. Qu'est-ce que vous mangez?
2. Qu'est-ce que vous lisez?
3. Qu'est-ce qu'il achète?
4. Qu'est-ce qu'ils ont dit?
5. Qu'est-ce qu'elle avait voulu?
6. Qui est-ce que vous voyez?
7. Qui est-ce que nous avons regardé?
8. Qui est-ce que tu devrais inviter?
9. Qui est-ce que vous admirez?
10. Qui est-ce que tu crains?

E. Commencez une question avec **qui, qu'est-ce qui, que,** ou **qu'est-ce que** et demandez à un(-e) autre étudiant(-e) ...

> *Modèles*   une personne qui connaît votre ville.
> *Qui connaît ma ville?*
>
> une chose qu'il (elle) aime.
> *Qu'aimes-tu?*   ou   *Qu'est-ce que tu aimes?*

1. une personne qu'il (elle) aime.
2. une chose que tout le monde veut.

3. une chose qui a explosé.
4. une personne qui a un ordinateur.
5. une chose qu'il (elle) se rappelle.
6. une chose qui fait du bruit.
7. une chose que tout le monde fait.
8. une personne qui parle espagnol.
9. une personne qu'il (elle) connaît.
10. une chose qui se passe.

F. Posez une question. Commencez-la avec une préposition + **qui** ou **quoi.**

Modèles   Je parle à quelqu'un.
        À qui parlez-vous?

        L'oiseau est perché sur quelque chose.
        Sur quoi est-ce que l'oiseau est perché?

1. Je travaille pour quelque chose.
2. Je danse avec quelqu'un.
3. Nous sommes allés chez quelqu'un.
4. J'ai besoin de quelqu'un.
5. Nous avons envie de quelque chose.
6. Je me sers de quelque chose.
7. Nous nous souvenons de quelqu'un.
8. On mange avec quelque chose.
9. Je vais courir après quelqu'un.
10. Nous avons écrit notre composition à propos de quelque chose.

G. Remplacez l'adjectif interrogatif et le nom par une forme du pronom **lequel.**

Modèle   Quel livre lisez-vous?
        Lequel lisez-vous?

1. Quelle classe préférez-vous?
2. Quel film avez-vous vu?
3. Quel autobus prenez-vous?
4. Quelles étudiantes sont absentes?
5. À quelle classe allez-vous?
6. À quel problème pensez-vous?
7. À quel restaurant voulez-vous aller?
8. À quelles jeunes filles parlez-vous?
9. De quelles amies as-tu parlé?
10. De quel pays viennent-ils?

Présentation III

Qu'est-ce que vous avez dans votre sac?

Voilà **ce que** j'ai dans mon sac: trois clés et un mouchoir.

Qu'est-ce qui vous rend furieux?

La stupidité, l'injustice, la pollution, la cruauté, voilà **ce qui** me rend furieux.

Explications

3 Les expressions **ce que** et **ce qui**

A. **Ce que** = la chose (les choses) que *(objet direct)*

Voilà *la chose que* je demande. = Voilà **ce que** je demande.
Il ne fait pas *les choses que* ses amis détestent. = Il ne fait pas **ce que** ses amis détestent.

Voilà tout **ce que** je sais.
Expliquez **ce qu'**Albert dit.

Remarquez: **Qu'est-ce que ... ?** et **ce que:** Pour une question directe dans une phrase interrogative, on utilise **Qu'est-ce que ... ?** *(Leçon Préliminaire),* mais dans une phrase déclarative, on utilise **ce que.**

Qu'est-ce que c'est?
Je ne sais pas **ce que** c'est.
C'est exactement **ce que** je veux.
Voilà **ce que** je préfère.

B. **Ce qui** = la chose *(les choses)* qui *(sujet)*

Vois-tu *la chose qui* est à côté de la porte? = Vois-tu **ce qui** est à côté de la porte?
J'ai peur *des choses qui* font du bruit. = J'ai peur de **ce qui** fait du bruit.
Il ne sait pas **ce qui** arrive.
Le dictionnaire, c'est **ce qui** donne des définitions.

Remarquez: **Qu'est-ce qui ... ?** et **ce qui:** Pour une question directe dans une phrase interrogative, on utilise **Qu'est-ce qui ...?,** mais dans une phrase déclarative, on utilise **ce qui.**

Qu'est-ce qui se passe?
Je ne sais pas **ce qui** se passe.
Ce qui est important, c'est **ce que** vous préférez.

Exercices oraux

H. Remplacez **la (les) chose(-s) qui (que)** par **ce qui** ou **ce que**.

Modèle   Voilà les choses qui rendent la vie agréable.
Voilà ce qui rend la vie agréable.

1. Voilà la chose que je voulais.
2. Voilà la chose qui terrifie les enfants.
3. Voilà la chose que nous ne comprenons pas.
4. Voilà la chose que j'ai vue.
5. Voilà les choses qui ont inquiété mes parents.
6. Voilà les choses qui rendent le français joli.

I. Répondez aux questions suivantes en commençant par les mots donnés et **ce qui** ou **ce que,** selon le cas.

Modèle   Qu'est-ce que j'ai dit? (Je n'ai pas entendu ...)
Je n'ai pas entendu ce que vous avez dit.

1. Qu'est-ce que vous voulez? (Je ne sais pas ...)
2. Qu'est-ce qu'il a dit? (J'ai oublié ...)
3. Qu'est-ce que je vais manger? (Je ne sais pas ...)
4. Qu'est-ce que nous avons fait? (Je ne me souviens pas de ...)
5. Qu'est-ce qui a fait ce bruit? (Je n'ai pas vu ...)
6. Qu'est-ce qui a provoqué cette dispute? (Personne ne veut admettre ...)
7. Qu'est-ce qu'il pense? (Je n'ai aucune idée de ...)
8. Qu'est-ce qui se passe? (Je ne sais pas ...)

Création

Exercices de conversation

A. Jeu: Chaque étudiant met un objet dans un sac. Ensuite chacun sort un autre objet du sac. Il faut essayer de déterminer à qui appartient l'objet que vous avez pris et de rendre l'objet à son possesseur. Posez des questions avec des possessifs.

Modèle

Vous: *J'ai des clés mais ce ne sont pas les miennes. Suzanne, est-ce qu'elles sont à toi? Est-ce que ce sont les tiennes?*

Suzanne: *Non, elles ne sont pas à moi.*

Vous: *Georges, est-ce que ce sont les tiennes?*

Georges: *Non, ce ne sont pas les miennes. Les miennes sont dans ma poche.*

Vous: *Daniel, est-ce qu'elles sont à toi?*

Daniel: *Oui, elles sont à moi. Voilà mes clés!*

Vous lui rendez ses clés et vous dites: *Voilà tes clés, elles sont à toi!*

B. Devinettes: Demandez à un(-e) autre étudiant(-e) ...

1. ce qui est noir et blanc et tout rouge.
2. ce que Benjamin Franklin a dit quand il a découvert l'électricité.
3. ce qui est à Brooklyn et qui n'est pas à Manhattan.
4. ce que la mère sardine a dit au bébé sardine quand ils ont vu un sous-marin (''submarine'').
5. Avez-vous une devinette?

Réponses aux devinettes.

4. «N'aie pas peur, ce n'est qu'une boîte de personnes.»
3. L'autre côté du pont de Brooklyn.
2. Il n'a rien dit: Il était trop choqué!
1. Un zèbre embarrassé.

C. Le jeu des vingt questions (à faire en groupes de quatre ou cinq personnes):

Un(-e) étudiant(-e) pense à un objet ordinaire ou célèbre. Les autres lui posent des questions et essaient de déterminer quel est l'objet en moins de 20 questions.

D. Vous faites du baby-sitting pour la première fois dans une famille qui a trois enfants. Vous posez des questions aux parents. Vous leur demandez ...

Modèle l'âge que leurs enfants ont.

Question: *Quel âge ont vos enfants?*
Réponse: *Serge a neuf ans, Gabrielle a six ans, et Nathalie a deux ans et demi.*

1. ce que les enfants devraient manger pour le dîner.
2. lesquels des enfants vont prendre un bain ce soir.
3. ce que les enfants aiment faire avant de se coucher.
4. l'heure où les enfants doivent se coucher.
5. si un(-e) des enfants a peur de quelque chose; si oui, de quoi il (elle) a peur.
6. quels problèmes vous devriez prévoir.
7. ce que vous devriez faire en cas d'urgence.
8. le numéro de téléphone où les parents seront.
9. l'heure où ils reviendront.
10. d'autres questions si vous en avez.

Êtes-vous tranquille? Est-ce que les parents peuvent sortir maintenant?

E. Regardez la photo, page 461. Demandez à un(-e) autre étudiant(-e) ...

1. ce que l'homme de gauche lit.
2. ce que l'autre monsieur fait.
3. ce que le jeune homme dit à son ami.
4. à qui est le matelas pneumatique.
5. Inventez une question sur la photo et posez-la à un autre étudiant ou à une autre étudiante.

Exercices écrits

Faites les exercices écrits qui sont dans le *Cahier d'exercices,* Leçon 22.

Lecture

Le vôtre, le sien, le nôtre, le leur, cela n'a aucune importance

Nous sommes au bord de la mer. Il fait très beau, et comme c'est le week-end il y a un monde fou[1] sur la plage. Le soleil brille dans le

1. *Un monde fou* = beaucoup de gens.

ciel, et la mer reflète la lumière du soleil. Jean-Louis, confortablement installé sur un matelas pneumatique, flotte sur les vagues. Tout d'un coup une main tire le matelas de Jean-Louis et interrompt sa douce somnolence. Jean-Louis réagit brusquement et rétablit son équilibre.

JEAN-LOUIS: *Qu'est-ce que c'est?*

MONSIEUR NIMBUS: Jean ... Jean ... Jean-Louis! (Jean-Louis voit un monsieur, bleu de froid, *qui* a le hoquet[2] et *qui* tremble en parlant.) C'est moi! ... Jean ... Jean ... Jean-Louis!

JEAN-LOUIS: Quelle surprise! Monsieur Nimbus! Je m'étonne que vous soyez ici! (Jean-Louis a reconnu le visage terrifié de son professeur de physique, Prix Nobel de sciences de 1937.) *Qu'est-ce que* vous faites ici?

MONSIEUR NIMBUS: Jean ... Jean ... Jean-Louis! Je ... je ... je viens de perdre ... mon ... mon ... mon maillot!

JEAN-LOUIS: *Quoi?* Mais *avec quoi* êtes-vous entré dans l'eau? Êtes-vous sûr de l'avoir perdu? Comment l'avez-vous perdu?

MONSIEUR NIMBUS: J'ai nagé jusqu'à la petite île là-bas!

JEAN-LOUIS: *Laquelle?* De quelle île parlez-vous? *À laquelle* êtes-vous allé? Je ne crois pas que vous puissiez perdre un maillot en nageant.

Et le professeur raconte une histoire ridicule et pas trop intéressante.

MONSIEUR NIMBUS: Mais *qu'est-ce que* je vais faire? *Qu'est-ce qui* va m'arriver, mon Dieu! *Qui* va m'aider? Avec quel maillot est-ce que je vais sortir de l'eau ... Avec *le vôtre,* peut-être ... mais non, il serait trop petit.

Jean-Louis décide d'aller voir le maître-nageur pour lui demander si quelqu'un n'a pas trouvé le maillot de Monsieur Nimbus. Le voilà maintenant au bureau des objets trouvés:

JEAN-LOUIS: Monsieur, Monsieur, avez-vous trouvé un maillot? Est-ce qu'on vous a rapporté un maillot?

LE MAÎTRE-NAGEUR: *Quoi?* Quel maillot? *Lequel? Le vôtre?*

JEAN-LOUIS: Non, pas *le mien,* le maillot de Monsieur Nimbus, c'est *le sien* qu'il a perdu!

LE MAÎTRE-NAGEUR: Quelle histoire me racontez-vous, Monsieur? J'ai beaucoup de maillots, mais avant de continuer je voudrais que vous me donniez des renseignements.

Jean-Louis pense au professeur Nimbus. Il est désolé que le pauvre homme doive attendre si longtemps dans l'eau.

2. *Le hoquet* = "hiccups."

LE MAÎTRE-NAGEUR: Voilà! Il faut que vous remplissiez ce formulaire. Répondez à toutes les questions: D'abord, le jour où vous avez perdu votre maillot? À quelle heure l'avez-vous perdu?

JEAN-LOUIS: Mais, je vous dis que ce n'est pas *le mien!*

45 **LE MAÎTRE-NAGEUR:** *Le vôtre, le sien, le nôtre, le leur,* cela n'a aucune importance ... Répondez! Ensuite, *avec qui* étiez-vous quand vous l'avez perdu? Et après, de quelle couleur était le maillot? Ensuite, le magasin: Dans *lequel* l'avez-vous acheté et le prix que vous avez payé? Ensuite, les marques d'identification: *Lesquelles* pouvez-vous

50 reconnaître sur votre maillot? Enfin, *lesquels* de vos amis peuvent vérifier que vos déclarations sont exactes et nous assurer que c'est vraiment votre maillot ... vraiment *le vôtre?*

JEAN-LOUIS *(furieux):* Mais je vous dis que ce n'est pas *le mien* ... C'est *le sien,* c'est le maillot de mon professeur ...

55 **LE MAÎTRE-NAGEUR:** Aucune importance, Monsieur, c'est la consigne, c'est le règlement. Si vous ne répondez pas à ces questions, je ne pourrai rien faire pour vous! La consigne, c'est la consigne! Un point, c'est tout![3]

En réalité le professeur Nimbus, toujours dans les nuages, avait

60 oublié qu'il avait son maillot sur lui. Il avait tout simplement fait ce rêve ridicule pendant qu'il était allongé au soleil sur la plage d'une jolie petite île.

3. *Un point, c'est tout* = "... period!!!" (indique la fin d'une discussion).

Questions sur la lecture

1. Pourquoi y a-t-il beaucoup de monde sur la plage?
2. Où est Jean-Louis?
3. Décrivez le professeur Nimbus. Qui est-il?
4. Qu'est-ce qu'il a perdu?
5. Qu'est-ce que Jean-Louis fait pour aider Monsieur Nimbus?
6. Qu'est-ce que le maître-nageur ne comprend pas?
7. Mentionnez deux questions sur le formulaire.
8. Pourquoi est-ce que Jean-Louis devient furieux?
9. Pourquoi est-ce que le maître-nageur n'aide pas Jean-Louis?
10. Le professeur Nimbus trouve-t-il son maillot?

Discussion / Composition

1. Écrivez un formulaire à remplir: par exemple, pour quelqu'un qui veut rapporter un objet perdu, pour quelqu'un qui cherche l'homme ou la femme parfait(-e) dans un bureau spécialisé, pour quelqu'un qui veut être admis à votre université ou pour une autre circonstance. Remplissez-le.

2. Imaginez un dialogue entre deux personnes qui se comparent: Chaque personne essaie de se montrer supérieure à l'autre. Employez beaucoup de pronoms possessifs. Par exemple: Deux enfants parlent. Le premier: Mon papa est plus grand que le tien! Le deuxième: Ce n'est pas vrai! Le mien joue au basket. Le tien n'est que jockey, etc.

Improvisation

Deux personnes: Dans le bureau des objets trouvés: Une personne a perdu quelque chose. L'autre travaille au bureau des objets trouvés et pose beaucoup de questions.

Vocabulaire

noms		adjectif	autres expressions
consigne f.	matelas pneumatique m.	allongé(-e)	avoir le hoquet
équilibre m.	nuage m.		faire du baby-sitting
formulaire m.	renseignement m.	**verbe**	
maillot m.	vague f.		**nom apparenté**
maître-nageur m.		nager	privilège m.

23 Vingt-troisième Leçon

Relations

Les pronoms relatifs (suite)
Les pronoms démonstratifs
Les pronoms indéfinis: *quelques-uns, chacun*

Lecture: *La Carrière difficile d'une femme écrivain—George Sand*

Le Pont au Change et le Palais de Justice à l'époque de George Sand (1804–1876)

Découverte

Présentation I

Dans quelle salle avez-vous votre classe de français?

La salle **dans laquelle** nous avons notre classe, c'est la salle numéro 156.

Pour quelle compagnie votre mère travaille-t-elle?

La compagnie **pour laquelle** elle travaille s'appelle la SAFECO.

De quels étudiants parlez-vous?

Les étudiants **dont** nous parlons sont David et Lisa.

De quels livres avez-vous besoin?

Les livres **dont** nous avons besoin sont le livre d'anatomie et le livre de physiologie.

Explications

1 Les pronoms relatifs (suite)

A. Vous avez déjà appris certains pronoms relatifs simples: **qui, que, où** (pp. 118–119) et certains pronoms relatifs composés: **ce qui, ce que** (p. 456). Voici un tableau des emplois des pronoms relatifs *simples*.

Fonction dans la phrase subordonnée	Antécédent personne ☺	chose ☐
Sujet	**qui**	**qui**
Objet	**que**	**que**
Après une préposition	**qui** **lequel**	**lequel**

J'ai lu une pièce **qui** est très célèbre. (*antécédent* = pièce; *fonction* = sujet)

C'est Shakespeare **qui** l'a écrite. (*antécédent* = Shakespeare; *fonction* = sujet)

Voltaire et Camus sont des écrivains français **que** je connais. (*antécédent* = écrivains; *fonction* = objet)

Quelle est la pièce **que** vous préférez? (*antécédent* = pièce; fonction = objet)

Charles VII était le roi de France pour **qui** Jeanne d'Arc combattait. (*antécédent* = roi de France; *fonction* = complément prépositionnel)

Leslie est l'étudiante à **laquelle** j'ai téléphoné. (*antécédent* = étudiante; *fonction* = complément prépositionnel)

L'objet avec **lequel** j'écris s'appelle un stylo. (*antécédent* = objet; *fonction* = complément prépositionnel)

B. **Lequel** relatif

Voilà le revolver **avec lequel** l'assassin a tué la victime.
L'architecture est la profession **à laquelle** Raymond est destiné.
Les théorèmes **sur lesquels** il fonde sa théorie sont élémentaires.

1. On emploie **lequel, laquelle, lesquels** ou **lesquelles** après une préposition. Par exemple:

auquel	**auxquelles**	**devant lesquels**
à laquelle	**avec lequel**	**derrière lesquelles**
auxquels	**pour laquelle**	**dans lequel**

2. *L'antécédent* est généralement une *chose*.

Voilà *la salle* **dans laquelle** nous avons notre classe.
C'est *le stylo* **avec lequel** j'écris.
Voici *la chaise* **sur laquelle** j'ai mis mes livres.

3. Si l'antécédent est une *personne* on utilise souvent **qui**.

Voilà l'homme **avec lequel** elle sort. = Voilà l'homme **avec qui** elle sort.

4. Remarquez que très souvent on remplace une *préposition de lieu* (**dans, sur,** etc.) + **lequel,** etc., par **où**.

Voilà la salle **où** (dans laquelle) nous nous réunissons.
Les touristes admirent le petit lit **où** (sur lequel) Napoléon dormait.

C. Le pronom relatif **dont**

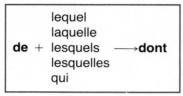

Le professeur **dont** (de qui, duquel) je parle est très sévère.
La robe **dont** (de laquelle) j'ai envie est un modèle de Pierre Cardin.
Les voitures **dont** (desquelles) le moteur est italien sont rapides.

Remarquez: On ne peut pas employer **dont** avec une préposition
composée qui incorpore déjà le mot **de** (à côté **de**, près **de**,
au bord **de**, etc.). Dans ce cas on emploie **de** + **lequel**
(→ **duquel**), **de laquelle**, **de** + **lesquels** (→ **desquels**),
de + **lesquelles** (→ **desquelles**), ou **de qui**.[1]

Il cherche la personne *à côté de* **laquelle** il était assis.
C'est le bâtiment *près* **duquel** se trouve le parking.
Voilà le monsieur *près de* **qui** j'habite.

Exercices oraux

A. Finissez les phrases en employant la forme appropriée de **lequel.**

   Modèle (J'ai dansé avec ce garçon.) Voilà le garçon avec ...
   Voilà le garçon avec lequel j'ai dansé.

   1. (Il y a beaucoup d'oranges dans cet arbre.) Voilà un arbre dans ...
   2. (Le parc se trouve à côté d'une maison.) Voilà la maison à côté de ...
   3. (Je suis parti pour plusieurs raisons.) Voilà plusieurs raisons pour ...
   4. (La petite fille ne va nulle part sans sa poupée.) Voilà la
      poupée sans ...
   5. (Nous avons rendez-vous devant un bâtiment.) Voilà le
      bâtiment devant ...

B. Voilà deux phrases. Utilisez la forme appropriée de **lequel.**

   Modèle C'est un stylo. J'écris avec ce stylo.
   C'est le stylo avec lequel j'écris.

   1. Joseph a un portefeuille. Il met son argent dans son portefeuille.
   2. Regardez le bâtiment. Il y a une manifestation devant le bâtiment.

1. Les pronoms relatifs *duquel, de laquelle, desquels, desquelles,* et *de qui*
s'emploient dans certaines autres circonstances syntaxiques relativement rares.

3. Voulez-vous fermer la porte? Mon ami est sorti par la porte.
4. Dans ma chambre il y a un bureau. J'ai tous mes papiers sur le bureau.
5. J'ai acheté des bottes. Je monte à cheval avec mes bottes.
6. J'ai un ami. Je parle à cet ami chaque soir.

C. Formez une phrase qui commence par **Voilà le (la, l')** _____ **dont** _____:

Modèle   J'ai besoin de ce stylo.
   Voilà le stylo dont j'ai besoin.

1. J'ai honte de cette erreur.
2. Nous avons envie de cette radio.
3. Les cheveux de cette femme sont blonds.
4. Tu te souviens de ce film.
5. Le chapeau de cet homme est chic.
6. Pam a peur de ce monstre.
7. Vous avez besoin de cette liste.
8. Les fenêtres de cette maison sont ouvertes.
9. Je me sers de ce dictionnaire.
10. Les parents de ce garçon divorcent demain.

D. Faites de nouvelles phrases avec d'autres propositions relatives, selon le modèle. Employez des pronoms relatifs comme **qui, que, où, dont** ou une forme de **lequel**.

Modèle   C'est une femme que je connais. (Tu as dansé avec elle. / La robe de cette femme est bleue.)
   C'est une femme avec qui tu as dansé.
   C'est une femme dont la robe est bleue.

1. Voilà un lac que j'adore. (Il y a des poissons dans ce lac. / Nous pouvons nager dans ce lac. / Ce lac est célèbre.)
2. Nous nous sommes rencontrés à la soirée où tu as chanté. (Tu as donné cette soirée. / Marc m'a invitée à cette soirée. / Cette soirée a fini à trois heures du matin.)
3. Je crains les animaux qui ne sont pas dans une cage. (On m'a parlé de ces animaux. / Nous voyons ces animaux. / On tremble devant ces animaux.)
4. Achetez des vêtements qui vous rendent heureux. (Vous aimez ces vêtements. / Vous êtes à l'aise dans ces vêtements. / Les couleurs de ces vêtements vont bien avec vos yeux.)
5. J'ai trouvé la clé que vous avez perdue. (Cette clé ouvre votre porte. / Vous avez besoin de cette clé. / Vous ne pouvez pas rentrer sans cette clé.)

— Saviez-vous que Mortimer étudie les sciences occultes?
— Non, je ne savais pas cela.

Le Grand Amour (voir page 82).

Présentation II

Voici deux livres. Lequel voulez-vous?

Celui *que* je veux, c'est **celui** *qui* est rose.

Voilà un sweater. Est-ce le vôtre?

Non, ce n'est pas le mien, c'est **celui** *de* Drew.

Marie, quel est cet étudiant avec lequel vous sortez?

Celui *avec lequel* je sors? C'est mon secret.

Quel objet préférez-vous, **celui-ci** ou **celui-là?**

Je n'aime pas **celui-ci,** je préfère **celui-là.**

Saviez-vous que Mortimer étudie les sciences occultes?

Non, je ne savais pas **cela.**

Qu'est-ce que c'est que **ça?**

Ça, ce sont des escargots. Et je n'aime pas **ça,** moi!

Explications

2 Les pronoms démonstratifs

masculin	**celui**	**ceux**
féminin	**celle**	**celles**

A. Ce sont les pronoms qu'il faut utiliser devant un pronom relatif ou devant une préposition.

>   le monsieur qui parle = **celui** qui parle
>   les chanteuses que j'aime = **celles** que j'aime
>   les livres de Bill = **ceux** de Bill
>   la firme pour laquelle je travaille = **celle** pour laquelle je travaille
>   le restaurant auquel nous pensons = **celui** auquel nous pensons
>   le professeur dont vous parlez = **celui** dont vous parlez

B. Les suffixes **-ci** et **-là** permettent de distinguer entre deux antécédents selon leur *proximité relative.*

Celui-**ci** Celle-**ci** Ceux-**ci** Celles-**ci**	indique la chose ou la personne *la plus près de vous.*
Celui-**là** Celle-**là** Ceux-**là** Celles-**là**	indique la chose ou la personne *la moins près de vous.*

étudiant américain

étudiant français

Voilà deux étudiants: Celui-ci est français et celui-là est américain.

C. **Cela** = **ça** = cette chose. Dans la langue parlée, **cela** est souvent remplacé par **ça.**

>   **Cela** m'intéresse. = **Ça** m'intéresse.
>   Est-ce que **cela** vous paraît raisonnable? = Est-ce que **ça** vous paraît raisonnable?
>   Qu'est-ce que vous faites avec **ça** (cette chose)?

Exercices oraux

E. Remplacez le nom par le pronom démonstratif approprié.

Modèle   C'est le sweater de Bill.
          C'est celui de Bill.

1. Voilà la femme qui parle russe.
2. Voilà le monsieur qui est invité.
3. Voilà la voiture que j'ai achetée.
4. C'est l'université où nous étudions.
5. C'est l'avion dans lequel il est monté.
6. C'est le cinéma où on voit de vieux films.
7. Voici les étudiants qui ont gagné le prix.
8. Voici les jeunes filles qui font du ski.
9. Voici les livres que j'ai lus.
10. Voici les classes qui sont intéressantes.

F. Contrastez les éléments donnés que vous pouvez facilement trouver dans votre classe. Employez la forme correcte du pronom démonstratif (**celui-ci, celui-là, celle-ci, celle-là,** etc.).

Modèles   deux livres
          Voici deux livres: Celui-ci est à moi, celui-là est
             à Nancy.

          deux étudiantes
          Voici deux étudiantes: Celle-ci a un pantalon bleu,
             celle-là a un pantalon rose.

1. deux étudiants
2. deux chaises
3. deux paires de chaussures
4. deux yeux et deux autres yeux
5. votre choix (deux murs? deux fenêtres? deux exercices? etc.)

G. Demandez à un(-e) autre étudiant(-e), qui répondra en employant un pronom démonstratif ...

Modèle   s'il (si elle) préfère les restaurants où on mange bien ou
          les restaurants où on mange beaucoup.
Question: *Préfères-tu les restaurants où on mange bien ou*
          ceux où on mange beaucoup?
Réponse: *Je préfère ceux où on mange bien.*

1. s'il (si elle) préfère les voitures qui vont vite ou les voitures qu'on n'a pas souvent besoin de réparer.
2. s'il (si elle) connaît mieux la personne qui est devant lui (elle) ou la personne qui est à côté de lui (elle).

3. s'il (si elle) voit plus souvent les films où il y a beaucoup de violence et d'érotisme ou les films où il y a beaucoup de comédie.
4. s'il (si elle) admire plus les gens que tout le monde aime ou les gens que tout le monde respecte.
5. s'il (si elle) se souvient mieux du jour où il (elle) est arrivé(-e) à l'université pour la première fois ou du jour où il (elle) est allé(-e) au jardin d'enfants pour la première fois.

Présentation III

Avez-vous quelques amis?	Oui, j'en ai **quelques-uns.**
Où sont-ils?	**Quelques-uns** sont ici, les autres sont en Europe.
Est-ce que chaque individu a sa personnalité et ses goûts?	Oui, **chacun** a sa personnalité, **chacun** a ses goûts. «**Chacun** son goût»[2] comme on dit en français!

Explications

3 Les pronoms indéfinis: **quelques-uns (quelques-unes), chacun (chacune)**

A. **Quelques-uns (quelques-unes)** est le pronom qui correspond à l'adjectif *quelques.* Remarquez que le pronom **en** s'emploie souvent quand **quelques-uns (quelques-unes)** est l'objet du verbe.

Signalez-nous *quelques* aspects grammaticaux de la leçon.
Signalez-nous **quelques-uns** *de ces aspects.*
Signalez-nous-**en quelques-uns.**

Quelques pièces de monnaie sont très précieuses.
Quelques-unes sont très précieuses.

Je vois *quelques* gangsters.
J'**en** vois **quelques-uns.**

B. **Chacun (chacune)** est le pronom qui correspond à l'adjectif *chaque.*

Est-ce que *chaque* étudiant va préparer cela?
Naturellement, **chacun** va préparer cela.

Est-ce que *chaque* étudiante est présente?
Oui, **chacune** est présente.

Est-ce que *chaque* explication est claire?
Oui, **chacune** est claire.

---

2. *Chacun son goût* = "to each his own."

Exercices oraux

H. Dans les phrases suivantes remplacez **quelques ...** par **quelques-uns** ou par **quelques-unes.**

Modèle   J'ai vu quelques accidents.
              J'en ai vu quelques-uns.

1. J'ai vu quelques tableaux.
2. Quelques pommes sont vertes.
3. Quelques Français font du yoga.
4. Elles ont fait quelques sets de tennis.
5. Quelques voitures américaines consomment beaucoup
   d'essence.

I. Dans les phrases suivantes remplacez **chaque ...** par **chacun** ou par **chacune.**

Modèle   Chaque possibilité est absurde.
              Chacune est absurde.

1. Chaque enveloppe a une adresse.
2. Chaque étudiant parle français.
3. Chaque porte restait fermée.
4. Chaque homme a ses goûts.
5. Chaque plante a besoin d'eau.

Création

Exercices de conversation

A. Répondez aux questions suivantes en employant les pronoms démonstratifs appropriés.

Modèle   Vous allez acheter une voiture d'occasion. Sur la page des petites annonces vous en trouvez trois à un prix que vous pouvez payer: une voiture qui vient du Japon, une voiture qui vient de Détroit et une voiture qui vient de France. Laquelle voudriez-vous acheter?
Je voudrais acheter celle qui vient du Japon (parce que cette marque de voiture est plus réputée que les autres.)

1. Vous allez à la fourrière ("SPCA") pour choisir un petit chien. Vous en voyez trois: un chien qui semble très triste, un autre dont les oreilles sont courtes et dont la queue est toujours en mouvement, et un troisième qui dort tout le temps. Lequel prenez-vous?
2. Vous êtes dans une boulangerie. Prenez-vous le pain qui est très frais ou le pain qui est moins cher et moins frais?
3. Vous allez à un concert de musique classique. Vous pouvez avoir une place à l'orchestre, une place au balcon ou une place qui ne coûte rien, mais qui est très loin et où vous resterez debout. Laquelle allez-vous prendre?
4. Vous choisissez votre coiffeur personnel. Les possibilités: un coiffeur qui parle tout le temps et qui fait bien son travail, un autre coiffeur dont le talent est extraordinaire mais qui ne sourit jamais, un troisième coiffeur qui est nouveau mais très enthousiaste et qui semble vouloir bien réussir. Lequel choisissez-vous?
5. Au supermarché vous voyez deux sortes de pommes: des pommes qui sont grosses, belles et rouges, et d'autres pommes qui ont été cultivées sans produits chimiques, mais qui sont moins belles. Lesquelles voulez-vous acheter?

B. Inventez la définition d'un mot de votre choix en finissant la phrase donnée. Les autres étudiants essaient de deviner votre mot.

Modèles   C'est un jour où ...
Étudiant(-e)1:   *C'est un jour où il n'y a pas de classes et où certaines personnes vont à l'église.*
Étudiant(-e)2:   *C'est dimanche.*

C'est une personne avec laquelle ...
Étudiant(-e)1:   *C'est une personne avec laquelle on travaille et qui paie votre salaire.*
Étudiant(-e)2:   *C'est le patron.*

1. C'est un bâtiment où ...
2. C'est une chose dont ...
3. C'est une personne avec qui ...
4. C'est un animal dont ...
5. C'est un objet sans lequel ...
6. C'est quelqu'un qui ...
7. C'est un fruit que ...
8. Ce sont des plantes dont ...
9. C'est un pays où ...
10. C'est une saison pendant laquelle ...

C. Regardez la photo, page 468, et répondez.

1. Que font ces deux dames?
2. Indiquez celle qui semble la plus charmante, celle dont les vêtements sont chic, celle que vous préférez.
3. Imaginez le sujet dont elles parlent.
4. Inventez une question sur la photo et posez-la à quelqu'un.

Exercices écrits

Faites les exercices écrits qui sont dans le *Cahier d'exercices,* Leçon 23.

Lecture

La Carrière difficile d'une femme écrivain
—George Sand

George Sand (1804–1876), *dont* le vrai nom était Aurore Dupin, avait adopté ce nom d'homme parce qu'à l'époque où elle vivait il était difficile, sinon impossible, pour une femme d'avoir une carrière indépendante d'écrivain. Il y avait eu avant elle d'autres femmes *dont* les
5   œuvres étaient devenues célèbres, *parmi lesquelles*: Marie de France et Christine de Pisan au Moyen Âge et Marguerite de Navarre pendant la Renaissance. Au dix-septième siècle il y avait eu Madame de

Pour être admise en égale dans ces milieux artistiques et littéraires, ces cafés, ces salons, elle s'habillait souvent en homme, ce qui était très audacieux à cette époque.

L'une chante, l'autre pas, Agnès Varda, 1977.
   Deux amies prennent un chemin différent dans la vie. L'une choisit le mariage et l'autre la carrière de chanteuse et un rôle actif dans le mouvement féministe.

La Fayette, *celle à qui* on attribue le premier roman psychologique,[3] et Madame de Sévigné, qui écrivait à sa fille des lettres *dans lesquelles* elle commentait et racontait en grand détail la vie à Versailles.

10   Mais pour George Sand la création littéraire n'était pas seulement un passe-temps. C'était une carrière *à laquelle* elle avait décidé de se consacrer et elle espérait gagner sa vie comme cela.

   Pour faire *cela* elle a donc quitté son mari et elle a emmené à Paris

15   ses enfants, *pour lesquels* elle avait une immense affection, ce qui a rendu sa vie bien plus compliquée. Elle y a rencontré et fréquenté les grands écrivains et les grands artistes de l'époque. *Quelques-uns* étaient des hommes *avec lesquels* elle a eu des liaisons amicales, comme Balzac. Elle a eu aussi des liaisons passionnées, comme

20 *celle qu'*elle a eue avec Frédéric Chopin, Alfred de Musset et Prosper Mérimée. Pour être admise en égale dans ces milieux artistiques et littéraires, ces cafés, ces salons, elle s'habillait souvent en homme, ce qui était très audacieux à cette époque.

LA PETITE FADETTE (1848)

25 *La Petite Fadette* se passe dans le pays natal de George Sand: le Berry. C'est l'histoire d'une petite fille très pauvre *dont* la mère avait une mauvaise réputation. La petite Fadette vivait avec sa grand-mère

---

3. *La Princesse de Clèves*

qui était un peu sorcière. Elle avait aussi un petit frère *dont* elle s'occupait et qui était toujours avec elle. Ni la pauvre Fadette ni son frère
30 n'étaient beaux. *Chacun* dans le village se moquait d'eux et les méprisait à cause de leur mère, de leur grand-mère et aussi à cause de leur laideur. Mais la petite Fadette était très intelligente et elle savait très bien ce qu'elle voulait.

Depuis longtemps elle avait remarqué un garçon du même village
35 qu'elle aimait, mais *celui-ci* ne la regardait pas. Il était beau, gentil, fort, honnête, et d'une très bonne famille. Il s'appelait Landry. Tout semblait séparer les deux jeunes gens. Pourtant, grâce à son intelligence, à sa volonté et à sa bonté, la petite Fadette a réussi à surmonter tous les obstacles. Elle savait qu'elle n'était pas belle et qu'il
40 fallait qu'elle réussisse à se faire aimer[4] pour ses autres qualités. En fait, même si elle avait été belle, elle était trop intelligente pour accepter d'être aimée seulement pour sa beauté. Elle voulait aussi que les gens du village finissent par l'accepter, la respecter et l'aimer. Elle a finalement réalisé tout ce qu'elle voulait, et elle s'est mariée avec Lan-
45 dry, avec l'accord et l'affection des parents de *celui-ci* ainsi que de tout le village.

C'est la très belle histoire d'une femme qui contrôle seule sa destinée et finit par réussir grâce à son intelligence, son courage, sa bonté, même quand la société semble être contre elle et ses aspirations.

Questions sur la lecture

1. Quel était le vrai nom de George Sand? Pourquoi a-t-elle adopté un nom de plume?
2. Y a-t-il eu des femmes écrivains avant George Sand? Qui? De quelle classe sociale venaient-elles?
3. Quels sacrifices George Sand a-t-elle faits pour sa carrière?
4. Comment était la vie de George Sand à Paris?
5. Qu'est-ce que George Sand a eu besoin de faire pour être acceptée dans la société des hommes?
6. Qui était la petite Fadette?
7. Pourquoi les gens du village méprisaient-ils la petite Fadette et son frère?
8. Qui était Landry?
9. Qu'est-ce qui semblait séparer Landry et la petite Fadette?
10. Comment l'histoire de la petite Fadette finit-elle?

4. *Se faire aimer* = faire en sorte que les autres l'aiment.

Discussion / Composition

1. Y a-t-il une femme écrivain, une femme politique, une femme de science ou une artiste qui vous inspire particulièrement? Dites laquelle, ce qu'elle fait, et pourquoi vous l'admirez.
2. Quelles carrières—impossibles il y a un siècle—une femme peut-elle envisager aujourd'hui? Pourquoi ce changement?
3. Est-ce qu'il faut qu'une femme soit belle pour réussir? Expliquez votre réponse.

Improvisation

Deux personnes: Vous avez un dilemme pareil à celui de George Sand: Il faut que vous choisissiez entre votre famille (mariage et enfants) et votre carrière. Discutez votre problème avec votre meilleure amie, avec votre mère ou avec votre mari.

Vocabulaire

noms

bonté f.
botte f.
carrière f.
chanteuse f.
coiffeur m.
écrivain m.
fourrière f.
laideur f.
manifestation f.
milieu m.
œuvre f.
passe-temps m.
poupée f.
queue f.
sorcier m. (sorcière f.)

adjectifs

honnête
littéraire

verbes

combattre
se consacrer
fonder
mépriser
se moquer de
s'occuper de

autres expressions

chacun (chacune)
d'occasion
grâce à
pourtant
quelques-uns (quelques-unes)
sinon

noms apparentés

anatomie f.
balcon m.
firme f.
moteur m.
physiologie f.
profession f.
théorie f.

Rondeau

Le temps a laissé son manteau
De vent, de froidure et de pluie,
Et s'est vêtu de broderie,
De soleil luisant, clair et beau.

Il n'y a bête ni oiseau
Qu'en son jargon ne chante ou crie:
Le temps a laissé son manteau!

Rivière, fontaine et ruisseau
Portent en livrée jolie,
Gouttes d'argent d'orfèvrerie,
Chacun s'habille de nouveau:
Le temps a laissé son manteau!

Charles d'Orléans (1393–1465)

Le Système Verbal

Cinq autres temps moins usités

1 Le futur antérieur

A. Le futur antérieur indique une action future *avant* une autre action future

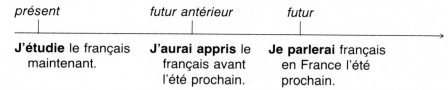

présent	*futur antérieur*	*futur*
J'étudie le français maintenant.	**J'aurai appris** le français avant l'été prochain.	**Je parlerai** français en France l'été prochain.

B. Le futur antérieur est un temps relatif, c'est-à-dire qui existe seulement par rapport à un autre temps futur, explicite ou implicite.

Quand **vous aurez terminé, vous** me le **direz.** (*futur explicite*)
Enfin, **j'aurai** bientôt **fini!** (*futur implicite*)
Lorsque Madame Walters **sera arrivée, elle inspectera** les contrats. (*futur explicite*)
Dès que **nous serons partis, ils commenceront** à parler de nous. (*futur explicitie*)

Remarquez: Pour une action future, les conjonctions **quand, lorsque, dès que** et **aussitôt que** sont suivies du futur ou du futur antérieur.

C. Formation du futur antérieur

futur de l'auxiliaire:
avoir: **j'aurai,** etc. ⎫
être: **je serai,** etc. ⎬ + participe passé
⎭

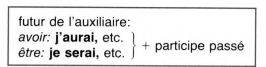

donner	
j' **aurai donné**	nous **aurons donné**
tu **auras donné**	vous **aurez donné**
il **aura donné**	ils **auront donné**
elle **aura donné**	elles **auront donné**

finir	
j' **aurai fini**	nous **aurons fini**
tu **auras fini**	vous **aurez fini**
il **aura fini**	ils **auront fini**
elle **aura fini**	elles **auront fini**

aller	
je **serai allé(-e)**	nous **serons allé(-e)s**
tu **seras allé(-e)**	vous **serez allé(-e)(-s)**
il **sera allé**	ils **seront allés**
elle **sera allé**	elles **seront allées**

2 Les temps littéraires

A. Le passé simple

1. Le passé simple n'est plus utilisé dans la conversation; on utilise le passé composé, qui a la même valeur. Mais le passé simple reste très important comme temps du passé historique. Dans la langue écrite et littéraire, il exprime une action assez distante dans le passé: le passé simple donne à l'action un caractère officiel et unique, utile pour la narration.

style historique

Napoléon **vainquit** les Autrichiens à Austerlitz, mais **il fut** vaincu par Wellington à Waterloo.

Les Parisiens **furent** surpris quand Napoléon **revint** de l'île d'Elbe, mais malheureusement **il recommença** la guerre.

style narratif

Cette année-là, **nous passâmes** nos vacances en Bretagne, et par bonheur, **il fit** beau presque tout le temps; pourtant en septembre, **il y eut** un orage horrible et le beau temps ne **revint** plus: **nous repartîmes** pour Paris.

2. Quelques expressions fréquentes au passé simple

c'est	**ce fut**
il y a	**il y eut**
il faut	**il fallut**

3. La conjugaison des verbes au passé simple
   a. Pour les verbes *réguliers* en **-er, -ir** ou **-re,** le radical est le même que le radical de l'infinitif **(parl / er, fin / ir, rend / re).** Il y a deux sortes de terminaisons.

	verbes réguliers en **-er**	verbes réguliers en **-ir** et **-re**
je	**-ai**	**-is**
tu	**-as**	**-is**
il, elle, on	**-a**	**-it**
nous	**-âmes**	**-îmes**
vous	**-âtes**	**-îtes**
ils, elles	**-èrent**	**-irent**

   b. On doit apprendre le radical des verbes irréguliers avec chaque verbe. Les terminaisons sont souvent les mêmes que pour les verbes réguliers en **-ir** et **-re** (**-is, -is, -it,** etc.). Pour certains verbes irréguliers il y a une troisième sorte de terminaison.

je	**-us**	nous	**-ûmes**
tu	**-us**	vous	**-ûtes**
il, elle	**-ut**	ils, elles	**-urent**

   c. Voici quelques conjugaisons au passé simple.

avoir		être	
j' **eus**		je **fus**	
tu **eus**		tu **fus**	
il, elle **eut**		il, elle **fut**	
nous **eûmes**		nous **fûmes**	
vous **eûtes**		vous **fûtes**	
ils, elles **eurent**		ils, elles **furent**	

porter		manger	
je **portai**		je **mangeai**	
tu **portas**		tu **mangeas**	
il, elle **porta**		il, elle **mangea**	
nous **portâmes**		nous **mangeâmes**	
vous **portâtes**		vous **mangeâtes**	
ils, elles **portèrent**		ils, elles **mangèrent**	

finir		rendre	
je	**finis**	je	**rendis**
tu	**finis**	tu	**rendis**
il, elle	**finit**	il, elle	**rendit**
nous	**finîmes**	nous	**rendîmes**
vous	**finîtes**	vous	**rendîtes**
ils, elles	**finirent**	ils, elles	**rendirent**

prendre		mourir	
je	**pris**	je	**mourus**
tu	**pris**	tu	**mourus**
il, elle	**prit**	il, elle	**mourut**
nous	**prîmes**	nous	**mourûmes**
vous	**prîtes**	vous	**mourûtes**
ils, elles	**prirent**	ils, elles	**moururent**

naître		aller	
je	**naquis**	j'	**allai**
tu	**naquis**	tu	**allas**
il, elle	**naquit**	il, elle	**alla**
nous	**naquîmes**	nous	**allâmes**
vous	**naquîtes**	vous	**allâtes**
ils, elles	**naquirent**	ils, elles	**allèrent**

faire		savoir	
je	**fis**	je	**sus**
tu	**fis**	tu	**sus**
il, elle	**fit**	il, elle	**sut**
nous	**fîmes**	nous	**sûmes**
vous	**fîtes**	vous	**sûtes**
ils, elles	**firent**	ils, elles	**surent**

croire		voir	
je	**crus**	je	**vis**
tu	**crus**	tu	**vis**
il, elle	**crut**	il, elle	**vit**
nous	**crûmes**	nous	**vîmes**
vous	**crûtes**	vous	**vîtes**
ils, elles	**crurent**	ils, elles	**virent**

vouloir		venir	
je	**voulus**	je	**vins**
tu	**voulus**	tu	**vins**
il, elle	**voulut**	il, elle	**vint**
nous	**voulûmes**	nous	**vînmes**
vous	**voulûtes**	vous	**vîntes**
ils, elles	**voulurent**	ils, elles	**vinrent**

B. Le passé antérieur

1. Le passé antérieur indique un rapport entre deux actions successives assez proches dans le passé.

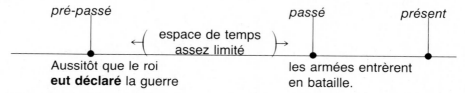

Le passé antérieur se trouve généralement dans une proposition subordonnée introduite par une conjonction de temps: **aussitôt que, dès que, quand, lorsque**. La proposition principale est normalement au passé simple.

> Dès que le président **eut parlé** avec l'ambassadeur, les négociations commencèrent.
> Quand la reine **fut arrivée**, elle fit un discours au parlement.

2. Le passé antérieur se forme avec l'auxiliaire (**être** ou **avoir**) au passé simple + le participe passé.

donner	venir
lorsque **j'eus donné...**	quand **je fus venu(-e)...**
lorsque **tu eus donné...**	quand **tu fus venu(-e)...**
lorsqu'**il eut donné...**	quand **il fut venu...**
lorsqu'**elle eut donné...**	quand **elle fut venue...**
lorsque **nous eûmes donné...**	quand **nous fûmes venu(-e)s...**
lorsque **vous eûtes donné...**	quand **vous fûtes venu(-e)(-s)...**
lorsqu'**ils eurent donné...**	quand **ils furent venus...**
lorsqu'**elles eurent donné...**	quand **elles furent venues...**

3. Dans la langue courante, l'idée de deux actions successives au passé est exprimée par d'autres constructions.

Dès que le président eut parlé avec l'ambassadeur, les négociations commencèrent

Après les conversations du président avec l'ambassadeur, les négociations ont commencé.

Quand la reine fut arrivée, elle fit un discours au parlement.

Immédiatement après son arrivée, la reine a fait un discours au parlement.

C. L'imparfait du subjonctif

1. Le radical de l'imparfait du subjonctif est celui de la deuxième personne du singulier **(tu)** du passé simple de l'indicatif.

infinitif	2ᵉ personne du singulier du passé simple	radical de l'imparfait du subjonctif
donner	(tu) donnas$ ⟶	**donna-**
finir	(tu) finis$ ⟶	**fini-**
rendre	(tu) rendis$ ⟶	**rendi-**
voir	(tu) vis$ ⟶	**vi-**
recevoir	(tu) reçus$ ⟶	**reçu-**
venir	(tu) vins$ ⟶	**vin-**
être	(tu) fus$ ⟶	**fu-**
avoir	(tu) eus$ ⟶	**eu-**

2. Les terminaisons de l'imparfait du subjonctif de tous les verbes sont:

je	**-sse**	nous	**-ssions**
tu	**-sses**	vous	**-ssiez**
il, elle	**-ˆt**	ils, elles	**-ssent**

3. Voici la conjugaison de quelques verbes à l'imparfait du subjonctif.

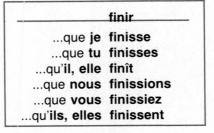

donner
...que **je donnasse**
...que **tu donnasses**
...qu'**il, elle donnât**
...que **nous donnassions**
...que **vous donnassiez**
...qu'**ils, elles donnassent**

finir
...que **je finisse**
...que **tu finisses**
...qu'**il, elle finît**
...que **nous finissions**
...que **vous finissiez**
...qu'**ils, elles finissent**

rendre	voir
...que **je rendisse**	...que **je visse**
...que **tu rendisses**	...que **tu visses**
...qu'**il, elle rendît**	...qu'**il, elle vît**
...que **nous rendissions**	...que **nous vissions**
...que **vous rendissiez**	...que **vous vissiez**
...qu'**ils, elles rendissent**	...qu'**ils, elles vissent**

être	avoir
...que **je fusse**	...que **j' eusse**
...que **tu fusses**	...que **tu eusses**
...qu'**il, elle fût**	...qu'**il, elle eût**
...que **nous fussions**	...que **nous eussions**
...que **vous fussiez**	...que **vous eussiez**
...qu'**ils, elles fussent**	...qu'**ils, elles eussent**

4. L'usage moderne de l'imparfait du subjonctif est assez limité, même dans un contexte littéraire, parce que ses formes ne sont pas très euphoniques. Il ne s'emploie en général qu'à la troisième personne.

> Il voulait qu'**elle vînt** très tôt.
> J'aimerais qu'**il fût** parmi nous ce soir.

Dans la langue courante, l'imparfait du subjonctif est remplacé simplement par le présent du subjonctif.

> Il voulait qu'**elle vienne** très tôt.
> J'aimerais qu'**il soit** parmi nous ce soir.

D. Le plus-que-parfait du subjonctif
   1. Le plus-que-parfait du subjonctif est formé de l'imparfait du subjonctif de l'auxiliaire (**être** ou **avoir**) + le participe passé.

donner	venir
...que **j' eusse donné**	...que **je fusse venu(-e)**
...que **tu eusses donné**	...que **tu fusses venu(-e)**
...qu'**il eût donné**	...qu'**il fût venu**
...qu'**elle eût donné**	...qu'**elle fût venue**
...que **nous eussions donné**	...que **nous fussions venu(-e)s**
...que **vous eussiez donné**	...que **vous fussiez venu(-e)(-e)**
...qu'**ils eussent donné**	...qu'**ils fussent venus**
...qu'**elles eussent donné**	...qu'**elles fussent venues**

2. L'usage moderne du plus-que-parfait du subjonctif se limite en général à la troisième personne.

Il était content qu'**elle fût venue** très tôt.

Dans la langue courante, le plus-que-parfait du subjonctif est remplacé par le passé du subjonctif.

Il était content qu'**elle soit venue** très tôt.

Les verbes auxiliares: *avoir* et *être*

infinitif	**avoir**
participe passé	eu
infinitif passé	avoir eu
participe présent	ayant
impératif	aie, ayons, ayez

Indicatif

présent	imparfait	futur	passé simple
j'ai	j'avais	j'aurai	j'eus
tu as	tu avais	tu auras	tu eus
il a	il avait	il aura	il eut
nous avons	nous avions	nous aurons	nous eûmes
vous avez	vous aviez	vous aurez	vous eûtes
ils ont	ils avaient	ils auront	ils eurent

passé composé	plus-que-parfait	futur antérieur	passé antérieur
j'ai eu	j'avais eu	j'aurai eu	j'eus eu
tu as eu	tu avais eu	tu auras eu	tu eus eu
il a eu	il avait eu	il aura eu	il eut eu
nous avons eu	nous avions eu	nous aurons eu	nous eûmes eu
vous avez eu	vous aviez eu	vous aurez eu	vous eûtes eu
ils ont eu	ils avaient eu	ils auront eu	ils eurent eu

Conditionnel

présent	passé
j'aurais	j'aurais eu
tu aurais	tu aurais eu
il aurait	il aurait eu
nous aurions	nous aurions eu
vous auriez	vous auriez eu
ils auraient	ils auraient eu

Subjonctif

présent	imparfait	passé	plus-que-parfait
j'aie	j'eusse	j'aie eu	j'eusse eu
tu aies	tu eusses	tu aies eu	tu eusses eu
il ait	il eût	il ait eu	il eût eu
nous ayons	nous eussions	nous ayons eu	nous eussions eu
vous ayez	vous eussiez	vous ayez eu	vous eussiez eu
ils aient	ils eussent	ils aient eu	ils eussent eu

infinitif	**être**
participe passé	été
infinitif passé	avoir été
participe présent	étant
impératif	sois, soyons, soyez

Indicatif

présent	*imparfait*	*futur*	*passé simple*
je suis	j'étais	je serai	je fus
tu es	tu étais	tu seras	tu fus
il est	il était	il sera	il fut
nous sommes	nous étions	nous serons	nous fûmes
vous êtes	vous étiez	vous serez	vous fûtes
ils sont	ils étaient	ils seront	ils furent

passé composé	*plus-que-parfait*	*futur antérieur*	*passé antérieur*
j'ai été	j'avais été	j'aurai été	j'eus été
tu as été	tu avais été	tu auras été	tu eus été
il a été	il avait été	il aura été	il eut été
nous avons été	nous avions été	nous aurons été	nous eûmes été
vous avez été	vous aviez été	vous aurez été	vous eûtes été
ils ont été	ils avaient été	ils auront été	ils eurent été

Conditionnel

présent	*passé*
je serais	j'aurais été
tu serais	tu aurais été
il serait	il aurait été
nous serions	nous aurions été
vous seriez	vous auriez été
ils seraient	ils auraient été

Subjonctif

présent	*imparfait*	*passé*	*plus-que-parfait*
je sois	je fusse	j'aie été	j'eusse été
tu sois	tu fusses	tu aies été	tu eusses été
il soit	il fût	il ait été	il eût été
nous soyons	nous fussions	nous ayons été	nous eussions été
vous soyez	vous fussiez	vous ayez été	vous eussiez été
ils soient	ils fussent	ils aient été	ils eussent été

Les verbes réguliers: *-er, -ir, -re*

infinitif	**parler**	**finir**	**attendre**
participe passé	parlé	fini	attendu
infinitif passé	avoir parlé	avoir fini	avoir attendu
participe présent	parlant	finissant	attendant
impératif	parle	finis	attends
	parlons	finissons	attendons
	parlez	finissez	attendez

Indicatif

	parler	**finir**	**attendre**
présent	je parle	je finis	j'attends
	tu parles	tu finis	tu attends
	il parle	il finit	il attend
	nous parlons	nous finissons	nous attendons
	vous parlez	vous finissez	vous attendez
	ils parlent	ils finissent	ils attendent
imparfait	je parlais	je finissais	j'attendais
	tu parlais	tu finissais	tu attendais
	il parlait	il finissait	il attendait
	nous parlions	nous finissions	nous attendions
	vous parliez	vous finissiez	vous attendiez
	ils parlaient	ils finissaient	ils attendaient
futur	je parlerai	je finirai	j'attendrai
	tu parleras	tu finiras	tu attendras
	il parlera	il finira	il attendra
	nous parlerons	nous finirons	nous attendrons
	vous parlerez	vous finirez	vous attendrez
	ils parleront	ils finiront	ils attendront
passé simple	je parlai	je finis	j'attendis
	tu parlas	tu finis	tu attendis
	il parla	il finit	il attendit
	nous parlâmes	nous finîmes	nous attendîmes
	vous parlâtes	vous finîtes	vous attendîtes
	ils parlèrent	ils finirent	ils attendirent
passé composé	j'ai parlé	j'ai fini	j'ai attendu
plus-que-parfait	j'avais parlé	j'avais fini	j'avais attendu
futur antérieur	j'aurai parlé	j'aurai fini	j'aurai attendu
passé antérieur	j'eus parlé	j'eus fini	j'eus attendu

Conditionnel

conditionnel présent	je parlerais	je finirais	j'attendrais
	tu parlerais	tu finirais	tu attendrais
	il parlerait	il finirait	il attendrait
	nous parlerions	nous finirions	nous attendrions
	vous parleriez	vous finiriez	vous attendriez
	ils parleraient	ils finiraient	ils attendraient
conditionnel passé	j'aurais parlé	j'aurais fini	j'aurais attendu

Subjonctif

subjonctif présent	je parle	je finisse	j'attende
	tu parles	tu finisses	tu attendes
	il parle	il finisse	il attende
	nous parlions	nous finissions	nous attendions
	vous parliez	vous finissiez	vous attendiez
	ils parlent	ils finissent	ils attendent
subjonctif passé	j'aie parlé	j'aie fini	j'aie attendu
subjonctif imparfait	je parlasse	je finisse	j'attendisse
subjonctif plus-que-parfait	j'eusse parlé	j'eusse fini	j'eusse attendu

Liste des verbes irréguliers (avec leurs homologues principaux)

aller (s'en aller)
s'asseoir
battre (se battre, abattre, combattre, débattre)
boire
conduire (se conduire, construire, détruire, produire, réduire, suffire, traduire)
connaître (méconnaître, reconnaître)
conquérir (acquérir, requérir)
courir (accourir, discourir, parcourir, recourir)
craindre (atteindre, éteindre, joindre, peindre, plaindre, rejoindre)
croire
cueillir (accueillir)
devoir
dire
dormir (s'endormir)
écrire (décrire, prescrire)

envoyer
faire (défaire, refaire, satisfaire)
fuir
lire (élire)
mentir
mettre (admettre, omettre, permettre, promettre, remettre, soumettre, transmettre)
mourir
naître
offrir (souffrir)
ouvrir (couvrir, découvrir)
paraître (apparaître, disparaître)
partir (repartir)
plaire (déplaire)
pouvoir
prendre (apprendre, comprendre, reprendre, surprendre)
recevoir (apercevoir, s'apercevoir, décevoir)
rire (sourire)
savoir
sentir (se sentir, consentir, pressentir)
servir (se servir, desservir, resservir)
sortir
suivre (poursuivre)
se taire
tenir (appartenir, contenir, détenir, maintenir, obtenir, retenir, soutenir)
valoir
venir (convenir, devenir, parvenir, prévenir, redevenir, revenir, se souvenir)
vivre (revivre, survivre)
voir (revoir)
vouloir

Conjugaison des verbes irréguliers

infinitif	**aller**	**s'asseoir**	**battre**
participe passé	allé(-e)	assis(-e)	battu
infinitif passé	être allé(-e)	s'être assis(-e)	avoir battu
participe présent	allant	s'asseyant	battant
impératif	va	assieds-toi	bats
	allons	asseyons-nous	battons
	allez	asseyez-vous	battez

présent	je vais	je m'assieds	je bats
	tu vas	tu t'assieds	tu bats
	il va	il s'assied	il bat
	nous allons	nous nous asseyons	nous battons
	vous allez	vous vous asseyez	vous battez
	ils vont	ils s'asseyent	ils battent
imparfait	j'allais	je m'asseyais	je battais
	tu allais	tu t'asseyais	tu battais
	il allait	il s'asseyait	il battait
	nous allions	nous nous asseyions	nous battions
	vous alliez	vous vous asseyiez	vous battiez
	ils allaient	ils s'asseyaient	ils battaient
futur	j'irai	je m'assiérai	je battrai
	tu iras	tu t'assiéras	tu battras
	il ira	il s'assiéra	il battra
	nous irons	nous nous assiérons	nous battrons
	vous irez	vous vous assiérez	vous battrez
	ils iront	ils s'assiéront	ils battront
passé simple	j'allai	je m'assis	je battis
	tu allas	tu t'assis	tu battis
	il alla	il s'assit	il battit
	nous allâmes	nous nous assîmes	nous battîmes
	vous allâtes	vous vous assîtes	vous battîtes
	ils allèrent	ils s'assirent	ils battirent
passé composé	je suis allé(-e)	je me suis assis(-e)	j'ai battu
plus-que-parfait	j'étais allé(-e)	je m'étais assis(-e)	j'avais battu
futur antérieur	je serai allé(-e)	je me serai assis(-e)	j'aurai battu
passé antérieur	je fus allé(-e)	je me fus assis(-e)	j'eus battu

Conditionnel

conditionnel présent	j'irais	je m'assiérais	je battrais
	tu irais	tu t'assiérais	tu battrais
	il irait	il s'assiérait	il battrait
	nous irions	nous nous assiérions	nous battrions
	vous iriez	vous vous assiériez	vous battriez
	ils iraient	ils s'assiéraient	ils battraient
conditionnel passé	je serais allé(-e)	je me serais assis(-e)	j'aurais battu

Subjonctif ────────────────────────────────

subjonctif présent	j'aille	je m'asseye	je batte
	tu ailles	tu t'asseyes	tu battes
	il aille	il s'asseye	il batte
	nous allions	nous nous asseyions	nous battions
	vous alliez	vous vous asseyiez	vous battiez
	ils aillent	ils s'asseyent	ils battent
subjonctif passé	je sois allé(-e)	je me sois assis(-e)	j'aie battu
subjonctif imparfait	j'allasse	je m'assisse	je battisse
subjonctif plus-que-parfait	je fusse allé(-e)	je me fusse assis(-e)	j'eusse battu

infinitif	**boire**	**conduire**	**connaître**
participe passé	bu	conduit	connu
infinitif passé	avoir bu	avoir conduit	avoir connu
participe présent	buvant	conduisant	connaissant
impératif	bois	conduis	connais
	buvons	conduisons	connaissons
	buvez	conduisez	connaissez

Indicatif ────────────────────────────────

présent	je bois	je conduis	je connais
	tu bois	tu conduis	tu connais
	il boit	il conduit	il connaît
	nous buvons	nous conduisons	nous connaissons
	vous buvez	vous conduisez	vous connaissez
	ils boivent	ils conduisent	ils connaissent
imparfait	je buvais	je conduisais	je connaissais
	tu buvais	tu conduisais	tu connaissais
	il buvait	il conduisait	il connaissait
	nous buvions	nous conduisions	nous connaissions
	vous buviez	vous conduisiez	vous connaissiez
	ils buvaient	ils conduisaient	ils connaissaient
futur	je boirai	je conduirai	je connaîtrai
	tu boiras	tu conduiras	tu connaîtras
	il boira	il conduira	il connaîtra
	nous boirons	nous conduirons	nous connaîtrons
	vous boirez	vous conduirez	vous connaîtrez
	ils boiront	ils conduiront	ils connaîtront

passé simple	je bus	je conduisis	je connus
	tu bus	tu conduisis	tu connus
	il but	il conduisit	il connut
	nous bûmes	nous conduisîmes	nous connûmes
	vous bûtes	vous conduisîtes	vous connûtes
	ils burent	ils conduisirent	ils connurent
passé composé	j'ai bu	j'ai conduit	j'ai connu
plus-que-parfait	j'avais bu	j'avais conduit	j'avais connu
futur antérieur	j'aurai bu	j'aurai conduit	j'aurai connu
passé antérieur	j'eus bu	j'eus conduit	j'eus connu

Conditionnel

conditionnel présent	je boirais	je conduirais	je connaîtrais
	tu boirais	tu conduirais	tu connaîtrais
	il boirait	il conduirait	il connaîtrait
	nous boirions	nous conduirions	nous connaîtrions
	vous boiriez	vous conduiriez	vous connaîtriez
	il boiraient	ils conduiraient	ils connaîtraient
conditionnel passé	j'aurais bu	j'aurais conduit	j'aurais connu

Subjonctif

subjonctif	je boive	je conduise	je connaisse
	tu boives	tu conduises	tu connaisses
	il boive	il conduise	il connaisse
	nous buvions	nous conduisions	nous connaissions
	vous buviez	vous conduisiez	vous connaissiez
	ils boivent	ils conduisent	ils connaissent
subjonctif passé	j'aie bu	j'aie conduit	j'aie connu
subjonctif imparfait	je busse	je conduisisse	je connusse
subjonctif plus-que-parfait	j'eusse bu	j'eusse conduit	j'eusse connu

infinitif	**conquérir**	**courir**	**craindre**
participe passé	conquis	couru	craint
infinitif passé	avoir conquis	avoir couru	avoir craint
participe présent	conquérant	courant	craignant
impératif	conquiers	cours	crains
	conquérons	courons	craignons
	conquérez	courez	craignez

Indicatif _____

present	je conquiers	je cours	je crains
	tu conquiers	tu cours	tu crains
	il conquiert	il court	il craint
	nous conquérons	nous courons	nous craignons
	vous conquérez	vous courez	vous craignez
	ils conquièrent	ils courent	ils craignent
imparfait	je conquérais	je courais	je craignais
	tu conquérais	tu courais	tu craignais
	il conquérait	il courait	il craignait
	nous conquérions	nous courions	nous craignions
	vous conquériez	vous couriez	vous craigniez
	ils conquéraient	ils couraient	ils craignaient
futur	je conquerrai	je courrai	je craindrai
	tu conquerras	tu courras	tu craindras
	il conquerra	il courra	il craindra
	nous conquerrons	nous courrons	nous craindrons
	vous conquerrez	vous courrez	vous craindrez
	ils conquerront	ils courront	ils craindront
passé simple	je conquis	je courus	je craignis
	tu conquis	tu courus	tu craignis
	il conquit	il courut	il craignit
	nous conquîmes	nous courûmes	nous craignîmes
	vous conquîtes	vous courûtes	vous craignîtes
	ils conquirent	ils coururent	ils craignirent
passé composé	j'ai conquis	j'ai couru	j'ai craint
plus-que-parfait	j'avais conquis	j'avais couru	j'avais craint
futur antérieur	j'aurai conquis	j'aurai couru	j'aurai craint
passé antérieur	j'eus conquis	j'eus couru	j'eus craint

Conditionnel

conditionnel présent	je conquerrais tu conquerrais il conquerrait nous conquerrions vous conquerriez ils conquerraient	je courrais tu courrais il courrait nous courrions vous courriez ils courraient	je craindrais tu craindrais il craindrait nous craindrions vous craindriez ils craindraient
conditionnel passé	j'aurais conquis	j'aurais couru	j'aurais craint

Subjonctif

subjonctif présent	je conquière tu conquières il conquière nous conquérions vous conquériez ils conquièrent	je coure tu coures il coure nous courions vous couriez ils courent	je craigne tu craignes il craigne nous craignions vous craigniez ils craignent
subjonctif passé	j'aie conquis	j'aie couru	j'aie craint
subjonctif imparfait	je conquisse	je courusse	je craignisse
subjonctif plus-que-parfait	j'eusse conquis	j'eusse couru	j'eusse craint

infinitif	**croire**	**cueillir**	**devoir**
participe passé	cru	cueilli	dû, due (f.)
infinitif passé	avoir cru	avoir cueilli	avoir dû
participe présent	croyant	cueillant	devant
impératif	crois croyons croyez	cueille cueillons cueillez	dois devons devez

Indicatif

présent	je crois tu crois il croit nous croyons vous croyez ils croient	je cueille tu cueilles il cueille nous cueillons vous cueillez ils cueillent	je dois tu dois il doit nous devons vous devez ils doivent

imparfait	je croyais	je cueillais	je devais
	tu croyais	tu cueillais	tu devais
	il croyait	il cueillait	il devait
	nous croyions	nous cueillions	nous devions
	vous croyiez	vous cueilliez	vous deviez
	ils croyaient	ils cueillaient	ils devaient
futur	je croirai	je cueillerai	je devrai
	tu croiras	tu cueilleras	tu devras
	il croira	il cueillera	il devra
	nous croirons	nous cueillerons	nous devrons
	vous croirez	vous cueillerez	vous devrez
	ils croiront	ils cueilleront	ils devront
passé simple	je crus	je cueillis	je dus
	tu crus	tu cueillis	tu dus
	il crut	il cueillit	il dut
	nous crûmes	nous cueillîmes	nous dûmes
	vous crûtes	vous cueillîtes	vous dûtes
	ils crurent	ils cueillirent	ils durent
passé composé	j'ai cru	j'ai cueilli	j'ai dû
plus-que-parfait	j'avais cru	j'avais cueilli	j'avais dû
futur antérieur	j'aurai cru	j'aurai cueilli	j'aurai dû
passé antérieur	j'eus cru	j'eus cueilli	j'eus dû

Conditionnel

conditionnel présent	je croirais	je cueillerais	je devrais
	tu croirais	tu cueillerais	tu devrais
	il croirait	il cueillerait	il devrait
	nous croirions	nous cueillerions	nous devrions
	vous croiriez	vous cueilleriez	vous devriez
	ils croiraient	ils cueilleraient	ils devraient
conditionnel passé	j'aurais cru	j'aurais cueilli	j'aurais dû

Subjonctif

subjonctif présent	je croie	je cueille	je doive
	tu croies	tu cueilles	tu doives
	il croie	il cueille	il doive
	nous croyions	nous cueillions	nous devions
	vous croyiez	vous cueilliez	vous deviez
	ils croient	ils cueillent	ils doivent

subjonctif passé	j'aie cru	j'aie cueilli	j'aie dû
subjonctif imparfait	je crusse	je cueillisse	je dusse
subjonctif plus-que-parfait	j'eusse cru	j'eusse cueilli	j'eusse dû

	dire	**dormir**	**écrire**
infinitif	**dire**	**dormir**	**écrire**
participe passé	dit	dormi	écrit
infinitif passé	avoir dit	avoir dormi	avoir écrit
participe présent	disant	dormant	écrivant
impératif	dis	dors	écris
	disons	dormons	écrivons
	dites	dormez	écrivez

Indicatif

	dire	**dormir**	**écrire**
présent	je dis	je dors	j'écris
	tu dis	tu dors	tu écris
	il dit	il dort	il écrit
	nous disons	nous dormons	nous écrivons
	vous dites	vous dormez	vous écrivez
	ils disent	ils dorment	ils écrivent
imparfait	je disais	je dormais	j'écrivais
	tu disais	tu dormais	tu écrivais
	il disait	il dormait	il écrivait
	nous disions	nous dormions	nous écrivions
	vous disiez	vous dormiez	vous écriviez
	ils disaient	ils dormaient	ils écrivaient
futur	je dirai	je dormirai	j'écrirai
	tu diras	tu dormiras	tu écriras
	il dira	il dormira	il écrira
	nous dirons	nous dormirons	nous écrirons
	vous direz	vous dormirez	vous écrirez
	ils diront	ils dormiront	ils écriront
passé simple	je dis	je dormis	j'écrivis
	tu dis	tu dormis	tu écrivis
	il dit	il dormit	il écrivit
	nous dîmes	nous dormîmes	nous écrivîmes
	vous dîtes	vous dormîtes	vous écrivîtes
	ils dirent	ils dormirent	ils écrivirent
passé composé	j'ai dit	j'ai dormi	j'ai écrit

plus-que-parfait	j'avais dit	j'avais dormi	j'avais écrit
futur antérieur	j'aurai dit	j'aurai dormi	j'aurai écrit
passé antérieur	j'eus dit	j'eus dormi	j'eus écrit

Conditionnel

conditionnel présent	je dirais	je dormirais	j'écrirais
	tu dirais	tu dormirais	tu écrirais
	il dirait	il dormirait	il écrirait
	nous dirions	nous dormirions	nous écririons
	vous diriez	vous dormiriez	vous écririez
	ils diraient	ils dormiraient	ils écriraient
conditionnel passé	j'aurais dit	j'aurais dormi	j'aurais écrit

Subjonctif

subjonctif présent	je dise	je dorme	j'écrive
	tu dises	tu dormes	tu écrives
	il dise	il dorme	il écrive
	nous disions	nous dormions	nous écrivions
	vous disiez	vous dormiez	vous écriviez
	ils disent	ils dorment	ils écrivent
subjonctif passé	j'aie dit	j'aie dormi	j'aie écrit
subjonctif imparfait	je disse	je dormisse	j'écrivisse
subjonctif plus-que-parfait	j'eusse dit	j'eusse dormi	j'eusse écrit

infinitif	**envoyer**	**faire**	**fuir**
participe passé	envoyé	fait	fui
infinitif passé	avoir envoyé	avoir fait	avoir fui
participe présent	envoyant	faisant	fuyant
impératif	envoie	fais	fuis
	envoyons	faisons	fuyons
	envoyez	faites	fuyez

présent	j'envoie	je fais	je fuis
	tu envoies	tu fais	tu fuis
	il envoie	il fait	il fuit
	nous envoyons	nous faisons	nous fuyons
	vous envoyez	vous faites	vous fuyez
	ils envoient	ils font	ils fuient
imparfait	j'envoyais	je faisais	je fuyais
	tu envoyais	tu faisais	tu fuyais
	il envoyait	il faisait	il fuyait
	nous envoyions	nous faisions	nous fuyions
	vous envoyiez	vous faisiez	vous fuyiez
	ils envoyaient	ils faisaient	ils fuyaient
futur	j'enverrai	je ferai	je fuirai
	tu enverras	tu feras	tu fuiras
	il enverra	il fera	il fuira
	nous enverrons	nous ferons	nous fuirons
	vous enverrez	vous ferez	vous fuirez
	ils enverront	ils feront	ils fuiront
passé simple	j'envoyai	je fis	je fuis
	tu envoyas	tu fis	tu fuis
	il envoya	il fit	il fuit
	nous envoyâmes	nous fîmes	nous fuîmes
	vous envoyâtes	vous fîtes	vous fuîtes
	ils envoyèrent	ils firent	ils fuirent
passé composé	j'ai envoyé	j'ai fait	j'ai fui
plus-que-parfait	j'avais envoyé	j'avais fait	j'avais fui
futur antérieur	j'aurai envoyé	j'aurai fait	j'aurai fui
passé antérieur	j'envoyé	j'eus fait	j'eus fui

conditionnel présent	j'enverrais	je ferais	je fuirais
	tu enverrais	tu ferais	tu fuirais
	il enverrait	il ferait	il fuirait
	nous enverrions	nous ferions	nous fuirions
	vous enverriez	vous feriez	vous fuiriez
	ils enverraient	ils feraient	ils fuiraient
conditionnel passé	j'aurais envoyé	j'aurais fait	j'aurais fui

Subjonctif

subjonctif présent	j'envoie	je fasse	je fuie
	tu envoies	tu fasses	tu fuies
	il envoie	il fasse	il fuie
	nous envoyions	nous fassions	nous fuyions
	vous envoyiez	vous fassiez	vous fuyiez
	ils envoient	ils fassent	ils fuient
subjonctif passé	j'aie envoyé	j'aie fait	j'aie fui
subjonctif imparfait	j'envoyasse	je fisse	je fuisse
subjonctif plus-que-parfait	j'eusse envoyé	j'eusse fait	j'eusse fui

infinitif	**lire**	**mentir**	**mettre**
participe passé	lu	menti	mis
infinitif passé	avoir lu	avoir menti	avoir mis
participe présent	lisant	mentant	mettant
impératif	lis	mens	mets
	lisons	mentons	mettons
	lisez	mentez	mettez

Indicatif

présent	je lis	je mens	je mets
	tu lis	tu mens	tu mets
	il lit	il ment	il met
	nous lisons	nous mentons	nous mettons
	vous lisez	vous mentez	vous mettez
	ils lisent	ils mentent	ils mettent
imparfait	je lisais	je mentais	je mettais
	tu lisais	tu mentais	tu mettais
	il lisait	il mentait	il mettait
	nous lisions	nous mentions	nous mettions
	vous lisiez	vous mentiez	vous mettiez
	ils lisaient	ils mentaient	ils mettaient
futur	je lirai	je mentirai	je mettrai
	tu liras	tu mentiras	tu mettras
	il lira	il mentira	il mettra
	nous lirons	nous mentirons	nous mettrons
	vous lirez	vous mentirez	vous mettrez
	ils liront	ils mentiront	ils mettront

passé simple	je lus	je mentis	je mis
	tu lus	tu mentis	tu mis
	il lut	il mentit	il mit
	nous lûmes	nous mentîmes	nous mîmes
	vous lûtes	vous mentîtes	vous mîtes
	ils lurent	ils mentirent	ils mirent
passé composé	j'ai lu	j'ai menti	j'ai mis
plus-que-parfait	j'avais lu	j'avais menti	j'avais mis
futur antérieur	j'aurai lu	j'aurai menti	j'aurai mis
passé antérieur	j'eus lu	j'eus menti	j'eus mis

Conditionnel

conditionnel présent	je lirais	je mentirais	je mettrais
	tu lirais	tu mentirais	tu mettrais
	il lirait	il mentirait	il mettrait
	nous lirions	nous mentirions	nous mettrions
	vous liriez	vous mentiriez	vous mettriez
	ils liraient	ils mentiraient	ils mettraient
conditionnel passé	j'aurais lu	j'aurais menti	j'aurais mis

Subjonctif

subjonctif présent	je lise	je mente	je mette
	tu lises	tu mentes	tu mettes
	il lise	il mente	il mette
	nous lisions	nous mentions	nous mettions
	vous lisiez	vous mentiez	vous mettiez
	ils lisent	ils mentent	ils mettent
subjonctif passé	j'aie lu	j'aie menti	j'aie mis
subjonctif imparfait	je lusse	je mentisse	je misse
subjonctif plus-que-parfait	j'eusse lu	j'eusse menti	j'eusse mis

infinitif	**mourir**	**naître**	**offrir**
participe passé	mort(-e)	né(-e)	offert
infinitif passé	être mort(-e)	être né(-e)	avoir offert
participe présent	mourant	naissant	offrant
impératif	meurs	nais	offre
	mourons	naissons	offrons
	mourez	naissez	offrez

Indicatif _____

présent	je meurs	je nais	j'offre
	tu meurs	tu nais	tu offres
	il meurt	il naît	il offre
	nous mourons	nous naissons	nous offrons
	vous mourez	vous naissez	vous offrez
	ils meurent	ils naissent	ils offrent
imparfait	je mourais	je naissais	j'offrais
	tu mourais	tu naissais	tu offrais
	il mourait	il naissait	il offrait
	nous mourions	nous naissions	nous offrions
	vous mouriez	vous naissiez	vous offriez
	ils mouraient	ils naissaient	ils offraient
futur	je mourrai	je naîtrai	j'offrirai
	tu mourras	tu naîtras	tu offriras
	il mourra	il naîtra	il offrira
	nous mourrons	nous naîtrons	nous offrirons
	vous mourrez	vous naîtrez	vous offrirez
	ils mourront	ils naîtront	ils offriront
passé simple	je mourus	je naquis	j'offris
	tu mourus	tu naquis	tu offris
	il mourut	il naquit	il offrit
	nous mourûmes	nous naquîmes	nous offrîmes
	vous mourûtes	vous naquîtes	vous offrîtes
	ils moururent	ils naquirent	ils offrirent
passé composé	je suis mort(-e)	je suis né(-e)	j'ai offert
plus-que-parfait	j'étais mort(-e)	j'étais né(-e)	j'avais offert
futur antérieur	je serai mort(-e)	je serai né(-e)	j'aurai offert
passé antérieur	je fus mort(-e)	je fus né(-e)	j'eus offert

Conditionnel

conditionnel présent	je mourrais	je naîtrais	j'offrirais
	tu mourrais	tu naîtrais	tu offrirais
	il mourrait	il naîtrait	il offrirait
	nous mourrions	nous naîtrions	nous offririons
	vous mourriez	vous naîtriez	vous offririez
	ils mourraient	ils naîtraient	ils offriraient
conditionnel passé	je serais mort(-e)	je serais né(-e)	j'aurais offert

Subjonctif

subjonctif présent	je meure	je naisse	j'offre
	tu meures	tu naisses	tu offres
	il meure	il naisse	il offre
	nous mourions	nous naissions	nous offrions
	vous mouriez	vous naissiez	vous offriez
	ils meurent	ils naissent	ils offrent
subjonctif passé	je sois mort(-e)	je sois né(-e)	j'aie offert
subjonctif imparfait	je mourusse	je naquisse	j'offrisse
subjonctif plus-que-parfait	je fusse mort(-e)	je fusse né(-e)	j'euasse offert

infinitif	**ouvrir**	**paraître**	**partir**
participe passé	ouvert	paru	parti(-e)
infinitif passé	avoir ouvert	avoir paru	être parti(-e)
participe présent	ouvrant	paraissant	partant
impératif	ouvre	parais	pars
	ouvrons	paraissons	pattons
	ouvrez	paraissez	partez

Indicatif

présent	j'ouvre	je parais	je pars
	tu ouvres	tu parais	tu pars
	il ouvre	il paraît	il part
	nous ouvrons	nous paraissons	nous partons
	vous ouvrez	vous paraissez	vous partez
	ils ouvrent	ils paraissent	ils partent

imparfait	j'ouvrais	je paraissais	je partais
	tu ouvrais	tu paraissais	tu partais
	il ouvrait	il paraissait	il partait
	nous ouvrions	nous paraissions	nous partions
	vous ouvriez	vous paraissiez	vous partiez
	ils ouvraient	ils paraissaient	ils partaient
futur	j'ouvrirai	je paraîtrai	je partirai
	tu ouvriras	tu paraîtras	tu partiras
	il ouvrira	il paraîtra	il partira
	nous ouvrirons	nous paraîtrons	nous partirons
	vous ouvrirez	vous paraîtrez	vous partirez
	ils ouvriront	ils paraîtront	ils partiront
passé simple	j'ouvris	je parus	je partis
	tu ouvris	tu parus	tu partis
	il ouvrit	il parut	il partit
	nous ouvrîmes	nous parûmes	nous partîmes
	vous ouvrîtes	vous parûtes	vous partîtes
	ils ouvrirent	ils parurent	ils partirent
passé composé	j'ai ouvert	j'ai paru	je suis parti(-e)
plus-que-parfait	j'avais ouvert	j'avais paru	j'étais parti(-e)
futur antérieur	j'aurai ouvert	j'aurai paru	je serai parti(-e)
passé antérieur	j'eus ouvert	j'eus paru	je fus parti(-e)

Conditionnel

conditionnel présent	j'ouvrirais	je paraîtrais	je partirais
	tu ouvrirais	tu paraîtrais	tu partirais
	il ouvrirait	il paraîtrait	il partirait
	nous ouvririons	nous paraîtrions	nous partirions
	vous ouvririez	vous paraîtriez	vous partiriez
	ils ouvriraient	ils paraîtraient	ils partiraient
conditionnel passé	j'aurais ouvert	j'aurais paru	je serais parti(-e)

Subjonctif

subjonctif présent	j'ouvre	je paraisse	je parte
	tu ouvres	tu paraisses	tu partes
	il ouvre	il paraisse	il parte
	nous ouvrions	nous paraissions	nous partions
	vous ouvriez	vous paraissiez	vous partiez
	ils ouvrent	ils paraissent	ils partent

subjonctif passé	j'aie ouvert	j'aie paru	je sois parti(-e)
subjonctif imparfait	j'ouvrisse	je parusse	je partisse
subjonctif plus-que-parfait	j'eusse ouvert	j'eusse paru	je fusse parti(-e)

infinitif	**plaire**	**pouvoir**	**prendre**
participe passé	plu	pu	pris
infinitif passé	avoir plu	avoir pu	avoir pris
participe présent	plaisant	pouvant	prenant
impératif	plais	——	prends
	plaisons	——	prenons
	plaisez	——	prenez

Indicatif _____

présent	je plais	je peux (puis)	je prends
	tu plais	tu peux	tu prends
	il plaît	il peut	il prend
	nous plaisons	nous pouvons	nous prenons
	vous plaisez	vous pouvez	vous prenez
	ils plaisent	ils peuvent	ils prennent
imparfait	je plaisais	je pouvais	je prenais
	tu plaisais	tu pouvais	tu prenais
	il plaisait	il pouvait	il prenait
	nous plaisions	nous pouvions	nous prenions
	vous plaisiez	vous pouviez	vous preniez
	ils plaisaient	ils pouvaient	ils prenaient
futur	je plairai	je pourrai	je prendrai
	tu plairas	tu pourras	tu prendras
	il plaira	il pourra	il prendra
	nous plairons	nous pourrons	nous prendrons
	vous plairez	vous pourrez	vous prendrez
	ils plairont	ils pourront	ils prendront
passé simple	je plus	je pus	je pris
	tu plus	tu pus	tu pris
	il plut	il put	il prit
	nous plûmes	nous pûmes	nous prîmes
	vous plûtes	vous pûtes	vous prîtes
	ils plurent	ils purent	ils prirent
passé composé	j'ai plu	j'ai pu	j'ai pris

plus-que-parfait	j'avais plu	j'avais pu	j'avais pris
futur antérieur	j'aurai plu	j'aurai pu	j'aurai pris
passé antérieur	j'eus plu	j'eus pu	j'eus pris

Conditionnel

conditionnel présent	je plairais	je pourrais	je prendrais
	tu plairais	tu pourrais	tu prendrais
	il plairait	il pourrait	il prendrait
	nous plairions	nous pourrions	nous prendrions
	vous plairiez	vous pourriez	vous prendriez
	ils plairaient	ils pourraient	ils prendraient
conditionnel passé	j'aurais plu	j'aurais pu	j'aurais pris

Subjonctif

subjonctif présent	je plaise	je puisse	je prenne
	tu plaises	tu puisses	tu prennes
	il plaise	il puisse	il prenne
	nous plaisions	nous puissions	nous prenions
	vous plaisiez	vous puissiez	vous preniez
	ils plaisent	ils puissent	ils prennent
subjonctif passé	j'aie plu	j'aie pu	j'aie pris
subjonctif imparfait	je plusse	je pusse	je prisse
subjonctif plus-que-parfait	j'eusse plu	j'eusse pu	j'eusse pris

infinitif	**recevoir**	**rire**	**savoir**
participe passé	reçu	ri	su
infinitif passé	avoir reçu	avoir ri	avoir su
participe présent	recevant	riant	sachant
impératif	reçois	ris	sache
	recevons	rions	sachons
	recevez	riez	sachez

Indicatif

présent	je reçois	je ris	je sais
	tu reçois	tu ris	tu sais
	il reçoit	il rit	il sait
	nous recevons	nous rions	nous savons
	vous recevez	vous riez	vous savez
	ils reçoivent	ils rient	ils savent
imparfait	je recevais	je riais	je savais
	tu recevais	tu riais	tu savais
	il recevait	il riait	il savait
	nous recevions	nous riions	nous savions
	vous receviez	vous riiez	vous saviez
	ils recevaient	ils riaient	ils savaient
futur	je recevrai	je rirai	je saurai
	tu recevras	tu riras	tu sauras
	il recevra	il rira	il saura
	nous recevrons	nous rirons	nous saurons
	vous recevrez	vous rirez	vous saurez
	ils recevront	ils riront	ils sauront
passé simple	je reçus	je ris	je sus
	tu reçus	tu ris	tu sus
	il reçut	il rit	il sut
	nous reçûmes	nous rîmes	nous sûmes
	vous reçûtes	vous rîtes	vous sûtes
	ils reçurent	ils rirent	ils surent
passé composé	j'ai reçu	j'ai ri	j'ai su
plus-que-parfait	j'avais reçu	j'avais ri	j'avais su
futur antérieur	j'aurai reçu	j'aurai ri	j'aurai su
passé antérieur	j'eus reçu	j'eus ri	j'eus su

Conditionnel

conditionnel présent	je recevrais	je rirais	je saurais
	tu recevrais	tu rirais	tu saurais
	il recevrait	il rirait	il saurait
	nous recevrions	nous ririons	nous saurions
	vous recevriez	vous ririez	vous sauriez
	ils recevraient	ils riraient	ils sauraient
conditionnel passé	j'aurais reçu	j'aurais ri	j'aurais su

Subjonctif

subjonctif présent	je reçoive	je rie	je sache
	tu reçoives	tu ries	tu saches
	il reçoive	il rie	il sache
	nous recevions	nous riions	nous sachions
	vous receviez	vous riiez	vous sachiez
	ils reçoivent	ils rient	ils sachent
subjonctif passé	j'aie reçu	j'aie ri	j'aie su
subjonctif imparfait	je reçusse	je risse	je susse
subjonctif plus-que-parfait	j'eusse reçu	j'eusse ri	j'eusse su

infinitif	**sentir**	**servir**	**sortir**
participe passé	senti	servi	sorti(-e)
infinitif passé	avoir senti	avoir servi	être sorti(-e)
participe présent	sentant	servant	sortant
impératif	sens	sers	sors
	sentons	servons	sortons
	sentez	servez	sortez

Indicatif

présent	je sens	je sers	je sors
	tu sens	tu sers	tu sors
	il sent	il sert	il sort
	nous sentons	nous servons	nous sortons
	vous sentez	vous servez	vous sortez
	ils sentent	ils servent	ils sortent
imparfait	je sentais	je servais	je sortais
	tu sentais	tu servais	tu sortais
	il sentait	il servait	il sortait
	nous sentions	nous servions	nous sortions
	vous sentiez	vous serviez	vous sortiez
	ils sentaient	ils servaient	ils sortaient
futur	je sentirai	je servirai	je sortirai
	tu sentiras	tu serviras	tu sortiras
	il sentira	il servira	il sortira
	nous sentirons	nous servirons	nous sortirons
	vous sentirez	vous servirez	vous sortirez
	ils sentiront	ils serviront	ils sortiront

passé simple	je sentis	je servis	je sortis
	tu sentis	tu servis	tu sortis
	il sentit	il servit	il sortit
	nous sentîmes	nous servîmes	nous sortîmes
	vous sentîtes	vous servîtes	vous sortîtes
	ils sentirent	ils servirent	ils sortirent
passé composé	j'ai senti	j'ai servi	je suis sorti(-e)
plus-que-parfait	j'avais senti	j'avais servi	j'étais sorti(-e)
futur antérieur	j'aurai senti	j'aurai servi	je serai sorti(-e)
passé antérieur	j'eus senti	j'eus servi	je fus sorti(-e)

Conditionnel

conditionnel présent	je sentirais	je servirais	je sortirais
	tu sentirais	tu servirais	tu sortirais
	il sentirait	il servirait	il sortirait
	nous sentirions	nous servirions	nous sortirions
	vous sentiriez	vous serviriez	vous sortiriez
	ils sentiraient	ils serviraient	ils sortiraient
conditionnel passé	j'aurais senti	j'aurais servi	je serais sorti(-e)

Subjonctif

subjonctif présent	je sente	je serve	je sorte
	tu sentes	tu serves	tu sortes
	il sente	il serve	il sorte
	nous sentions	nous servions	nous sortions
	vous sentiez	vous serviez	vous sortiez
	ils sentent	ils servent	ils sortent
subjonctif passé	j'aie senti	j'aie servi	je sois sorti(-e)
subjonctif imparfait	je sentisse	je servisse	je sortisse
subjonctif plus-que-parfait	j'eusse senti	j'eusse servi	je fusse sorti(-e)

infinitif	**suivre**	**se taire**	**tenir**
participe passé	suivi	tu(-e)	tenu
infinitif passé	avoir suivi	s'être tu(-e)	avoir tenu
participe présent	suivant	se taisant	tenant
impératif	suis	tais-toi	tiens
	suivons	taisons-nous	tenons
	suivez	taisez-vous	tenez

Indicatif

	suivre	se taire	tenir
présent	je suis	je me tais	je tiens
	tu suis	tu te tais	tu tiens
	il suit	il se tait	il tient
	nous suivons	nous nous taisons	nous tenons
	vous suivez	vous vous taisez	vous tenez
	ils suivent	ils se taisent	ils tiennent
imparfait	je suivais	je me taisais	je tenais
	tu suivais	tu te taisais	tu tenais
	il suivait	il se taisait	il tenait
	nous suivions	nous nous taisions	nous tenions
	vous suiviez	vous vous taisiez	vous teniez
	ils suivaient	ils se taisaient	ils tenaient
futur	je suivrai	je me tairai	je tiendrai
	tu suivras	tu te tairas	tu tiendras
	il suivra	il se taira	il tiendra
	nous suivrons	nous nous tairons	nous tiendrons
	vous suivrez	vous vous tairez	vous tiendrez
	ils suivront	ils se tairont	ils tiendront
passé simple	je suivis	je me tus	je tins
	tu suivis	tu te tus	tu tins
	il suivit	il se tut	il tint
	nous suivîmes	nous nous tûmes	nous tînmes
	vous suivîtes	vous vous tûtes	vous tîntes
	ils suivirent	ils se turent	ils tinrent
passé composé	j'ai suivi	je me suis tu(-e)	j'ai tenu
futur antérieur	j'aurai suivi	je me serai tu (-e)	j'aurai tenu
plus-que-parfait	j'avais suivi	je m'étais tu(-e)	j'avais tenu

Conditionnel

conditionnel présent	je suivrais	je me tairais	je tiendrais
	tu suivrais	tu te tairais	tu tiendrais
	il suivrait	il se tairait	il tiendrait
	nous suivrions	nous nous tairions	nous tiendrions
	vous suivriez	vous vous tairiez	vous tiendriez
	ils suivraient	ils se tairaient	ils tiendraient
conditionnel passé	j'aurais suivi	je me serais tu(-e)	j'aurais tenu

Subjonctif

subjonctif présent	je suive	je me taise	je tienne
	tu suives	tu te taises	tu tiennes
	il suive	il se taise	il tienne
	nous suivions	nous nous taisions	nous tenions
	vous suiviez	vous vous taisiez	vous teniez
	ils suivent	ils se taisent	ils tiennent
subjonctif passé	j'aie suivi	je me sois tu(-e)	j'aie tenu
subjonctif imparfait	je suivisse	je me tusse	je tinsse
subjonctif plus-que-parfait	j'eusse suivi	je me fusse tu(-e)	j'eusse tenu

infinitif	**valoir**	**venir**	**vivre**
participe passé	valu	venu(-e)	vécu
infinitif passé	avoir valu	être venu(-e)	avoir vécu
participe présent	valant	venant	vivant
impératif	vaux	viens	vis
	valons	venons	vivons
	valez	venez	vivez

Indicatif

présent	je vaux	je viens	je vis
	tu vaux	tu viens	tu vis
	il vaut	il vient	il vit
	nous valons	nous venons	nous vivons
	vous valez	vous venez	vous vivez
	ils valent	ils viennent	ils vivent

imparfait	je valais	je venais	je vivais
	tu valais	tu venais	tu vivais
	il valait	il venait	il vivait
	nous valions	nous venions	nous vivions
	vous valiez	vous veniez	vous viviez
	ils valaient	ils venaient	ils vivaient
futur	je vaudrai	je viendrai	je vivrai
	tu vaudras	tu viendras	tu vivras
	il vaudra	il viendra	il vivra
	nous vaudrons	nous viendrons	nous vivrons
	vous vaudrez	vous viendrez	vous vivrez
	ils vaudront	ils viendront	ils vivront
passé simple	je valus	je vins	je vécus
	tu valus	tu vins	tu vécus
	il valut	il vint	il vécut
	nous valûmes	nous vînmes	nous vécûmes
	vous valûtes	vous vîntes	vous vécûtes
	ils valurent	ils vinrent	ils vécurent
passé composé	j'ai valu	je suis venu(-e)	j'ai vécu
plus-que-parfait	j'avais valu	j'étais venu(-e)	j'avais vécu
futur antérieur	j'aurai valu	je serai venu(-e)	j'aurai vécu
passé antérieur	j'eus valu	je fus venu(-e)	j'eus vécu

Conditionnel

conditionnel présent	je vaudrais	je viendrais	je vivrais
	tu vaudrais	tu viendrais	tu vivrais
	il vaudrait	il viendrait	il vivrait
	nous vaudrions	nous viendrions	nous vivrions
	vous vaudriez	vous viendriez	vous vivriez
	ils vaudraient	ils viendraient	ils vivraient
conditionnel passé	j'aurais valu	je serais venu(-e)	j'aurais vécu

Subjonctif

subjonctif présent	je vaille	je vienne	je vive
	tu vailles	tu viennes	tu vives
	il vaille	il vienne	il vive
	nous valions	nous venions	nous vivions
	vous valiez	vous veniez	vous viviez
	ils vaillent	ils viennent	ils vivent

subjonctif passé	j'aie valu	je sois venu(-e)	j'aie vécu
subjonctif imparfait	je valusse	je vinsse	je vécusse
subjonctif plus-que-parfait	j'eusse valu	je fusse venu(-e)	j'eusse vécu

infinitif	**voir**	**vouloir**
participe passé	vu	voulu
infinitif passé	avoir vu	avoir voulu
participe présent	voyant	voulant
impératif	vois	——
	voyons	——
	voyez	veuillez

Indicatif

présent	je vois	je veux
	tu vois	tu veux
	il voit	il veut
	nous voyons	nous voulons
	vous voyez	vous voulez
	ils voient	ils veulent
imparfait	je voyais	je voulais
	tu voyais	tu voulais
	il voyait	il voulait
	nous voyions	nous voulions
	vous voyiez	vous vouliez
	ils voyaient	ils voulaient
futur	je verrai	je voudrai
	tu verras	tu voudras
	il verra	il voudra
	nous verrons	nous voudrons
	vous verrez	vous voudrez
	ils verront	ils voudront
passé simple	je vis	je voulus
	tu vis	tu voulus
	il vit	il voulut
	nous vîmes	nous voulûmes
	vous vîtes	vous voulûtes
	ils virent	ils voulurent
passé composé	j'ai vu	j'ai voulu

plus-que-parfait	j'avais vu	j'avais voulu
futur antérieur	j'aurai vu	j'aurai voulu
passé antérieur	j'eus vu	j'eus voulu

Conditionnel

conditionnel présent	je verrais	je voudrais
	tu verrais	tu voudrais
	il verrait	il voudrait
	nous verrions	nous voudrions
	vous verriez	vous voudriez
	ils verraient	ils voudraient
conditionnel passé	j'aurais vu	j'aurais voulu

Subjonctif

subjonctif présent	je voie	je veuille
	tu voies	tu veuilles
	il voie	il veuille
	nous voyions	nous voulions
	vous voyiez	vous vouliez
	ils voient	ils veuillent
subjonctif passé	j'aie vu	j'aie voulu
subjonctif imparfait	je visse	je voulusse
subjonctif plus-que-parfait	j'eusse vu	j'eusse voulu

Les verbes impersonnels

infinitif	**falloir**	**pleuvoir**	**neiger**
participe passé	fallu	plu	neigé
présent	il faut	il pleut	il neige
imparfait	il fallait	il pleuvait	il neigeait
futur	il faudra	il pleuvra	il neigera
passé simple	il fallut	il plut	il neigea
passé composé	il a fallu	il a plu	il a neigé
plus-que-parfait	il avait fallu	il avait plu	il avait neigé

futur antérieur	il aura fallu	il aura plu	il aura neigé
passé antérieur	il eut fallu	il eut plu	il eut neigé
conditionnel présent	il faudrait	il pleuvrait	il neigerait
conditionnel passé	il aurait fallu	il aurait plu	il aurait neigé
subjonctif présent	il faille	il pleuve	il neige
subjonctif passé	il ait fallu	il ait plu	il ait neigé
subjonctif imparfait	il fallût	il plût	il neigeasse
subjonctif plus-que-parfait	il eût fallu	il eût plu	il eût neigé

présent	**il y a**	**il s'agit (de)**
imparfait	il y avait	il s'agissait (de)
futur	il y aura	il s'agira (de)
passé simple	il y eut	il s'agit (de)
passé composé	il y a eu	il s'est agi (de)
plus-que-parfait	il y avait eu	il s'était agi (de)
futur antérieur	il y aura eu	il se sera agi (de)
passé antérieur	il y eut eu	il se fut agi (de)
conditionnel présent	il y aurait	il s'agirait (de)
conditionnel passé	il y aurait eu	il se serait agi (de)
subjonctif présent	il y ait	il s'agisse (de)
subjonctif passé	il y ait eu	il se soit agi (de)
subjonctif imparfait	il y eût	il s'agît (de)
subjonctif plus-que-parfait	il y eût eu	il se fût agi (de)

Les verbes principaux qui introduisent un autre verbe à l'infinitif précédé par *de*

Verbe + *de* + infinitif

accepter de	arrêter de	charger de
accuser de	s'arrêter de	choisir de
achever de	blâmer de	commander de
s'apercevoir de	cesser de	conseiller de

se contenter de
convaincre de
convenir de
craindre de
décider de
défendre de
demander de
se dépêcher de
dire de
se douter de
écrire de
s'efforcer de
empêcher de
entreprendre de
essayer de
s'étonner de
éviter de
s'excuser de
faire bien de
se fatiguer de

féliciter de
finir de
se garder de
se hâter de
s'impatienter de
indiquer de
interdire de
jouir de
manquer de
menacer de
mériter de
se moquer de
mourir de
négliger de
obtenir de
s'occuper de
offrir de
ordonner de
oublier de
parler de

se passer de
permettre de
persuader de
plaindre de
se plaindre de
prier de
promettre de
proposer de
punir de
refuser de
regretter de
remercier de
reprocher de
rêver de
risquer de
souffrir de
se souvenir de
tâcher de
venir de (passé immédiat)

Les verbes principaux qui introduisent un autre verbe à l'infinitif précédé par *à*

Verbe + *à* + infinitif

aider à
amener à
s'amuser à
s'appliquer à
apprendre à
arriver à
aspirer à
s'attendre à
avoir à
chercher à
commencer à
se consacrer à
consentir à

continuer à
se décider à
encourager à
engager à
enseigner à
se faire à
forcer à
se forcer à
s'habituer à
hésiter à
s'intéresser à
inviter à

obliger à
parvenir à
se plaire à
pousser à
renoncer à
se résoudre à
réussir à
servir à
songer à
tendre à
tarder à
tenir à

Les verbes réguliers en -er avec un changement orthographique

A. **e** + consonne + **-er**

> a c h **e t e r**
> e m m **e n e r**
> l **e v e r**, etc.

1. La majorité de ces verbes ont un *accent grave* (`) dans leur conjugaison.

acheter

j' a c h **è** t e	*Mais:* nous a c h **e** t o n s	⎱ n'ont pas
il (elle, on) a c h **è** t e	vous a c h **e** t e z	⎰ d'accent!
ils (elles) a c h **è** t e n t		
tu a c h **è** t e s		

2. Quelques verbes n'ont pas d'accent dans leurs conjugaisons, mais ils ont une *consonne double.*

> a p p **e l e r**
> j **e t e r**, etc.

appeler

j' a p p **e l l** e	*Mais:* nous a p p **e l** o n s	⎱ ont seulement
il (elle, on) a p p **e l l** e	vous a p p **e l** e z	⎰ *une* consonne!
ils (elles) a p p **e l l** e n t		
tu a p p **e l l** e s		

B. **é** + consonne + **-er**: Dans la conjugaison de ces verbes le **é** devant la consonne → **è**.

> e s p **é r e r**
> s u g g **é r e r**
> p r e f **é r e r**, etc.

espérer

j' e s p **è** r e	*Mais:* nous e s p **é** r o n s	⎱ ont toujours
il (elle, on) e s p **è** r e	vous e s p **é** r e z	⎰ l'accent aigu
ils (elles) e s p **è** r e n t		
tu e s p **è** r e s		

préférer

je p r é f **è** r e	*Mais:* nous p r é f **é** r o n s	⎱ ont toujours
il (elle, on) p r é f **è** r e	vous p r é f **é** r e z	⎰ l'accent aigu
ils (elles) p r é f **è** r e n t		
tu p r é f **è** r e s		

C. L'orthographe de ces verbes change également au présent du **subjonctif**.

        ...que j'ach**è**te   ...que nous ach**e**tions, etc.
        ...que j'app**elle**   ...que nous app**e**lions, etc.
        ...que j'esp**è**re   ...que nous esp**é**rions, etc.

D. L'orthographe ne change pas à **l'imparfait.**

        j'ach**e**tais   nous ach**e**tions, etc.

E. Au **futur** et au **conditionnel**
  1. Les verbes du type **acheter** ont le même accent (**è**) et les verbes du type **appeler** doublent la consonne à toutes les personnes.

      futur: ach**è**terai, nous ach**è**terons, etc.; j'app**ell**erai, nous app**ell**erons, etc.
    conditionnel: j'ach**è**terais, nous ach**è**terions, etc.; j'app**ell**erais, nous app**ell**erions, etc.

  2. L'orthographe des verbes du type **espérer** ne change pas.

      futur: j'esp**é**rerai, nous esp**é**rerons, etc.
  conditionnel: j'esp**é**rerais, nous esp**é**rerions, etc.

Lexique

Dans ce vocabulaire, le P (pour la *Leçon Préliminaire*), le numéro (pour la *Leçon*) ou le chiffre romain (pour l'*Entracte*) indiquent où le mot paraît pour la première fois.

à at, to, in, by, on *P*
  à bas ... ! down with ... ! *1*
  à bicyclette by bicycle *5*
  à bientôt see you soon *10*
  à cause de because of *4*
  à ce moment-là at this time *11*
  à cheval on horseback *8*
  à condition de provided that *21*
  à condition que provided that *21*
  à côté de next to *3*
  à demain see you tomorrow *P*
  à droite on the right *3*
  à gauche on the left *3*
  à l'extérieur outside *3*
  à l'heure on time *3*
  à la belle étoile out of doors *5*
  à la campagne in the country *6*
  à la fin at the end, in the end *5*
  à la fois at the same time *17*
  à la mode fashionable *6*
  à moins de unless *21*
  à moins que unless *21*
  à pied on foot *5*
  à travers through *10*
  à votre avis in your opinion *5*
abominable abominable *2*
aborder to land *16*
abri *m.* shelter *16*
absence *f.* absence *16*
absent(-e) absent *P*
absolu(-e) absolute *5*
absolument absolutely *5*
abstrait(-e) abstract *1*
accent *m.* accent *P*
accentuer to accentuate, stress *2*
accepter (de) to accept *6*

accident *m.* accident *5*
s'accompagner to accompany *16*
accord *m.* agreement *2*
accusé(-e) accused *12*
acheter to buy *6*
acide sulfurique *m.* sulfuric acid *13*
acrobate *m.* acrobat *16*
acteur *m.* actor *3*
actif(-ive) active *2*
action *f.* action *11*
activité *f.* activity *2*
actrice *f.* actress *3*
actuellement now *5*
adapté(-e) adapted *17*
adapter to adapt *21*
addition *f.* addition; check *1*
admettre to admit *8*
admiration *f.* admiration *11*
admirer to admire *5*
adolescence *f.* adolescence *13*
adolescent *m.* adolescent *1*
adopter to adopt *18*
adorer to adore *3*
adresse *f.* address *1*
adulte *m.* adult *7*
aéroport *m.* airport *10*
affaiblir to weaken; to lessen *18*
affectueusement affectionately *20*
affiche *f.* poster *10*
afin de in order to *21*
afin que in order that *21*
africain(-e) African *2*
âgé(-e) aged, old *9*
âge *m.* age *7*
agence *m.* agency *17*
  agence de location rental agency *17*
  agence immobilière real estate agency *17*
agent de police *m.* policeman *12*
agent de voyage *m.* travel agent *5*
agiter to toss about *13*
agréable pleasant *2*
aider à to help *6*
aimer to like, love *3*
  s'aimer to like (love) each other *16*

aîné(-e) *m.* oldest child *4*
air *m.* air, look, appearance *7*
  avoir l'air de to look, seem to be *7*
ajouter to add *8*
alcool *m.* alcohol, spirits *9*
aliénation *f.* alienation *2*
Allemagne *f.* Germany *5*
allemand(-e) German *2*
aller to go *5*
  aller voir to visit (someone) *10*
  s'en aller to go away *16*
allergie *f.* allergy *13*
allonger to stretch out *22*
allumer to light, ignite *17*
alors then, in that case *5*
amant *m.* lover (*f.* amante) *16*
ambiance *f.* atmosphere *19*
ambition *f.* ambition *8*
américain(-e) American *2*
Amérique du Sud *f.* South America *5*
ami *m.* friend (*f.* amie) *P*
amitié *f.* friendship *2*
  amitiés regards *18*
amour *m.* love *7*
amoureux(-euse) in love *16*
amusant(-e) amusing, funny *2*
s'amuser to have fun, have a good time, enjoy oneself *16*
an *m.* year *7*
ancêtre *m.* ancestor *17*
ancien(-ne) ancient, old; former *9*
ange *m.* angel *8*
anglais(-e) English *2*
anglais *m.* English *1*
Angleterre *f.* England *5*
angoisse *f.* anguish *18*
animal *m.* animal *2*
animé(-e) animated *3*
année *f.* year *1*
anniversaire *m.* birthday, anniversary *1*
annonce *f.* announcement *9*
annoncer to announce *5*
annuaire *m.* directory, phonebook *V*

anonyme anonymous *10*
antique antique *2*
antiquité *f.* antiquity *10*
apercevoir to see; to notice *10* .
apéritif *m.* drink (before a meal) *6*
apparaître to appear, become
  visible *9*
appareil *m.* device; telephone
  set *II*
appareil-photo *m.* camera *5*
apparence *f.* appearance *7*
appartement *m.* apartment *1*
appartenir to belong to *16*
appel *m.* call; roll call; appeal *P*
s'appeler to be named *4*
appendicite *f.* appendicitis *20*
appétit *m.* appetite *10*
  bon appétit! enjoy the
  meal! *8*
applaudir to applaud *12*
apporter to bring *5*
apprécier to appreciate *17*
apprendre to learn *8*
s'apprêter à *16*
approximatif(-ive) approximate *8*
appuyer to lean; to press (a
  button) *13*
après after *P*
après-midi *m.* afternoon *3*
arabe Arab *9*
arbre *m.* tree *3*
architecte *m.* architect *14*
architecture *f.* architecture *6*
argent *m.* money; silver *5*
  argent comptant cash *II*
aristocrate *m.* or *f.* aristocrat *15*
arme *f.* arm, weapon *16*
arranger to arrange *15*
arrêt: arrêt d'autobus *m.* bus
  stop *10*
arrêter to stop; to arrest *13*
arrivée *f.* arrival *19*
arriver to arrive; to happen *3*
arrondissement *m.* district,
  ward *14*
arsenic *m.* arsenic *11*
art *m.* art *2*
artichaut *m.* artichoke *8*
artiste *m.* artist *2*
ascenseur *m.* elevator *4*
aspirine *f.* aspirin *7*
assaisonner to season *18*

assez (de) enough *8*
assiette *f.* dish, plate *4*
assis(-e) seated *2*
associer to associate *7*
assumer to assume *19*
assurer to assure *18*
astrologie *f.* astrology *3*
astronaute *m.* astronaut *11*
astronome *m.* astronomer *3*
astrophysique *f.* astrophysics *8*
atmosphère *f.* atmosphere *6*
attaché-case *m.* attaché case *3*
attacher to attach *7*
attaque *f.* attack *1*
attendre to wait for, expect *9*
attention *f.* attention *2*
atterrir to land *12*
attirer to attract *17*
attitude *f.* attitude *9*
au contraction of **à** + **le** *3*
  au bord de along, alongside; on
  the banks of *3*
  au bord de la mer at the
  seashore *6*
  au fond de in the bottom of, at
  the back of *3*
  au lieu de instead of, in place
  of *9*
  au milieu de in the middle of *3*
  au revoir good-by *P*
auberge de jeunesse *f.* youth
  hostel *5*
augmenter to increase *11*
aujourd'hui today *1*
aussi also *P*
aussitôt que as soon as *17*
austère austere *14*
autant as much *9*
auto *f.* auto, car *1*
autobiographie *f.* autobi-
  ography *15*
autobus *m.* bus *9*
autocar *m.* bus, motor coach *17*
automatique automatic *4*
automne *m.* autumn *7*
automobiliste *m.* or *f.* *13*
autoroute *f.* freeway *11*
auto-stop *m.* hitchhiking *5*
  en auto-stop by hitchhiking *5*
  faire de l'auto-stop to hitch-
  hike *21*
autour de around *3*
autre other *P*
avaler to swallow *11*

avancer to advance *13*
avant before *3*
  avant de before *15*
  avant que before *21*
avec with *2*
avenir *m.* future *16*
aventure *f.* adventure *5*
avenue *f.* avenue *4*
avion *m.* airplane *5*
avis *m.* opinion; advice *19*
avoir to have *4*
  avoir l'air to look, seem to be *7*
  avoir 10 ans to be 10 years
  old *7*
  avoir besoin de to need *7*
  avoir chaud to be hot, warm *7*
  avoir de la chance to be
  lucky *8*
  avoir envie de to desire; to feel
  like *7*
  avoir faim to be hungry *7*
  avoir froid to be cold *7*
  avoir l'habitude to be in the
  habit of *9*
  avoir honte to be ashamed; to
  be embarrassed *7*
  avoir l'intention de to intend
  (to) *14*
  avoir l'occasion de to have a
  chance to *14*
  avoir lieu to take place *11*
  avoir mal à to have a pain in,
  hurt *9*
  avoir mal à la tête to have a
  headache *6*
  avoir raison to be right *7*
  avoir soif to be thirsty *7*
  avoir sommeil to be sleepy *7*
  avoir tort to be wrong *7*

bacon *m.* bacon *8*
bague *f.* ring *16*
baguette *f.* long roll of French
  bread; rod; chopstick *14*
bain *m.* bath *11*
bal *m.* dance *5*
banane *f.* banana *4*
bande *f.* tape (for a tape
  recorder) *3*
bande dessinée *f.* cartoon, comic
  strip *12*
banlieue *f.* suburbs *4*

banque *f.* bank 3
bar *m.* bar 15
barbe *f.* beard 16
bariton *m.* baritone 10
bas(-se) low 15
base-ball *m.* baseball 8
basket-ball (basket) *m.* basketball 10
bataille *f.* battle 12
bateau *m.* boat 4
   bateau à voile *m.* sailboat 13
bâtiment *m.* building 2
bâtir to build 6
bâton *m.* stick 13
se battre to fight 16
bavard *m.* (*f.* **bavarde**) talkative person V
bavarder to chat 13
beau (belle, bel) beautiful 3
   il fait beau the weather is nice 5
beau-frère *m.* brother-in-law 4
beau-père *m.* father-in-law; stepfather 4
beaucoup much, a lot 3
beauté *f.* beauty 1
beaux-parents *m.pl.* in-laws 4
bébé *m.* baby 4
beige beige 4
belle-sœur *f.* sister-in-law 4
bénéficier to gain, profit 20
besoin *m.* need 7
   avoir besoin de to need 7
bêtise *f.* silliness, stupidity 15
beurre *m.* butter 8
bibliothèque *f.* library 3
bien well; very P
bien *m.* benefit: good VI
bien élevé(-e) well-behaved, well-brought-up 16
bien que although 21
bien sûr of course, naturally 5
bientôt soon, shortly 5
bière *f.* beer 6
bifteck *m.* steak 4
billet *m.* ticket IV, 15
bikini *m.* bikini 4
biologie *f.* biology 3
bizarre strange, odd, bizarre 2
blanc (blanche) white 4
blanchir to whiten; to bleach 6
bleu(-e) blue 4

blue-jean *m.* blue jeans 10
blond(-e) blond 1
blouse *f.* blouse 1
bocage *m.* grove 10
bœuf *m.* ox; beef 11
boire to drink 8
   boire un coup to drink (slang) 9
bois *m.* wood 15
boisson *f.* beverage 8
boîte *f.* box; can 8
   boîte de conserve *f.* canned goods, tin can 14
bombe atomique *f.* atomic bomb 7
bon(-ne) good 4
bonbon *m.* candy 8
bonheur *m.* happiness; good fortune 17
bonjour good morning, good day; hello P
bonté *f.* goodness, kindness 16
bord *m.* edge, margin, border; shore, bank 7
botte *f.* boot 4
bouche *f.* mouth 1
boucher *m.* (*f.* **bouchère**) butcher 14
boucherie *f.* butcher shop 14
bouger to move 17
boulangerie *f.* bakery 9
boule de cristal *f.* crystal ball 10
boulevard *m.* boulevard 6
boulot *m.* job (slang) 9
bouquet *m.* bouquet 9
bourgeois(-e) bourgeois 4
Bourgogne *m.* Burgundy (region) 9
bouteille *f.* bottle 8
boutique *f.* small retail shop 3
bouton *m.* button; knob; bud; pimple 13
boxeur *m.* boxer 9
bracelet *m.* bracelet 7
bras *m.* arm 7
   à bras ouverts with open arms 4
bref in short 11
Brésil *m.* Brazil 5
bretelles *f.pl.* suspenders 12
brillant(-e) brilliant 1
brochure *f.* brochure 5
bronzé(-e) suntanned 5
se brosser to brush 16
brûlé(-e) burned 16

bruit *m.* noise 16
   faire du bruit to make noise 16
brun(-e) brown 4
brunir to turn brown 6
brusque brusque, abrupt 9
buffet *m.* buffet 8
bureau *m.* desk; office, bureau P
burnous *m.* burnoose, hooded cloak worn by Arabs 17
but *m.* goal; purpose 5

ça this; that; it P
   ça dépend it depends 5
   ça se dit it is said 16
   ça se fait it is done 16
   ça va familiar form to ask and answer the question "how are you?" 2
cabine téléphonique *f.* phone booth 5
cacahuète *f.* peanut 19
cadeau *m.* gift 10
cadet *m.* (*f.* cadette) youngest child 4
cadre *m.* executive, manager 17
café *m.* coffee; café 5
cafétéria *f.* cafeteria 9
cahier *m.* notebook 1
caisse *f.* cashier; case 8
caissière *f.* cashier 14
calendrier *m.* calendar 1
calme calm 2
camarade *m.* ou *f.* friend; fellow student; comrade 3
   camarade de chambre *m.* ou *f.* roommate 3
caméra *f.* movie camera 5
camp de nudistes *m.* nudist colony 7
campagne *f.* country 14
campus *m.* campus 2
Canada *m.* Canada 5
canadien(-ne) Canadian 15
canal *m.* canal 2
canapé *m.* sofa, couch 15
canari *m.* canary 12
candidat *m.* (*f.* **candidate**) candidate 16
cannibale *m.* cannibal 8
capitaine *m.* captain 6
capitale *f.* capital 5
caractéristique *f.* 7 characteristic

carotte f. carrot 4
carrefour m. intersection 13
carte f. card; map, chart 4
  carte d'anniversaire f. anniversary card 10
  carte de Noël f. Christmas card 10
  carte postale f. postcard 2
cas m. case 6
casser to break 15
cassette f. cassette 3
catastrophe f. catastrophe 3
cave f. basement, cellar, wine cellar 8
caviar m. caviar 8
ce (cet), cette, ces this, these 4
  c'est it is P
ceinture de sécurité f. seat belt, safety belt 19
célèbre famous 2
céleste heavenly 9
centre m. center 2
céréales f.pl. cereal 8
certain(-e) certain 4
certainement certainly 5
cesser to cease 18
cha-cha-cha m. cha-cha 10
chair f. skin 16
chaise f. chair P
chambre f. room 4
  chambre à coucher f. bedroom 4
champagne m. champagne 8
champignon m. mushroom 8
chance f. chance, good luck 15
  avoir de la chance to be lucky 8
chanson f. song 4
chant m. song 21
chanter to sing 5
chapeau m. hat P
chaque each 1
charcuterie f. delicatessen 8
chargé(-e) loaded 21
chariot m. supermarket cart 14
charmant(-e) charming 4
chasse f. hunting 16
chasser to hunt 16
chat m. cat 3
chaud(-e) hot, warm 7
  avoir chaud to be hot, warm 7
chaussée f. roadway 13
chaussure f. shoe 7

chef m. leader, chief 14
chemin de fer m. railroad II
cheminée f. chimney; fireplace 18
chemise f. shirt P
chèque de voyage m. traveler's check 10
cher (chère) expensive; dear 7
chéri(-e) darling 18
cheval m. horse 2
chevalier m. knight 16
cheveux m.pl. hair 7
cheville f. ankle 7
chez at the home of, the place of 5
chic stylish, fashionable 4
chien m. dog 1
chiffre f. figure, number 1
chimie f. chemistry 3
chimpanzé m. chimpanzee 6
Chine f. China 5
chinois(-e) Chinese 2
chirurgie f. surgery 9
choc m. shock; impact 11
chocolat m. chocolate 3
choisir to choose 6
choquer to shock 10
choqué(-e) shocked 11
chose f. thing 6
choucroute f. sauerkraut 6
chrysanthème m. chrysanthemum 15
chute f. fall; collapse IV
  chutes du Niagara f.pl. Niagara Falls 12
ciao! bye! P
ciel m. sky; heaven 17
cigare m. cigar 9
cigarette f. cigarette 3
cimetière m. cemetery 12
cinéaste m. ou f. cinematographer VII
cinéma cinema, movie; movie theater 3
cinq five P
circonstance f. circumstance 16
circulation f. traffic 13
circuit m. route 13
circuler to circulate; to move around 13
cirque m. circus 9
cité universitaire f. university residence area 3
citron m. lemon 8
civilisation f. civilization 10

clair(-e) light P
clairement clearly 9
classe f. class, classroom P
  la classe de français French class 1
classique classical, classic 10
clé f. key P
client m. client, customer 8
climatisé(-e) air-conditioned II
clochard m. hobo 6
cocktail m. cocktail 8
cognac m. cognac 5
se coiffer to fix one's hair 16
coincidence f. coincidence 3
colombien(-ne) Colombian 5
colossal(-e) colossal 2
combien (de) how many, how much 8
combinaison f. combination 13
comique comical, comic 2
comme like, as 5
commerçant m. merchant, tradesman 17
commencement m. beginning 5
commencer to begin 6
comment how P
  Comment allez-vous? How are you? P
  Comment vas-tu? How are you? (familiar) P
  Comment vous appelez-vous? What's your name? P
commettre to commit 8
commissariat de police m. police station 12
commission d'enquête f. investigating committee 19
compétence f. competence; skill, proficiency 9
compétition f. competition 5
complet(-ète) complete 2
complètement completely 2
compléter to complete 5
complexe complex 11
complice m. accomplice 18
compliment m. compliment 9
composition f. composition 1
comprendre to understand 8
compris(-e) included; understood 8
compter to count P
comptoir m. counter; bar V

concept m. concept 8
concert m. concert 6
concevoir to conceive; to imagine; to understand 11
concierge m. ou f. concierge 4
concombre m. cucumber 8
condamner to condemn 16
conduire to drive; to conduct; to lead 13
  se conduire to behave 20
confiture f. preserve, jam 8
confondre to confuse 16
conformiste conformist 4
confortable comfortable 4
congélateur m. freezer 4
conjugal(-e) conjugal 17
connaître to know; to be acquainted with 10
connaissance f. acquaintance; knowledge 1
  faire la connaissance de to make the acquaintance of 1
conscience f. conscience 9
conseil m. advice, counsel 9
conseiller to advise 17
conservateur(-trice) conservative 4
considérer to consider 4
consigne f. order, instructions, coat check, baggage check 22
constamment constantly 16
consulat m. consulate 5
consulter to consult 6
contact m. contact 2
contemporain(-e) contemporary 4
contenir to contain 8
content(-e) content, pleased 2
continuellement continually, uninterruptedly 6
continuer to continue 6
contraste m. contrast 7
contredire to contradict 9
contrôle m. check, inspection 13
convenir to suit, fit; to agree 21
conversation f. conversation 3
copain m. friend, pal 3
corbeille f. basket 8
cornemuse f. bagpipe 16
corps m. body 7
correct(-e) correct 2
correctement correctly 9
correction f. correction 6
correspondance f. correspondence; train connection 13

corriger to correct 5
cosmique cosmic 17
cosmonaute m. cosmonaut 18
cosmos m. cosmos 17
costume m. suit; costume 4
côte f. coast VI
cou m. neck 7
se coucher to go to bed, lie down 16
coude m. elbow 7
couleur f. color 2
couloir m. aisle; corridor, hall II, 13
coup m. blow, stroke, thump 11
  coup de foudre m. love at first sight 16
  coup de rouge m. drink of red wine (slang) 9
couper to cut 12
cour f. court; courtyard; yard 6
couple m. couple 12
courage m. courage 8
courageux(-euse) courageous 16
couramment fluently 10
courir to run 17
couronne f. crown 21
courrier m. mail, letters V
cours m. course 1
course f. errand; race
  faire des courses to go shopping 14
  course en canots boat race 19
court(-e) short 7
courtois(-e) courtly; courteous 16
cousin m. (f. cousine) cousin 4
coussin m. cushion 4
couteau m. knife 8
couvert(-e) (de) covered (with) 8
cowboy m. cowboy 4
cravate f. tie 4
crayon m. pencil P
créateur m. creator 12
création f. creation P
créature f. creature 11
crème f. cream 8
crémerie f. dairy 14
crêpe f. crepe 2
crier to shout 16
crieur m. crier 12
crime m. crime 8
criminel m. criminal 6
crise f. crisis 14
crocodile m. crocodile 14

croire to believe 13
croisade f. Crusade 16
croiser to shout 15
croissant m. croissant (roll) 8
cuisine f. kitchen 4
cuisinière électrique f. electric stove 4
cuisse f. thigh 7
culinaire culinary 14
cultivé(-e) cultivated 12
culture f. culture 3
curieux(-euse) curious 2
curiosité f. curiosity 1

d'abord first of all 10
d'accord agreed, all right, OK 9
d'ailleurs anyway, besides 14
d'ici peu shortly 20
dame f. lady 4
Danemark m. Denmark 5
dangereux(-euse) dangerous 2
dans in 2
danser to dance 3
date f. date 1
davantage more, moreover 20
de of, from P
  de rigueur obligatory, indispensable 8
débarrasser (la table) to clear (the table) III
debout standing, upright 2
se débrouiller to get along, manage 16
décalitre m. decaliter 8
décembre December 1
décider to decide 5
décision f. decision 1
décalage horaire time lag 6
décor m. decor; background, scenery 14
décoré(-e) decorated 13
découragé(-e) discouraged 11
découverte f. discovery 2
découvrir to discover; to uncover 13
décrire to describe 4
décrit(-e) described 7
défaut m. fault, shortcoming 8
défendre to defend 12
définir to define 6
définition f. definition 1
dégoûter to disgust IV
se déguiser to put on fancy dress; to disguise oneself 19

déjà already 6

déjeuner to have lunch 3

déjeuner m. lunch 3

délicieux(-euse) delicious 2

demain tomorrow 1

demander to ask 5

se demander to wonder 16

demi(-e) half 3

démocratie f. democracy 1

dent f. tooth 7

dentifrice m. toothpaste 9

dentiste m. dentist 6

départ m. departure 10

dépasser to protrude 16

se dépêcher to hurry 16

déplaceé(-e) misplaced 10

déprimé(-e) depressed 13

depuis since 17

   depuis longtemps for a long time 17

   depuis quand since when 17

dernier(-ère) last 1

derrière behind 3

désagréable disagreeable 10

déshabiller to undress 16

   se déshabiller to get undressed 16

dès que as soon as 17

descendre to descend, go down 9

description f. description 2

désert m. desert 7

désespérer to despair 13

désir m. desire 7

désirer to desire 3

désolé(-e) sorry 21

désordre m. disarray 4

dessert m. dessert 6

destination f. destination 12

destinée f. destiny, fate 14

détail m. detail 20

se détendre to relax VI

détestable detestable, odious 15

détester to detest, hate 3

   se détester to hate each other 16

détruire to destroy 21

dette f. debt 14

deux two P

devant in front of 1

développement m. development 11

devenir to become 5

deviner to guess 19

devoir to owe; to be obliged to, have to, must 19

devoir m. written assignment

   les devoirs homework 5

dévorer to devour 16

dévoué(-e) devoted 16

dictionnaire m. dictionary 1

différence f. difference P

différent(-e) different 4

difficile difficult 3

difficulté f. difficulty 1

dimanche m. Sunday 3

dîner m. dinner 3

dinosaure m. dinosaur 15

diplôme m. diploma 18

dire to say 5

   se dire to say to oneself; to say to each other 16

direct(-e) direct 13

directement directly 19

direction f. direction 13

discothèque (disco) f. discotheque 5

discipline f. discipline 10

discret(-ète) discreet 6

discrétion f. discretion 13

discuter to discuss 10

disparaître to disappear 10

dispute f. dispute 5

disque m. record 3

distance f. distance 17

   à distance from a distance 10

distinguer to distinguish 5

distraction f. entertainment 6

distributeur m. distributor VII

divan m. divan, sofa 4

divers diverse 7

divorce m. divorce 15

divorcer to divorce, get divorced 10

dix ten P

dizaine f. about ten 19

docteur m. doctor 5

document m. document 9

dogmatique dogmatic P

doigt m. finger 7

dollar m. dollar 3

dôme m. dome 17

domestique domestic 19

domination f. domination 2

donc thus, then, therefore, so 12

donner to give 3

   donner sur to overlook 4

dormir to sleep 6

dos m. back 7

dossier m. dossier, file 21

doubler to pass (a car) II

doute f. doubt 9

   sans doute no doubt II

douzaine f. dozen 8

dragon m. dragon 4

drapeau m. flag 4

droit m. (moral, legal) right 17

droite f. right (side) 3

   à droite to the right

droit(-e) straight 3

drôle funny 15

dû(-e) due 1

duchesse f. duchess 16

durée f. duration 11

durer to last 5

dynamique dynamic 2

eau f. water 7

   eau minérale f. mineral water 8

échelle f. ladder; scale 15

éclair au chocolate m. chocolate éclair 22

éclater to burst, explode 11

école élémentaire f. elementary school 10

économe economical, thrifty 5

économique economic 15

écouter to listen, listen to 3

écran m. screen V

écrire to write 4

édition f. edition 8

effectivement indeed, in fact, actually 7

égal(-e) equal 17

   ça m'est égal I don't care 17

égalité f. equality 9

église f. church 12

égoïsme m. selfishness 16

eh bien well 2

électoral(-e) electoral 14

électronique electronic 6

élégamment elegantly 16

élégant(-e) elegant 2

élément m. element 12

éléphant m. elephant P

éliminé(-e) eliminated 1

éliminer to eliminate 15

elle she, her 2

elles they, them 2

s'éloigner (de) to go away from VI

embarrassant(-e) embarrassing 6
embellir to embellish; to grow more beautiful 6
embrasser to hug; to kiss 10
  s'embrasser to kiss each other; to embrace each other 16
emmener to take a person away 12
émotion f. emotion, feeling 11
émotionnel(-le) emotional 8
émouvant(-e) moving 18
empêcher to prevent 16
empire m. empire 15
emplacement de camping m. campsite 11
emploi m. job 9
employé(-e) employed 8
employé m. employee 9
employer to employ; to use 5
empoisonné(-e) poisoned 16
emporter to take away, carry off 5
  emporter sur to triumph over 16
emprunter to borrow 9
en in; by; some, any; made of 1
  en avance in advance 3
  en construction under construction 2
  en face de opposite, across from, facing 3
  en fait in fact 2
  en forme in shape 2
  en réalité in reality 2
  en retard late 3
  en route on the way 11
  en toutes lettres spelled out P
enchanteur m. charmer, enchanter 16
encore still; again 6
encyclopédie f. encyclopedia 7
endormi(-e) asleep 16
  s'endormir to fall asleep 16
endroit m. place 6
énergique energetic 3
enfance f. childhood 13
enfant m. ou f. child 3
enfin finally 10
s'enfuir to run away 16
enlever to take off; to kidnap 11
s'ennuyer to get bored 16
ennuyeux(-euse) boring 2
énorme enormous 2
énormément enormously 18
ensemble together 2

ensuite next, then, afterwards 10
entendre to hear 9
  s'entendre to understand each other 19
enterrer to bury 16
enthousiasme m. enthusiasm 12
enthousiaste enthusiastic
entre between 2
entrée f. entry, entrance 4
entrer to enter 5
envie f. desire 7
  avoir envie de to want to, feel like 7
environnant(-e) surrounding VI
environs m.pl. surroundings II
envoûter to charm, cast a spell on someone 17
épais(-se) thick 4
épée f. sword 16
épeler to spell P
épicerie f. grocery store 14
épinards m.pl. spinach 9
époque f. era, epoch, time 6
épaule f. shoulder 17
épouse f. wife 16
épouser to marry 16
erreur f. error, mistake 5
escale f. stop (on a trip) 12
  faire escale to stop over (on a trip); to land 12
escalier m. staircase, steps 12
  escalier mécanique m. escalator 2
escargot m. snail 8
espace m. space 18
Espagne f. Spain 5
espagnol(-e) Spanish 2
espérer to hope 5
espion m. spy 10
espionnage m. 10
espoir m. hope 12
esprit m. spirit; mind 17
essayer to try 6
essentiel(-le) essential 2
est-ce? is it ...?, is he ...?, is she ...? 1
esthétique esthetic 9
estomac m. stomach 7
et and P
établir to establish 6
étage m. story, floor (of a building) 4

état m. state 5
États-Unis m.pl. United States 3
été m. summer 7
s'étendre to stretch out; to extend 16
éternel(-le) eternal 11
éternellement eternally 6
étoile f. star 17
étiquette f. protocol; label III
s'étonner to be astonished 21
étrange strange 8
être to be 2
  être à son affaire to be busy with one's own affairs 5
  être au régime to be on a diet 13
  être d'accord to agree 7
étudiant m. (f. **étudiante**) student P
étudier to study 3
européen(-ne) European 8
s'évader to escape; run away VI
éveiller to arouse, awaken 12
exactement exactly 3
examen m. exam 1
excellent(-e) excellent P
exception f. exception 1
exceptionnel(-le) exceptional 2
excessif(-ive) excessive 8
excessivement excessively 5
excuse f. excuse 4
exercice m. exercise 3
exil m. exile 17
exister to exist 6
exotique exotic 4
expérience f. experience; experiment 9
expérimenter to test; try out VII
explication f. explanation 10
explicite explicit 11
expliquer to explain 2
explosion f. explosion 11
exprimer to express 12
  s'exprimer to express oneself 16
extase f. ecstasy 17
extraordinaire extraordinary P
extravagant(-e) extravagant 2
extrêmement extremely 5

fable f. fable 11
fabriquer to build, to make 5
se fâcher to get angry 16
facile easy 2

façon *f.* manner; fashion 8

facteur *m.* (*f.* **factrice**) mail carrier *V*

faim *f.* hunger 7

  avoir faim to be hungry 7

faire to do, make 5

  faire de l'auto-stop to hitch-hike 21

  faire beau to be nice weather 5

  faire la connaissance de to make the acquaintance of 1

  faire contraste to contrast 14

  faire de la contrebande to smuggle 11

  faire du bruit to make noise 16

  faire du piano to play the piano 8

  faire du sport to play sports 8

  faire du ski to ski, go skiing 8

  faire escale to stop over (on a trip); to land 12

  faire la queue to wait in line *V*

  faire la sieste to take a nap 11

  faire la vaisselle to do the dishes 8

  faire le marché to go shopping 8

  faire un voyage to go on a trip 8

  faire une promenade to go for a walk 6

fait *m.* fact 7

fameux(-euse) famous 13

famille *f.* family 4

fantaisiste whimsical, fantastic 7

fantasque fantastic, odd 7

fantôme *m.* phantom, ghost 7

fascinant(-e) fascinating 7

fataliste fatalist 17

fatigué(-e) tired 2

se fatiguer to get tired 16

faut: il faut it is necessary 8

faute *f.* mistake, fault 5

fauteuil *m.* armchair 4

féerie *f.* enchantment, fairyland 12

félicitations! congratulations! 12

féminin(-e) feminine *P*

femme *f.* woman; wife *P*

fenêtre *f.* window *P*

fermé(-e) closed 2

féroce ferocious 4

festival *m.* festival 5

fête *f.* feast, celebration, holiday 1

  la fête nationale national holiday 1

fiancé *m.* (*f.* **fiancée**) 8

fichu: nous sommes fichus! we've had it! (slang) *IV*

fictif(-ive) fictitious 16

fier (fière) proud 17

fille *f.* girl; daughter

  fille unique *f.* only daughter 4

film *m.* film 2

fils *m.* son 4

  fils unique *m.* only son 4

fin *f.* end 2

final(-e) final 5

finalement finally 5

financer to finance 21

fini(-e) finished; finite *P*

finir to finish 6

fixement fixedly 12

flacon *m.* flask 16

fleur *f.* flower *P*

fleurir to blossom, flower; to flourish 16

fonctionner to work 17

fondamental(-e) fundamental 4

fontaine *f.* fountain 3

forêt *f.* forest 12

forme *f.* form 5

former to form 5

formidable wonderful, terrific *P*

fort *m.* fort 11

fort(-e) strong 9

fou (folle, fol) crazy 2

four à micro-onde *m.* microwave oven 4

fourchette *f.* fork 8

fourmi *f.* ant 11

fournir to furnish 21

frais (fraîche) cool, fresh 8

frais *m.pl.* expenses, cost 9

fraise *f.* strawberry 8

français(-e) French *P*

francophone French-speaking 12

frappé(-e) struck 16

frapper to strike 11

fraternité *f.* fraternity 20

fréquenter to associate with 15

frère *m.* brother 4

froid(-e) cold 7

  avoir froid to be cold 7

fromage *m.* cheese 8

fruit *m.* fruit 8

frustration *f.* frustration 1

fumer to smoke 3

furieux(-euse) furious 2

gagner to earn; to win 8

gai(-e) gay, cheerful, merry 8

gallon *m.* gallon 8

gangster *m.* gangster 2

garçon *m.* boy; waiter 1

garder to keep, guard 12

gardien *m.* guard, keeper 11

gare *f.* railroad station *II*

garrison *f.* garrison 17

gars *m.* guy *IV*

gâteau *m.* cake 4

gauche left 3

général *m.* general 6

général(-e) general 3

généralement generally 1

genou *m.* knee 7

gens *m.pl.* people 2

gentil(-le) nice 4

géographie *f.* geography 5

glace *f.* ice cream; ice; mirror 7

gorge *f.* throat 7

goût *m.* taste 7

goûter to taste; to have tea *III*

gouvernement *m.* government 2

graffiti *m.pl.* graffiti 8

grand-mère *f.* grandmother 4

grand-père *m.* grandfather 4

grand(-e) big 2

grandir to grow 6

grand-parents *m.pl.* grand-parents 4

gravement seriously 19

grenouille *f.* frog 11

grec (grecque) Greek 5

grippe *f.* flu 9

gris(-e) gray 4

gros(-se) fat, big 9

grossier(-ière) coarse; rude 6

groupe *m.* group *P*

guerre *f.* war 7

guichet *m.* ticket window; counter *II*

guide *m.* guide 5

guitare *f.* guitar 1

habitant *m.* inhabitant 1

habiter to live in 4

habitude *f.* habit 8

habituel(-le) usual 11

habituellement usually 8

hall *m.* lobby 4

hamburger *m.* hamburger 5

harmonica *m.* harmonica 9

harpe f. harp 8
hélas! alas! 12
hélicoptère m. helicopter 9
herbe f. grass 11
hériter to inherit VI
héros m. hero 16
hésitation f. hesitation 16
hésiter to hesitate 21
heure f. hour, o'clock 3
heureux(-euse) happy 2
histoire f. history; story 1
hiver m. winter 7
hockey m. hockey 3
homme man P
    homme d'affaires m.
      businessman 21
honte f. shame 6
    avoir honte to be ashamed 7
hôpital m. hospital 3
horloge f. clock V
horoscope m. horoscope 15
hôte m. host 14
hôtel m. hotel P
hôtesse f. hostess 14
huit eight P
huître f. oyster 16
humain(-e) human 17
humide humid, damp, wet 12
hypersensible hypersensitive 11
hypocrite m. hypocrite 3
hypothétique hypothetical 19

ici here 2
idéaliste idealistic 7
idée f. idea 4
identifier to identify 5
identique identical 8
identité f. identity 10
idiot m. idiot 3
il he, it 2
il fait beau it's nice out, the
    weather is nice 5
    il fait chaud it's hot, the
      weather is hot 7
    il fait du soleil the sun is
      shining, it's sunny 7
    il fait du vent it's windy 7
    il fait frais it's cool, the weather
      is cool 7
    il fait froid it's cold, the weather
      is cold 7
    il fait mauvais the weather is
      bad 7
il faut it is necessary 8

il neige it's snowing, it snows 7
il pleut it's raining, it rains 7
ils they 2
il y a there is, there are 3
image f. picture 6
imaginatif(-ive) imaginative 3
imagination f. imagination 8
imaginer to imagine 5
imbécile m. imbecile 7
immédiatement immediately 11
immense immense 4
immeuble m. building 4
immigrant m. immigrant 2
impatience f. impatience 8
impatient(-e) impatient 2
imperméable m. raincoat 8
importance f. importance 1
important(-e) important 6
impôt m. tax 21
impression f. impression 8
impressionniste impressionist,
    impressionistic 10
incessamment incessantly 6
incident m. incident 17
inclus(-e) enclosed 8
incohérent(-e) incoherent 17
inconnu(-e) unknown 11
indépendamment indepen-
    dently 20
indépendant(-e) independent 17
Indes f.pl. India 5
indigestion f. indigestion 11
indiquer to indicate P
indiscret(-ète) indiscreet 8
individu m. individual 2
inégalité f. inequality 18
infériorité f. inferiority 9
infidèle m. unfaithful 16
influence f. influence 11
influencer to influence 21
informatique f. computer sci-
    ence 14
injuste unfair, unjust 11
inscription f. inscription,
    registration 1
insecte m. insect 7
insister to insist (upon) 11
insomniaque m. insomniac 7
inspecteur m. inspector 2
instable unstable 7
s'installer to settle, settle down 16
instruit(-e) educated 16
instrument m. instrument 9
insuffisant(-e) insufficient 8

insulter to insult 6
intégration f. integration 2
intelligent(-e) intelligent 2
intention f. intention 14
    avoir l'intention de to intend
      to 14
interdit(-e) prohibited VI
intéressant(-e) interesting 2
international(-e) international 5
interplanétaire interplanetary 18
interprète m. interpreter 12
interpréter to interpret 16
intervalle m. interval 17
intolérable intolerable 6
intrigue f. intrigue; plot 12
introduire to introduce 10
intuition f. intuition 13
invariablement invariably 1
inventer to invent 3
invention f. invention 2
invitation f. invitation 12
invité m. guest 8
    invité d'honneur guest of
      honor 12
inviter to invite 6
Israël m. Israel 5
Italie f. Italy 5
italien(-ne) Italian 2
itinéraire m. itinerary 5
ivre drunk 17

jaloux(-ouse) jealous 16
jamais never 15
jambe f. leg 7
jambon m. ham 8
Japon m. Japan 5
japonais(-e) Japanese 2
jardin m. garden 6
jasmin m. jasmine 12
jaune yellow 4
je I P
    je m'appelle my name is P
    je ne sais pas I don't know P
jeu m. game 8
jeune young 3
jeune fille f. girl 1
jeunesse f. youth 5
joie f. joy 17
joli(-e) pretty 2
jouer to play 4
    jouer au football to play
      soccer 8
    jouer du piano to play the
      piano 8

jour *m.* day *1*
journal *m.* journal; newspaper *1*
journaliste *m. ou f.* journalist *5*
journée *f.* day *3*
joyeux(-euse) joyful *5*
jugement *m.* judgment *7*
jupe *f.* skirt *4*
jus de pomme *m.* apple juice *8*
jusqu'à ce que until *21*
jusque until *17*
justement precisely; properly *15*
justifier to justify *21*

kangourou *m.* kangaroo *19*
kilogramme (kilo) *m.* kilogram *8*

la the; her, it *1*
là there *1*
laboratoire *m.* laboratory *2*
lac *m.* lake *3*
lait *m.* milk *8*
lampe *f.* lamp *P*
langue *f.* language; tongue *3*
larme *f.* tear *17*
latin *m.* Latin *8*
se laver to wash (oneself) *16*
lave-vaisselle *m.* dishwasher *4*
le the; him, it *1*
leçon *f.* lesson *1*
légume *m.* vegetable *8*
lent(-e) slow *9*
lentement slowly *5*
lettre *f.* letter *5*
leur (to) them *10*
leur(-s) their *4*
se lever to get up *16*
liaison *f.* connection; intimacy *11*
libérer to liberate *21*
liberté *f.* liberty *2*
librairie *f.* bookstore *14*
libre free *3*
lieu: avoir lieu to take place *11*
ligne *f.* line *5*
limité(-e) limited *5*
lion *m.* lion *P*
lire to read *5*
lit *m.* bed *3*
litre *m.* liter *8*
littéralement literally
littérature *f.* literature *3*

littoral *m.* coastline *VI*
livre *m.* book *P*
livrer to deliver *V*
logique logical *2*
long (longue) long *4*
longtemps a long time *5*
louer to rent *12*
loup *m.* wolf *12*
lourdement heavily *17*
loyer *m.* rent *9*
lui him, to him, to her *10*
lumière *f.* light *11*
lundi *m.* Monday *3*
lune *f.* moon *7*
lunettes *f.pl.* glasses *10*
luth *m.* lute *16*
luxueux(-euse) luxurious *7*
lycée *m.* high school *4*

machine *f.* machine *3*
  machine à écrire *f.* type-
    writer *11*
madame Mrs., madam, ma'am *P*
mademoiselle Miss *P*
magasin *m.* store *9*
magicien *m.* magician *16*
magique magical *16*
magnétoscope *m.* VCR, video
    cassette recorder-player *V*
magnifique magnificent *1*
main *f.* hand *1*
maintenant now *P*
mais but *P*
  mais non of course not *2*
maison *f.* house *3*
maître *m.* master *15*
majorité *f.* majority *1*
mal hurt, pain, ache *7*
  avoir mal à to have a pain in,
    hurt *7*
malade sick *2*
malgré despite, in spite of *11*
malheureusement unfortunately *3*
manger to eat *3*
manque *m.* lack, shortage *17*
manquer to miss, to be
    missing *12*
manteau *m.* coat *8*
se maquiller to put on makeup *18*
marchand *m.* merchant *9*
marché *m.* market *8*
  faire le marché to go shop-
    ping *8*

mari *m.* husband *4*
mariage *m.* marriage *8*
se marier (avec) to marry, get
    married *16*
marmelade *f.* marmalade *8*
marron chestnut-colored, brown *4*
martini *m.* martini *7*
masculin(-e) masculine *P*
massage *m.* massage *7*
match de football *m.* soccer
    game *3*
matérialiste materialistic *7*
matériel de camping *m.* camping
    equipment *5*
maternel(-le) maternal *4*
mathématiques (maths) *f.pl.*
    mathematics *1*
matière *f.* material; subject
    matter *8*
mauvais(-e) bad *4*
me me, to me *10*
méchant(-e) mean, evil *4*
médecin *m.* doctor *6*
médiéval(-e) medieval *13*
médiocre mediocre *2*
médiocrité *f.* mediocrity *1*
méditation *f.* meditation *12*
meilleur(-e) better *9*
mélange *m.* mixture *III*
mélanger to mix *III*
même same, even *5*
ménage *m.* married couple;
    household *15*
ménager(-ère) domestic *19*
mental(-e) mental *11*
mentalité *f.* mentality *1*
mentionner to mention *2*
mentir to lie *6*
menu *m.* menu *7*
mer *f.* sea *3*
merci thank you *P*
mercredi *m.* Wednesday *1*
mère *f.* mother *4*
merveille *f.* marvel, wonder *16*
message *m.* message *10*
métamorphose *f.* metamor-
    phosis *5*
métro *m.* subway *5*
metteur en scène *m.* film di-
    rector *VII*
mettre to put, place; to put on *8*
meuble *m.* furniture *4*
mexicain(-e) Mexican *3*
micro *m.* microphone *3*
midi *m.* noon *3*

miettes *f.pl.* crumbs *III*
mieux better *9*
mince thin, slim *17*
minijupe *f.* miniskirt *21*
minorité *f.* minority *12*
minuit midnight *3*
miracle *m.* miracle *12*
miroir *m.* mirror *6*
mission *f.* mission *12*
modèle *m.* model *3*
moderne modern *2*
modeste modest *7*
modifier to modify *6*
moi me *P*
moindre smallest, least *20*
moins less, minus *P*
mois *m.* month *1*
mon Dieu! my goodness! *5*
monde *m.* world *5*
monnaie *f.* change *9*
monotonie *f.* monotony *17*
monsieur Mr. *P*
monstre *m.* monster *3*
mont *m.* mount, mountain *5*
montagne *f.* mountain *8*
monter to climb, go up *9*
   monter à cheval to ride
     horseback *5*
montrer to show *P*
monument *m.* monument *5*
morale *f.* moral *11*
morceau *m.* piece *13*
mort *f.* death *2*
mot *m.* word *1*
motiver to motivate *12*
motocyclette *f.* motorcycle *6*
mouillé(-e) wet, damp *12*
Moyen-Orient *m.* Middle East *17*
mur *m.* wall *P*
musée *m.* museum *2*
musique *f.* music *2*
mystère *m.* mystery *1*
mystérieux(-euse) mysterious *1*
mystique mystical *17*

n'est-ce pas? isn't it? aren't
   they? etc. *P*
naïf(-ïve) naive *4*
naître to be born *12*
nappe *f.* tablecloth *III*
natal(-e) native, natal *10*
natation *f.* swimming *8*

nation *f.* nation *1*
national(-e) national *2*
nationalité *f.* nationality *9*
nature *f.* nature *5*
naturellement naturally *2*
nécessaire necessary *2*
nécessairement necessarily *5*
nécessité *f.* necessity *7*
neiger to snow *7*
nerveux(-euse) nervous *2*
neuf nine *P*
neveu *m.* nephew *4*
nez *m.* nose *1*
ni ... ni neither ... nor *15*
nièce *f.* niece *4*
Noël *m.* Christmas *1*
noir(-e) black *4*
noircir to blacken, turn black *6*
nombre *m.* number, quantity *1*
nom *m.* name *P*
non no *1*
   non plus neither *5*
nordique Nordic, Scandinavian *5*
nostalgie *f.* nostalgia *5*
note *f.* note; grade *8*
notre (nos) our *4*
se nourrir to nourish oneself *16*
nourriture *f.* nourishment, food *9*
nouveau (nouvelle, nouvel)
   new *4*
nouvelles *f.pl.* news *9*
nuit *f.* night *6*
nulle part nowhere *15*

obéir to obey *6*
obèse obese *8*
objectivement objectively *13*
objet *m.* object *2*
obligatoire obligatory *1*
obligé(-e) obliged *16*
obtenir to obtain *11*
occasion *f.* occasion, chance,
   opportunity *14*
occupé(-e) busy, occupied *2*
océan *m.* ocean *3*
odeur *f.* odor *6*
œuf *m.* egg *8*
   œuf dur *m.* hard-boiled egg *8*
officiel(-le) official *5*
offrir to offer *9*
oignon *m.* onion *7*
oiseau *m.* bird *9*
omelette *f.* omelette *6*
omettre to omit *8*

oncle *m.* uncle *4*
opéra *m.* opera *3*
opinion *f.* opinion *1*
oppressé(-e) depressed *17*
or yet *16*
oracle *m.* oracle *17*
oral(-e) oral *10*
orange orange *4*
orchestre *m.* orchestra, band *9*
ordinaire ordinary *1*
ordinateur *m.* computer *21*
ordre *m.* order *4*
oreille *f.* ear *1*
organiser to organize *8*
original(-e) original *3*
originalité *f.* *16*
origine *f.* origin *5*
orteil *m.* toe *7*
ou or *P*
où where *2*
   où que wherever *21*
oublier to forget *6*
ours *m.* bear *12*
ouvert(-e) open *2*
ouvrier *m.* (*f.* **ouvrière**) laborer;
   factory worker *VI*
ouvrir to open *13*

pain *m.* bread *8*
   pain grillé *m.* toast *8*
paire *f.* pair *9*
palais *m.* palace *5*
pâlir to turn pale *6*
pantalon *m.* pants *4*
papier *m.* paper *P*
Pâques *m.* Easter *17*
par by *3*
   par contre on the other hand *17*
   par exemple for example *3*
   par rapport à in relation to, with
     respect to *3*
   par terre on the ground, on the
     floor *3*
par-ci, par-là here, there *12*
parachutiste *m.* parachutist *15*
paragraphe *m.* paragraph *12*
paraître to seem, appear *10*
parapluie *m.* umbrella *10*
parc *m.* park *3*
parce que because *P*
parcourir to travel over,
   traverse *12*

pardon excuse me *P*
pare-brise *m.* windshield *II*
   lavage du pare-brise
    windshield wash *II*
parent *m.* parent *1*
parfait(-e) perfect *P*
parfaitement perfectly *19*
parfum *m.* perfume, flavor *2*
parking *m.* parking lot *II*
parler to speak to *3*
   se parler to speak to each
    other *16*
partager to share, divide *19*
partenaire *m. ou f.* partner *6*
participer to participate *5*
particulier(-ère) particular;
   individual *6*
partie *f.* part, party *1*
partir to leave *5*
partout everywhere *15*
parvenir à to succeed in *16*
pas no, not *2*
passé *m.* past *11*
passer to pass; to take (an
   exam) *3*
se passer to happen *16*
passion *f.* passion *16*
pâté *m.* pâté, meat spread *8*
   pâté de foie gras *m.* pâté of
    goose liver *8*
paternel(-le) paternal *4*
pâtes *f.pl.* noodles *8*
patience *f.* patience *8*
patient(-e) patient *2*
patron *m.* boss, owner *8*
payer to pay *5*
pays *m.* country *5*
Pays-Bas *m.pl.* Netherlands *5*
peau: peau de banane *f.* banana
   peel *12*
peigne *m.* comb *P*
peinture *f.* painting *10*
pendant during *3*
pénétrer to penetrate *17*
péniblement laboriously, very
   badly *17*
pensée *f.* thought *11*
penser to think *5*
perception *f.* perception *10*
perdre to lose *9*
   perdre la tête to lose one's
    head *9*

père *m.* father *4*
   père Noël *m.* Santa Claus *14*
perfide treacherous *16*
perle *f.* pearl *15*
permettre to permit *8*
permission *f.* permission *9*
perplexe perplexed *P*
personellement personally *18*
personnage *m.* character;
   personage *2*
personnalité *f.* personality *7*
personne *f.* person *1*
petit(-e) little, small *2*
   petite amie *f.* girlfriend *2*
petit déjeuner *m.* breakfast *8*
petit-fils *m.* grandson *4*
petite-fille *f.* granddaughter *4*
pétition *f.* petition *6*
peu: un peu a little, some; a little
   bit *8*
peuple *m.* people; nation; (the)
   masses *1*
peut-être maybe *3*
philosophie *f.* philosophy *2*
photo *f.* photo *1*
phrase *f.* sentence *2*
physique *f.* physics *3*
physiquement physically *11*
pianiste *m.* pianist *6*
piano *m.* piano *8*
pièce *f.* piece; room *4*
pièce de théâtre *f.* play *11*
pied *m.* foot *7*
pierre *f.* stone *11*
pilote *m.* pilot *11*
pionnier *m.* pioneer *17*
pique-nique *m.* picnic *6*
pittoresque picturesque *4*
pizza *f.* pizza *5*
placard *m.* cupboard, wall closet *4*
place *f.* place (room); seat; public
   square *5*
plage *f.* beach *5*
se plaindre to complain *16*
plancher *m.* floor *3*
planète *f.* planet *1*
plante *f.* plant *5*
plat *m.* serving dish or its
   contents; course (of a meal) *4*
plein(-e) full *8*
pleinement fully *20*
pleuvoir to rain *7*

plus more *P*
   plus que ... more than *12*
poche *f.* pocket *19*
poème *m.* poem *5*
poésie *f.* poetry *14*
poignet *m.* wrist *7*
poisson *m.* fish *8*
poker *m.* poker *11*
Pôle Nord *m.* north pole *7*
Pôle Sud *m.* south pole *7*
police *f.* police *4*
politicien *m.* politician *3*
politique political *11*
pollué(-e) polluted *9*
pollution *f.* pollution *8*
pomme *f.* apple *3*
pomme de terre *f.* potato *8*
pompeux(-euse) pompous *12*
pompier *m.* fireman *11*
popcorn *m.* popcorn *3*
populaire popular *8*
porte *f.* door *P*
porte-bonheur good luck
   charm *15*
porte-chance *m.* good luck charm *15*
portefeuille *m.* wallet *1*
portion *f.* portion *8*
Portugal *m.* Portugal *5*
poser to pose, place *3*
   poser une question to ask a
    question *3*
possibilité *f.* possibility *9*
possible possible *P*
poster *m.* poster *4*
pot *m.* pot, jug, jar *8*
potion *f.* potion *16*
pouce *m.* thumb *7*
poulet *m.* chicken *8*
pour for, in order to *1*
   pour que so that, in order
    that *21*
pourboire *m.* tip *II*
pourquoi why *P*
poursuivre to pursue; to
   continue *17*
pourvu que provided that *2*
pouvoir to be able; can; may *9*
pratique practical *8*
pratiquer (un sport) to participate
   in (a sport) *21*
précéder to precede *6*
précis(-e) precise *7*
précision *f.* precision *11*
préférable preferable *2*
préféré(-e) favorite, preferred *3*

préférer to prefer 6
préhistorique prehistory 13
premier(-ère) first 1
  premier ministre *m.* prime minister 10
prendre to take 8
  prendre (une décision) to make (a decision) 21
préoccupation *f.* preoccupation, worry 20
préparer to prepare 4
près de near 3
présage *m.* omen 16
présent(-e) present P
préservation *f.* preservation 2
président *m.* president 2
presque almost 5
pressé(-e) rushed, in a hurry; pressed 13
prestigieux(-euse) prestigious 21
prêter to lend VI
prévoir to foresee 10
prière *f.* prayer 12
prince *m.* prince 4
princesse *f.* princess 2
principal(-e) principal 3
printemps *m.* spring 7
prise *f.* capture 1
prison *f.* prison 6
prix *m.* price; prize 15
probablement probably 5
problème *m.* problem 1
prochain(-e) next 5
producteur *m.* producer VII
professeur *m.* professor, teacher P
programme *m.* program 5
progression *f.* progression 12
promenade *f.* walk, stroll; excursion 8
promettre to promise 8
  se promettre to promise each other 16
prononcer to pronounce P
prophétique prophetic 10
propos: à propos de about, concerning; with regard to 2
proposer to propose 6
propriétaire *m.* ou *f.* proprietor 4
prospère prosperous 17
protagoniste *m.* protagonist, hero(ine) 19
protégé(-e) protected 20
protester to protest 5

prouesse *f.* prowess 16
provoquer to provoke 12
prudent(-e) prudent 3
psychologique psychological 7
public(-ique) public 7
publicité *f.* commercial, advertisement V
pull-over (pull) *m.* sweater 1
punch *m.* punch 15
pyramide *f.* pyramid 5

Qu'est-ce que c'est? What is this? What is it? P
quand when 5
quantité *f.* quantity 7
quart *m.* quarter 3
quartier *m.* section (of a city) 4
quatre four P
que, that, than 6
quel(-le) what, which 1
  Quel âge avez-vous? How old are you? 7
  Quel dommage! What a shame! 3
  Quel snob! What a snob! 15
  Quel temps fait-il? What is the weather like? 7
  Quelle est la date aujourd'hui? What is today's date? 1
  Quelle heure est-il? What time is it? 3
quelqu'un someone 5
quelque some 8
quelque chose something 5
quelque part somewhere 15
quelquefois sometimes 6
question *f.* question P
queue *f.* line; tail V
qui who, that 6
  Qui est-ce? Who is this? Who is it? 1
  qui que whoever 21
quiche *f.* quiche 6
quitter to leave 10
quoi que whatever 21
quoique although 21
quotidien(-ne) daily V

racine *f.* root 16
raconter to tell 10

radio *f.* radio 3
rafinerie de pétrole *f.* oil refinery 2
raison *f.* reason 7
  avoir raison to be right 7
raisonnable reasonable 2
ramener to bring back, take home 16
rang *m.* row 3
rapidement rapidly 5
rapport *m.* rapport 6
rare rare 8
se raser to shave 16
rasoir électrique *m.* electric razor 16
rassuré(-e) reassured 11
ravi(-e) delighted 10
réacteur nucléaire *m.* nuclear reactor 2
réaction *f.* reaction 11
réagir to react 9
réalisateur *m.* film-maker, director VII
réalisme *m.* realism 2
réalité *f.* reality 1
récemment recently 11
réception *f.* reception 8
recevoir to receive 10
récipient *m.* container 8
réciproquement mutually 20
recommandation *f.* recommendation 9
reconnaître to recognize 10
redécouvrir rediscover 17
réfléchir to reflect 6
reflet *m.* reflection 12
réfrigérateur *m.* refrigerator 4
se réfugier to take refuge 16
refuser (de) to refuse 6
regard *m.* look, gaze 17
regarder to look (at) P
  se regarder to look at oneself; to look at each other 16
région *f.* region 11
regretter (de) to regret 6
régulièrement regularly 9
reine *f.* queen 4
relatif(-ive) relative 5
relativement relatively 5
remarquable remarkable 2
remarquer to notice P
remède *m.* remedy 9
remercier to thank 21
remettre to put back; to remit 8
remonter dans to get back on 12

remords m. remorse 16
remplacer to replace P
rencontre f. meeting 2
rencontrer to meet; to run into 5
  se rencontrer to meet each other 16
rendez-vous m. rendezvous, appointment 7
rendre to return, give back; to render 9
  se rendre compte to realize 16
  rendre visite (à) to visit (someone) 10
renseignement m. information V
rentrer to return home 4
réparation f. repair(ing) 18
réparer to repair 10
repartir to leave again 12
repas m. meal 8
répéter to repeat P
répétition f. repetition 1
répondre to answer 5
réponse f. answer P
reportage m. news report, documentary report 8
repos m. rest 1
se reposer to rest 16
reprendre to take back 8
représentant m. salesman 11
représenté(-e) represented 2
réserveé(-e) reserved 2
réserver to reserve 5
résidence f. residence 4
respecté(-e) respected 10
respecter to respect 9
respiration f. respiration 1
responsabilitié f. responsibility 6
restaurant m. restaurant 2
restauration f. restaurant business 9
reste m. rest, remainder 5
rester to stay, be left 5
restituer to give back 9
résultat m. result 9
retardé(-e) delayed 4
retourner to go back 6
retrouver to find again 11
réunion f. reunion 4
réunir to gather together; to unite, reunite 8
réussir à to succeed 6
rêve m. dream 15
réveil m. awakening, alarm clock 12

se réveiller to wake up 16
revenant m. ghost 17
revenir to come back 5
revoir to see again 10
  se revoir to see each other again 16
révolution f. revolution 1
revue f. magazine 5
riche rich 2
rire to laugh 13
risque m. risk 8
rivage m. shore VI
riz m. rice 8
robe f. dress 3
robot m. robot 17
roman m. novel 7
romancier m. (f. **romancière**) novelist
romanesque romantic 11
romantique romantic 16
rompre to break III
rond(-e) round 8
ronfler to snore 17
rosbif m. roast beef 8
rose f. rose 6
rosier m. rosebush 16
rouble m. ruble 5
rouge red 4
rougir to redden, blush 6
rouler to roll; to drive, ride 14
route f. route 3
routine f. routine 16
royal(-e) royal, regal 16
rubis m. ruby 15
rue f. street 5
ruine f. ruin 5
ruse f. ruse, trick 12

sac m. bag, sack, handbag 1
  sac de couchage m. sleeping bag 5
sacrifice m. sacrifice 20
sage wise; good 9
Sahara m. Sahara 7
saharien(-e) of the Sahara 17
sain(-e) healthy, sane 21
saison f. season 7
salade f. salad 8
salle f. room 11
  salle à manger f. dining room 4
  salle de bain f. bathroom 4
  salle de séjour f. living room 4

samedi m. Saturday 3
sandwich m. sandwich 4
sans without 7
  sans doute no doubt II
santé f. health 8
sarcastique sarcastic 2
satisfait(-e) satisfied 11
sauce f. sauce 17
saucisson m. sausage, salami 8
sauna m. sauna 7
sauter to jump 11
sauvage savage 16
sauver to save 11
savoir to know, know how to 9
savon m. soap 16
saxophone m. saxophone 8
scandale m. scandal 13
scénariste m. ou f. script-writer VII
science f. science 4
scolaire scholastic, school 8
sculpture f. sculpture 2
secret m. secret 9
secret(-ète) secret 10
séduisant(-e) fascinating, seductive 11
séjour m. stay; sojourn 12
sel m. salt 8
selon according to 5
semaine f. week 1
semestre m. semester 6
sénat m. senate 12
sénateur m. senator 1
sénile senile 16
sens m. sense 11
sensation f. sensation 7
sensuel(-le) sensual, voluptuous 17
sentimental(-e) sentimental 2
sentir to feel 6
séparation f. separation 10
se séparer to separate 16
sept seven P
sérieux(-euse) serious 2
serpent m. snake, serpent 10
service m. service 8
serviette f. briefcase; napkin; towel 4
servir to serve 6
  se servir de to use 12
seul(-e) alone; only 7
seulement only, just 6

si if; so *2*
  s'il vous plaît please *P*
siècle *m.* century *14*
sieste: faire la sieste to take a nap *11*
signer to sign *6*
signification *f.* significance, meaning *6*
signifier to signify, mean *1*
silence *m.* silence *P*
simple simple; single *2*
simplement simply *6*
simultanéité *f.* simultaneity, simultaneousness *17*
sincère sincere *8*
sinon otherwise, if not *13*
situation *f.* situation *1*
se situer to be located *16*
six six *P*
sketch *m.* sketch *20*
ski *m.* ski *4*
  faire du ski to ski, go skiing *8*
skieur *m.* skier *8*
societé *f.* society; club; company, firm *II*
sœur *f.* sister *4*
soif *f.* thirst *7*
  avoir soif to be thirsty *7*
soir *m.* evening *3*
soirée *f.* evening; party *5*
soldat *m.* soldier *11*
soleil *m.* sun *5*
solitude *f.* solitude *7*
sommeil *m.* sleep, sleepiness *7*
  avoir sommeil to be sleepy *7*
sommet *m.* summit, peak *12*
son, sa, ses his, her, its *4*
soumettre to submit *8*
somnifère *m.* sleeping pill *11*
sophistiqué(-e) sophisticated *7*
sorte *f.* sort *11*
sortie *f.* exit *II*
sortir to go out *6*
soudain suddenly *9*
soudainement suddenly *11*
souffrance *f.* suffering *16*
soufflé *m.* soufflé *6*
souffrir to suffer *13*
songer (à) to think of *20*
souhaiter to wish *21*
soupçon *m.* suspicion *12*
soupe *f.* soup *8*

sourire to smile *13*
sous under *3*
soustraction *f.* subtraction *P*
souvenir *m.* memory, souvenir *5*
se souvenir (de) to remember *16*
souvent often *6*
spaghetti *m.pl.* spaghetti *5*
spécial(-e) special *4*
spécialiste *m.* specialist *5*
spécialité *f.* speciality; major (in school) *5*
spécifique specific *1*
spectaculaire spectacular *18*
spectateur *m.* spectator *11*
splendide splendid *2*
sport *m.* sport *3*
sportif(-ive) athletic *2*
stage *m.* course; seminar *17*
star *f.* star (of television or movies) *5*
statue *f.* statute *2*
stéréo *f.* stereo *3*
stimulant(-e) stimulating *11*
stupide stupid *1*
stylo *m.* pen *P*
subitement suddenly, all of a sudden *11*
subsister to subsist *13*
substance *f.* substance *8*
succès *m.* success *15*
sucre *m.* sugar *8*
Suède *f.* Sweden *5*
suffisant(-e) sufficient *8*
suggérer to suggest *6*
Suisse *m.* Swiss *3*
suivant(-e) following *1*
suivre to follow; to take (a course) *14*
superbe superb *2*
supériorité *f.* superiority *9*
supermarché *m.* supermarket *5*
supporter to support *20*
supprimer to suppress; to do away with *20*
sur on; about *2*
sûr(-e) sure *2*
surgir to surge; to appear *17*
surprendre to surprise *8*
surprise *f.* surprise *8*
surréaliste surrealistic *4*
symbole *m.* symbol *2*
sympathique nice, sympathetic *2*
symphonie *f.* symphony *9*
système *m.* system *4*

table *f.* table *P*
tableau *m.* blackboard; picture *P*
tant de so much, so many *8*
tante *f.* aunt *4*
tapis *m.* rug *4*
tard late *4*
tarder to delay; to be long (doing something) *20*
tarte *f.* pie *8*
tasse *f.* cup *8*
taxi *m.* taxi *13*
technicien *m.* technician *2*
tel(-le) such
téléphone *m.* telephone *1*
téléphoner to phone *3*
télévision (télé) *f.* television (TV) *3*
tellement very much; especially *IV*
témoin *m.* witness *12*
tempête *f.* tempest, storm *16*
temps *m.* time; weather *3*
  de temps en temps now and then, from time to time *17*
tenir to hold *8*
  tenir à to insist upon *21*
tennis *m.* tennis *2*
tension *f.* tension *9*
tentation *f.* temptation *20*
tente *f.* tent *11*
terminé(-e) finished *5*
terminer to finish, terminate *3*
terrasse *f.* terrace *5*
terre *f.* earth, land; world *1*
terreur *f.* terror *7*
terrifié(-e) terrified *16*
territoire *m.* territory *17*
tête *f.* head *7*
thé *m.* tea *8*
théâtre *m.* theater *3*
ticket *m.* ticket *13*
tigre *m.* tiger *3*
timbre-poste *m.* (*pl.* **timbres-poste**) postage stamp *V*
timide timid, shy *2*
tirage *m.* circulation (of magazines) *V*
tirer to pull *17*
toast *m.* toast *8*
toi you *P*
toilettes *f.pl.* toilet *17*
tomate *f.* tomato *8*
tombeau *m.* tomb *12*
tomber to fall *12*

ton, ta, tes your (familiar) *4*
toréador *m.* bullfighter *11*
tort *m.* wrong *7*
  avoir tort to be wrong *7*
totalement totally *2*
totalité *f.* totality *8*
toujours always *6*
tour *m.* tour *5*
tourner to turn; to make (a
  film) *VII*
tout, tous, toute, toutes all,
  every *4*
tout à coup suddenly, all of a
  sudden *11*
tout d'un coup all of a sudden *17*
tout le monde everyone,
  everybody *P*
tragique tragic *11*
train *m.* train *5*
tranquille quiet, calm *10*
tranquillement tranquilly *12*
tranquillité *f.* tranquillity *11*
transformé(-e) transformed *5*
transport (en commun) *m.*
  (public) transport *II*
traumatique traumatic *11*
travail *m.* work *8*
travailler to work *3*
tremblement de terre *m.*
  earthquake *19*
très very *P*
triste sad *2*
trois three *P*
troisième third *3*
se tromper to make a mistake, be
  in error *16*
trompette *f.* trumpet *4*
trop too; too much *8*
trou *m.* hole *12*
troubadour *m.* troubadour *16*
troupe *f.* troop *16*
se trouver to be located *16*
tu you (familiar) *2*
tube *f.* tube *2*
tuer to kill *11*
  se tuer to kill oneself *21*
turbulence *f.* turbulence *19*
typique typical *8*

un(-e) one, a *1*
uniform (de) *m.* uniform *4*

unique unique; only *2*
univers *m.* universe *8*
universellement universally *8*
universitaire (pertaining to)
  university (life) *3*
université *f.* university *1*
urgent(-e) urgent *15*
usine *f.* factory *11*
utiliser to use *2*

vacances *f.pl.* vacation *5*
vague *f.* wave *VII*
vaisselle *f.* dishes *15*
  faire la vaisselle to do the
  dishes *8*
valable valuable *VII*
valise *f.* valise, suitcase *1*
vanille *f.* vanilla *8*
vanité *f.* vanity *1*
varié(-e) varied *8*
varier to vary *8*
variété *f.* variety *9*
vélo *m.* bike *4*
vendre to sell *9*
vendredi *m.* Friday *3*
vénéré(-e) venerable *9*
venir to come *5*
verdir to turn green *6*
véritable veritable, true *12*
vérité *f.* truth *1*
verre *m.* glass *7*
vers toward; verse, line of
  poetry *12*
vert(-e) green *4*
vêtement *m.* clothing *4*
viande *f.* meat *8*
victime *f.* victim *14*
vide empty *8*
vidéo *f.* video *5*
vie *f.* life *2*
vieillir to age, get old *6*
vieux (vieille, vieil) old *4*
vif (vive) lively, alive *16*
village *m.* village *3*
ville *f.* city *3*
vin *m.* wine *8*
vinaigre *m.* vinegar *15*
violet(-te) violet, purple *4*
violon *m.* violin *9*

visa *m.* visa *5*
visage *m.* face *7*
vision *f.* vision *10*
visite *f.* visit *9*
visiter to visit (a place) *5*
vitamine *f.* vitamin *8*
vite fast *2*
vitesse *f.* speed *II*
vitre *f.* pane of glass *4*
Vive ... ! Long live ... ! *1*
vivre to live *11*
vocation *f.* vocation *11*
vodka *f.* vodka *8*
Voilà There is, There are *P*
voile *f.* sail *16*
voir to see *10*
  se voir to see each other *16*
voiture *f.* car *3*
voix *f.* voice *9*
voler to fly; to steal *12*
volonté *f.* will, will power *9*
vos your (plural) *4*
votre your *1*
vouloir to want *8*
  vouloir dire to mean *9*
vous you; to you *P*
voyage *m.* trip, voyage *5*
  faire un voyage to go on a
  trip *8*
  voyage d'affaires *m.* business
  trip *17*
voyelle *f.* vowel *P*
voyons! Let's see! *7*
vrai(-e) true *5*
vraiment truly, really *3*
vue *f.* view *11*

week-end *m.* weekend *1*

yacht *m.* yacht *8*
yaourt *m.* yogurt *8*
yeux *m.pl.* eyes *7*
yoga *m.* yoga *8*

zéro zero *P*
zoo *m.* zoo *3*

Index

Permissions and Credits

Text permissions

On n'oublie rien French lyric by Jacques Brel; (c) 1961—Editions Musicales Intersong Tutti. All rights for the U.S., Canada, British Commonwealth, and Ireland controlled by Edward B. Marks Music Company. Used by permission. All rights reserved.

All other permissions noted on page where text appears.

Cover by Manfred Kage / Peter Arnold, Inc.

Drawings in Lessons by Marci Davis.

Drawings in Entractes by George M. Ulrich.

Maps by James Loates and ANCO.

Black-and-white photographs:

Air France: p. 239. Alinari/Art Resource: p. 152. ©Barbara Alper 1984: pp. 131, 157. Mark Antman/The Image Works, Inc.: pp. 133, 381. Mark Antman/Stock, Boston: p. 316. Art Resource: p. 33. The Bettman Archive: pp. 72 top, 223, 442 top and bottom. Henri Cartier-Bresson/Magnum: p. 182. J. Chevallier/Edimedia: pp. 21, 124, 220, 293, 302. ©Stuart Cohen: pp. 257, 259, 315 top and bottom. Lionel J-M Delivigne/Stock, Boston: p. 73 bottom. Jean-Claud DeWolf/French National Railroad: p. 132. ©Mary Evans Picture Library/Photo Researchers, Inc. p. 463. Martine Franck/Magnum: p. 205. ©Owen Franken: p. 183. Owen Franken/Stock, Boston: 135 bottom left, 137, 184, 377. ©George Gerster/Photo Researchers, Inc.: p. 135 top left. Giraudon/Art Resource: p. 146. ©Beryl Goldberg: pp. 51, 255, 441. ©Ph. Gontier: pp. 113, 261, 277, 295 343. ©Clemens Kalischer: p. 375, ©Helena Kolda/Photo Researchers, Inc.: p. 187. ©David Kupferschmid: pp. 1, 181, 313, 379. Jean-Claude Lejeune/Stock, Boston: p. 135 bottom right. ©Jan Lukas/Photo Researchers, Inc.: p. 135 top right. ©Monique Manceau/Photo Researchers, Inc.: pp. 75, 376, 378. Peter Menzel: p. 71 bottom. The Museum of Modern Art/Film Stills Archive: pp. 2, 49, 69, 99, 117, 139, 162, 189, 212, 236, 273, 278, 279, 310, 325, 339, 351, 361, 383, 437, 443, 475. ©Carol Palmer/Andrew Brilliant 1984: pp. 399, 421. ©Phelps/Rapho/Photo Researchers, Inc.: p. 134. Rapho/©Kay Reese & Assoc., Inc.: p. 314. ©Kent Reno/Jeroboam: p. 359. Roger-Viollet: pp. 15, 95, 319. Peter Southwick/Stock, Boston: p. 185. ©Harvey Stein 1984: p. 447. Christian Zuber/Rapho/Kay Reese & Assoc., Inc.: p. 258. ©Pierre Berger/Photo Researchers, Inc.: p. 30 left. ©Ph. Charliat/Rapho/Photo Researchers, Inc.: p. 256. ©H. W. Silvester/Photo Researchers, Inc.: p. 71 top. Courtesy of Levi Strauss & Co.: p. 30 right.

Color photographs:

Francophone World:
1. ©Joseph F. Viesti 2. ©Stuart Cohen 3. ©Carl Purcell 4. Dennis Stock/Magnum 5. ©Carl Purcell 6. Bruno Barbey/Magnum 7. Ian Berry/Magnum 8. Burt Glinn/Magnum 9. ©John de Visser/Black Star 10. ©Joseph F. Viesti

Paris and the Provinces:
1. Mark Antman/the Image Works, Inc. 2. ©Charles Harbutt/Archive Pictures Inc. 3. ©Joseph F. Viesti 4. Mark Antman/The Image Works, Inc. 5. ©Ted Cordingly/Global Focus 6. ©Owen Franken 7. ©Carl Purcell 8. ©Carol Palmer/Andrew Brilliant 1984 9. ©James A. Sugar/Black Star 10. © 1984 Lionel JM Delevingne

Leisure Time:
1. ©Carl Purcell 2. ©Carol Palmer/Andrew Brilliant 1984 3. Courtesy of Swiss National Tourist Office 4. Unicorn Production ©1980 Art Resource 5. ©Joseph f. Viesti 6. Mark Antman/The Image Works, Inc. 7. Bryn Campbell/Magnum 8. ©Carl Purcell

Cultural Heritage:
1. Owen Franken/Stock, Boston 2. ©Jaye R. Phillips/The Picture Cube 3. Peter Menzel/Stock, Boston 4. ©Carol Palmer/Andrew Brilliant 1984 5. ©Carl Purcell 6. Peter Menzel/Stock, Boston 7. Mark Antman/The Image Works, Inc. 8. ©Carol Palmer/Andrew Brilliant 1984